경제와 커뮤니케이션

Economy and Communication

"이 책은 삼성언론재단의
저술지원을 받아 출간되었습니다."

경제와 커뮤니케이션
Economy and Communication

이 완 수

시간의 물레

| 머리말 |

경제는 인간 공동체에 가장 중요한 관심사이자, 사회적 이슈이다. 경제는 개인, 기업, 정부, 국가에 폭넓은 영향을 미치는 영역에 속한다. 인간은 사회적 동물이기 이전에, 경제적 동물이다. 인간의 시원(始源)은 먹고사는 경제문제에서 시작됐다고 해도 과언이 아니다. 학문의 목적이 사회현실을 설명, 이해, 예측, 그리고 통제하는데 있다고 볼 때 커뮤니케이션 학자들은 중요한 책임 하나를 방기해 온 셈이다. 바로 경제이슈에 대한 연구를 소홀히 해 온 점이다.

커뮤니케이션은 모든 사회영역의 연구와 관련되어 있다. 휴먼커뮤니케이션, 정치커뮤니케이션, 문화커뮤니케이션, 국제커뮤니케이션, 과학커뮤니케이션, 헬스커뮤니케이션, 그리고 심지어 스포츠커뮤니케이션 등 수없이 많다. '커뮤니케이션'은 일종의 사회문제 어디에나 붙일 수 있는 접미어와 같은 용어라고 해도 과언이 아니다. 그런데도 사회나 국가 공동체에 가장 큰 영향을 미치는 경제커뮤니케이션이나 기업커뮤니케이션 관련 연구가 많지 않다는 것은 역설적이다.

커뮤니케이션 학자들 사이에 '경제커뮤니케이션'이라는 용어를 쓰는 경우도 별로 보지 못했다. 필자는 지난 8월 미국 시카코에서 열린 '저널리즘 및 매스컴교육학회(AEJMC)'에 참석해 커뮤니케이션 학자들에게 두 가지 질문을 던졌다. 하나는 "경제커뮤니케이션이나 기업커뮤니케이션이라는 용어를 학술적으로 사용할 수 있는 가"하는 물음이었다. 미국 캘리포니아 주립대학교 커뮤니케이션학과 교수인 리우 서니(L. Sunny)는 "당연히 사용할 수 있지요. 그리고 이 분야에 대한 연구는 중요할 뿐 아니라, 반드시 필요합니다."라고 강조했다. 두 번째는 "그렇다면 왜 경제커뮤니케이션이나 기업커뮤니케이션 연구가 이루어지지 않고 있는 가"하는 물음이었다. 이에 대해 미국 루지애나 주립대학교 매스 커뮤니케이션 학과 교수인 로샌 스콜(R. Scholl)의 대답은 뜻밖이었다. "경제문제는 좀 어렵잖아요.", "커뮤니케이션 연구자들이 경제나 기업문제는 경제학자들의 몫이라는 생각하는 경향이 있는 것 같아요."라고 말했다.

그렇다면 정치커뮤니케이션은 정치학자의 몫이고, 과학커뮤니케이션은 과학자의 몫이고, 헬스커뮤니케이션은 의학자의 몫이고, 조직커뮤니케이션은 행정학이나 경영학자의 몫이어야 하지 않을까. 연구현실은 오히려 그 반대이다. 정치, 문화, 국제, 과학, 헬스, 조직 등은 모두 커뮤니케이션 연구자들의 주제영역이다. 모든 사회현상은 커뮤니케이션으로 연결되고, 설명되고, 관측된다. 경제커뮤니케이션 역시 경제학자 보다는 커뮤니케이션 학자의 연구 영역에 더 가깝다. 경제이슈를 둘러싼 사회적 현상을 커뮤니케이션학적 관점에서 설명 하는 것이 바로 경제커뮤니케이션학이다.

필자가 경제커뮤니케이션에 관심을 갖게 된 것은 2006년도 박사학위 논문을 쓰기 시작하면서 부터였다. 17년간 경제기자로 일한 필자 입장에서 경제문제는 중요하고도 매력적인 연구주제였다. 매일 수 없이 쏟아지는 경제나 기업뉴스가 개인, 기업, 정부, 국제사회에 미치는 영향이 어떻게 나타날까 하는 의문이 늘 떠나지 않았다. 취재현장에서 실업, 주가, 물가, 금리, 환율, 수출입, 부동산, 국내총생산, 경제성장률 등에 대한 보도가 개인, 기업, 정부 등 경제주체들의 태도나 행동과 상호작용적으로 영향을 주고받는다는 사실을 관찰해 왔기 때문이다.

경제 위기론을 놓고 경제뉴스, 경제여론, 경제현실, 정부의 경제정책 능력 가운데 무엇이 원인인가 하는 쟁점은 사회 담론의 테두리를 거의 벗어나지 않았다. 약관 40대의 빌 클린턴 미국 대통령이 "이제는 경제야, 이 얼간아(It's economy, stupid)"라는 선거 구호로 대통령에 당선된 사례는 지금도 경제와 정치, 경제와 선거의 관계를 설명할 때 자주 인용된다.

한국도 마찬가지다. 선거 때만 되면 경제는 늘 중요의 쟁점으로 떠오르곤 했다. 결국 이 문제를 누가 잘 통제하는가에 따라 선거의 당락이 결정됐다. 2012년도 대통령 선거도 그 범위를 벗어날 것 같지는 않다. 경제

민주화, 복지, 일자리, 물가, 국가경쟁력 등 경제의제를 선점하기 위해 대통령 후보 간에 경쟁이 치열한 것만 봐도 알 수 있다.

경제요소 간의 전후관계에 대한 규명은 경제학자는 물론 커뮤니케이션 학자에게도 중요한 연구 테마이다. 경제학자는 경제현상을 경제 데이터에 기초해 그 인과성을 밝혀내고 예측하면 된다. 하지만 커뮤니케이션 학자는 경제뉴스와 경제사회의 각 요소들 간 상호관계를 과학적으로 검정하고 추론함으로써 경제뉴스의 사회적 영향이나 가치를 설명해야 한다. 또 경제뉴스에서 파생된 경제심리가 사회공동체 구성원들의 태도와 행동에 어떻게 발현되는지에 대한 예측은 커뮤니케이션 학자들의 몫이다.

하지만 경제커뮤니케이션 관련 연구는 국내외적으로 매우 적다. 우선 경제문제는 쉽게 접근할 수 있는 주제가 아니라는 점, 연구과정과 방법이 쉽지 않다는 점, 그리고 경제학자의 엄밀한 계량적 분석을 커뮤니케이션 학자가 어떻게 뛰어넘을 것인 가하는 점 때문에 연구가 제대로 이뤄지지 않았을 수도 있다. 경제커뮤니케이션 연구를 커뮤니케이션 학자가 아닌, 경제학자나 정치학자들이 하고 있는 점도 이런 이유와 무관치 않을 것이다.

경제커뮤니케이션은 서니 교수의 말대로 매우 중요한 주제이다. 그리고 반드시 이뤄져야 할 가치 있는 연구영역이기도 하다. 무엇보다 커뮤니케이션학과 경제학의 융합적 접근이 가능한 연구영역이라는 점에서 가치가 크다.

이 책은 경제커뮤니케이션이라는 학문의 가치에 대한 의문에서 시작되어 이 분야가 제대로 연구되지 않는 이유를 확인하는 과정에서 얻어진 결과물이다. 이 책은 필자가 박사학위를 받은 후 7년간에 걸쳐 일관되게 탐구해 온 경제커뮤니케이션 연구논문을 체계적으로 정리한 것이다. 경제커뮤니케이션의 개념, 이론, 연구방법, 경제심리, 경제태도 및 행동, 정치 및 경제사회의 지형 등 다양한 관점과 이론적, 현실적 함의점을 제시했다. 이 책은 필자 혼자만의 머리로 기획되고, 손으로 기술된 것은 아니다. 이 책이 나오기까지에는 많은 선배, 동료, 그리고 후배학자들의 도움, 있었다. 필자의 뜻에 선뜻 동의하고, 연구에 동참해준 국내 연구자들의 도움이 없었다면 이 책은 세상에 나오지 못했을지 모른다.

먼저 심재철 고려대 미디어학부 교수의 도움과 격려에 깊이 감사드린다. 원고를 일일이 읽고, 수정하고 가필하는 데 많은 도움을 줬다. 필자의 지도교수이기도 한 심 교수는 경제저널리즘을 일찍부터 주창해 온 분이다. 필자에 앞서 삼성언론재단의 후원을 받아 '경제뉴스와 경제현실'이라는 단행본을 출간한, 어떻게 보면 국내 경제저널리즘이나 경제커뮤니케이션 분야의 선각자라고 할 수 있다. 이 책은 스승이 놓은 작은 초석에 또 하나의 돌을 놓은 것에 불과하다.

박재영 고려대학교 교수도 이 연구 결과물의 고마운 동력자다. 수많은 저널리즘 연구에서 경제문제가 빠져 있는 사실에 비판적 성찰을 제공해 줬다. 박 교수는 이 책 1장의 '경제뉴스 보도경향' 부분의 사실상 공동 저자이기도 하다. 저널리스트로서 오랜 경험을 바탕으로 뉴스의 구조와 유려한 문장력으로 큰 공헌을 해주었다.

통계청의 전백근 박사(경제학)의 도움도 컸다. 전 박사는 정부가 오랫동안 조사, 축적해 온 유용한 경제데이터를 흔쾌히 제공해줬다. 뿐만 아니라, 경제학자답게 이를 분석하는 시계열 방법론에 대해 많은 아이디어를 줬다.

김창진 고려대 경제학 교수의 도움도 빼놓을 수 없다. 김 교수는 계량경제학적 방법으로 경제커뮤니케이션 현상을 설명할 수 있는 방법론에 대해 많은 가르침을 줬다. 10장에서 다룬 '경제커뮤니케이션 연구방법'은 김 교수의 날카로운 비평과 아이디어를 통해 완성됐다.

한국은행의 박양수 박사(계량경제학)의 도움도 컸다. 8장의 '경제뉴스와 소비행위' 논문은 박 박사와 함께 기획하고, 분석한 결과물이다. 언론계

선배이기도 한 김동률 서강대 교수에게도 지면을 빌려 감사를 드린다. 김 교수와는 2장 '미디어의 사회경제지표 구성방식'의 주제를 놓고 경제뉴스의 새로운 구성체계를 함께 고민한 끝에 이번에 그 결과물을 내놓게 됐다.

노동경제학자인 오민홍 동아대 교수의 노고도 빼놓을 수 없다. 오 교수는 경제뉴스가 노동시장과 기업에 미치는 문제에 관심을 갖고 있던 터에 필자와 공동연구를 하게 됐다. 그 결과물이 9장에 실린 '기업심리와 의사결정구조'이다.

미국 코넬대학에서 박사학위 과정을 밟고 있는 노성종 군에게도 고마운 마음을 전한다. 노 군은 경제커뮤니케이션 효과의 시간차와 비대칭성을 다룬 5장, 6장의 연구에 직접 참여했으며, 비판적 의견과 아이디어를 제공했다. 그 밖에도 지면 사정상 일일이 이름을 밝힐 수 없지만 유익한 조언을 해 준 많은 커뮤니케이션학자와 경제학자에게 감사드린다.

사실 이 책이 나오기까지에는 우여곡절도 많았다. 2008년도 삼성언론재단의 저술 지원자로 선정된 뒤 차일피일 미루다가 4년이나 지나서야 이 책을 세상에 내놓게 됐다. 제때 책을 출간하지 못한 점에 대해 사과드린다. 필자의 연구결과물이 책으로 묶여 나온 데는 삼성언론재단의 행정적인 뒷바라지가 컸다. 또 도서출판 '시간의물레' 권호순 사장은 원고도 완성되기 전에 선뜻 출판에 응해주었다. 필자의 원고를 편집하고, 수정하는 과정에 많은 도움을 준 권 사장과 편집담당 직원들에게 감사드린다.

무엇보다 이 책의 출간을 계기로 경제커뮤니케이션 연구가 국내외적으로 활발하게 이뤄지길 소망한다.

2012년 9월 추분
엄광산 연구실에서
이 완 수

차례

들어가는 글

할머니는 모든 것을 개인적인 경험을 통해서 배우셨다. 어떻게 빵을 굽고, 집을 짓고 돼지를 잡고, 훈제를 만드는지, 그리고 무엇으로 솜이불을 깁는지 아셨다. 할머니는 날마다 마을 사람들과 마주치면서 사셨고, 지난 10년 동안 마을에서 몇 건의 살인사건이 일어났는지 알고 계셨다. 한 마디로 현실을 자신의 개인적인 통제 아래 두고 계셨다. 당장 집에 먹을 양식이 없는데 올해 농사가 잘 됐다는 말로 할머니를 놀릴 수 있는 사람은 아무도 없었다(중략). (밀란 쿤데라의 '불멸'에서 인용)

사람들은 일상생활 속에서 경제가 좋고 나쁜지를 직감적으로 느낀다. 저녁상에 올라 온 채소 값이 얼마나 뛰었고, 한 달 전에 사 둔 주가가 얼마나 내렸는지, 또 여자 친구에게 줄 생일 선물로 무엇이 적당한 지 생활 속에서 누구나 쉽게 안다. 굳이 뉴스 도움 없이도 언제쯤 집을 사고파는 것이 유리하고, 일자리 구하기가 지금 쉽지 않다는 사실도 안다. "평소보다 손님이 줄어들었다"는 택시기사의 말 한마디에서 경기가 나빠졌음을 알아채고, "대통령이 나라살림을 잘 꾸리지 못 한다"고 평가한다.

그래서 경제는 '뉴스 가판대(news stand)'에 있지 않고, '현관문(doorstep)'에 있다고 말한다(Haller & Norpoth, 1997). 경제이슈는 상대적으로 경험적 영역에 속한다. 직접적인 경험이 가능한 돌출성(obtrusive)이 두드러진 경제이슈는 매스 미디어 효과가 제한적이다(Soroka, 2003a; Zucker, 1978). 매스 미디어는 그런 점에서 경제에 대해 묘사, 설명, 예측하는 유일한 정보원은 아니다. 하지만 집합적이고 거시적인 국가경제이슈는 개인의 경험이나 관찰만으로는 평가하기 어렵다. 국내총생산(GDP) 성장률이 무엇을 의미하는지, 금리의 오르고 내림이 일상의 경제 소비생활에 어떤 영향을 주는지, 달러화 폭등이 수출입에 어떤 효과를 미치는지, 경상수지 적자가 경제정책변화에 어떻게 영향을 미칠 수 있는 지에 대한 분석적인 평가나 전망을 일반 국민이 다 알 수는 없다.

직접적인 관찰이나 경험하기 어려운 경제상황은 결국 매스 미디어를 통해 이해하고, 평가한다. 많은 연구자들은 직접 경험하기 어려운 거시경제에 대한 평가는 매스 미디어에 주로 의존한다고 여겨왔다(Weatherford, 1983; MacKuen, Erikson, & Stimson, 1992). 그러나 이러한 가정이 과학적인 근거가 있는지에 대한 경험적인 논의는 별로 없다. 매스 미디어는 일반적으로 불확실한 상황에서 여론 형성에 중요한 역할을 한다. 나라밖 전쟁이나, 자연재해 등 직접 경험할 수 없는 정보는 미디어를 통해 주로 얻는다. 일상의 경험 가능한 경제문제와 먼 미래의 경제문제에 대한 평가수단은 다르다. 지금의 경제상황은 '노점상(peasants)'을 보면 알지만, 앞으로의 경제상황은 '은행원(bankers)'을 보아야 안다는 말이 있다(MacKuen et al, 1992). 현재의 경제는 사람들이 경험에 따라 파악할 수 있지만, 미래의 경제는 볼 수 없고, 느낄 수 없기 때문에 미디어의 전망이나 예측을 따를 수밖에 없다.

그러나 미디어가 경제현실에 영향을 미친다고 볼 수도 없고, 경제현실이 미디어 보도를 결정한다고 볼 수만도 없다. 사람들이 경제현실을 경험으로 파악한다거나, 미디어에 의존해 평가한다는 단선적인 주장이 타당한 지에 대한 축적된 데이터가 많은 것도 아니다.

노무현 대통령의 2004년 기자회견 발언은 그런 점에서 시사하는 바가 있다. 그는 당시 "문제가 없는 국가경제를 언론이 망쳐 놓고 있다", "언론이 경제를 나쁘다고 하니 국민이 경제를 나쁘게 인식하는 것 아니냐"고 주장했다. 경제위기의 주범으로 언론을 지목했다. 그러나 노 대통령의 주장이 옳다는 과학적 근거는 물론 없다. 당시 동아일보는 이에 대해 "언론은 나쁜 경제현실을 있는 그대로 보도했을 뿐이다", "실제 경제가 나쁘니 언론이 경제가 나쁘게 보도한 것이다"고 맞받았다. 언론이 경제위기의 주범이 아니라 실제 경제가 그 원인이고, 언론은 이를 반영했을 뿐이라고 반박했다(동아일보, 2007년 2월12일자 참조).

국민 입장에서는 누가 말이 맞고, 누구 말이 틀렸는지 판단하기 어렵다. 무엇이 경제위기의 원인이고, 실체가 무엇인 지 이해가 쉬운 것도 아니다. 경제문제는 늘 '닭이 먼저인가, 계란이 먼저인가'하는 원인과 전후관계를 놓고 논쟁이 있어 왔다.

경제커뮤니케이션 연구도 마찬가지이다. 경제커뮤니케이션 연구는 일반적으로 경제뉴스, 경제인식, 경제현실 그리고 경제리더십 등 네 가지 요소의 유기적 상호관계나 메커니즘을 설명하고 예측하는 학문이다. 경제커뮤니케이션에 대한 그간 연구는 '닭과 계란의 순서법칙'처럼 혼란스럽게 제시되어 왔다. 경제뉴스가 경제인식에 영향을 줄 수도 있지만, 경제인식이 경제뉴스에 영향을 줄 수도 있다. 경제뉴스가 경제현실에 영향을 줄 수도 있고, 경제현실이 경제뉴스에 영향을 줄 수도 있다. 경제인식이 경제현실을 통해 형성될 수도 있지만, 경제현실은 경제인식의 집합적 행위의 결과로 나타나기도 한다. 경제뉴스와 경제인식이 대통령의 경제리더십 평가에 대한 수준을 결정하거나 변경하기도 한다. 그 반대도 가능하다.

경제커뮤니케이션 연구결과는 불규칙적이고, 복합적이다. 경제뉴스, 경제인식, 경제현실, 그리고 대통령의 경제리더십은 상호 간 전후관계를 규칙적으로 보여주지 못한다. 경제커뮤니케이션의 구조는 원인과 결과가 일관되게 관찰되는 것도 아니다. 연구자에 따라, 사용하는 방법론에 따라서도 결과가 상이하다. 국가에 따라서도 결과가 다르고, 경기상황에 따라서도 다르다. 정부의 정치적 구조에 따라서도 다른 결과를 보인다. 경제는 다른 이슈와 달리 매우 복잡한 요소로 구성되어 있다. 고려해야 할 요소도 많고, 매개되는 변수도 다양하다. 무엇인 원인인지, 결과는 어떻게 나타나는지 알기 어려운 복잡한 퍼즐 게임과 같다.

경제는 질병과 마찬가지로 원인을 알아야 처방이 가능한 영역이다. 그러나 경제학은 경제현실의 질병을 제대로 예고하지 못하고 있다는 비판에 직면해 있다. 1987년 외환위기, 2008년 미국발 금융위기, 2011년 유럽발 경제위기 모두 예상치 못한 채 불쑥 찾아왔다. 한 마디로 예측의 규칙성을 벗어난 '블랙스완(black swan)'이었다. 경제학의 실패이고, 경제학자의 오류라는 비판이 쏟아지고 있음은 물론이다.

전통적으로 경제학자들은 경제적 데이터로 경제현상을 설명하고, 예측한다. 숫자의 마법을 맹신한다. 숫자가 보여주는 대로 경제를 이해하고 설명하려고 한다. 그러나 경제현실은 데이터만으로 알지 못한다. 숫자가 모든 것을 보여주는 것도 아니다.

경제는 여론이고, 심리이다(Simon, 1986). 경제는 데이터가 갖고 있지 못한 개인이나 집단의 미묘한 심리적 요소에 의해 끊임없이 흔들린다.[1] 숫자로 설명하지 못하는 것이 바로 경제커뮤니케이션이다. 그래서 경제는 "숫자가 아니라, 언어다"라고 말하는 사람도 있다(McCloskey, 2010). 복잡한 숫자나 방정식 보다 슬쩍 던지는 한 마디 말(cue)이 생각과 행동을 바꿔놓기도 한다. 은근슬쩍 끼어드는 '넛지(nudge)'가 더 강력한 영향을 미치기도 한다(John, Swith & Skoker, 2009). 커뮤니케이션은 때로는 비이성적이고, 비논리적이다.

---

1) 최근에는 심리학적 관점에서 경제현상을 설명하려는 행동경제학이 주목받고 있다. 인간은 합리적이고, 이성적이라는 가정에서 출발했던 전통경제학과는 달리 행동경제학은 심리적 요소에 기반해 사람들의 경제행위를 설명한다. (Tverskey & Kaneman, 1981)

경제사회 속에서 커뮤니케이션 중재는 주로 미디어가 수행한다. 친구와 이웃 간의 대화에 의한 사회적 커뮤니케이션도 있지만, 인간의 심리에 미치는 결정적 매개 변수는 결국 미디어이다. 한 줄의 부정적인 헤드라인이 투자자의 마음을 사로잡는다. 경제에 대한 대통령의 한 마디 언급이 보도가 되면서 주식의 폭락을 가져 오기도 한다. 유명기업의 최고경영자가 지나가는 말로 기자들에게 흘린 경제전망이 시장을 얼어붙게 하기도 한다. 경제뉴스는 개인, 기업, 정부 등 경제주체들의 심리에 직접적 또는 간접적으로 영향을 준다. 미디어는 복잡한 경제현실을 사람들에게 알려주고, 해석해준다. 미디어는 사람의 경제심리에 영향을 미치는 센서이자, 리트머스 시험지이다. 때로는 정치적 판단의 단서를 제공하기도 하고, 의사결정에 개입하는 '넛지'의 역할을 하기도 한다.

미디어는 경제환경에 중요한 변수다. 하지만 경제학자들은 경제현상을 설명하는 과정에 미디어 변수를 심각하게 고려하지 않았다. 미디어 효과의 유용성을 인정하면서도 경제현실을 설명하는 통제변수로 미디어의 기능을 제대로 활용하지 못했다. 경제학자의 오류는 바로 여기서 비롯했다. 경제는 오로지 깐깐한 데이터와 엄밀한 통계적 방법에 의존해 설명해야 한다고 믿었다.

그렇다면 미디어의 보도기능과 효과를 연구하는 커뮤니케이션 학자는 책임이 없는가. 경제학자들이 오로지 경제 자체에서 경제문제를 풀려고 할 때, 커뮤니케이션 학자들 역시 미디어의 보도 규범이나 효과에만 매달린 것은 아닌가. 미디어 보도에 대해 타인이 어떻게 생각하고, 행동하는가 하는 간접효과의 문제, 미디어 보도가 사람들의 행위결정에 어떻게 작용하는가 하는 의사결정의 문제에만 매달린 것은 아닌가.

경제학자는 경제 데이터를 선호하는 반면, 커뮤니케이션 학자는 미디어 보도에 관심을 둔다. 경제와 커뮤니케이션은 서로 다른 방향을 걸어왔다. 경제학자는 미디어를 무시했고, 커뮤니케이션 학자는 경제에 무지했다. 경제학자는 사회의 움직임을 포착하는 센서인 미디어에 주목하지 않았고, 커뮤니케이션 학자는 경제현실이 여론에 어떻게 반영되는지 지에 대한 풍향계를 살피지 않았다.

경제학자에게 미디어는 '이상한 나라의 엘리스'였다며, 커뮤니케이션 학자에게 경제는 '먼 나라 이웃나라'였다. 그 사이를 비집고 경제위기는 찾아왔다. 경제현실에 대한 설명은 갈팡질팡했고, 학문적 수렴은 멀어져 갔다. 하지만 경제와 커뮤니케이션은 더 이상 '이방인'도 아니고, '이상한 나라 엘리스'도 아니며, '먼 나라 이웃나라' 관계도 아니다. 경제학과 커뮤니케이션학이야말로 경제현상을 설명할 수 있는 동지요, 협업자이다. 경제학은 경제여론을 다루는 미디어어의 움직임을 포착해야 하고, 커뮤니케이션은 경제의 정교한 데이터와 구조적 방법론을 수용해야 한다. 경제와 커뮤니케이션을 분리할 것이 아니라, 경제와 커뮤니케이션을 결합한 '경제커뮤니케이션(Economy Communication)'에 주목해야 한다.

이 책은 경제와 커뮤니케이션이라는 이질적인 두 영역을 수렴하고, 통합하기 위해 쓰여졌다. 경제는 커뮤니케이션을 수용하고, 커뮤니케이션은 경제를 이해하기 위한 작업에서 출발했다. 경제학은 커뮤니케이션 현상을 이해하고, 커뮤니케이션학은 경제논리를 받아들이고, 탐구해야 한다는 선언을 담았다.

그렇다고 이 책은 경제학과 커뮤니케이션학이 단순히 서로 수렴하고, 통합해야 한다는 원칙이나 주장을 담은 개괄서는 아니다. 경제학적 요소와 커뮤니케이션학적 요소를 데이터를 활용해 통계적으로 분석하고, 논리적으로 기술함으로써 경제현상을 구조적으로 설명하는 학술서적에 가깝다. 동시에 경제커뮤니케이션을 설명하는 다양한 개념과 이론을 설명하고, 이들이 실제 경제현상을 설명하는 데 어떻게 적용될 수 있는 지를 자세하게 다룬다. 이를 통해 경제학과 커뮤니케이션의 학문적 수렴이 왜 필요하고, 중요한 지를 제시해보려고 했다.

경제학만 안다고 경제현상을 이해할 수 있는 것은 아니다. 미디어의 경제뉴스를 소비한다고 해서 경제문제를 이해하고, 해석할 수 있는 것도 아니다. 경제학적 요소와 커뮤니케이션학적 요소를 서로 합쳐서 분석하고 해석할 때 경제현상에 대한 설명, 평가, 예측의 정확도는 높아진다.

이 책은 모두 10장으로 구성되어 있다.

1장에서는 경제뉴스의 전반적의 보도규범을 다룬다. 국내에서 경제뉴스의 일반적인 보도경향, 정치적 환경에 따른 경제뉴스 보도의 차이, 경기상황에 따른 경제뉴스의 차이, 경제뉴스의 현실구성방식에 대해 살펴본다.

2장에서는 사회경제지표에 대한 미디어의 현실구성방식을 다룬다. 많은 사회경제지표 가운데 미디어가 주목하는 의제나 이슈, 이들 사회경제지표에 대한 미디어의 구성방식, 정부와 매체별로 나타난 사회경제지표의 구성체계를 검토한다. 특히 미디어가 사회경제지표를 어떤 방식으로 보도하고, 구성하는 지를 파악해 봄으로써 우리 삶의 수준과 정책의제를 설정하는데 하나의 준거틀을 토론해 본다.

3장에서는 미디어가 경제현실을 어떻게 매개하는 지를 입체적으로 다룬다. 미디어의 경제현실 구성방식, 경제현실에 대한 의제설정, 경제현실 평가의 요인과 특성을 구조적으로 밝혀본다.

4장에서는 경제뉴스의 속성 프레임을 경험적으로 검정하고 논의한다. 경제뉴스 속성 프레임이 사람들의 경제인식에 어떻게 영향을 미치는지, 또 경제현실에는 어떻게 영향을 미치는 지를 시계열적으로 분석하고, 토론한다.

5장에서는 경제커뮤니케이션 효과의 시간차에 대해 다룬다. '무엇'에 대한 효과를 중심으로 논의되어 온 커뮤니케이션 연구를 '언제' 효과가 나타나는지에 대한 시간성의 문제로 확장해 보고자 한다. 경제뉴스-경제현실-경제인식 간의 상호효과 관계에 있어 위계, 속도, 그리고 강도가 언제 나타나는지를 이론적으로 논증한다.

6장에서는 경제커뮤니케이션 효과가 경제상황, 특히 경기국면에 따라 어떻게 달리 나타나는지에 대한 효과의 비대칭성을 탐구한다. 효과의 비대칭성을 검정함으로써 커뮤니케이션 효과연구의 지평을 넓혀 보고자 한다.

7장에서는 경제뉴스와 대통령 지지도 간의 영향 관계에 대한 경제 프라이밍 효과에 대해 평가하고, 토론한다. 경제뉴스와 대통령 평가, 경제현실과 대통령 평가, 경제인식과 대통령 평가 등을 구조적으로 연결해 설명함으로써 프라이밍 이론을 실증적으로 검정해 보고자 한다.

8장에서는 경제뉴스, 경제현실, 경제인식이 사람들의 소비행위를 어떻게 결정하는 지에 대한 구조적 틀을 분석한다. 경제주체인 개인의 소비활동이나 전망이 경제요소들에 의해 어떤 형태로 영향을 받는지에 대해 데이터 분석을 시도한다.

9장에서는 경제뉴스가 기업의 고용 및 투자심리에 어떻게 영향을 미치며, 나아가 의사결정과정에 작동하는 효과의 위계와 속도를 구조적으로 제시한다.

10장에서는 경제의제설정 연구에 대한 기존 연구의 한계를 비판적으로 검토한다. 아울러 경제현실을 제대로 설명하기 위한 방법론으로 시계열 분석인 벡터자기회귀(VAR) 모형을 그 대안으로 제시하고, 방법론적 적절성을 검토한다.

1부

경제커뮤니케이션 속성

1장 경제뉴스 보도경향

경제뉴스만큼 일상생활에 널리 영향을 끼치는 뉴스도 드물다(Blood & Phillips, 1997). 경제뉴스는 주요 경제주체인 국가, 기업, 소비자의 경제활동과 그에 따른 경제현상을 폭넓게 다룬다. 그 영역은 물가, 생산, 비즈니스 동향과 같은 미시적인 이슈에서부터 국내외 경기변동과 경제정책, 외환시세, 경상수지, 국내총생산 등의 거시적인 이슈에 이르기까지 매우 다양하다(심재철, 1999). 하지만 경제뉴스는 경제활동이나 경제현상을 단순히 전달하는 것은 아니며 특정한 관점이나 틀(frame) 속에서 설명하고 예측한다. 한 국가의 경제지형은 결국 '미디어가 그려낸 경제상황'이라 해도 과언이 아니다.

대중은 직접적인 경험을 통해 경제현실을 배우기도 하지만(Zucker, 1978), 대체적으로는 언론이 제공하는 경제뉴스를 보면서 경제현실을 이해하고 평가한다(Hetherington, 1996; Mutz, 1992; Nadeau, Niemi, Fan, & Amato, 1999). 언론이 경제상황을 어떻게 보도하고 평가하는가에 따라 대중의 경제현실 인식은 달라진다. 경제뉴스는 물가, 고용, 투자, 금융 등의 실제 경제상황이나 경제와 관련된 정치적, 정책적 의사결정에도 영향을 끼친다(이완수, 2007; 이완수·심재철·박양수, 2007). 예를 들어, 부정적인 경제뉴스가 늘어나면 개인과 기업의 경제심리는 위축되고 국가경제 회복은 지연될 수 있다. 또 경제뉴스는 정부의 경제정책을 잘못된 방향으로 이끌거나 대통령 선거에 결정적인 영향을 끼치기도 한다(이완수, 2007; Blood & Phillips, 1997). 따라서 경제뉴스 분석은 국가의 정치경제적 지형을 이해하고 예측하는 데 긴요하다.

경제뉴스에 대한 국내외 선행연구는 언론의 경제뉴스 보도가 대체로 부정적인지(Blood & Phillips, 1997), 긍정적인 경제뉴스는 그저 그렇게 보도되거나 때때로 무시되면서도 부정적인 경제뉴스는 유독 두드러지게 보도되는지(이완수, 2008; Hester & Gibson, 2003), 경제뉴스는 실제 경제현실을 잘 반영하는지(Samuelson, 1990), 경제뉴스의 보도경향이 대통령이나 정부에 따라 다른지(Goidel & Langley, 1995) 등을 중점적으로 분석해 왔다. 그러나 국내에서는 경제문제에 대한 국민적 관심도는 매우 높았던 반면에 경제뉴스 연구는 거의 이루어지지 않았다(이완수, 2007). 경제뉴스 연구는 최근에 본격적으로 시작되어 부정적인 뉴스가 긍정적인 뉴스보다 더 자주 그리고 더 두드러지게 보도된다는 정도가 밝혀져 있을 뿐이다(이완수, 2008). 그러다보니, 경제뉴스가 경제상황을 어떻게 전달하는지, 또 경제현실을 얼마나 잘 반영하는지 등은 경험적으로 탐구된 적이 거의 없다. 경제뉴스가 경제상황을 얼마나 정합적(symmetry)으로 구성하여 보도하는지에 대한 객관적인 데이터는 찾아보기 어렵다.

위에서 언급한 미국의 경제뉴스 연구들은 국내에서도 매우 유용하다. 부정적인 경제뉴스가 긍정적인 경제뉴스보다 많다는 것은 국내에서도 예상 가능하지만, 실제로 언제 어떤 상황에서 그런지는 밝혀진 게 없다. 경제뉴스는 통계자료를 기초로 하는 경우가 많으므로 경제현실을 비교적 객관적으로 반영할 것으로 가정할 수 있으나, 경제뉴스의 논조[1]나 의제가 실제로 경기변동이나 경제상황 변화와 얼마나 일치하는지는 미지수다.

미국도 그러하지만, 특히 국내에서는 경제와 정치가 불가분의 관계에 있기 때문에 대통령이나 정부에 따라 경제뉴스가 어떻게 달라질 수 있는지도 관심거리다. 이런 의문들은 언론의 현실 재구성 개념을 이론적으로 확장하고 보강하는 데 기여할 수 있을 것이다. 언론의 현실 재구성 개념은 그간 국내에서 폭넓게 논의되었지만, 경제뉴스와 관련하여 언급된 적은 별로 없었다. 또 뉴스에 묘사된 현실과 실제 현실을 맞비교하는 경험적인 연구를 통해 논의된 적도 많지 않다. 이 연구가 경제뉴스와 실제 경제상황 간의 관계를 중시하는 것은 이 때문이다.

이 연구는 역대 두 정부(김대중 정부와 노무현 정부)시기를 대상으로 하

---

1) 논조는 의견기사에 적용되는 개념이며 사실기사에는 '톤(tone)'이 더 적합하지만, 이 논문은 편의상 논조로 통일하여 쓴다.

여 정치경제적 맥락 속에서 경제뉴스의 보도경향을 살펴보았다. 구체적으로, 이 연구는 국내 경제뉴스의 전반적인 보도경향은 어떠한지, 경제뉴스의 보도경향은 특정 매체에 따라 그리고 특정 정부시기에 따라 다른지, 경제뉴스는 실제 경제상황과 일치하는지 등을 분석했다. 아래에 소개되어 있듯이, 미국 선행연구가 주로 경제뉴스의 (부정적) 논조를 중심으로 수행되었으므로 이 연구도 거기에 주목했다.

1. 경제뉴스의 보도경향

경제뉴스 연구의 주요 관심사 중 하나는 경제상황에 대한 언론의 적절한 견제와 균형 기능이었다(Ju, 2008). 하지만 언론이 경제상황을 감시하거나 예측성 경고를 함에 있어서 반드시 현실 정합적이고 균형적인 입장을 취했던 것은 아니다(Harrington, 1989; Lerner & Rothman, 1990; Lichter, Rothman, & Lichter, 1986; Stein, 1975). 일반적으로, 언론은 밝고 긍정적인 뉴스보다 일탈적이고 부정적인 뉴스를 선호한다. 나쁜 뉴스가 좋은 뉴스라는 인식은 실제로 기자와 에디터의 뉴스가치 기준으로 작동한다(심재철, 1997; Patterson, 1996; Shoemaker & Reese, 1991).

경제뉴스도 마찬가지다. 예를 들어, 라트리프(Rattliff, 2001)는 1989년부터 1994년까지 미국 신문의 경제뉴스를 분석하여 63%의 뉴스가 부정적이거나 매우 부정적인 논조였다고 보고했다.[2] 일부 학자들도 이런 경향에 동의하면서 경제뉴스가 경제상황을 극적으로 묘사해 대중에게 불안감을 심어준다고 지적했다(Blood & Phillips, 1995; Wattenberg, 1984).

---

2) 이 연구는 경제뉴스를 5점 척도('매우 부정적' −2, '부정적' −1, '중립적' 0, '긍정적' 1, '매우 긍정적' 2)로 측정했는데, 평균값도 −0.45로 나와서 전체적으로 보더라도 경제뉴스의 논조는 부정적이었다.

그렇다고 해서 경제뉴스의 부정적 보도경향을 꼭 비판할 수만은 없다. 언론이 정부정책이나 기업활동, 소비행태의 문제점과 같은 부정적인 측면을 지적하는 것은 언론 본연의 환경감시 임무 측면에서 바람직하다고 말할 수 있다. 경제상황이 나쁜 경우라면, 부정적인 경제뉴스가 양산되는 것이 오히려 당연하다. 대중도 긍정적인 경제뉴스보다 부정적인 경제뉴스에 관심을 갖고 주목하기 마련이다(Fogarty, 2005; Haller & Norpoth, 1997). 뉴스도 하나의 상품이며 뉴스 소비자의 관심유발이 언론 비즈니스에 긴요하다고 보면, 경제뉴스의 부정적 논조는 언론의 불가피한 선택일 수 있다.

그러나 문제는 언론이 그 정도의 적절성을 넘어서서 경제뉴스를 보도한 적이 많다는 점이다. 언론은 너무 자주 부정적인 내용의 경제의제를 설정했으며(Bennett, 1988), 경기가 좋을 때는 경제뉴스를 보도하지 않다가 경기가 나빠지면 집중적으로 보도했다(Fogarty, 2005; Shah et al., 1999). 또 경제상황이 호전되고 있는데도 부정적인 경제뉴스는 오히려 증가했으며(Hetherington, 1996), 경제현실을 왜곡하여 보도한 경우도 있었다(Nadeau, Niemi, & Fan, 1996).

이와 같은 경제뉴스의 부정적 편향성은 국내에서도 발견된다. 이기현과 이동훈(2004)은 KBS, MBC, SBS의 경제뉴스를 분석하여 긍정적인 논조의 뉴스는 4%인 반면에 부정적인 논조의 뉴스는 37%나 됐다고 보고했다.[3] 부정적인 논조의 경제뉴스는 '경기침체', '장기불황', '도산위기', '극도의 불경기'와 같은 위기감과 비관론을 조성하는 용어를 포함했다(이기현·이동훈, 2004, 12쪽).

매체유형에 따른 경제뉴스 보도경향의 차이도 발견됐다. 대체적으로 TV 방송은 신문보다 경제뉴스를 더 자극적이고 부정적으로 보도한다(Glassman, 1993; Hester & Gibson, 2003).[4] 글래스만(Glassman, 1993)은 불황기

---

3) 방송 3사의 경제뉴스가 비교적 중립적이라는 연구도 있다(임홍순, 2005 참조).
4) 그렇다고 해서 신문의 경제뉴스가 완전히 균형적이고 중립적인 것은 아니다. 예

가 아니었던 5년간(1982~1987년) 미국 TV 방송의 경제뉴스 5,300개를 분석하여 무려 4,500개가 부정적인 논조였다고 보고했다. 콜만과 배닝(Coleman & Banning, 2006)은 이런 현상을 TV의 매체적 속성으로 설명한다. 즉 보도 내용보다 보도 스타일, 이슈 속성보다 개인적 특성, 정보적 소구보다 감성적 소구에 의존하려는 경향은 모든 언론매체의 공통점이지만, TV 방송은 그 정도가 신문보다 더 심하므로 경제상황을 더 편향적이고 더 자극적으로 구성한다는 것이다. 미국 TV 방송은 '나쁜' 경제뉴스를 지나치게 강조하여 경제현실을 왜곡하는 매체로 간주되고 있다(Harrington, 1989, 17쪽). TV 방송에 대한 미국 수용자들의 인식도 이와 비슷하다. 미국신문편집협회(American Society of Newspaper Editors)의 수용자 조사에서, 응답자의 42%는 TV 방송의 편향성에 동의했으며 신문의 편향성에 동의한 응답자는 23%였다(삼성포럼 뉴스레터, 1999).

2. 정치환경과 경제뉴스

어느 국가든 경제는 정치와 밀접한 관계에 있으므로 경제뉴스는 정치환경의 영향을 받기 쉽다. 일반적으로, 부정적인 경제뉴스는 대통령 지지도와 부(否)적 상관관계를 보인다(Blood & Phillips, 1997).[5] 대통령 지지도가 올라가면 부정적인 경제뉴스는 줄어들고, 대통령 지지도가 내려가면 부정적인 경제뉴스는 늘어난다. 이런 경향은 실제 경제상황과 다소 무관하

를 들어, 블러드와 필립스(Blood & Phillips, 1997)는 신문에서 발견되는 부정적인 경제뉴스와 긍정적인 경제뉴스의 비율이 2대 1 정도라고 하면서, 이 정도의 비율은 TV 방송의 경제뉴스에 비해 상대적으로 균형적이라고 평가했다.

5) 또 다른 경향은 선거 시기에 언론이 당파적 인상을 최소화하기 위해 객관적 보도를 하는 것인데, 그러면서도 언론은 유권자들의 흥미를 유발하기 위해 당파성이 개입된 논쟁점을 의도적으로 부각시키기도 한다(Hallin, 1986). 선거 기간 중의 중립적 보도경향은 TV 방송의 경제뉴스에서 더욱 두드러진다(Harrington, 1989).

게 발견됐다. 블러드와 필립스(Blood & Phillips, 1995), 엔트만(Entman, 1989)
은 실제 경기가 좋든 나쁘든 관계없이 대통령의 대중적 인기가 높으면
언론은 경제뉴스를 덜 비판적으로 보도하고, 인기가 떨어지면 더 비판적
으로 보도한다고 보고했다.

그러나 대통령 지지도가 높다고 해서 언론이 경제뉴스를 반드시 덜 부
정적으로 또는 우호적으로 보도하는 것은 아니다. 미국의 부시 대통령은
1991년 당시에 걸프전으로 최고의 지지도를 얻었지만, 언론은 그 다음해
의 대통령 선거 때 부정적인 경제뉴스를 집중적으로 보도했다(Goidel &
Langley, 1995; Hetherington, 1996; Stevenson et al., 1994). 그로 인해 언론은 국
가경제를 지나치게 비관적으로 묘사한다는 비판을 받았으며, 정치 전문
가들은 부시 대통령의 재선 실패 원인을 언론의 적대적 경제뉴스 보도에
서 찾았다(Graber, 1993).

위 사례는 실제 경제상황이나 대통령 지지도 외에 언론의 정치적 정향
성이 경제뉴스 보도에 관련될 수 있음을 시사한다. 예를 들어, 미국은
2004년 조지 부시(George W. Bush) 대통령의 감세정책 덕택에 소비자의 생
활경제는 좋아지고, 경제성장률은 높아지고, 다우산업평균지수도 크게 올
랐지만, 조지 부시 행정부의 경제정책에 대한 언론보도는 그렇게 호의적
이지 않았다(Eshbaugh-Soha & Peake, 2005). 이는 대형 신문과 네트워크 방송
등 미국의 주류 언론이 조지 부시의 보수정권에 대해 기본적으로 비판적
이었기 때문이다. 더 과거의 예를 보면, 레이건 대통령은 1982~1983년에
언론의 비관적인 경제뉴스가 경기회복을 지연시킨다고 불평했는데, 그런
뉴스는 당시가 불황기였기 때문에 나왔을 수도 있지만 진보적 편향(liberal
bias)에 휩싸인 미국 주류 신문들이 레이건의 보수노선을 근본적으로 반대
했기 때문이라는 주장이 더 설득적이다(Charen, 2003).

이런 사례들은 언론의 경제보도가 특정 정당이나 대통령에 따라 달라질
수 있음을 보여준다.

정치적 논리에 따른 경제보도는 국내에서도 발견된다. 이완수와 심재철(2007)의 연구에서, 부정적인 경제뉴스와 대통령 지지도는 김대중 정부시기에 별다른 상관관계를 보이지 않았지만 노무현 정부시기에는 부(否)적 상관관계를 보였다. 김대중 정부시기의 언론은 정부와 갈등을 빚으면서도 긴장을 유지했던 반면에 노무현 정부시기의 언론은 정부와 극도의 적대적인 관계였다. 즉 이 연구는 (대통령 지지도보다) 대통령에 대한 언론의 정파적 이해관계가 부정적 경제뉴스 생산에 더 관련이 있음을 예증한다. 마동훈(1996)도 경제뉴스는 정치 메커니즘으로부터 결코 독립적일 수 없기 때문에 정치적 맥락과 경제위기 보도는 상관관계를 가질 수밖에 없다고 주장했다.

3. 경제뉴스의 현실구성

위에서는 정치환경이라는 특정 변인을 중심으로 경제뉴스의 보도경향을 살펴보았지만, 언론의 현실 재구성이라는 폭넓은 관점에서 경제뉴스를 보면 다소 상충되는 연구결과들이 발견된다. 일반적으로 개인, 기업, 정부 등 경제주체들은 언론이 경제상황을 객관적으로 보도할 것으로 가정한다(Behr & Iyengar, 1985; Gergen, 1992; Samuelson, 1990). 경제상황이 나빠지면 언론은 경제이슈에 더 주목할 것이며, 따라서 부정적인 경제뉴스를 많이 생산하는 것은 언론의 합리적인 의사결정으로 간주될 수 있다. 이런 가정을 받아들이면, 경제뉴스의 보도경향을 결정하는 요소는 경제지표나 경제 통계자료다. 실제로, 경제뉴스는 계량화된 사실정보(facts)에 기초해 작성되는 경우가 많으므로, 현실을 있는 그대로 보도한다는 갠즈(Gans, 1979)의 거울이론(mirror theory)은 경제뉴스에서도 유효하다고 말할 수 있다.

이런 관점은 여러 연구를 통해 지지되었다. 미국의 경제담당 기자들은 물론이고 일부 언론/경제학자들도 경제뉴스가 현실을 비교적 충실히 반영하며 경제현실을 의도적으로 왜곡하는 경우는 별로 없다는 데 대해 동의한다(Gergen, 1992; Samuelson, 1990). 다수의 경험적 연구에서도, 경제뉴스는 경제상황과 상당히 일치했으며(Nadeau et al., 1999), 전반적인 경제현실과 추세를 비교적 잘 반영했으며(Behr & Iyengar, 1985; Wu, Stevenson, Chen, & Güner, 2002), 경기가 나쁠 때는 부정적인 경제뉴스가 늘어났으며 경기가 좋을 때는 긍정적인 경제뉴스가 늘어났다(Fogarty, 2005).

그러나 언론의 현실 재구성에 관한 국내외 학자들의 전통적인 주장과 마찬가지로(강철용, 2005; 송용회, 2005; Funkhouser, 1973; Shoemaker & Reese, 1991; Tuchman, 1978 참조), 경제뉴스도 경제현실을 재구성하는 측면이 분명히 있다. 예를 들어, 우와 그의 동료들(Wu et al., 2002)은 경제뉴스가 경제상황을 반영한다는 데 대해 기본적으로 동의하면서도, 불황기에는 부정적인 경제뉴스가 극단적으로 강조되는 경향이 있다고 밝혔다. 포가티(Fogarty, 2005)는 언론은 경기가 나쁠 때 부정적인 뉴스를 양산하는데, 문제는 경기가 좋을 때에 긍정적인 뉴스를 그에 버금갈 정도로 양산하지는 않는다고 지적했다.

일부 학자들은 언론이 부정적인 경제뉴스를 유달리 강조하고 긍정적인 경제뉴스를 무시하는 것을 경제뉴스의 불균형적 또는 비대칭적 보도관행으로 간주한다(이완수, 2008; Kollmeyer, 2004; Stein, 1975; Wattenberg, 1984). 실례로, 미국 응용경제연구소(IAE, 1984)는 1983년 말에 당해 연도 하반기의 각종 경제지표들을 발표했는데, 그 지표들의 95% 가량이 긍정적인 내용이었음에도 불구하고 언론은 85%의 지표들에 대해 부정적으로 보도했다. 이런 편향성은 1983년 6월 미국 CBS의 실업 보도에서도 나타났다. 당시의 실업률(10.0%)은 그 전달인 5월(10.1%)에 비해 미세하나마 하락했지만, CBS는 직장으로 돌아오는 사람들의 모습이 아니라 실직한 사람들의 모습에 초점을 맞추어 보도했다(Brown, 1984). CBS는 실업률이 떨어진 사실 자

체보다 실업률이 여전히 높다는 사실을 강조하기 위해 실업률 통계를 부정적인 프레임으로 보도했다.[6]

살펴본 바와 같이, 경제뉴스의 현실구성 방식에 대해서는 학자에 따라 부분적으로 의견이 엇갈리고 있으므로 누적적이고 장기적인 조사와 이론적 검토가 필요하다.

4. 경제뉴스 사례연구

경제뉴스의 보도경향에 대한 경험적 연구는 국내에 별로 없다. 특히, 경제뉴스의 논조와 매체유형의 관계, 경제뉴스와 대통령/정부의 관계, 경제뉴스의 경제상황 반영 정도 등은 국내에서 경험적으로 탐구된 적이 거의 없다. 따라서 이 연구는 다음과 같은 5개의 연구문제를 설정했다.

연구문제 1 : 경제뉴스의 논조는 전반적으로 어떠한가?
연구문제 2 : 경제뉴스의 논조는 매체유형별(신문과 방송)로 차이가 있는가?
연구문제 3 : 경제뉴스의 논조는 매체별(조선일보, 동아일보, KBS, SBS)로
　　　　　　　차이가 있는가?
연구문제 4 : 경제뉴스의 논조는 정부시기별(김대중 정부와 노무현 정부)로
　　　　　　　차이가 있는가?
연구문제 5 : 경제뉴스의 논조는 경기상황별로 차이가 있는가?

위의 연구문제 중에서 〈연구문제 4〉는 정부시기별로 경제뉴스의 논조 차이를 분석한 다음에 정부시기와 매체의 상호작용 효과를 함께 분석하며, 〈연구문제 5〉는 경기상황별로 경제뉴스의 논조 차이를 분석한 다음에 경기상황과 정부시기의 상호작용 효과를 함께 분석한다.

---

6) 국내 언론도 1997년 IMF 직후에 실업문제를 다루면서 "북한산에 넥타이 신사들이 많다"는 자극적인 프레임으로 보도해 사실성 논란을 불러일으켰다(심재철, 2005, 26쪽).

이 연구는 조선일보와 동아일보의 1면 전체 기사, KBS 저녁 9시 종합뉴스와 SBS 저녁 8시 종합뉴스 전체를 분석했다. 이 4개 매체는 국내 신문연구와 방송연구에서 흔히 사용됐다. SBS는 경제뉴스를 많이 다루는 상업방송이라는 점에서 선택됐다. 신문 분석의 범위를 1면 기사로 한정한 것은 1면이 신문의 얼굴로 불릴 정도로 중요하며 여론에 가장 큰 영향을 끼치는 지면이기 때문이다(박재영, 2006; Reisner, 1992).

분석기간은 1998년 12월 1일부터 2005년 12월 31일까지였다. 분석기간을 1998년 말부터 잡은 것은 외환위기 상황이 1997년 말부터 1998년 중반까지 계속됐던 점을 고려하여 그 기간의 경제뉴스는 일반적인 경향성 파악에 적합하지 않다고 보았기 때문이다.

분석기사는 한국언론진흥재단 기사검색 사이트인 카인즈(KINDS)에서 추출됐으며 사용된 검색어는 '경제'였다. 모두 21,910개의 기사가 검색됐지만, 그 중에는 연구목적에 적합하지 않은 기사가 더 많았다. 이 연구는 국가적 차원의 경제상황에 대한 기사를 분석하고자 하므로, 특정 기업에 대한 기사는 그것이 국가경제와 직접 연관되지 않는 한 분석에서 제외했다. 예를 들어 물가, 실업, 주가, 유가, 환율, 무역수지, 국내총생산(GDP), 경제정책, 경제전망 등에 관한 기사는 국가경제상황을 다루므로 분석샘플에 포함시켰다. 그러나 특정 기업의 실적, 경제 스캔들이나 사건 등은 제외했다. 최종 기사 샘플은 조선일보 490개, 동아일보 358개, KBS 860개, SBS 809개 등 총 2,517개였다.

이 연구는 기사의 제목을 분석했다.[7] 기사 제목은 수용자의 사안 인식에 있어서 기사 본문과 비교가 안 될 정도로 강력한 영향을 끼치는 프레이밍 장치다(Hillard, 1991; Pan & Kosicki, 1997). 제목의 논조는 매우 부정적

---

7) 분석의 타당도를 높이기 위해 기사 제목뿐 아니라 본문의 리드(첫 단락)도 함께 측정했지만 제목과 리드의 논조 비교에서 유의미한 차이가 없어서($t=1.20$, df=5,026, $p>0.05$) 기사 제목만으로 연구문제를 분석했다.

(−2), 부정적(−1), 중립적(0), 긍정적(1), 매우 긍정적(2) 등 5점 척도로 측정됐다. 제목의 논조는 연구문제 분석에서 전체 합산평균값으로 사용됐다.

분석기사의 일부를 사전 조사해서 제목에 나타난 묘사와 표현의 강도에 따라 논조를 조작적으로 정의했다. 예를 들어, 제목에 대폭 둔화, 초비상, 고공비상, 붕괴, 폭락, 대폭락, 강타, 최악 등과 같은 아주 강하거나 격한 묘사나 표현이 포함되어 있으면 '매우 부정적'인 논조로 분류했다. 그러나 급락, 급등, 급증, 비상, 심각, 타격 등과 같이 표현의 정도가 아주 강하지는 않지만 비관적인 의미를 담고 있을 경우에는 '부정적'인 논조로 분류했다. 이와 반대로, 폭등, 연중 최고치 등과 같이 묘사나 표현의 정도가 긍정적으로 또는 낙관적으로 아주 강할 경우에는 '매우 긍정적'인 논조로 분류했다. 그러나 급증, 급등, 경기회복 조짐 등과 같이 표현의 정도가 아주 강하지는 않지만 긍정적이고 낙관적인 경우에는 '긍정적'인 논조로 분류했다.

한편, '주가, 전날에 비해 10P 올라'와 같이 사실정보(facts)를 가감 없이 전달하거나 경제정책에 대한 입장이나 견해가 단순히 표현되기만 한 경우는 '중립적'인 논조로 분류했다. 이런 제목들은 감정이나 방향을 제시했다기보다는 사실이나 사실에 대한 진술을 단순히 전달한 것에 불과하기 때문이다. 긍정적인 논조와 부정적인 논조가 혼합된 경우도 중립적인 논조로 분류했다.

정부시기는 김대중 정부시기(1998년 12부터 2003년 2월까지)와 노무현 정부시기(2003년 3월부터 2005년 12월까지)로 구분했다. 경기상황은 통계청 홈페이지(www.nso.go.kr)에서 추출한 '경기동행지수 순환변동치'를 기준으로 경기확장기와 경기수축기로 분류했다. 경기동행지수 순환변동치는 현재의 경제상황을 나타내는 종합지수로서 수치가 상승하면 경기확장기 국면으로, 수치가 하락하면 경기수축기 국면으로 간주된다(전백근 통계청 통계교육원 교육기획과장, 2008년 7월 23일 인터뷰). 경기확장기에는 생산, 고용,

소득, 판매가 동시에 증가하는 경향을 보이는데, 확장기에서 수축기로 또는 수축기에서 확장기로 변화하는 순차성은 반복되지만 주기적이지는 않다. 통계청 자료를 통해, 이 연구의 분석기간 중에 4번의 경기확장기와 3번의 경기수축기가 있었음을 확인했다. 1998년 12월부터 2000년 8월까지는 경기확장기, 2000년 9월부터 2001년 7월까지는 경기수축기, 2001년 8월부터 2002년 12월까지는 경기확장기, 2003년 1월부터 2003년 7월까지는 경기수축기, 2003년 8월부터 2004년 2월까지는 경기확장기, 2004년 3월부터 2005년 4월까지는 경기수축기, 2005년 5월부터 2005년 12월까지는 경기확장기였다.

코딩은 저자들과 2명의 언론학 전공 대학원생들이 담당했다. 측정항목의 신뢰도 측정은 두 번에 걸쳐 수행됐다. 첫 번째는 사전 테스트로서 저자들과 대학원생 코더 2명이 60개의 샘플 기사를 코딩했다. 그 결과를 비교하면서 코딩 프로토콜을 명확히 재정의하고 합의도를 높였다. 그런 다음에 각 매체의 일련기사 중에서 10번째마다 기사를 추출하여 신뢰도 측정을 했다. 조선일보 49개, 동아일보 35개, KBS 86개, SBS 80개 등 250개의 샘플에 코헨(Cohen, 1960) 카파(kappa) 공식을 적용한 결과, 기사 제목 논조의 신뢰도는 0.91이었다.

5. 경제뉴스 분석결과

1) 경제뉴스의 논조

〈연구문제 1〉은 경제뉴스의 전반적인 논조를 알아보는 것이었다. 이 분석은 다음과 같이 실시됐다. 우선, 전체 2,517개의 기사 중에서 중립적 논조의 기사 685개를 제외해보니 남은 기사는 1,832개였다(〈표 1-1〉 참조). 그리고 논조의 측정값이 −2(매우 부정적)와 −1(부정적)인 경우를 하나의 값(−

1=부정적)으로 다시 코딩했으며, 마찬가지로 2(매우 긍정적)와 1(긍정적)인 경우도 하나의 값(1=긍정적)으로 다시 코딩했다. 이렇게 한 이유는 〈연구문제 1〉이 경제뉴스 논조의 강도를 알아보는 것이 아니라 논조의 전반적인 경향성을 알아보는 데 있기 때문이다. 기사 1,832개의 논조 평균값은 −0.44(표준편차 −0.897)로 나타나, 국내 경제뉴스의 전반적인 논조는 부정적이었다.

<표 1-1> 신문과 방송의 논조 빈도와 비율

	매우 부정적	부정적	중립적	긍정적	매우 긍정적	합 계
신문	245(28.9%)	242(28.5%)	212(25.0%)	79(9.3%)	70(8.3%)	848(100.0%)
방송	347(20.8%)	488(29.2%)	473(28.3%)	258(15.5%)	103(6.2%)	1,669(100.0%)
합계	592(23.5%)	730(29.0%)	685(27.2%)	337(13.4%)	173(6.9%)	2,517(100.0%)

참고로, 전체적으로 부정적(매우 부정적 포함) 논조의 기사는 1,322개, 긍정적(매우 긍정적 포함) 논조의 기사는 510개로 둘 간의 비율은 약 2.6대 1이었다. 신문의 경우에 부정(487개)과 긍정(149개)의 비율은 약 3.3대 1이었으며, 방송의 경우에 부정(835개)과 긍정(361개)의 비율은 약 2.3대 1이었다.

2) 매체유형과 경제뉴스 논조 차이

신문과 방송의 차이를 알아보는 〈연구문제 2〉는 전체 2,517개의 기사를 그대로 사용했다. 그 이유는 이 분석이 (전반적인 논조를 알아보는 〈연구문제 1〉과 달리) 논조의 방향성은 물론이고 강도까지 포함해야 신문과 방송의 차이를 더 명확히 볼 수 있기 때문이다. 신문과 방송의 논조값을 합산평균하여 t-test를 실시한 결과는 〈표 1-2〉와 같다. 신문의 논조 평균값(−0.60)과 방송의 논조 평균값(−0.43)의 차이는 통계적으로 유의미했다. 즉 신문의 경제뉴스 논조는 방송의 경제뉴스보다 더 부정적이었다.

〈표 1-2〉 매체유형별 논조 차이

매 체	평 균	표준편차	t	df	유의확률
신문(n=848)	-0.60	1.22			
방송(n=1,669)	-0.43	1.16	-3.50	2,515	.000

3) 매체와 경제뉴스 논조 차이

〈연구문제 3〉은 매체별(조선일보, 동아일보, KBS, SBS)로 경제뉴스의 논조 차이를 알아보는 것이었다. 〈표 1-3〉의 논조 평균값을 보면, 각 매체의 경제뉴스는 모두 부정적인 논조였다. 조선일보(-0.65)는 그 중에서도 가장 부정적이었으며 동아일보(-0.54), SBS(-0.52), KBS(-0.35)가 그 뒤를 이었다. 일원변량 분산분석(one-way ANOVA)을 실시한 결과, 4개 매체의 논조 차이는 통계적으로 유의미했다. 사후검증은 쉐퍼(Scheffe) 검정으로 실시됐으며, 〈표 1-3〉에 표기된 위첨자 a, b, c는 p<.05 수준 이상에서 통계적으로 유의미한 차이가 있었음을 뜻한다. 즉 조선일보, 동아일보, SBS 등 3개의 매체 사이에는 유의미한 차이가 없었지만, 이 3개의 매체와 KBS 사이에는 유의미한 차이가 발견됐다. 3개 매체의 평균값들이 모두 KBS의 평균값보다 작으므로 조선일보, 동아일보, SBS의 경제뉴스 논조는 KBS보다 더 부정적이었다.

〈표 1-3〉 매체별 논조 차이

매체	평균	표준편차	F	유의확률
조선일보(n=490)	-.65a	.78		
동아일보(n=358)	-.54b	.76	8.75	.000
KBS(n=860)	-.35abc	.82		
SBS(n=809)	-.52c	.77		

4) 정부와 경제뉴스 논조 차이

〈연구문제 4〉는 정부시기별(김대중 정부시기와 노무현 정부시기)로 경제뉴스의 논조에 차이가 있는지 알아보는 것이었다.

〈표 1-4〉 정부시기별 논조 차이

정부	평균	표준편차	t	df	유의확률
김대중 정부시기(n=1,588)	−0.23	0.82			
노무현 정부시기(n=929)	−0.47	0.71	7.63	2,515	.000

〈표 1-4〉를 보면, 노무현 정부시기의 경제뉴스 논조의 평균값(−0.47)은 김대중 정부시기의 평균값(−0.23)보다 작았으며, 이 차이는 통계적으로 유의미했다. 즉 노무현 정부시기의 경제뉴스 논조는 김대중 정부시기의 경제뉴스 논조보다 더 부정적이었다. 그러나 이런 결과는 두 정부시기의 실제 경기상황 차이 때문에 발생했는지 실제 경기상황을 감안한 상태에서의 추가분석이 필요하다. 이는 〈연구문제 5〉에서 살펴본다.

〈연구문제 3〉과 〈연구문제 4〉의 분석결과를 토대로 경제뉴스의 논조가 개별 매체에 따라, 또 정부시기별로 다른지 알아보았다.

〈표 1-5〉 매체별, 정부시기별 논조 차이

소스	제 III 유형 제곱합	df	평균제곱	F	유의확률
수정모형	49.97	7	7.14	11.78	.000
절편	281.94	1	281.94	465.36	.000
정부시기	28.61	1	28.61	47.23	.000
매체	14.65	3	4.88	8.06	.000
정부시기*매체	1.26	3	0.42	0.69	.56
오차	1,520.07	2,509.00	0.61		
합계	1,832.00	2,517			
수정합계	1,570.04	2,516			

〈표 1-5〉의 다원변량 분산분석(n-way ANOVA) 결과를 보면, 전체 분석모형은 통계적으로 유의미했다(df=7, F=11.78, p〈.001, R^2=.170, 수정된 R^2=.168). 즉 전체적으로 독립변인(정부시기와 매체)은 종속변인(경제뉴스의 논조)에 영향을 끼친 것으로 나타났다. 독립변인별로 보면, 정부시기의 주효과(main effects)는 유의미했으며(df=1, F=47.23, p〈.001) 매체의 주효과도 유의미했다 (df=3, F=8.06, p〈.001). 그러나 정부시기와 매체의 상호작용효과(interaction effects)는 유의미하지 않았다(df=3, F=0.69, p〉.05).

〈그림 1-1〉 정부시기에 따른 매체별 논조 차이

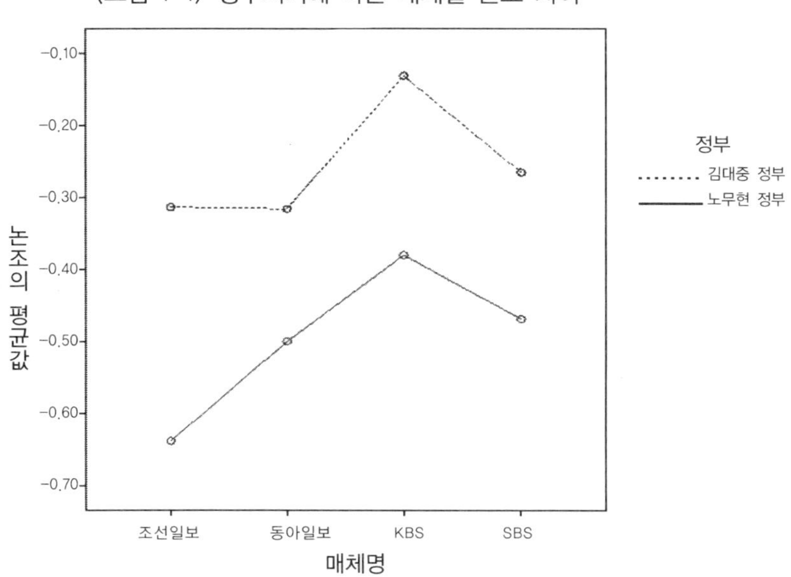

이런 결과는 앞서 설명한 연구문제 3의 〈표 1-3〉과 연구문제 4의 〈표 1-4〉와 일치한다. 주효과와 상호작용효과의 여부를 시각적으로 표현한 〈그림 1-1〉에서 보듯이, 김대중 정부시기(위쪽 그래프)와 노무현 정부시기(아래쪽 그래프)의 경제뉴스 논조는 시각적으로도 명확히 차이가 날 정도로 전자의 값이 크며 매체별로는 유독 KBS만 값이 크다. 이는 김대중 정

부시기의 경제뉴스 논조가 노무현 정부시기보다 덜 부정적이었으며 KBS
의 경제뉴스 논조가 타 매체보다 덜 부정적이었음을 뜻한다. 즉, 앞의 분
석과 마찬가지로, 두 독립변인의 주효과는 있었다. 그러나 두 정부시기의
그래프는 매체별로 거의 비슷한 패턴을 보여주어 상호작용효과는 없었다.

　이렇게 보면, 특정 매체가 특정 정부에 따라 경제뉴스를 의도적으로
부정적으로 보도했다고 말하기는 어렵다. 그 보다는, 노무현 정부시기의
경제뉴스가 김대중 정부시기보다 전체적으로 더 부정적이긴 하지만, 각
매체가 두 정부시기에 경제뉴스를 부정적으로 보도한 경향은 비슷했다고
말할 수 있다. 참고로, 김대중 정부시기에 동아일보와 조선일보의 경제뉴
스 논조는 타 매체들에 비해 상대적으로 더 부정적이었으며, 노무현 정부
시기에는 조선일보의 경제뉴스 논조가 상대적으로 가장 부정적이었다.

5) 경기상황과 경제뉴스 논조 차이

　〈연구문제 5〉는 경기상황별로 경제뉴스의 논조에 차이가 있는지 알아
보는 것이었다. 〈표 1-6〉에서 보듯이, 경기확장기의 경제뉴스 논조의 평
균값(-0.19)은 경기수축기(-0.49)보다 더 컸으며, 이 차이는 통계적으로 유
의미했다. 즉 경기가 좋을 때는 덜 부정적으로, 경기가 나쁠 때는 더 부
정적으로 보도되는 경향이 발견됐다. 따라서 국내 경제뉴스는 경기상황
을 반영하는 편이라고 말할 수 있다. 그러나 경기확장기에도 경제뉴스의
논조는 부정적이었기 때문에 이 분석결과는 조심스럽게 이해되어야 한
다. 경기확장기는 경기상황이 나아지고 있거나 향후에 나아질 것이라는
청신호이기 때문이다. 따라서 경제뉴스가 경제통계라는 객관적인 데이터
를 기초로 하여 경기상황에 완전히 부합하는 식으로 보도된다고 말하기
는 어렵다.

〈표 1-6〉 경기상황별 논조 차이

경기상황	평균	표준편차	t	df	유의확률
경기확장기(n=1,392)	-0.19	0.84	9.92	2,515	.000
경기수축기(n=1,125)	-0.49	0.69			

〈연구문제 4〉와 〈연구문제 5〉의 분석결과를 토대로 경제뉴스의 논조가 경기상황별로, 또 정부시기별로 다른지 알아보았다. 〈표 1-7〉의 다원변량 분산분석(n-way ANOVA) 결과를 보면, 전체 분석모형은 통계적으로 유의미 했다(df=3, F=41.33, p<.001, R^2=.047, 수정된 R^2=.046). 즉, 전체적으로 독립변인(경기상황과 정부시기)은 종속변인(경제뉴스의 논조)에 영향을 준 것으로 나타났으며, 각 독립변인의 주효과도 유의미했다. 경기상황과 정부시기의 상호작용효과도 유의미했다(df=1, F=12.51, p<.001). 따라서 경제뉴스의 논조는 특정 정부시기의 경기상황에 따라 차이가 있었다.

〈표 1-7〉 경기상황별, 정부시기별 논조 차이

소스	제 III 유형 제곱합	df	평균제곱	F	유의확률
수정모형	73.82	3	24.61	41.33	.000
절편	282.80	1	282.80	474.97	.000
경기상황	23.62	1	23.62	39.67	.000
정부시기	11.20	1	11.20	18.81	.000
경기상황*정부시기	7.45	1	7.45	12.51	.000
오차	1,496.22	2,513	.60		
합계	1,832.00	2,517			
수정합계	1,570.04	2,516			

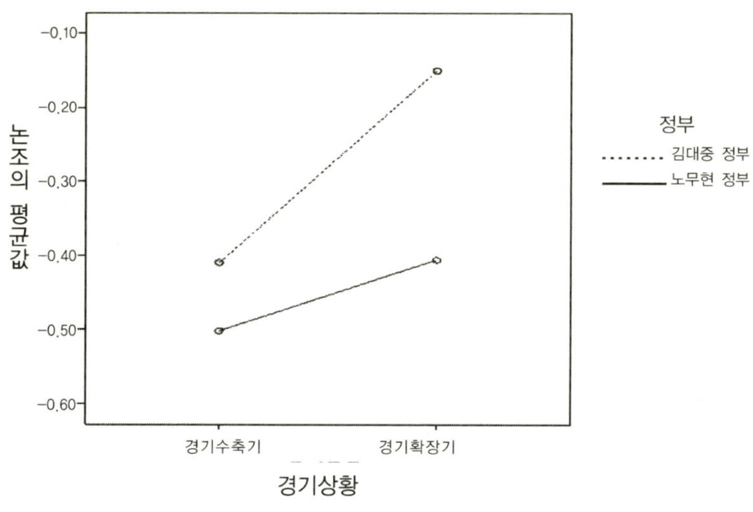

〈그림 1-2〉 정부시기에 따른 경기상황별 논조 차이

〈그림 1-2〉에서 보듯이, 두 정부시기의 논조 차이는 경기수축기에는 작았던 반면에 경기확장기에는 매우 컸다. 다시 말해, 김대중 정부시기든 노무현 정부시기든 경기가 나빴을 때에는 경제뉴스 논조가 큰 차이를 보이지 않았지만, 노무현 정부시기에 경기가 좋았을 때의 경제뉴스 논조는 김대중 정부시기에 경기가 좋았을 때의 논조보다 훨씬 더 부정적이었다. 따라서 경기가 좋은 상황에서의 경제뉴스의 논조는 특정 정부시기에 따라 달랐다.

6. 토론

이 연구는 국내 경제뉴스의 보도경향을 논조 중심으로 분석했다. 선행연구가 별로 없는 관계로 다분히 탐색적인 차원의 연구였으며, 그런 탓인지 이 연구의 분석결과는 미국의 선행연구와 부분적으로 일치하면서도 배치됐다. 주요 분석결과를 요약하고 토론하면 다음과 같다.

첫째, 국내 경제뉴스의 논조는 전반적으로 부정적이었다. 논조의 평균값뿐 아니라 전체 기사 빈도로 보더라도, 부정적(매우 부정적 포함) 논조의 기사와 긍정적(매우 긍정적 포함) 논조의 기사 비율은 약 2.6대 1이었다. 이는 국내 수용자들의 일반적인 인상비평과 크게 다르지 않아 보이며, 미국에서 수행된 다수의 선행연구 결과와도 일치한다(Harrington, 1989; Lerner & Rothman, 1990). 언론의 기능이 사회적 환경에 대한 감시와 경고임을 고려하면, 이 결과는 다소 예견 가능한 것이었다고 말할 수 있다.

둘째, 신문 경제뉴스 논조는 방송 경제뉴스보다 더 부정적이었다. 이는 방송 경제뉴스 논조가 신문 경제뉴스보다 더 부정적이라는 미국 연구와 정반대된다. 따라서 이 결과는 한국적 맥락에서 발견된 다소 특이한 현상이라고 말할 수 있다. 매체별로 논조의 빈도를 보더라도, 방송의 부정적인 경제뉴스는 긍정적인 경제뉴스의 약 2.3배인 반면에 신문의 부정적인 경제뉴스는 긍정적인 경제뉴스의 약 3.3배나 되었다. 블러드와 필립스(Blood & Phillips, 1997)는 신문에서 부정적인 경제뉴스와 긍정적인 경제뉴스의 비율이 2대 1로 나타나자, 이 비율이 방송에 비해서는 균형적이라고 평가했다. 이렇게 보면, 국내에서는 오히려 방송 경제뉴스가 신문 경제뉴스에 비해 상대적으로 균형적이라고 말할 수 있다.

셋째, 경제뉴스 논조는 조선일보, 동아일보, SBS 사이에서 별다른 차이가 없는 가운데 KBS가 이 3개의 매체보다 덜 부정적이었다. 이 연구결과와 위의 연구결과를 종합하면, 다음과 같은 해석이 가능하다. 국내 신문 경제뉴스가 방송보다 이례적으로 더 부정적으로 보도된 데에는 정치적 환경변수가 작용했을 가능성이 있다. 조선일보, 동아일보, SBS의 경제뉴스 논조는 유의미하게 차이가 난 것은 아니지만, 그래도 그 중에서는 조선일보가 가장 부정적이었다(〈표 1-3〉 참조).

또 KBS의 경제뉴스는 나머지 3개의 매체와 통계적으로 유의미하게 덜 부정적이었다. 잘 알려진 대로 조선일보는 김대중 대통령과 노무현 대통

령의 두 정부시기에 모두 청와대/정부와 적대적인 관계에 있었으며 KBS
는 다소 우호적인 관계를 유지했다. KBS는 공영방송이라는 기본적 한계
뿐 아니라 대통령과의 관계 때문에 경제상황을 지나치게 부정적으로 보
도하기 어려운 여건이었다고 말할 수 있다. 종합하면, 신문 경제뉴스의
과도한 부정적 논조에는 조선일보의 정부 적대적 관계가, 방송 경제뉴스
의 다소 덜 부정적인 논조에는 KBS의 정부 우호적 관계가 기여했다고 볼
수 있다. 이런 추론은 경제뉴스가 정치적 맥락의 영향을 받는다는 미국
연구결과와 상응한다(Blood & Phillips, 1995; Entman, 1989). 그러나 이 연구는
두 정부시기만 보았기 때문에 국내 신문 경제뉴스가 방송보다 더 부정적
이라는 결론은 다소 제한적으로 받아들여져야 한다.

넷째, 경제뉴스 논조는 노무현 정부시기가 김대중 정부시기보다 더 부
정적이었다. 그러나 두 정부시기 모두 경제뉴스의 논조는 부정적이었다.
또 정부시기와 매체의 상호작용효과는 없었다. 따라서 특정 매체가 특정
정부에 따라 경제뉴스를 의도적으로 부정적으로 보도했다고 할 수는 없
으며, 각 매체는 두 정부시기에 경제뉴스를 비슷한 경향으로 부정적으로
보도했다고 볼 수 있다. 하지만 이런 해석에는 두 정부가 진보 성향의 비
슷한 정부였다는 점이 감안되어야 한다. 두 정부의 기본적인 속성이 비
슷했으므로 경제뉴스의 논조도 비슷한 경향을 보였을 가능성이 있기 때
문이다. 이 연구결과와 위의 세 번째 연구결과를 함께 고려할 때, 국내
경제뉴스 보도경향을 더 정확하게 보기 위해서는 역대 정부시기를 포괄
하는 종합적이고 장기적인 연구가 필요하다. 더구나, 이 연구는 4개 매체
만 분석했기 때문에 여타 매체를 모두 살펴보아야 국내 경제뉴스의 전체
적인 실태를 더 잘 알 수 있을 것이다.

한 가지 흥미로운 점은 김대중 정부시기에는 동아일보와 조선일보가,
노무현 정부시기에는 조선일보가 그래도 타 매체보다 더 부정적으로 경
제뉴스를 보도했다는 점이다. 동아일보와 조선일보는 김대중 정부와 심

한 갈등을 빚었으며 조선일보는 노무현 정부와 특히 대립적이었다(강승룡, 2002; 남재일, 2005; 박명훈, 2004). 따라서 이 연구는 객관적 통계자료에 기초하는 경우가 많은 경제뉴스조차 정치적 환경에 따라 경제현실을 다르게 구성할 수 있음을 짐작케 한다.

다섯째, 경제뉴스는 경기가 좋을 때는 덜 부정적으로, 경기가 나쁠 때는 더 부정적으로 보도되는 경향이었다. 따라서 경제뉴스는 경기상황을 전혀 반영하지 않는다기보다는 부분적으로 반영하는 편이었다. 이른바 '거울이론'이 국내 경제뉴스에서 일정부분 발견된 것이다. 이 분석결과는 경제뉴스의 논조가 정치적 환경에 따라 달라진다는 앞의 설명과 배치될 여지가 있다. 그러나 이 연구에서 발견된 것은 경기가 좋을 때 경제뉴스는 경기가 나쁠 때보다 덜 부정적으로 보도된다는 것뿐이며, 경제뉴스가 본질적으로 경제상황을 객관적이고 공정하게 반영하는지는 이 연구만으로는 알 수 없다. 특히 경기가 좋을 때에도 경제뉴스 논조는 부정적이었기 때문에 경제뉴스가 경제상황에 완전히 부합하는 것은 아니었다. 부정적 논조라는 경제뉴스의 기본적 속성이 여기에서 재확인된 셈이다.

경제뉴스 논조가 특정 정부시기의 경기상황에 따라 차이가 있었던 것은 특히 주목할 만하다. 경기확장기라는 동일한 상황에도 불구하고, 노무현 정부시기의 경제뉴스 논조는 김대중 정부시기보다 더 부정적이었다. 즉 노무현 정부시기에는 경기가 좋았더라도 언론이 이를 뉴스에 충분히 반영하지 않았거나 무시했을 개연성이 있다. 이에 대한 함의는 두 가지로 해석될 수 있다. 우선, 경기확장기만 놓고 보면, 이 연구결과는 언론이 부정적인 경제뉴스를 지나치게 강조하고 긍정적인 경제뉴스를 무시한다는 선행연구(Goidel & Langley, 1995; Hester & Gibson, 2003)와 상응한다. 또 노무현 정부시기만 놓고 보면, 위에서 설명한 정치적 환경변수 특히 '노무현 변수'가 여기에서 재확인됐다고 말할 수 있다. 언론과 정부의 관계는 노무현 대통령 당시가 최악의 상태였으므로, 언론은 경기가 나아지는 상황에서도 (김대중 정부시기와는 달리) 매우 부정적인 논조의 경제뉴스를 생산했을 가능성이 있다.

위의 분석결과들을 언론의 현실 재구성 측면에서 종합해 보면, 국내 언론이 경제뉴스의 논조를 의도적으로 왜곡한다고 단정하기는 어렵다. 그러나 그렇다고 말할 수 있는 징후도 부분적으로 발견됐다. 경제뉴스의 전반적인 논조가 부정적이라는 점과 동일한 경기상황임에도 불구하고 두 정부시기의 경제뉴스에서 논조 차이가 있었던 것 등이 그 예이다.

이렇게 보면, 이 연구만으로는 국내 경제뉴스가 경제현실이나 경기상황을 제대로 반영하는지, 아니면 재구성하는지에 대해 명확히 답할 수 없다. 그나마 조심스럽게 말할 수 있는 것은 노무현 정부라는 매우 특이한 정치적 환경과 그런 환경에서 작동했던 언론의 정파성이 경제뉴스의 부정적 논조에 영향을 끼쳤을 수 있다는 것이다. 이런 추정은 이 연구가 경제뉴스의 경험적 분석을 통해 얻어낸 언론 구성주의의 한 단면인 동시에 분석기간이 그런 특수한 정치적 변인을 포함했기 때문에 발생한 한계이기도 하다.

앞서 설명한대로 뉴스의 현실구성주의는 폭넓게 논의되어 왔지만, 그에 대한 경험적 연구는 많지 않았다. 특히 경제뉴스에 대한 미국의 경험적 연구들은 언론의 구성주의와 관련하여 상충되는 해석을 가능케 했는데, 그런 점에서 보면 이 연구의 전체적인 분석결과는 미국의 선행연구들과 상응하는 측면이 있다.

이 연구가 뉴스의 세계와 실제 세계를 맞비교했던 것은 보기 드문 시도였다. 측정변인(뉴스의 논조)이 제한적이긴 했지만, 이 연구는 경제뉴스와 경기상황을 비교함으로써 내용분석형의 연구에 비해 언론의 구성주의에 대한 논의를 좀 더 진척시킬 수 있었다. 이 연구가 보여주듯이, 이제 언론의 구성주의에 대한 연구는 뉴스 분야를 막론하고 보도 실태가 실제 지표(real world indicator)를 얼마나 반영하는지, 즉 언론보도가 얼마나 현실

정합적인지를 파악하는 데 집중될 필요가 있다.

이와 함께, 이 연구는 국내 언론의 공정성과 객관성에 대한 자성을 요청한다. 개별 매체별로 경제상황을 상이하게 보도한다는 사실에서 알 수 있듯이, 경제뉴스의 논조나 의제설정은 매체의 입장에 따라 다분히 편향적이고 정파적일 수 있다. 객관적 통계자료에 기초하는 경우가 많은 경제뉴스조차 정치적 맥락의 영향을 받는다면, 그 외의 뉴스는 더 말할 나위가 없을 것이다. 정치뉴스는 물론이고, 사회뉴스나 과학뉴스도 예외가 아닐 것이다. 특히 사회뉴스와 과학뉴스는 사회통계나 과학통계에 근거한 경우가 많으므로, 이런 뉴스의 현실 재구성을 집중적으로 파악해볼 필요가 있다.

이 연구는 경제뉴스에 대한 종합적인 분석을 시도했다는 점에서 의의가 있다. 그러나 이 연구의 다소 상충되는 분석결과는 역설적으로 경제뉴스에 대한 장기적이고 역사적인 관점에서의 추가연구가 필요함을 보여준다. 국내 맥락에서 경제뉴스의 현실 재구성에 강하게 영향을 끼칠 수 있는 요소는 정치적 환경이며 역대 정부의 정치적 속성은 제각각이었으므로, 역사적 접근을 시도하면 경제뉴스의 지형을 더 정확하고, 더 다각적으로 파악할 수 있을 것이다. 경제뉴스의 현실 재구성에 영향을 끼칠 수 있는 또 다른 요소는 언론사 자체의 경제사정이다. 회사 재정 상태나 광고량에 따라 경제뉴스의 보도경향은 달라질 수 있다. 그런 점에서, 경제전문지와 일반 종합지의 경제뉴스 보도경향을 비교하는 것도 의미가 있다.

이 연구는 탐색적 시도였기 때문에 경제뉴스 전체를 분석했지만 주가, 외환, 물가, 기업활동 등과 같은 특정 사안을 대상으로 경제뉴스를 구체적으로 분석할 필요도 있다. 또 뉴스의 논조에만 주목할 것이 아니라 뉴스의 프레임이나 취재원의 구성과 같은 새로운 변인으로 경제뉴스를 분석하는 것도 유용하다. 이 연구에서 제외되었던 여타 신문과 방송에 대한 분석도 매우 긴요하다. 이와 같은 새로운 시도는 국내 경제뉴스의 정확한 실태와 현실 재구성에 대한 논의를 확장하는 데 도움을 줄 것이다.

<요약>

이 장에서는 한국 경제뉴스의 일반적인 보도경향을 분석했다. 분석은 김대중 정부시기와 노무현 정부시기로 설정했다. 조선일보와 동아일보의 1면 기사 및 KBS와 SBS의 저녁 종합뉴스를 분석했으며, 경제뉴스의 논조는 전반적으로 부정적이었다. 특히 신문 경제뉴스의 논조가 방송 경제뉴스의 논조보다 더 부정적이었다.

경제뉴스의 논조는 조선일보, 동아일보, SBS 사이에 별다른 차이가 없었으며, 다만 이들 3개 매체는 공영방송인 KBS보다 더 부정적이었다. 시기별로는 언론과 대립적이었던 노무현 정부시기의 경제뉴스 논조가 김대중 정부시기보다 더 부정적이었다.

또 경제뉴스는 경기가 좋을 때는 덜 부정적으로, 경기가 나쁠 때는 더 부정적으로 보도되는 경향을 보였다. 경기가 좋았던 때만 놓고 보면, 노무현 정부시기의 경제뉴스는 김대중 정부시기의 경제뉴스보다 더 부정적으로 다뤄져 경제뉴스 보도는 언론–정부 관계와 관련이 있는 것으로 추정된다.

이 글은 언론의 보도 양상과 실제지표를 비교함으로써 언론의 현실 재구성에 대한 논의의 폭을 넓혔다. 그러나 분석결과는 다소 상충된 것으로 나타나 국내 경제뉴스가 경제현실을 의도적으로 왜곡하는지에 대해 명확히 답을 제시하기 어려웠다.

2장 미디어의 사회경제지표 구성방식

언론은 일상적으로 국민생활과 밀접한 환율, 실업, 주가, 물가, 금리, 연금 지급률, 암 발생률, 인구증감, 복지예산 등 다양한 사회경제지표를 보도한다.[1]

하지만 언론이 특별히 관심을 보이는 사회경제지표는 같지 않으며, 그러한 지표가 늘 일관된 방향으로 보도되는 것도 아니다. 언론은 사회경제지표의 증감에 대해 관심의 정도가 다르며, 보도에 있어 강조점(focal point) 역시 다르게 구성해 제시한다. 실제로 수많은 사회경제지표 가운데 어떤 지표는 더 크게, 그리고 더 자주 보도된다. 어떤 지표는 올라야 더 강조되고, 어떤 지표는 반대로 내려야 더 강조된다. 가령 물가는 올라야 더 뉴스가 되지만, 주가는 폭락해야 더 뉴스가 된다. 같은 지표라도 증감에 따라 언론의 주목과 강조는 다르며, 또한 지표의 특성에 따라 언론의 주목과 강조가 다른 비대칭성을 보인다(이완수·노성종, 2011).

이 연구는 신문, 방송 등 국내 언론이 주목하는 국가의 주요 사회경제적지표(socioeconomic indicators)는 무엇이며, 이에 대해 어떤 방향성을 갖고 보도하는지를 관찰하기 위해 수행됐다. 이러한 현상을 관찰하는 것은 한 국가의 사회경제 지형을 이해하고, 나아가 거시경제를 종합적으로 평가하고 예측하는 데 도움을 준다. 개인, 기업, 정부 등 경제주체들은 일반적으로 언론보도 상에 나타난 사회경제지표를 통해 자신이 살고 있는 사회의 정치경제와 복지환경을 조망한다. 그럼에도 언론이 사회경제지표를 어떤 관점에서 구성하고, 이해하는지에 대해 관찰한 연구는 거의 없다.

사회이슈의 부정성이 강조되고, 긍정성은 무시된다는 정도의 미디어의 선별적 보도방식에 대한 논의는 있어 왔지만, 미디어가 특별히 주목하는 사회경제지표는 무엇이며, 이들에 대한 보도의 방향이나 강조가 어떻게 다르게 재구성되며, 이것이 매체에 따라 또 정부의 성격에 따라 보도에

---

1) 사회경제지표는 국민의 삶의 질과 정보를 제공하는 동시에 국가의 전반적인 경제상황 및 수준을 나타내는 총합적인 계량지표이다(이희길·심수진, 2010 참고)

어떤 차이가 있는지를 보여주지는 못했다.

사람들은 이 때문에 일상적으로 뉴스를 소비하면서도 어떤 사회경제지표가 자주, 강조 그리고 어떤 방향으로 보도되는지를 체계적으로 이해하지 못했으며, 따라서 자신들이 살고 있는 삶의 환경을 제대로 파악하기 어려웠다.

사람들은 사회경제지표를 통해 경제적 여건과 삶의 질에 대한 객관적 위치와 수준을 평가한다. 사회경제지표는 사회여건의 상태와 변동을 요약함으로써 현존하거나 파생되는 중요한 사회경제문제를 제시하고, 사회 및 경제정책과 프로그램의 성과를 전달하는 데 도움을 준다(이희길·심수진, 2010). 그러나 사회경제지표의 전달체계는 직접적이기 보다는 주로 미디어 보도, 주변 사람들과의 대화와 같은 간접적인 경로로 이뤄진다. 언론이 어떤 지표에 더 주목하며, 이를 어떻게 강조하고, 표현하느냐에 따라 국민에게 미치는 심리적 효과는 물론 그 사회의 정치경제적 환경에 대한 평가 역시 달라진다(Soroka, 2006). 만약 언론이 실업률 상승에 초점을 맞춰 강조 보도하면 국민들은 국가의 일자리 상황을 비관적으로 볼 것이고, 반대로 실업률 하락에 초점을 맞춰 강조 보도하면 정부의 일자리 정책에 대해 긍정적으로 평가할 것이다.[2] 이처럼 언론은 국민여론과 한 국가의 정책평가에 상당한 영향을 미친다고 볼 수 있다.

정책을 수립해야 할 정부 입장에서도 언론이 어떤 사안에 더 주목하며, 같은 사안에 대해 지표증감의 어떤 부분을 더 강조해 보도하는지 관심사가 아닐 수 없다. 정부는 경제문제가 어떻게 보도되느냐에 따라 정책을 수정하고 가감한다. 언론이 보도하는 사회경제지표의 구성방식에 대한 학술적 논의는 궁극적으로 정부의 정책방향을 가늠할 수 있는 현실적 잣대를 제공하는 데 있다. 일반적으로 언론은 국민의 관심도가 높은 사회적

---

2) 사람들은 경제현실을 미디어를 거치지 않고 직접적인 경험에 기초해 이해하고, 평가한다는 연구도 있다(Haller & Norpoth, 1997).

이슈에 더 주목하며, 긍정적인 요소보다는 부정적인 요소를 더 강조하는 편향적인 보도규범을 갖는다.[3]

이 같은 보도의 비대칭성에도 불구하고 정부가 발표하는 사회경제지표에 대해 언론이 무엇에 더 주목하며, 어떤 방향으로 보도를 하며, 나아가 사회경제 영역에 따라 보도의 강조점을 어디에 맞추는지에 대한 경험적 연구는 국내외적으로 거의 없다. 이 연구는 김대중, 노무현, 이명박 정부 시기에 걸쳐 국가가 발표한 사회경제지표를 언론이 어떻게 반영하고, 구성하는지를 분석해 보고자 한다.

1. 사회경제지표의 선택적 의제화

한 국가의 경제적 수준이나 생활조건 그리고 국민 삶의 질은 일반적으로 정부(또는 공공기관)가 발표하는 사회경제지표를 통해 이해된다. 구체적으로 사회경제지표는 두 가지 기능을 수행한다. 첫째는 시간의 경과에 따라 개인 삶의 질과 사회환경이 좋아졌는지, 그리고 다른 사회와 비교해 그 사회 구성원의 삶의 질적 수준이 어느 정도인지의 위치를 가늠케 해준다. 둘째는 사회 변화를 점검하고, 평가하는 데 유용하다. 사회구조 변화를 비교 점검함으로써 시간의 경과에 따라 사회구조의 변화가 어떻게 진행되고 있는지를 보여준다(이희길·심수진, 2010).

그러나 사회 구성원들은 자신의 경험과 판단만으로 사회경제상황이나 변동의 과정을 이해하고, 평가하기는 어렵다. 사회경제지표는 그 특성상 복잡하고, 연속적이며, 동태적이기 때문에 결국은 미디어나 전문가의 의견에 의존할 수밖에 없다.

---

3) 이른바 "나쁜 뉴스가 좋은 뉴스이다(bad news is good news)"는 논리는 미디어 구성주의자들 사이에 널리 수용되고 있는 명제이다.

우리가 이해하는 사회경제 지형은 결국 미디어가 설정하는 의제의 구성 방식에 의해 형성되기 쉽다. 이 과정에 기자들은 끊임없이 사회적으로 가치있는 뉴스거리를 찾는다. 현실지표가 사회적 의제로 전이되고, 안 되고는 기자들이 판단하는 기준인 뉴스가치와 얼마나 잘 부합하는 가에 따라 결정된다(Gans, 1979). 많은 뉴스가치 가운데 사회적 의의성(social significance)과 사회 구성원과의 관련성(relevance)이 특별히 주목받는 것은 같은 뉴스라도 사회 공동체에 얼마나 유용하고, 중요한 문제인가와 직결되기 때문이다. 따라서 많은 사회경제지표 가운데 그 사회 공동체가 특별히 관심을 갖고 있거나 상대적으로 중요한 것을 선택하고, 강조하는 게이트키핑 과정은 자연스러운 현상이다.

헤스와 니센(Hess & Niessen, 2010) 같은 학자는 많은 새로운 경제지표 가운데 단지 일부만이 사람들로부터 널리 주목을 받는 '선택적 의제'가 이뤄진다고 말한다(p. 910). 이 선택적 의제화는 언론이 정치 조직이나 전문가 집단과 상호작용을 통해 공적 사건과 선호 대상을 공유하는 해석 공동체(interpretive community)를 형성함으로써 달성된다(Berkowitz & TerKeurst, 1999). 해석 공동체 구성원들은 이러한 과정 속에 암묵적이고, 동의 가능한 의미구성 체계를 구축하게 된다.

그러나 사회경제 이슈에 대한 의미구성 체계는 언론이 어떤 문제를, 어떤 방향으로, 또 어떤 관점에서 평가하고 이해하는가에 따라 달라진다. 우리가 언론을 통해 접하는 사회경제지표는 삶의 질과 사회발전을 비교점검하고, 사회구조의 변화가 어떻게 일어나는가를 가시적으로 보여주는 하나의 시금석이라고 해도 과언이 아니다. 예컨대 주가, 환율, 금리, 실업, 물가, 복지, 암, 출산, 이혼, 자살 등과 같은 사회경제문제는 그 사회 구성원들의 삶에 직접적으로 영향을 미치는 정책적 사안이기 때문에 언론으로부터 특별히 사회적 의의성이 큰 이슈로 주목 받을 개연성이 높다.

기자들은 국민생활과 관련이 있는 사회경제지표 가운데 사회적 의의가 얼마나 큰지, 이를 뉴스로 다룰 것인지, 또 얼마나 비중 있게 다룰 것 인지를 본능적으로 판단한다. 따라서 많은 사회경제지표 가운데 어떤 문제가 사회 구성원들의 삶과 밀접한 관련성이 있는지, 과거에 비해 두드러진 변화를 보였는지, 당시의 주요한 정책은 무엇인지, 그리고 어떤 점이 강조되어야 하는지에 따라 '보도의 비중' 역시 달라짐은 물론이다.

이는 기자들이 사회경제현실을 다룸에 있어 뉴스 헤드라인이나 리드를 무엇으로, 또 어떻게 옮기고 표현할 것인가를 두고 고민하는 이유와 연결된다(Fogarty, 2005). 미디어가 사회경제현실 가운데 무엇을, 어떻게 다루는가에 따라 사회 구성원들이 중요하게 여기는 문제와 평가가 선택적으로 결정되기 때문이다(Bentley, 1999).

뉴스 생산과정에 어떤 문제를 집중적으로 부각하는 것이 그 사회 공동체에 의미가 있는지, 의미가 있다면 이를 어떤 기준에 따라, 또 어떤 방식으로 강조하는 것이 바람직한지를 파악하는 것은 그 사회의 전반적인 사회경제환경을 이해하고, 관측하는 데 중요하다. 미디어가 사회경제현실을 제대로 반영해 보도하지 않으면, 사람들의 여론이나 인식은 잘못된 쪽으로 흘러가게 되고, 결과적으로 여론과 정치적 의사결정은 왜곡된다(Forgarty, 2005, pp. 149~150). 뿐만 아니라 언론이 사회경제지표를 어떻게 다루는가에 따라 정부나 대통령의 능력평가에 영향을 미쳐 민주주의를 훼손할 수도 있다(Blood & Phillips, 1997; Mutz, 1992; Hetherington, 1996).

2. 사회경제지표와 미디어 구성방식

언론학자들은 오랫동안 미디어가 사회경제현실을 얼마나 잘 반영하며, 균형적인 보도를 유지하는가에 관심을 기울여왔다(Goidel & Langley, 1995; Wu, Stevenson, Chen, & Güner, 2002). 일부 연구에서는 미디어가 경제현실을

있는 그대로 반영하며, 객관적이고 균형적인 논조를 유지한다는 점을 주
장한다(Behr & Iyengar, 1985; Nadeau, Niemi, Fan, & Amato, 1999).[4] 이른바 뉴
스의 현실반영 이론(혹은 거울모델 이론)이다. 이 이론을 지지하는 연구자
들은 미디어가 '뉴스 만들기(news making)' 보다는 현실을 있는 그대로 반
영하는, 즉 '뉴스 보도하기(news reporting)'를 한다고 말한다(Lee, 2010). 특히
많은 경우 객관적인 데이터나 통계수치에 기초해 보도되는 사회경제지표
에 대한 뉴스는 그럴 개연성이 상대적으로 더 많다. 그런 점에서 미디어
가 보도하는 경제지표는 물론 복지예산, 암, 출산, 자살, 이혼 등과 같은
사회지표 역시 정부나 공식기관이 집계한 보고서에 기초하기 때문에 '현
실의 구성'보다는 '현실의 반영'에 더 가깝다고 할 수 있다(이희길·심수진,
2010).

그러나 일련의 학자들은 현실의 사회적 구성체계(Berger & Luckmann,
1967; Tuchman, 1978)라는 관점으로 미디어의 뉴스 작업과정을 이해한다. 이
른바 뉴스의 구성주의 시각이다. 뉴스 미디어는 사회적 정보나 이슈를 보
도할 때 어떤 개입도 없이 직접 전달하기도 하지만, 어떤 정보나 이슈에
대해서는 매개, 해석, 평가의 방법을 통해 새롭게 재구성하는 방식을 취한
다. 이 때문에 기자들은 뉴스를 만드는 과정에 어떤 이슈를 선택하고, 어
떻게 보도하며, 어떤 방향으로 해석할 것인지를 두고 끊임없이 고민한다
(Graber, 2010; Bennett, 2008).

펀크하우저(Funkhouser, 1973) 같은 학자는 뉴스보도와 객관적인 현실과
의 차이를 지적했고, 이브로쉐바 등(Ibroscheva & Ramaprasad, 2008)과 파렌티
(Parenti, 1993)는 뉴스는 현실 자체가 아닌 구성된 현실이라는 증거가 상당
하다고 말한다.[5] 이처럼 미디어는 전통적으로 사실의 정확한 확인과 객

---

4) 우와 그의 동료들(Wu, et al., 2002)의 연구에서는 언론이 특히 경기 불황기에 경제
현실을 잘 반영하는 경향을 보였다.
5) 이에 대해 파렌티(Parenti, 1993)에 따르면 매스 미디어는 정보를 숨길 뿐 아니라,

관적인 전달이라는 저널리즘의 본질적인 목표를 수행하지만, 그렇다고 늘 객관적이고, 균형적이며, 탈이념적인 입장을 유지하는 것은 아니다 (Blood & Phillips, 1995; Harrington, 1989; Lerner & Rothman, 1990). 왜냐하면 미디어는 사회현상을 있는 그대로 다 게재할 수 없을 뿐 아니라, 정보원이 제공하는 모든 지표가 뉴스로써 가치를 지니는 것은 아니다. 이 때문에 현실을 취사선택하는 언론의 재구성 과정은 피할 수 없다.

미디어의 사회 구성방식이 시소게임처럼 균형적인 관점을 취하는 경우는 드물다. 오히려 뉴스 미디어는 사회·정치·경제문제를 더 부정적이고, 선정적이며, 자극적으로 증폭시키는 경향을 보인다(Ansolabehere, Snowberg, & Snyder, 2005; Bennett, 2008). 이에 대해 카네만과 트버스키(Kahneman & Tversky, 1979)는 사람들이 '잠재적 위험'에 대해 더 주목한다는 점을, 쉐퍼 (Sheafer, 2007)는 '부정적인 뉴스'와 '경고음'에 대해 더 영향을 받는다는 뉴스 소비심리를 근거로 든다. 미디어는 집단적으로 더 많은 수용자들이 관심을 갖는 뉴스에 주목해 보도하기 때문에 자연히 뉴스의 편향현상이 일어난다는 것이다(Lee, 2010).

3. 정부·매체별 사회경제지표 구성방식

사회경제뉴스 논조가 부정적으로 편향돼 있다는 것은 저널리즘 보도 규범의 일반적인 현상이다. 하지만 이런 보도 규범이 모든 정치적 환경이나 매체의 입장과 구분없이 똑같은 방향으로 적용되는 것은 아니다. 언론의 현실구성은 조직 내부의 가치와 문화적 규범에 의해 영향을 받기도 하지만, 외부의 정치환경적 요소 역시 고려된다(Shoemaker & Reese, 1996).

객관주의 저널리즘이 태동한 서구의 언론과는 달리 한국은 정파성에

종종 허위 정보를 조심스럽게 만들어낸다고까지 말한다.

따라 동일한 사안을 다르게 이해하고, 평가하며, 심지어는 극단적인 입장을 드러내는 경우가 많은 편이다(최영재, 2004). 즉 언론의 가치이념과 정부의 정책철학, 그리고 언론의 상업적 이해관계와 정부의 정책방향이 서로 대립하고, 충돌하면서 보도의 구성체계가 다르게 구축된다. 그러나 많은 경우 객관적인 통계나 보고서에 기초해 보도되는 사회경제지표에 대한 뉴스 구성방식이 정부나 정파성에 따라 어떤 차이가 있는지에 대한 논의는 국내외적으로 많지 않다.

정부나 대통령에 대한 정책 평가가 반드시 경제의 좋고 나쁨과 일치하지 않는다는 연구도 있다. 미국에서는 지난 2004년 당시 경제여건이 실제로 좋았지만 조지 부시(George W. Bush) 정부 정책에 대한 언론의 보도가 호의적이지 않았다는 연구결과가 있으며(Eshbaugh- Soha & Peake, 2004)[6], 국내 연구에서도 지표상 경기가 좋은 상황이었던 노무현 정부시기의 경제뉴스가 김대중 정부시기의 경제뉴스보다 더 부정적으로 다뤄졌다는 사실을 확인했다(이완수·박재영, 2008). 이는 경기상황과 관계없이 특정 정부에 대한 보도가 편향적으로 다뤄질 수 있다는 사실을 보여준다(Blood & Phillips, 1995: Graber, 2010).[7] 언론의 정파성은 객관적인 지표와 통계를 중심으로 보도되는 경제뉴스 구성에도 영향을 미친다는 점을 시사하는 것이다.

결론적으로 경제뉴스 논조가 경기상황과 관계없이 특정 정부시기에 따라 차이가 나는 점은 흥미로운 현상이다. 경기확장기라는 동일한 상황 속에서 노무현 정부시기의 경제뉴스 논조가 김대중 정부시기보다 더 부정적이었다는 사실은 정치적 환경변수가 경제변수를 압도하는 단적인 사례

---

6) 미국 부시 대통령은 지난 1991년 걸프전 당시 높은 인기를 누리고 있었지만, 언론은 대통령 선거를 앞두고 경제상황과 관계없이 부정적인 경제기사를 많이 다루었다(Blood & Phillips, 1995; Goidel & Langley, 1995).

7) 블러드와 필립스(Blood & Phillips, 1995)와 그래버(Graber, 2010) 등은 조지 부시 대통령이 당시 경제상황이 괜찮았는데도 불구하고, 언론의 적대적 보도로 인해 재선에 실패했다는 사례 연구를 발표했다.

에 속한다.[8]

　사회경제이슈에 대한 미디어 보도의 편향성은 매체의 성격에 따라 나타난다는 연구도 있다. 제임스 커랜(James Curran)은 TV의 뉴스 보도는 반드시 신문과 일치하지 않는다는 점을 밝혀냈다(Meadows, Hippocrates, & van Vuuren, 1997). 커랜은 TV, 라디오 등 방송이 사용하는 언어는 신문에 비해 훨씬 덜 적대적이라고 주장한다. 그는 특히 상이한 매체가 동일한 이슈를 다른 관점으로 해석하는 이유를 언론 종사자들의 '해석틀의 분열(divergence of interpretative frameworks)'이라는 개념으로 설명한다(Meadows, et al., 1997, p. 73). 지금까지 연구를 보면, 신문이 TV 방송에 비해 더 균형적이고, 덜 극적이라는 연구결과가 있는가 하면(Glassman, 1993), 신문이 TV에 비해 더 정파적이고, 덜 객관적이라는 상반된 연구도 보고되어 왔다(Patterson & Donsbas, 1996). 이와는 달리 경제뉴스 의제설정에 관심을 둔 블러드와 필립스(Blood & Phillips, 1997)의 연구에 따르면 신문 경제뉴스의 긍정과 부정기사의 비율이 1대 2를 밑돌아 신문이 상대적으로 균형적이었다.

　한편으로 TV가 신문에 비해 상대적으로 자극적이고, 어떤 특정한 이미지를 부각시키거나, 현실을 극적 상황으로 재현하는 속성이 강한 매체로 규정하는 연구도 있다(Sheppard & Bawden, 1997, p. 214). 그러나 신문이 방송에 비해 상대적으로 온건하고, 덜 자극적이며, 균형적으로 보도한다는 주장이 절대적으로 지지되는 것은 아니다. 한국 경제상황에 대한 미디어 보도경향을 연구한 이완수 등(2008)은 반대로 신문이 방송에 비해 경제현실을 더 부정적이고, 편향적으로 보도한다고 말한다.

---

8) 노무현 정부시기에는 정부와 보수 언론은 물론 취재 제한조치 등을 놓고 진보 언론과의 관계도 최악으로 발전해 끊임없이 충돌하는 양상을 보였다.

4. 미디어의 사회경제지표 구성 사례연구

정부가 수립하는 많은 정책, 특히 국민생활과 밀접한 사회경제분야 정책은 언론의 보도양태에 따라 상당부분 영향을 받는다. 정부가 언론의 보도에 민감한 것은 정책 아이디어나 수립과정에 언론이 설정하는 의제나 보도방향에 따라 영향을 받기 때문이다.[9] 이 연구는 국내 신문, 방송이 사회경제지표를 어떻게 보도하는 가에 대한 구조적 특징을 살펴보고, 이를 토대로 언론이 정부 정책의 방향 설정에 어떻게 기여하는지에 대한 함의점을 찾아보고자 하였다. 미디어의제가 국민의제가 되고, 이것이 정책의제로 연결됨으로써 국가 정책은 완성되는 것이 일반적이다. 심지어 입법기관인 국회조차 언론의 보도양태에 따라 정책 입법화 과정이나 방향이 수시로 바뀌기도 한다.

이러하듯이 정부정책은 단순히 한 사회의 진공상태에서 생산되는 것이 아니다. 언론이 주목하는 사회경제 이슈는 더 많은 정책적 고려대상이 되며, 언론이 이를 어떤 관점에서 보도하는 가에 따라 정부의 정책방향과 내용이 수정 가감되기도 한다. 따라서 언론 보도는 단순히 국민들에게 정보를 제공하고, 사회적 의제를 설정하는 규범적 작업을 수행하는 기능을 넘어 한 국가의 정책방향과 위계 그리고 속도를 결정하는 중요한 지침 역할을 한다(이완수·노성종, 2011). 특히 신문의 1면, 방송의 저녁 종합뉴스 등에서 보도되는 사회경제 이슈는 종종 정부의 핵심적 정책과제가 되기 때문에 언론의 사회경제지표에 대한 학술적 논의가 필요하다. 지금까지 국내 사회경제문제에 대한 미디어 구성방식 연구로는 Ju(2008), 그리고 이완수와 박재영(2008)의 논문 등 소수에 불과하다. 이들 연구는 국내 경제뉴스 논조가 정부와 매체에 따라 어떤 차이를 보이는지, 또 국민에

---

9) 최근 이명박 정부 들어 물가급등이 미디어 의제가 되자, 정부는 금리인상, 물가 통제 등 다면적인 물가정책 수립에 나선 것이 좋은 예이다(조선일보, 2011).

미치는 효과가 존재하는지를 밝혀냈으나 개별 사회경제지표가 어떤 형태로 구성되어 보도되는지에 대해서는 구체적인 특성을 보여주고 있지는 못하다.

따라서 이 연구는 개별 사회경제지표에 대한 보도 패턴과 논조를 미시적으로 관찰함으로써 뉴스 미디어에 나타난 한국사회의 경제지형과 구조를 제시해 보고자 한다. 특히 사회경제지표 가운데 어떤 정부에서, 어떤 지표가, 어떤 정서로 다뤄지는지를 유인가적으로 살펴봄으로써 사회경제적 현실의 구성방식이 동등하기 보다는 상이하다는 점을 밝혀보고자 한다.

이론적 측면에서는 미디어 구성주의의 한계와 확장 가능성을 검토해 보고자 한다. 우리는 이 같은 논의에 기초해 다음과 같은 세 가지 연구문제를 설정했다.

> 연구문제 1 : 국내언론은 어떤 사회경제지표를 더 주목하며, 또 어떤 논조로 보도하는가?
> 연구문제 2 : 사회경제지표의 증감에 따른 강조점과 보도논조는 정부에 따라 어떻게 다른가?
> 연구문제 3 : 사회경제지표의 증감에 따른 강조점과 보도논조는 신문과 방송에 따라 어떻게 다른가?

5. 미디어의 사회경제지표 연구방법

1) 분석대상 및 데이터 수집

신문의 경우 조선일보, 한겨레를 연구대상으로 삼았다. 조선일보는 한국 현대 언론사에 있어 줄곧 보수적인 입장을 유지해 왔고 한국사회의 정치경제 체제를 옹호해 왔다는 점에서, 한겨레는 그동안 진보와 변화의 가치를 뚜렷하게 주창해 왔다는 점을 고려해 분석 대상에 각각 포함시켰다. 보수 가치를 표방해온 조선일보의 경우 김대중, 노무현 정부의 정책에 대해서는 비판의 정도가 심했으며, 상대적으로 이명박 정부에 대해서는 우호적인 입장을 견지해 왔다. 반면에 한겨레의 경우는 줄곧 그 반대의 입장을 취해 왔다. 두 신문을 고른 것은 정부의 경제사회정책에 대한 보도태도가 정부별로 상이할 것으로 기대했기 때문이다.

방송은 KBS와 SBS가 분석대상이다. SBS는 상업방송으로 기본적으로 체제 수호적(status quo)인 성격이 강하다. 따라서 경제사회지표에 대해 거칠게 보자면 보수의 입장과 크게 구별되지는 않는다. KBS의 경우는 여러모로 시사적이다. 기본적으로 방송매체는 보수 성격임에도 불구하고 KBS는 정부가 주인이라는 소유구조상 역대 정부의 정책에 대해 대체로 긍정 일변도의 입장을 보여 왔다고 평가해 볼 수 있다. 김대중, 노무현 정부 시기에는 공영방송 매체임에도 불구하고 뚜렷하게 진보적인 성격을 보여 오다가 이명박 정부 들어서는 곧바로 방향을 틀어 보수매체의 입장을 취하기 시작했다. 따라서 KBS의 경우 정부별에 따른 입장을 이해하기 위해서는 보다 세심한 주의가 필요하다.

일반적으로 그날의 가장 중요하고, 여론에 강력한 영향을 미치는 뉴스는 신문은 1면, 방송은 저녁 종합뉴스시간에 주로 다뤄진다(Reisner, 1992; Goidel & Langley, 1995; 이완수, 2007; 정연구, 2005). 특히 헤드라인 기사는 어떤 대상에 대한 독자들의 기억, 태도, 의사결정에 영향을 미치며 본문 기사에 비해 사람들에게 보다 강력한 영향을 미친다(Bock, 1978; Bleske, 1995; Blood & Phillips, 1995; Hilliard, 1991). 따라서 이 연구에서는 신문 1면과 방송 저녁종합뉴스 시간에 보도된 사회경제지표와 관련된 기사의 제목을 중심으로 분석했다. 그러나 신문의 경우 제목만으로 의미 파악이 잘 안 되는 경우에는 기사의 리드도 분석대상에 포함시켰다. 방송은 상대적으로 신문보다 기사 길이가 짧고, 핵심적인 보도경향이 앞에 제시되지 않는 경우도 있어 전체 뉴스 스크립트를 분석대상으로 했다.

분석유목은 환율, 물가, 실업, 주가, 금리, 복지예산, 출산율, 암 발생률,

이혼율, 자살률 등 모두 10개 사회경제지표로 구성했다. 이는 연구자들이 통계청과 한국개발연구원에서 매달 발간되는 경제동향 등 주요 경기지표를 참고로 했으며, 언론이 비교적 비중 있게 다루는 지표를 선택적으로 골랐다.

이들 자료는 신문의 경우 조선일보는 한국학술정보에서 제공하는 인터넷 아카이브[10]를 이용했으며, 한겨레는 한국언론진흥재단 뉴스검색 코너인 카인즈를 이용해 수집했다. 방송의 경우는 해당 방송사 인터넷 사이트의 검색엔진을 활용해 해당기간에 주가, 환율, 금리, 실업, 물가, 복지, 암, 출산, 자살, 이혼 등 사회경제지표를 개별 검색어로 입력해 기사 텍스트를 수집했다. 다만 KBS 자료의 경우 2000년도 이전 자료는 인터넷 상으로는 검색이 되지 않아 KBS 자료실의 협조를 받아 자체 구축한 데이터베이스를 통해 자료를 수집했다.[11]

분석은 김대중, 노무현, 이명박 정부 등 3개 정부를 대상으로 했으며, 이명박 정부가 출범한지 2010년 8월25일 현재 2년 6개월인 점을 고려해 분석기간을 정부 출범초기 2년 6개월을 기준으로 모두 통일했다.[12] 이러한 절차를 거쳐 수집된 전수 자료는 조선일보 259건(17.0%), 한겨레 236건(16.0%), KBS 437건(29.0%), SBS 535(36.0%)건 등 모두 1,467건이었다.

---

10) http://srchdb1.chosun.com/pdf/i_archive/. 조선일보는 PDF 검색을 통해 자료검색을 실시했다.

11) KBS는 9시 저녁종합뉴스, SBS는 8시 저녁종합뉴스를 각각 분석했다. '물가 석 달새 6.7%올라', '환율 다시 1천 400원대로', '실업률 6.5%', '고금리 낮춘다', '주가 11년 만에 최저치' 등은 사회경제지표를 담고 있어 분석의 대상에 포함되었다. 하지만, '엔화, 주가 폭락한 도쿄 외환시장과 증권시장 전경 및 일본경제'는 한국의 사회경제지표 아니어서 분석대상에 제외되었고 '정유업체들, 기름값 인상요인 생기면 곧바로 인상, 소비자들 불만'은 물가와 관련성은 있지만 소비자물가지표가 아니기 때문에 분석대상에서 제외했다. 이처럼 분석대상은 분명하게 한국의 사회경제지표를 포함하고 있는 기사들만으로 했다.

12) 일반적으로 정부 정책의 개략적인 목표와 방향은 정부 초기 1~2년 사이에 결정되기 때문에 정부의 전반적인 정책에 대한 경향은 초기 데이터를 활용하는 것이 유리하다.

2) 조작적 정의와 측정

이 연구는 국내 언론이 자주 그리고 크게 보도할 것으로 예상되는 주요 10개 사회경제지표와 그 지표에 대한 보도방향과 논조를 살펴 보기위해 아래와 같이 개념을 정의하였다.

(1) 사회경제지표

사회경제지표는 환율, 소비자물가, 실업률, 주가, 금리, 복지예산, 출산율, 암 발생률, 이혼율, 자살률 등 국민생활에 영향을 미치는 주요 사회경제지표를 의미한다. 사회지표의 경우는 정부(예: 한국사회보건연구원)가 발간하는 '한국의 사회지표' 486개 가운데 사회 구성원들이 중요하다고 판단되는 지표를 중심으로 연구자들이 토론을 거쳐 추출했다.

특히 사회지표의 경우 사회지표 창시자인 레이몬드 바우어(Raymond Bauer)가 밝힌 '우리가 어디에 서 있으며 어디로 가고 있는가를 평가할 수 있는 통계계열 및 다른 형태의 모든 증거'라는 정의에 기초해 추출했으며, 경제지표는 통계청과 한국개발연구원이 매달 발표하는 경제동향 가운데 주요 경기지표와 금융지표를 참고해 환율, 소비자물가, 실업률, 주가, 금리를 선택했다.[13] 다만 복수의 사회경제지표를 포함하는 기사의 경우, 우선적으로 강조되는 사회경제지표를 분석대상으로 했다.

(2) 지표의 증감

지표의 증감은 언론이 사회경제지표를 다룸에 있어 지표가 내렸을 때 강조해 보도했는지, 아니면 올랐을 때 강조해 보도했는지 나눠 측정했다. 즉 보도된 사회경제지표의 묘사나 표현이 상승과 하락을 명시적으로 알 수 있는 경우를 기준으로 지표의 상승·유지·하락으로 구분해 명목척도로

---

13) 위의 항목들은 연구자들이 사전 조사를 통해 언론이 상대적으로 비중 있게 다루는 지표들로 구성했으며, 사전에 재정경제부, 한국은행, 통계청에 의뢰해 주요지표들을 우선순위에 따라 결정했다.

측정했다. 예를 들어, 환율의 경우 지표가 상승하는 경우는 '환율 IMF뒤 최대폭 급등 … 예측 안 된다', '인니(印尼) 영향 환율 올라'가 해당되고, 지표가 유지되는 경우는 '러 몰려오는데 환율은 왜 두 달 넘게 제자리걸음인가'가 해당된다. 환율 하락의 경우는 '환율 급락 1,300원대로', '환율 급락 1,307원'이 해당된다.

(3) 보도의 논조

보도의 논조는 특정이슈 또는 주제에 대한 언론의 보도태도를 의미한다. 보도의 논조는 매우 부정적(1점), 부정적(2점), 중립적(3점), 긍정적(4점), 매우 긍정적(5점)으로 리커트 5점 척도로 측정했다. 이들은 분석기사의 일부를 사전 조사하여 제목에 나타난 묘사와 표현의 강도에 따라 논조를 조작적으로 정의했다.[14] 보도 논조를 측정하는데 있어 경제 이슈의 종류에 따라 같은 표현이라도 상황에 따라 반대로 해석되는 경우가 존재한다. 이런 오류의 가능성을 고려해 묘사나 표현이 부정적인 의미로 전달된 경우에는 부정적인 논조의 리커트로 분류하고, 반대로 긍정적인 의미로 전달된 경우는 긍정적인 리커트로 분류해 측정했다.

---

14) 예를 들어, 제목에 대폭 둔화, 초비상, 고공비상, 붕괴, 폭락, 대폭락, 강타, 최악 등과 같이 아주 강하거나 격한 묘사나 표현이 비관적인 의미로 구성되어 있으면 '매우 부정적'인 논조로 분류했다. 그러나 급락, 급등, 급증, 비상, 심각, 타격 등과 같이 표현의 정도가 아주 강하지는 않지만 역시 비관적인 의미를 담고 있을 경우에는 '부정적'인 논조로 분류했다. 이와 반대로, 폭등, 연중 최고치 등과 같이 묘사나 표현의 정도가 아주 강한 표현으로 긍정적, 또는 낙관적 의미로 구성되어 있을 때에는 '매우 긍정적'인 논조로 분류했다. 그러나 급증, 급등, 경기회복 조짐 등과 같이 표현의 정도가 아주 강하지는 않지만 긍정적이고 낙관적인 경우에는 '긍정적'인 논조로 분류했다. '주가, 전날에 비해 10P 올라'와 같이 사실정보(facts)를 가감 없이 전달하거나 경제정책에 대한 입장이나 견해가 단순히 표현되기만 한 경우는 '중립적'인 논조로 분류했다. 또 긍정적인 논조와 부정적인 논조가 혼합된 경우도 중립적인 논조로 분류했다(이완수·박재영, 2008 참고). 한편, 같은 표현이라도 이슈의 종류에 따라 정반대의 논조로 해석해야 하기 때문에 이슈 특성상 국민의 생활에 긍정적인 영향을 줄 것으로 예상되는 지표는 '긍정' 또는 '매우 긍정'으로 코딩했다.

3) 측정방법

사회경제지표 관련 분석을 위해 내용분석(Content Analysis) 방법을 이용
했으며 분석도구로 PASW Statistics 18.0을 사용했다. 모두 1,467개의 사회
경제지표 관련 기사에 대한 코더 간 신뢰도 검증은 연구의 코딩을 담당
한 대학원생 2명이 5%에 해당하는 73건의 기사를 임의로 추출해 실시했
다. 신뢰도 검증을 위해 5%의 기사만 본 이유는 측정항목들이 전반적으
로 명확해 코딩시 큰 문제가 없을 것으로 판단했기 때문이다. 신뢰도 분
석은 크리펜도르프 알파(Krippendorff's Alpha)를 이용했으며, 구체적인 신뢰
도 수준은 사회경제지표 .96, 지표증감 .92, 보도논조 .85로 나타났다.

보도 논조의 경우 신뢰도 수준이 상대적으로 낮게 나온 것은 '매우 부
정'과 '부정', 또는 '매우 긍정'과 '긍정'의 분류를 놓고 코더간의 의견 불일
치가 원인이다. 통계적으로 크리펜도르프 알파 수치는 .80 이상이면 신뢰
도에 문제가 없다고 본다(Krippendorff, 2004). 이 연구에서는 보도 논조를
제외하고는 대부분 높은 수치의 신뢰도를 보이는 항목들이었다. 보도 논
조의 경우에는 판단근거가 되는 구체적인 예시들을 공유함으로써 코더
간에 신뢰도를 최대한 높일 수 있도록 했다. 데이터 결과에 대한 통계적
차이는 분석기간 내 전체 샘플을 분석했기 때문에 카이제곱이 아닌, 기술
적 통계기법인 빈도와 백분율을 제시하였다.

6. 미디어의 사회경제지표 구성 분석내용

1) 사회경제지표의 보도 분포

먼저 〈연구문제 1〉에서는 언론이 주목하는 사회경제지표는 무엇이며,
이를 어떤 보도방향과 논조로 묘사하는지를 살펴보았다. 분석결과 〈표
2-1〉에서 보듯이 사회경제지표 가운데 언론이 가장 자주 보도하고, 주목

하는 대상은 주가(47.8%)였다. 이어 환율(21.0%), 금리(14.1%), 실업률(6.2%), 소비자물가(5.4%) 등의 순서로 나타났다. 이들 5개 경제지표가 전체 분석지표 가운데 90%를 넘어 대부분을 차지했다. 이는 이들 5개 경제지표가 언론이 강조하는 미디어 의제이자, 우리 사회의 주요 관심사임을 시사해준다.

<표 2-1> 사회경제지표들의 분포

순위	사회경제지표	빈도	백분율
1	주가	701	47.8
2	환율	308	21
3	금리	207	14.1
4	실업률	91	6.2
5	소비자물가	79	5.4
6	복지예산	40	2.7
7	암발생률	13	0.9
8	출산율	12	0.8
9	자살률	11	0.7
10	이혼율	5	0.3
	합계	1,467	100

이에 반해 암 발생률, 출산율, 자살률, 이혼율 등 사회지표들은 언론에 의해 덜 비중있게 다뤄졌다.[15] 이어 언론이 사회경제지표의 오름과 내림을 어떻게 다루는지 분석한 결과 <표 2-2>에서는 지표의 상승(48.8%)과 하락(44.0%)이 유지(7.2%)보다 압도적으로 많았다. 이는 언론이 사회경제지표가 오르거나 내리는 등 '변화'가 있을 때 더 비중 있게 보도한다는 것을 의미한다. 특히 이런 결과는 미디어가 사회경제지표가 내릴 때 보다, 오를 때 더 주목하고, 더 자주 보도한다는 사실을 보여준다.[16]

---

15) 여기에 제시된 사회지표들은 분석대상인 다른 사회경제지표에 비해 상대적으로 적다는 뜻이지, 다른 많은 사회경제지표에 비해서는 오히려 더 많은 빈도로 다뤄진다는 점에 유의할 필요가 있다.

16) 주식시세를 제외하고는 환율, 금리, 실업률, 소비자물가, 암발생률, 출산율, 자살률 등 사회경제지표는 전반적으로 내릴 때 보다, 오를 때 더 뉴스가치가 있

〈표 2-2〉 사회경제지표의 증감 분포

	빈도	백분율
하락	646	44.0
유지	105	7.2
상승	716	48.8
합계	1,467	100.0

〈표 2-3〉 사회경제지표의 보도 논조 분포

	빈도	백분율
매우 부정	265	18.1
부 정	441	30.1
중 립	401	27.3
긍 정	229	15.6
매우 긍정	131	8.9
합 계	1,467	100.0

그러나 통계적으로 지표의 증감 간에 큰 차이는 없다. 따라서 여기서 한 가지 유의할 점은 '상승'이 긍정적인 의미를 갖거나, 혹은 '하락'이 부정적인 의미를 갖는 의미가치를 보여주는 것은 아니다. 전체적으로 지표의 유지 보다는 오르거나 내리는 즉, 전체적으로 '변화'에 언론이 더 주목한다는 사실이다. 사회경제지표에 대한 언론의 보도논조에 대한 분석 〈표 2-3〉에서는 부정적 논조(부정+매우 부정=48.2%)가 긍정적 논조(긍정+매우 긍정=24.5%)에 비해 거의 두 배 정도 많았다. 이는 미디어가 사회이슈를 다

는 것으로 판단하고, 더 비중 있게 다룬다. 물론 이 경우에는 하락, 유지, 상승이 갖는 의미가치(예: 긍정적인 변화, 또는 부정적인 변화)가 경제지표의 종류에 따라 다르다는 점을 고려했으며, 〈표 2-2〉에서 조사한 경제지표가 오름, 내림, 유지 등 변화에 대해 언론이 어떤 보도 관행을 보이는지 관찰해 보고자 하였다. 이 항목에서는 전체 조사한 지표의 증감만으로는 긍정과 부정이라는 유인가적 가치로 구분하기 어렵다. 이에 따라 개별 경제지표의 구체적인 의미가치, 즉 긍정적인 변화나 부정적인 변화와 같은 유인가성은 〈표 2-4〉를 통해 보다 구체적으로 제시하였다. 한편으로 하락과 상승의 통계적 차이가 크지 않기 때문에 해석에 유의할 필요가 있다는 점을 밝혀둔다.

룸에 있어 어둡고, 갈등적이고, 부정적인 정서에 더 비중을 두고 보도하는 규범을 갖고 있음을 보여준다.

사회경제지표의 증감과 보도논조 분포이외에도 어떤 상황에서 사회경제지표가 보도되는지를 알아보기 위해, 지표의 하락, 유지, 상승과 관련해 살펴봤다(〈표 2-4〉 참조). 그 결과 사회경제지표가 상승했을 때 보도의 양이 상대적으로 많은 지표는 소비자물가(86.1%), 암 발생률(84.6%), 자살률(81.8%), 이혼율(80.0%), 실업률(79.1%), 복지예산(77.5%) 등이었다. 반대로 하락할 경우 보도의 양이 많은 사회경제지표는 출산율(83.3%), 환율(57.1%), 주가(49.1%), 금리(44.9%) 등이었다.

〈표 2-4〉 사회경제지표에 따른 지표증감 분포

(단위: %(건))

	지표증감			전체
	하락	유지	상승	
환율	57.1(176)	4.5(14)	38.3(118)	100(308)
소비자물가	7.6(6)	6.3(5)	86.1(68)	100(79)
실업률	16.5(15)	4.4(4)	79.1(72)	100(91)
주가	49.1(344)	1.3(9)	49.6(348)	100(701)
금리	44.9(93)	29.0(60)	26.1(54)	100(207)
복지예산	5.0(2)	17.5(7)	77.5(31)	100(40)
출산율	83.3(10)	8.3(1)	8.3(1)	100(12)
암 발생률	0(0)	15.4(2)	84.6(11)	100(13)
이혼율	0(0)	20.0(1)	80.0(4)	100(5)
자살률	0(0)	18.2(2)	81.8(9)	100(11)
전체	44.0(646)	7.2(105)	48.8(716)	100(1,467)

이를 종합해보면, 소비자물가, 암 발생률, 자살률, 이혼율, 실업률은 해당 지표가 상승할 경우가 지표가 유지되거나 하락할 때보다 상대적으로 뉴스가치를 더 지닌다고 할 수 있다.[17] 이는 달리 말하면 이들 사회경제

---

17) 복지예산은 다른 지표와 달리 예외적으로 점차 증가하는 추세를 보여 왔으며, 이에 대한 언론의 보도도 자연히 증가하는 사례에 집중되어 왔다고 볼 수 있다.

지표 성격상 전체적으로 부정적인 변화에 언론이 더 주목한다는 뜻이다. 반면 출산율, 환율, 주가, 금리 등은 해당 지표가 하락할 경우가 상승하거나 유지될 때보다 상대적으로 뉴스가치를 더 지닌다고 할 수 있다. 그러나 지표의 상승과는 달리 하락의 경우는 지표의 부정적인(출산율, 주가) 의미와 중립적인(환율, 금리) 의미가 혼재되어 있다.[18]

2) 사회경제지표 보도와 정부별 강조점

사회경제적지표의 상승·유지·하락 중에서 김대중, 노무현, 그리고 이명박 정부별로 강조되고 있는 지표에 어떤 차이가 있는지 살펴보았다(〈표 2-5〉 참조). 우선 환율의 경우에는 김대중 정부(73.0%)와 노무현 정부(79.4%)에서는 환율 하락과 관련된 기사가 많았으며, 이명박 정부(57.9%)에서는 반대로 환율 상승이 강조돼 나타났다. 이런 결과는 외환위기 상황을 맞았던 김대중 정부와 언론과의 갈등으로 정국불안이 계속됐던 노무현 정부 시기에는 원화강세가, 이명박 정부시기에는 고환율 정책과 원화약세가 주요 경제이슈였음을 보여준다.

소비자물가의 경우는 김대중(72.2%), 노무현(85.3%), 이명박 정부(96.3%)의 순으로 시간이 흐르면서 물가 상승과 관련된 기사가 늘어났다. 이 부분은 물가동향이 시간이 흐르면서 점차 불안한 양상으로 변화해 왔음을 의미한다. 특히 이명박 정부 들어 물가문제가 언론을 통해 상당히 부정적으로 다뤄졌음을 알 수 있다.

실업률 상승(91.2%)은 노무현 정부에서 가장 두드러졌으며, 이명박(76.9%), 김대중 정부(70.5%)의 순으로 나타났다. 이와는 달리 실업률 하락에 대한 기사에서는 노무현 정부가 가장 낮은 비율(5.9%)을 보였으며, 김대중

---

18) 환율이나 금리는 그 속성상 지표가 오르거나 내리는 것만으로 부정적이다, 또는 긍정적이다는 유인가적 평가를 내리기 어렵다. 이 경우에는 전체적인 내용과 맥락을 고려해 긍정성과 부정성으로 구분하였다.

(22.7%), 이명박 정부(23.1%)의 순으로 나타났다. 이는 실업률 지표의 경우 노무현 정부에서 실업률이 떨어지더라도 언론이 비중 있게 다루지 않은 데 반해 김대중, 이명박 정부시기에는 실업률이 낮아졌다는 점을 보다 강조하는 비대칭적인 보도를 한 것으로 보인다.

〈표 2-5〉 사회경제지표의 정부별 증감 비교　(단위: %(건))

사회경제지표		지표증감			전체
		하락	유지	상승	
환율	김대중	73.0(73)	3(3)	24.0(24)	100(100)
	노무현	79.4(50)	4.8(3)	15.9(10)	100(63)
	이명박	36.6(53)	5.5(8)	57.9(84)	100(145)
소비자물가	김대중	11.1(2)	16.7(3)	72.2(13)	100(18)
	노무현	8.8(3)	5.9(2)	85.3(29)	100(34)
	이명박	3.7(1)	0(0)	96.3(26)	100(27)
실업률	김대중	22.7(10)	6.8(3)	70.5(31)	100(44)
	노무현	5.9(2)	2.9(1)	91.2(31)	100(34)
	이명박	23.1(3)	0(0)	76.9(10)	100(13)
주가	김대중	50.5(219)	1.4(6)	48.2(209)	100(434)
	노무현	41.9(52)	0.8(1)	57.3(71)	100(124)
	이명박	51.0(73)	1.4(2)	47.6(68)	100(143)
금리	김대중	53.5(46)	22.1(19)	24.4(21)	100(86)
	노무현	53.7(22)	29.3(12)	17.1(7)	100(41)
	이명박	31.3(25)	36.3(29)	32.5(26)	100(80)
복지예산	김대중	10.5(2)	31.6(6)	57.9(11)	100(19)
	노무현	0(0)	7.1(1)	92.9(13)	100(14)
	이명박	0(0)	0(0)	100(7)	100(7)
출산율	김대중	100(2)	0(0)	0(0)	100(2)
	노무현	83.3(5)	16.7(1)	0(0)	100(6)
	이명박	75.0(3)	0(0)	25.0(1)	100(4)
암발생률	김대중	0(0)	0(0)	100(5)	100(5)
	노무현	0(0)	25.0(1)	75.0(3)	100(4)
	이명박	0(0)	25.0(1)	75.0(3)	100(4)
이혼율	김대중	0(0)	0(0)	100(1)	100(1)
	노무현	0(0)	100(1)	0(0)	100(1)
	이명박	0(0)	0(0)	100(3)	100(3)
자살률	김대중	0(0)	0(0)	100(1)	100(1)
	노무현	0(0)	0(0)	100(3)	100(3)
	이명박	0(0)	28.6(2)	71.4(5)	100(7)

주가는 정부에 관계없이 내리고, 오름이 비교적 균형적으로 보도됐다. 이는 주가가 다른 사회경제지표와는 달리 정책적 고려가 상대적으로 적은 지수 자체를 근거로 매일매일 보도해야하기 때문으로 보인다. 금리의 경우는 이명박 정부에서는 금리의 하락·유지·상승에 대한 기사가 고루 분포하고 있는데 반해, 김대중, 노무현 정부에서는 금리의 하락이 보다 강조된 것으로 나타났다. 이는 이명박 정부에서는 금리 변동이 잦았다는 의미이며, 김대중, 노무현 정부에서는 경제부양을 위해 저금리 정책을 폈다는 의미로 해석해 볼 수 있다.

복지예산의 경우는 김대중(57.9%), 노무현(92.9%), 이명박 정부(100%)의 순으로 지속적으로 복지예산 상승에 대한 보도비율이 늘어났음을 보여준다. 이는 사회복지 문제가 최근 들어 점차 중요한 정책이슈로 부각되고 있는데 따른 사회적 분위기를 반영한 것으로 보인다. 종합적으로 우리는 위의 분석을 통해 정부별로 어떤 사회경제지표가 당시의 주요 사회의제인지를 파악함으로써 국가의 사회경제 정책의 방향을 가늠해 볼 수 있다.

3) 정부별 사회경제지표 논조

다음은 정부에 따라 사회경제지표에 대한 언론의 보도방향을 분석했다(〈표 2-6〉 참조). 먼저 환율의 경우 노무현 정부에서의 평균 보도논조(1.98)가 김대중(2.61), 이명박 정부(2.21)의 평균 보도논조보다 더 부정적임을 보여준다. 실업률 역시 노무현 정부에서의 평균 보도논조(1.85)가 김대중(2.16), 이명박(2.38) 정부의 평균 보도논조보다 상대적으로 더 부정적이었다. 흥미로운 사실은 언론이 외환위기를 맞았던 김대중 정부와 실업난이 심각했던 이명박 정부에 비해 실제 경제지표가 나쁘지 않았던 노무현 정부시기를 특별히 부정적으로 다뤘다는 점이다. 이런 결과는 언론이 노무현 정부의 사회경제환경이나 구조와 관계없이 부정적으로 평가했음을 알 수 있다.

<표 2-6> 사회경제지표에 대한 정부별 보도논조 비교

사회경제지표	정부	평균	사례수	표준편차
환율	김대중	2.61	100	.886
	노무현	1.98	63	.992
	이명박	2.21	145	.824
소비자물가	김대중	2.94	18	.938
	노무현	2.18	34	1.167
	이명박	1.85	27	.818
실업률	김대중	2.16	44	1.140
	노무현	1.85	34	.744
	이명박	2.38	13	1.193
주가	김대중	2.85	434	1.403
	노무현	3.23	124	1.503
	이명박	2.76	143	1.198
금리	김대중	2.86	86	.706
	노무현	3.05	41	.669
	이명박	2.87	80	.718
복지예산	김대중	3.26	19	.653
	노무현	3.14	14	.770
	이명박	3.29	7	.756
출산율	김대중	2.50	2	.707
	노무현	1.83	6	.408
	이명박	1.50	4	1.000
암발생률	김대중	2.20	5	.447
	노무현	2.25	4	.500
	이명박	3.00	4	.000
이혼율	김대중	3.00	1	.000
	노무현	2.00	1	.000
	이명박	1.67	3	.577
자살률	김대중	1.00	1	.000
	노무현	2.67	3	1.155
	이명박	2.14	7	1.069
합계	김대중	2.78	710	1.237
	노무현	2.66	324	1.299
	이명박	2.51	433	1.019

　복지예산의 경우는 통계적으로 미미한 수준이긴 하지만, 노무현 정부에서의 평균 보도논조(3.14)가 김대중(3.26), 이명박(3.29) 정부에 비해 상대적으로 더 부정적으로 나타났다. 물론 이 결과만 놓고 노무현 정부의 복지예산에 대한 언론의 보도논조가 전적으로 부정적이라고 볼 수는 없다. 하지만 양극화 해소, 저소득층 지원 강화 등 복지정책을 역대 어느 정부보다 강조해 온 점을 감안하면 우호적으로 보도했다고 보기는 어렵다.

　소비자 물가는 김대중(2.94), 노무현(2.18), 이명박 정부(1.85) 순으로 나타나 시간이 흐름에 따라 점차 부정적으로 보도됐다. 특히 언론이 이명박 정부 들어 물가문제를 이전 두 정부보다 더 부정적으로 보도함으로써 물가불안이 주요 의제임을 시사해준다. 이어 주가의 경우는 노무현 정부의 평균 보도논조(3.23)가 김대중(2.85), 이명박 정부(2.76)보다 상대적으로 긍정적이었다. 이런 결과는 노무현 정부가 외환위기 상황에 놓였던 김대중 정부나 글로벌 금융위기를 맞았던 이명박 정부에 비해 주식시장이 상대적으로 안정적이었음을 의미한다. 특히 주가는 다른 지표와 달리 그날의 상황을 있는 그대로 보도해야 하는 특성 때문에 정파성이 덜 개입되었을 수 있다. 금리도 노무현 정부에서 평균 보도논조(3.05)가 김대중(2.86), 이명박 정부(2.87)보다 상대적으로 긍정적이었다. 자살률 역시 노무현 정부의 평균 보도논조(2.67)가 김대중 정부(1.00)와 이명박 정부의 보도논조 평균(2.14)보다 상대적으로 긍정적으로 나타났다.

　출산율에서는 평균 보도논조가 김대중(2.50), 노무현(1.83), 이명박 정부(1.50) 순으로 갈수록 부정적인 보도가 늘어났다. 이는 출산문제가 최근으로 오면서 점차 사회적 이슈로 부상하고 있는 것으로 보인다. 사례수가 많지는 않지만 이혼율도 평균 보도논조가 김대중(3.00), 노무현(2.00), 이명박 정부(1.67) 순으로 가면서 보다 부정적인 보도양상을 보였다. 이에 반해 자살률은 좀 다른 양상을 보였는데, 김대중 정부시기의 평균 보도논조(1.00)가 이명박 정부(2.14), 노무현 정부(2.67)보다 부정적이었다. 이는 김대중 정부 당시 외환위기라는 최악의 경기상황 속에서 많은 사람이 자살을 하는 사회적 분위기를 반영한 것으로 보인다.

사회지표의 하나인 암 발생률은 흥미롭게도 김대중(2.20), 노무현(2.25), 이명박(3.00) 순으로 뒤로 갈수록 보다 긍정적인 보도양상을 보였다. 이런 결과는 언론이 과거와는 달리 암 극복기에 대해 자주 보도하는 등 암을 치료 가능한 일반 질병으로 점차 받아들이는 최근의 사회적 추세를 반영한 것으로 보인다. 즉 암 발생과 같은 건강위기에 대해 지나치게 낙관적으로 접근함으로써 언론이 현실을 제대로 반영해 보도하지 않은 결과일 수 있다. 그럼에도 전체적으로 최근으로 가까워질수록 사회경제지표에 대한 보도논조가 부정적으로 바뀌어가고 있다는 점은 바람직한 현상은 아니다 (김대중 정부 보도논조 전체평균: 2.78 →노무현 정부 전체보도논조 평균: 2.66→이명박 정부 전체보도논조 평균: 2.51).

4) 신문과 방송의 사회경제지표 보도 특성

사회경제지표를 보도함에 있어 방송이 신문에 비해 전반적으로 상승·유지·하락을 고루 보도하는 것으로 나타났다(〈표 2-7〉 참조). 이는 방송이 사회경제지표를 다룰 때 신문보다 덜 극단적으로 접근하고 있음을 보여준다. 환율, 소비자물가, 주가, 금리, 복지예산 등 거의 모든 지표에 걸쳐 방송이 신문에 비해 상승과 하락이 극단적으로 배치되는 것이 적었으며, 지표가 유지된 경우에도 비교적 보도가 많았다. 예를 들어 금리의 경우 신문은 하락(57.8%)과 상승(29.7%)의 비율이 높은데 반해 방송은 상승(39.2%), 유지(36.4%), 하락(24.5%)이 비교적 고른 분포를 보였다. 그러나 신문과 방송 모두 환율, 금리, 출산율은 내릴 때 더 강조해 보도했으나, 물가, 실업률, 암 발생률, 이혼율, 자살률 등은 오를 때 더 강조해 보도했다. 한 가지 흥미로운 점은 주가의 경우 신문은 하락(53.6%)할 때, 방송은 상승(51.6%)할 때 더 강조해 보도했다.

이는 이슈의 특성에 따라 언론의 현실구성 방식이 달라진다는 것을 시사하는 것이다. 즉 어떤 이슈는 올라야 더 뉴스가치가 있지만, 어떤 이슈는 내려야 더 뉴스가치가 있다는 뜻이다. 그러나 신문과 방송의 통계적 차이는 크지 않기 때문에 두 매체 간의 현실구성 방식의 수준차이를 해석하는데 조심할 필요가 있다. 환율의 경우는 다른 지표와는 달리 신문과 방송 보도의 강조점이 하락과 상승 모두 유사한 패턴으로 움직였다.

〈표 2-7〉 신문과 방송의 사회경제지표 증감 비교 (단위: %(건))

사회경제지표		지표증감			전체
		하락	유지	상승	
환율	신문	59.8(58)	2.1(2)	38.1(37)	100(97)
	방송	55.9(118)	5.7(12)	38.4(81)	100(211)
소비자물가	신문	4.5(1)	0(0)	95.5(21)	100(22)
	방송	8.8(5)	8.8(5)	82.5(47)	100(57)
실업률	신문	16.7(5)	0(0)	83.3(25)	100(30)
	방송	16.4(10)	6.6(4)	77.0(47)	100(61)
주가	신문	53.6(140)	0(0)	46.4(121)	100(261)
	방송	46.4(204)	2.0(9)	51.6(227)	100(440)
금리	신문	57.8(37)	12.5(8)	29.7(19)	100(64)
	방송	39.2(56)	36.4(52)	25.4(35)	100(143)
복지예산	신문	10.5(2)	15.8(3)	73.7(14)	100(19)
	방송	0(0)	19.0(4)	81.0(17)	100(21)
출산율	방송	83.3(10)	8.3(1)	8.3(1)	100(12)
암발생률	신문	0(0)	50.0(1)	50.0(1)	100(2)
	방송	0(0)	9.1(1)	90.9(10)	100(11)
이혼율	방송	0(0)	20.0(1)	80.0(4)	100(5)
자살률	방송	0(0)	18.2(2)	81.8(9)	100(11)

5) 신문과 방송의 사회경제지표 보도논조

신문과 방송에서 사회경제지표를 어떤 논조로 보도하는지 보도논조의 평균을 비교해본 결과에서도 암 발생률(신문:3.00 〉 방송:2.36)을 제외하고는 대부분의 사회경제지표에서 방송이 신문보다 상대적으로 긍정적으로 보도하는 것으로 나타났다(〈표 2-8〉 참조).

〈표 2-8〉 사회경제지표에 대한 신문과 방송의 보도논조 비교

사회경제지표	매체	평균	사례수	표준편차
환율	신문	2.07	97	.916
	방송	2.39	211	.890
소비자물가	신문	1.73	22	.703
	방송	2.44	57	1.134
실업률	신문	2.00	30	.947
	방송	2.11	61	1.066
주가	신문	2.74	261	1.721
	방송	2.99	440	1.139
금리	신문	2.78	64	.723
	방송	2.96	143	.691
복지예산	신문	2.89	19	.459
	방송	3.52	21	.750
출산율	방송	1.83	12	.718
암발생률	신문	3.00	2	.000
	방송	2.36	11	.505
이혼율	방송	2.00	5	.707
자살률	방송	2.18	11	1.079
합계	신문	2.53	495	1.412
	방송	2.74	972	1.063

그리고 신문과 방송에서 사회경제지표 전체의 보도논조 평균을 비교해본 결과 방송에서 사회경제지표들의 평균 보도논조(2.74)가 신문에서 사회경제지표들의 평균 보도논조(2.53)보다 높았다. 이는 방송이 사회경제지표를 의제화하는 과정에 신문보다 상대적으로 긍정적으로 보도하려는 경향이 있음을 보여준다.[19] 특히 주목되는 점은 소비자 물가, 복지예산, 암

발생률 등의 지표에 대해서 방송이 신문에 비해 긍정적인 논조로 보도했다. 이는 동일한 사회적 이슈에 대해 활자매체와 영상매체 간에 일정한 온도차가 존재하고 있음을 보여준다. 그러나 시각화(visualized)라는 특성이 고려되더라도 특정 문제에 대해 방송이 신문에 비해 더 긍정적으로 보도하는 이유는 추가적인 연구가 필요하다.

7. 토론

사회경제지표는 일반적으로 통계 데이터에 기초하기 때문에 비교적 객관적으로 보도될 것으로 가정한다. 언론이 보도한 경제현실은 일반 사회 이슈와는 달리 실제 현실과 별로 다르지 않다고 본다. 그러나 국가적으로 중요한 사회경제지표라도 모두 뉴스가 되거나, 같은 관점으로 이해되거나, 동일한 가치로 평가되는 것은 아니다.

어떤 이슈는 더 자주, 더 크게 그리고 더 강조되어 보도되지만 어떤 지표는 그렇지 못하다. 어떤 사회경제지표는 상황이 좋을 때(긍정성) 강조되어 보도되지만, 어떤 사회경제지표는 반대로 상황이 나쁠 때(부정성) 더 강조되어 보도된다. 또 그런 사회경제지표가 모든 매체에서 동일하게 다뤄지지 않으며, 심지어 정부가 처한 당시의 정치환경이나 매체의 특성에 따라서도 보도방식이 다르게 구성된다.

이처럼 언론은 사회문제를 다루면서 외견상은 있는 사실을 그대로 반영해 보도하는 듯이 보이지만, 실제로는 다양한 내부 또는 외부 조건을

---

19) 방송뉴스는 영상과 함께 보았을 때는 신문에 비해 상대적으로 자극적일 수 있다. 하지만 본 연구에서는 활자로 된 방송뉴스 텍스트만을 대상으로 했기 때문에 입체적인 영상물을 분석했을 때보다 상대적으로 덜 자극적이고, 긍정적인 묘사방법으로 비춰졌을 수 있다고 해석된다. 반대로 신문은 활자 매체라는 평면적인 도구만을 사용하므로 뉴스를 전달할 때보다 극적인 묘사방식을 많이 사용했을 가능성이 있다.

고려해 현실을 재조직하거나, 재구성한다. 이 연구는 이러한 가정이 한국 사회경제현실에 경험적으로 나타나는지를 탐구했다.

이 연구는 기존 연구에서 간과했던 사회경제지표 가운데 국민생활에 미치는 영향이 상대적으로 큰 환율, 물가, 실업, 주가, 금리, 복지, 출산, 암, 이혼, 자살 등 10대 지표를 언론이 어떻게 반영하고, 구성하는지를 내용분석했다. 이 연구에 주목한 것은 두 가지였다. 첫 번째는 이들 지표에 대한 언론 보도가 국민의 생활에 직접적으로 영향을 미칠 뿐 아니라, 국가 정책에 미치는 효과 역시 크다는 판단에서 분석이 필요하다고 보았다. 두 번째는 기존의 미디어 현실구성주의 이론이 미처 주목하지 않았던 객관적인 사회경제 데이터 기사를 개별 기사의 성격, 정치적 환경, 그리고 매체의 특성에 따라 어떻게 재정의하고, 재구성하는지를 미시적으로 파악해 보고자 했다. 나아가 국내 언론이 국민의 삶과 매우 밀접한 사회경제 문제를 어떤 규범을 갖고 보도하는지를 현실반영주의(혹은 거울주의 이론 모델)와 미디어 구성주의 이론을 갖고 경험적으로 살펴보았다.

이러한 논거를 토대로 분석한 결과에 따르면, 국내 언론이 특히 관심을 갖고 자주, 강조해 보도하는 사회경제지표는 주가, 환율, 금리, 실업, 물가 등 5대 경제이슈로 나타났다. 이는 이들 5대 경제지표가 우리 사회의 주요 의제이자, 국민의 관심 사안임을 의미한다. 그러나 이들 의제는 앞서 설명한대로 그냥 보도되는 것은 아니다. 지표가 오르거나 내릴 때 언론은 더 주목하고, 더 자주 보도하는 경향을 보였다. 말하자면 어떤 사회적 이슈라도 '정지'보다는 '변화'가 더 매력적인 뉴스가치를 지닌다는 것을 보여준다.

보도논조에 있어서도 부정적인 관점의 뉴스가 긍정적인 관점의 뉴스에 비해 거의 두 배 가량 더 많았다. 물론 모든 지표 증감에 대한 언론 보도가 일정한 패턴을 보이는 것은 아니다. 어떤 지표는 오를 때 뉴스로 더 주목받지만, 반대로 어떤 지표는 내릴 때 뉴스로 더 주목받는 이른바 이슈에 따른 비대칭적 현실구성 방식이 동원되고 있음을 발견했다. 이는 두 가지 이론적 함의가 있다. 모든 사회경제 이슈는 그 종류에 따라 현실구성이 달라진다는 점이고, 다른 하나는 객관적이고, 중립적이어야 할 사회경제지표라도 반드시 있는 사실을 그대로 반영해 보도하지는 않는다는 사실이다. 미디어는 사회현실을 비춰주는 거울이다. 우리는 일반적으로 미디어 보도 양태를 통해 경제사회 환경을 이해하고, 평가하고, 그리고 전망한다. 따라서 미디어가 구성한 사회경제에 대한 현실지표는 결국 우리가 매일 살아가는 사회의 경제적 여건과 삶의 질적 수준을 판단하는 리트머스 시험지인 셈이다. 그런 점에서 미디어는 현실을 구성하고, 현실은 미디어를 통해 투사된다고 할 수 있다.

이 연구 역시 사회경제지표가 상황적 특성과 관계없이 일반적인 현실구성방식으로 보도하지 않는다는 사실을 보여준다. 즉 국내 언론은 이슈의 유형, 사회경제지표의 가치, 정부와의 관계, 매체의 특성 등 다양한 요소에 따라 상이한 방식으로 사회경제지표를 다룬다고 볼 수 있다. 물론 이러한 주장은 제한된 기간의 데이터를 기초로 기술적 통계분석을 시도했기 때문에 일반화하기 위해서는 통계적 유의미성을 고려해 조심스럽게 해석할 필요가 있다. 그럼에도 사회경제지표가 일정한 비대칭적인 보도 패턴을 보인다는 사실은 분명하다.

특히 이 연구가 검토한 사회경제지표에 대한 정부별 보도논조는 현실반영주의와 현실구성주의 이론을 동시적으로 검토해야 하는 약간의 복합적 해석을 요구한다. 환율, 실업, 복지 등의 사회경제지표는 언론과 갈등을 빚었던 노무현 정부시기에 더 부정적으로 강조되어 다뤄졌지만, 이에 반해 주가, 금리, 자살 등의 이슈는 노무현 정부시기가 김대중, 이명박 정부시기에 비해 상대적으로 긍정적인 논조로 보도되어졌다. 언론이 노무현 정부시기에 실업, 복지 등 일부 사회경제 이슈를 의도적으로 부정적인 측면을 강조하는 소위 '나쁜뉴스 편향', 또는 '적대적 보도방식'을 선택했을 수 있다. 이는 일자리 상황이 호전되고, 복지문제가 역대 어떤 정부보다 강조되어 졌는데도 언론의 보도는 반대로 부정적인 기류가 강했다. 일자리나 복지문제와 같은 정치적 사회경제 이슈일수록 현실반영주의보다는 현실구성주의가 더 강하게 작동하는 보도 메커니즘을 예상해 볼 수 있다.

신문과 방송은 전통적으로 사회경제현실을 주도적으로 다루는 매체이다. 하지만 그간 이들 매체가 동일한 기준이나 방향으로 사회경제지표를 보도하는지는 분명하지 않았다. 이 연구는 이런 가정을 증명해보기 위해 데이터를 분석한 결과 방송이 신문에 비해 덜 극단적이고, 균형적이며, 긍정적으로 보도한다는 사실을 확인했다. 이는 영상물을 중시하는 TV가 현실을 더 자극적으로 구성할 수 있다는 기존의 주장과 상반되는 것이다. 신문은 그 성격상 현저성을 강조하기 어려운 경제사회 현실을 보다 자극적인 활자로 상황을 구성했을 수 있다. 영상매체인 TV는 있는 사실을 그대로 보여주면 되지만, 활자매체인 신문은 경제사회 상황을 표현을 통해 의미 구조화해야 하기 때문에 상대적으로 극단적인 묘사방법을 사용했을 수 있다. 따라서 뉴스의 정서적 속성은 매체의 성격에 따라 다르게 구성된다는 점에 주목할 필요가 있다. 개별 매체별로는 사회경제지표의 오름과, 내림 그리고 유지에 있어 어떤 측면을 특별히 강조하는 패턴을 보이지는 않았다.

한 가지 흥미로운 점은 암, 이혼, 자살 등 사회지표는 신문에 비해 방송매체에 더 적합한 뉴스거리로 나타났으며, 보도는 지표가 더 올랐을 때(이는 악화되었다는 의미임) 절대적으로 많이 다뤄졌다. 이런 현상은 암, 이혼, 자살 등과 같은 어두운 사회문제는 활자매체보다 영상매체에서 다루기에는 더 적합하다는 의미를 시사해준다. 언론학자들은 그동안 언론보도 방식을 탐구함에 있어 현실을 그대로 보여주는 현실반영주의을 택할 것인지, 아니면 현실구성주의를 택할 것인지에 대한 뚜렷한 접점을 찾지 못했다. 언론의 보도방식이 일정한 틀 속에서 규격화되어 있기 보다는 다양한 사회적 환경을 고려해 구성되는 특성도 동시에 있기 때문에 일관된 방향을 제시하기 어려웠을 수 있다. 또 지금까지 미디어 현실구성주의는 지나치게 대립, 갈등, 쟁점, 이념성, 정파성이 두드러진 사회이슈를 설명하는 이론적 틀로 활용되어 왔다. 이에 반해 통계적 데이터나 객관적 지표를 근거로 하는 사회경제지표에 대한 미디어 구성방식에 대한 연구는 상대적으로 적었다. 그렇다고 이들 문제를 현실반영이론으로 설명하려는 시도가 있었던 것도 아니다.

이 글은 국내 사회경제지표에 대한 언론의 보도 메커니즘을 관찰함으로써 이런 이론적 분열과 공백을 메우고 이론적 통합의 가능성을 제안하였다. 사회경제지표에 대한 언론의 보도 규범은 현실반영과 현실구성의 어느 하나를 선택하는 것이 아니라, 상황논리에 따라 이를 동시에 동원하는 복잡한 통합기제를 사용한다고 해석해 볼 수 있다. 말하자면, 현실의 반영과 구성을 조직화하는 '프리즘' 보도 체계를 갖는다.

이 연구는 세 가지 측면에서 중요한 기여점이 있다. 첫째는 우리 사회에서 중요한 사회경제지표를 언론이 어떻게 반영하고, 구성하는지를 탐구해 봄으로써 정부가 어떤 사회경제 이슈에 보다 관심을 두고 정책을 입안해야 하는지, 또 국민의 경제복지 환경을 개선하기 위한 바람직한 정책방향이 무엇인지를 관찰할 수 있었다.

둘째는 사회경제지표에 대해 언론이 상이한 보도를 함에도 불구하고 우리 삶에 영향을 미치는 사회경제문제에 대한 전체적인 지형과 의제의 양상을 파악할 수 있었다. 사회경제현실은 수많은 의제가 경쟁하고 갈등하는 구조이다. 국민들은 이런 의제구성 속에서 어떤 문제가 우리 사회의 핵심적 가치인지를 잘 알지 못한다. 그런 점에서 이 연구는 우리 사회의 대략적인 사회경제 의제의 노출양상을 관찰해 볼 수 있는 기회를 제공한다.

셋째는 언론이 동일한 사회경제지표라도 지표의 성격과 정치사회적 환경에 따라 다른 관점에서 재구성하기 때문에 사회경제현실의 전망과 예측이 달라질 수 있다는 시사점을 얻었다.

일반적으로 정책결정은 진공상태에서 이뤄지는 것이 아니라 여론의 풍향을 통해 이뤄진다는 점에서 사회경제지표에 대한 미디어의 현실구성방식에 대한 탐구가 필요하다. 언론 보도 상에 나타난 사회경제지표에 대한 평가는 정책 의사결정자들에게 언제, 무엇을, 어떻게 정책의 주안점과 해법을 찾아야 하는지를 제시해줄 수 있기 때문이다.

그러함에도 이 연구는 수많은 사회경제지표 가운데 제한된 지표를 선택해 분석함으로써 지표의 대표성이 문제될 수 있다. 후속 연구에서는 국가 성장기의 주요 경제지표이자, 경쟁력의 수준을 나타내는 수출, 국내총생산(GDP), 경상수지 등 데이터를 늘려 뉴스 텍스트의 구체적 진술을 보여주는 질적방법을 사용해 분석을 시도했으면 한다. 또 사회경제지표에 대한 언론의 보도가 현실지표를 반영하는지, 아니면, 현실구성방식을 선택하는지에 대한 시계열 분석이 필요하다. 이 연구결과가 보다 의미를 갖기 위해서는 장기간에 걸쳐 실제지표와 언론보도 간의 대응비교를 통해 사회경제지표에 대한 언론의 보도양태를 밝혀내야 할 것이다. 아울러 텍스트가 아닌 TV 보도 영상물을 대상으로 사회경제지표가 어떻게 반영되고, 구성되는지를 분석하는 시도도 필요하다.

〈요약〉

일반적으로 통계 데이터에 기초하는 사회경제지표는 비교적 객관적 사실에 근거해 보도될 것으로 간주된다. 언론이 보도하는 사회경제이슈는 일반적으로 통계 데이터에 토대를 두기 때문에 다른 사회이슈와는 달리 실제 현실과 별로 다르지 않다고 가정한다.

　그러나 국민생활과 밀접한 사회경제지표가 모두 뉴스가 되거나, 같은 관점으로 이해되고 평가되는 것은 아니다. 어떤 지표는 더 자주, 더 크게 그리고 더 강조되어 보도되지만 어떤 지표는 그렇지 못하다. 어떤 사회경제지표는 상황이 좋을 때 강조되어 보도되지만, 어떤 사회경제지표는 상황이 나쁠 때 더 강조되어 보도된다. 또 그런 사회경제지표가 모든 매체에서 동일하게 다뤄지지 않으며, 심지어 정부가 처한 당시의 정치환경이나 매체의 성격에 따라서도 보도방식이 다르게 구성된다.

　이처럼 언론은 사회문제를 다루면서 외견상은 있는 사실을 그대로 반영해 보도하는 듯이 보이지만, 어떤 경우에는 현실을 다양한 내부 또는 외부 조건을 고려해 재구성하기도 한다. 언론이 사회경제지표를 어떤 방향으로 보도하는 가를 파악해 봄으로써 우리 사회 삶의 수준과 정책의제를 설정하는데 하나의 준거틀로 삼을 필요가 있다는 점을 중심으로 토론했다.

3장 경제현실과 미디어 매개 기능

경제이슈는 당파성이나 이데올로기성이 상대적으로 약하다는 점에서 많은 정치사회적 이슈와 구분된다(Rattliff, 2001). 이는 언론이 다른 이슈와 달리 경제상황을 있는 그대로 반영하는 '현실 매개(the mediated reality)' 기능을 하거나, 객관적 보도를 할 것이라는 점을 시사해준다. 소비자, 기업, 정부 등 경제주체가 경제적 의사결정을 내릴 때 언론의 경제보도에 주로 의존하는 것도 이런 믿음이 깔려 있기 때문이다. 그럼에도 경제상황에 대한 언론의 편향성 문제는 늘 논란이 돼 왔다. 1992년 미국 대통령 선거당시 공화당 정부는 언론이 부정적인 경제뉴스는 강조하고, 긍정적인 경제뉴스는 축소하거나 무시한다고 주장 했다(Goidel & Langley, 1995; Hester & Gibson, 2003).

경제뉴스의 편향성 문제는 국내에서도 예외가 아니어서 역대 정부마다 그 주장의 진위성을 둘러싸고 공방이 오고갔다. 특히 참여정부 들어 노무현 대통령은 "경제가 괜찮은데 언론이 위기를 조장하고, 상황을 왜곡한다"며 공개적이고, 지속적으로 언론의 보도태도에 불만을 제기했다(이완수·심재철·박양수 2007). 언론의 경제뉴스는 이러하듯이 실제 경제상황, 경제현실 인식에 영향을 미치며, 나아가 대통령의 평가와 상호관계를 갖는다(Blood & Phillips, 1997; Fogarty, 2005).

미국 공화당이나 노무현 대통령의 주장이 틀리지 않다면, 경제뉴스는 국가경제를 위기로 몰아넣을 뿐 아니라, 대통령의 정치적 생명까지 위협할 수 있는 변수라고 해도 과언이 아니다. 하지만 경제상황에 대한 언론 보도의 편향성에 대한 이런 주장이 얼마나 타당한지에 대한 과학적 데이터를 우리는 갖고 있지 못하다. 특히 국내의 경우 경제상황과 경제뉴스 그리고 경제평가 간의 관련성이 서로 어떻게 연결되는지에 대한 현실적 논의 역시 상대적으로 적다(이완수, 2007; 이완수·심재철, 2007 참고). 이 연구는 이런 경제현실적 문제에 답하기 위해 김대중 정부(1998.12~2003.2)와 노무현 정부(2003.3~2005.12) 시기의 거시경제지표를 언론이 어떻게 매개해 보도하는지를 경험적으로 검토해 보기위해 실시됐다.

구체적으로 이 연구는 (1) 언론이 실제 경제상황을 얼마나 제대로 반영해 보도하는가. (2) 어떤 경제지표가 국민의 경제인식에 영향을 주는가. (3) 경제뉴스 보도가 경제상황을 통제한 상태에서 국민들의 경제현실 인식에 영향을 미치는가. (4) 경제상황에 대한 언론의 보도태도가 노무현 정부에 특히 다르게 나타나는 가하는 연구문제를 중심으로 검정한다.

이 연구는 세 가지 관점에서 기존연구와 차별적이다. 첫째는 경제상황의 변화가 경제뉴스 논조(tone)에 미치는 영향을 측정했으며, 둘째 경제뉴스와 경제상황에 대한 국민인식과의 직접적인 관련성에 주목했으며, 셋째 경제뉴스 보도가 정치적 맥락에 따라 경제상황을 어떻게 달리 구성하는가를 연계적으로 살펴보고자 하였다.

1. 미디어의 경제현실 구성방식

언론은 일반적으로 뉴스가치, 조직 내부관행, 사회적 규범과 가치, 이데올로기적 특성과 역할에 따라 현실을 재구성하며(Shoemaker & Reese, 1996; Tuchman, 1978), 때로는 현실을 정치적 맥락 속에서 재해석한다(Haller & Norpoth, 1997; Goidel & Langley, 1995). 그러나 경제이슈는 정치, 외교, 군사, 환경 문제 등과는 달리 통계나 공식적인 지표에 근거하기 때문에 보도가 보다 객관적일 것으로 사람들은 가정한다. 내듀 등(Nadeau, Niemi, Fan, & Amato, 1999)은 "경제뉴스는 경제상황에 가급적 맞추려 한다"며 언론이 경제를 정확히 반영한다고 주장했고, 우 등(Wu, Stevenson, Chen, & Güner, 2002)도 경제뉴스와 경제상황은 서로 일치한다는 점을 제시하였다. 즉 경제상황이 좋으면 긍정적인 뉴스가 늘어나고, 반대로 경제상황이 나빠지면 부정적인 뉴스가 늘어나는 대칭적 경향을 보인다는 것이다.

하지만 언론은 부정적인 경제뉴스는 지나치게 과장하는 경향이 있다는 주장(Blood & Phillips, 1995; Wattenberg, 1984)도 있듯이 경제상황이 언론보도에 그대로 투영돼 전달되는 것은 아니다. 오히려 그보다는 뉴스가치가 큰 부정적인 경제상황을 언론이 더 주목하고, 더 자주 언급할 가능성이 많다(Fogarty, 2005). 언론의 경제 보도는 결국 경제상황이 좋을 때보다, 나쁠 때 비교적 경제상황을 그대로 잘 반영한다. 이러한 경향은 고이델과 랭레이(Goidel & Langley, 1995)가 미국 뉴욕타임스의 1면 경제뉴스의 논조와 국민의 경제인식, 실제 경제상황 간의 관계를 동시적으로 분석한 연구에서도 제시됐다. 이들의 분석 결과에 따르면 언론은 오히려 긍정적인 경제상황보다 부정적인 경제상황에 더 주목하는 비대칭적 경향을 보인다.

요약하면, 언론은 경제상황이 좋을 때보다, 경제상황이 나쁠 때 더 뉴스가치가 있다고 보며(Haller & Norpoth, 1997), 경기침체기에 경제이슈에 더 많은 지면과 시간을 할애한다(Behr & Iyengar, 1985).

2. 미디어의 경제현실 의제설정

맥콤스와 쇼(McCombs & Shaw, 1972)에 의해 개념이 정립된 의제설정 이론의 핵심은 '매스 미디어가 사람들의 현실인식에 영향을 미친다'는 가정에서 출발한다. 미디어는 공중들의 의견이나 판단에 중요한 영향을 미치며, 많은 연구에서 이런 가정은 지지돼 왔다(Iyengar & Kinder, 1987; McCombs & Shaw, 1972). 하지만 이슈의 특성, 이슈의 단위, 이슈의 주제, 경제평가 시점, 경기상황, 경제구조, 심지어 정부에 따라 이러한 가정이 받아들여지지 않는 경우도 많다. 때로는 의제설정 효과가 다르게 나타나기도 한다. 그동안 많은 연구를 보더라도 공공이슈에 대한 개인의 경험 유무(Zucker, 1978), 사람들의 정보추구 형태나 뉴스에 대한 욕구수준의 차이(Weaver, 1977, 1980), 신문, TV 등 매체간의 의제설정 차이(Wanta, 1997), 뉴스 표현 방식의 차이(McCombs, Einsiedel, & Weaver, 1991), 미디어 의제설정 방향의 차이(Rogers & Dearings, 1988)에 따라 의제설정 효과가 다르다는 주장이 제기돼 왔다.

심지어 사람들이 직접 경험할 수 없는 이슈일수록 미디어의 의존도가 높지만, 반대로 직접적인 경험이 가능한 이슈는 미디어의 영향력이 줄어든다는 주장도 있다(Soroka, 2002). 이러하듯이 사람들은 경제상황을 판단할 때 뉴스보다는 개인적인 관찰이나 일상 경험에 더 의존한다(Linden, 1982; Mutz, 1992; Haller & Norpoth, 1997).

린덴, 할러와 놀포트 등의 견해를 요약하면, 사람들이 일상생활에서 쉽게 겪는 이슈일수록 미디어에 덜 의존하고, 미디어 의제설정 효과가 낮아진다. 이에 반해 주커와 소로카(Zucker, 1978; Soroka, 2002)는 이슈의 특성에 따라 의제설정 효과가 어떻게 다른가에 주목했다. 이들은 경제이슈 중에서도 사람들이 보다 쉽게 만나거나 접할 수 있는, 즉 두드러짐(obtrusiveness)이나 현저성(prominence)이 큰 이슈일수록 의제설정 효과가 낮다는 점을 지적해 왔다. 여기서 두드러짐이나 현저성은 개인이 직접적이고, 정기적으로 경험하는 양(Winter & Eyal, 1981; Soroka, 2002)으로 정의된다.

의제설정 효과는 사람들의 경험 유무에 따라 다르듯이, 이슈가 지역적인가, 아니면 전국적인가 하는 공간적 단위에 따라서도 다르게 나타난다. 머츠(Mutz, 1992)에 따르면 실업처럼 개인이 직접 겪는 문제나 가까운 주변 지역에서 일어나는 정보에 대한 판단은 사람들 스스로의 경험에 의존한다. 사람들이 굳이 일자리에 대한 정보가 필요하더라도 전국 단위의 매체보다는 자신이 사는 주변의 가까운 지역 신문을 주로 찾는 것도 이런 경향을 설명해준다. 머츠는 이런 사실에 근거해 지역 단위의 경제이슈 평가에 미치는 미디어의 영향력은 크지 않다고 보았다. 반대로 국민총생산(GNP), 국내총생산(GDP), 통화량, 정부정책 등과 같은 전국 단위의 경제 이슈는 사람들의 일상생활 속에서 직접 접할 수 없는 거시지표라는 점에서 미디어 효과가 상대적으로 크게 나타날 가능성에 주목했다. 전국적 이슈가 지역적 이슈에 비해 의제설정 효과가 두드러지게 나타나는 이유는 개인적으로 직접 관찰하고, 대인 커뮤니케이션할 수 있는 기회가 상대적으로 적기 때문이다.

또한 모든 경제이슈가 같은 의제설정 효과를 보이지도 않는다. 사람들이 어떤 이슈는 미디어를 통해 알지만, 다른 이슈는 자신의 경험이나 주변 사람들과의 대화를 통해 얻는다(Mutz, 1992; Haller & Norpoth, 1997, p. 573). 실례로 에너지, 물가 등과 같은 이슈는 의제설정 효과가 나타났으나, 실업문제는 나타나지 않았다(Behr & Iyengar, 1985; MacKuen & Coombs, 1981).

에너지, 물가, 실업은 모두 두드러진 이슈이지만, 의제설정 효과가 반드시 같지는 않다. 실업은 물가나 에너지 이슈에 비해 주변 사람들과 대화를 통해 정보를 주고받는 속성이 두드러지고, 결과적으로 미디어 의제설정 효과가 낮아질 수 있다. 이에 반해 실업 이슈에서 의제설정 효과를 발견한 연구가 있는가 하며(Erbring et al., 1980), 실업과 물가 이슈 모두 의제설정 효과를 확인한 연구도 제시됐다(Eaton, 1989). 같은 이슈라도 연구자마다 밝혀낸 의제설정 효과의 유효성은 이처럼 다르다.

한편 데머스 등(Demers, et al, 1989, p. 794)은 이슈에 대한 개인적인 경험은 미디어 효과를 약화시키기 보다는 오히려 강화시킨다고 말해 주커(Zucker, 1978)와 반대 입장을 취했다. 같은 경제이슈라도 의제설정 효과는 다르며, 두드러짐의 정도가 반드시 의제설정 효과를 결정짓지도 않는다. 이런 연구의 연장선상에서 실업률이 낮을 경우 예외적으로 실업 이슈에 대한 미디어의 공중의제 효과가 확인됐다. 영국의 실업 이슈를 대상으로 공중의제설정을 살펴 본 소로카(Soroka, 2002)는 실업률이 올라갈 때는 의제설정 효과가 사라졌다가, 실업률이 내려가자 의제설정 효과가 나타난다는 사실을 발견했다. 소로카의 이 연구는 실업문제가 심각할수록 사람들은 자신의 주변에서 문제 해결을 찾는 반면, 실업문제가 심각하지 않을 때에는 뉴스 보도에 더 주목한다는 사실을 보여준다. 이는 같은 이슈라도 이슈의 현저성(prominence)의 정도에 따라 주기적으로 의제설정 효과가 달라짐을 의미한다.

3. 경제현실 평가의 요인과 특성

국민들이 국가경제상황을 평가할 때 수많은 경제이슈를 다 고려하는 것은 가능하지도, 또 필요하지도 않다. 국가차원의 경제상황을 파악하는 데 필요한 자료를 개인적으로 수집, 분석하고 이해, 평가하기란 현실적으로 불가능하기 때문이다(심재철, 1997). 국민은 자신의 직접적인 경제행위와 관련성이 상대적으로 낮은, 예컨대 통화량, 국민총생산(GNP), 경상수지와 같은 거시경제지표를 근거로 경제상황을 평가하지는 않는다. 그 보다는 경제지표 가운데 자신들의 생활과 밀접한 일자리, 장바구니 물가, 소득 등과 같은 가계경제나 주머니 사정을 경제현실 평가에 중요한 요소로 간주한다(Nadeau et al., 1999).

현실적으로 실업과 물가이슈는 언론에 자주 언급되며(Clarke, Mishler, & Witeley, 1999, p. 66), 다른 경제이슈에 비해 경제 여론형성에 미치는 영향력의 정도가 상대적으로 크다(Haller & Norpoth, 1997). 뮬러(Mueller, 1966)같은 학자는 실업상황을 미래경제상황에 대한 국민인식의 평가요소로 규정하고, 구체적으로 높은 실업률은 경제심리를 악화시키며, 나아가 소비행위를 위축시킨다고 보았다. 이처럼 국민이 국가경제상황을 어떻게 이해하는지를 알아 보기위해서는 물가와 실업이슈는 중요하다.

하지만 물가와 실업이슈는 성격이 다르다. 물가는 추상적이고 모호한 반면, 실업은 보다 구체적이고 가시적이다(Conover, Feldman, & Knight, 1986).

따라서 국민들은 물가정보에 비해 고용정보를 더 잘 기억하고, 더 민감하게 받아들인다. 실업이슈는 심지어 국민에게 중요한 경제문제로 인식돼 대통령 지지도에 영향을 주지만, 인플레이션은 그렇지 못하다는 연구결과도 있다(Clarke, Rapkin, & Stewart, 1994). 공장이 문을 닫거나, 실직자들의 시위는 생생한 뉴스거리이자, 사람들의 기억에 뚜렷이 각인되지만 물가의 등락에 대해서는 이를 감정적인 정보로 받아들이지 않고, 따라서 잘 기억하지도 못한다(Muller, 1966).

자연히 실업이슈에 비해 물가이슈는 국민의 경제현실 평가에 영향을 미치는데 제한적이며, 이에 대한 국민의 평가는 상대적으로 덜 정확할 수 있다. 언론의 보도 측면에서도 물가는 실업에 비해 주목을 덜 받는 특성을 갖고 있으며, 특히 물가 변동률은 전국단위의 TV가 보도하기에는 상대적으로 큰 이슈로 평가된다(Behr & Iyengar, 1985). 이는 '실업(일자리)의제'가 '물가의제'에 비해 같은 경제이슈이면서도 더 자주, 그리고 더 중요하게 취급될 수 있음을 의미한다.

아울러 베르와 아이엔가(1985)는 물가와 실업에 대한 국민의 평가는 전국단위 TV 보도에 의해 다른 방식으로 다뤄진다는 사실을 제시하였다. 물가이슈에 대한 국민의 인식은 물가지수 자체보다, 언론이 양산한 현재와 과거 보도량에 의해 더 영향을 받는다(MacKuen & Coombs, 1982). 이에 반해 실업이슈에 대한 국민의 평가는 언론의 보도 보다 실제 실업률과 개인의 직접적인 경험과 더 밀접한 관계성을 지닌다(Behr & Iyengar, 1985). 가령 실업률이 오를 경우 개인은 실업이슈에 더 관심을 갖게 되고 언론은 이를 반영해 실업뉴스를 더 자주 다루며, 이는 다시 중요한 공중의제로 연결되는 순환관계를 보인다.

그러나 언론이 이들 경제지표를 다룰 때 늘 동일한 잣대로 보도하지는 않는다. 언론은 일반적으로 경제지수의 수준(levels)보다는 변화(changes)에 더 주목하는 경향을 보인다(Nadeau et al., 1999). 기자들에게 '변화'는 뉴스이지만, '정지'는 뉴스가 아닐 수 있기 때문이다(Stimson, 1991). 변화는 단순히 규범에서 이탈했다는 차원을 넘어 어떤 총체적 경향성을 보여준다는 점에서 언론의 관심을 끌고, 국민들에게 미치는 영향력이 보다 클 수 있다(Van Raaij, 1989; Andreassen, 1987).

하지만 국민이 경제현실을 평가할 때 단순히 경제지표상의 변화나 차이와 같은 경제상황적 요인에만 의존하는 것은 아니다. 언론이 경제상황을 어떻게 묘사하고, 어떤 논조로 보도하는 가에 따라 국민들의 경제현실 인식은 바뀌기도 한다. 따라서 부정적인 경제뉴스는 실제 경제지표를 통제하고도 국민의 경제평가에 부정적으로 영향을 미칠 가능성이 상대적으로 많다(Covington et al., 1993; Goidel & Langley, 1995; Ridout, 1991; Ross, 1992). 개인들은 경제현실을 평가하고, 전망할 때 직접 경험 가능한 물가나 실업자와 같은 특정이슈를 제외하고는 뉴스 미디어에 주로 의존할 수밖에 없다(MacKuen, Erikson, & Stimson, 1992; Soroka, 2002). 따라서 포가티(Fogarty, 2005)의 지적대로 언론이 경제현실(economic reality)을 충실히 반영해 보도하지 않는다며, 경제에 대한 국민의 평가는 잘못될 가능성이 커진다. 경제현실 평가에 미치는 미디어의 효과 기능은 머츠(Mutz, 1992)의 연구에서도 입증됐다. 머츠는 일자리 상황에 대한 사람들의 인식은 개인적인 경험보다 실업이슈를 다루는 언론의 보도량이나 논조에 더 좌우되며, 나아가 국가경제 평가에 대한 개인의 경제적 경험의 영향력을 언론이 오히려 약화시킨다는 점을 지적하였다(Mutz, 1992).

경제는 경제주체의 직접적인 경험이 가능한 이슈이다(Zucker, 1978; Soroka, 2002). 직접적인 경험이 가능한 경제이슈에 대한 평가는 언론에 의존하지 않고도, 개인적으로 내릴 수 있다. 하지만 직접적인 체험이 어려운 미래의 경제상황은 개인의 판단 능력 밖의 문제이며, 자연히 언론의 평가에 의존할 수밖에 없다(Wu, Stevenson, Chen, & Güner, 2002; 이완수, 2007). 이 부분에 대한 경험적 연구는 물론 많지 않다. 미국의 경제이슈를 사례 연구한 우

(Wu) 등(2002)은 현재 경제상황(소비자평가지수)은 직접 경험에 기초하지만, 미래 경제상황(소비자기대지수)은 언론에 의존한다는 사실을 밝혀냈다.

국내에서는 이완수(2007)가 한국 경제이슈 사례 연구를 통해 우(Wu) 등의 연구와 비슷한 결과를 밝혀낸 게 유일하다. 우(Wu) 등이나 이완수의 연구는 모두 언론이 국가경제상황을 부정적인 논조로 다루면, 국민들이 미래경제가 나빠질 것이라고 인식하는 의제설정 기능을 증명해 보였다.

4. 정치환경과 경제현실 뉴스

경제뉴스는 국민이 경제적 환경에 대해 평가할 때 고려해야 할 변수만은 아니다. 정치학자들의 경우 경제뉴스가 경제문제라는 제한된 영역 속에서 어떻게 기능하는지 보다는 정치적 환경과 대통령 리더십에 대한 평가와의 상호 관련성에 더 주목한다. 정치학에서는 그 동안 경제뉴스가 선거결과, 개인의 투표결정 행위, 대통령 지지도 등에 어떻게 영향을 미치는 가에 주로 관심을 기울여 왔다(Kiewiet, 1983; Kinder & Kiewiet, 1979, 1981; MacKuen, Erickson, & Stimson, 1992). 만약 현재경제가 나쁜 상황이면 언론이 경제이슈에 주목하며, 집권당에 대한 국민의 평가는 나빠진다(이완수·심재철, 2007; Alvarez & Nagler, 1995).

하지만 이 연구들은 언론이 정부에 따라 경제상황을 어떻게 차별적으로 조명하는 가에 대해서는 주목하지 않았다. 아마도 이는 언론이 다른 이슈와는 달리 경제는 덜 정파적인 이슈로 보았을 수 있다. 정부(또는 대통령)에 대한 국민의 지지도가 불황 헤드라인 뉴스의 증감과 밀접한 관련성이 있다는 주장은 그래버(Graber, 1993)에 의해 처음으로 제기됐다. 그래버는 대통령의 인기가 높아지면 경제상황과 관계없이 부정적인 뉴스가 줄어들지만, 대통령의 인기가 떨어지면 부정적인 뉴스가 늘어난다고 보앞다. 엔트만(Entman, 1989)도 대통령의 인기도에 따라 경제에 대한 언론의 평가와 보도방식이 바뀔 수 있다는 이른바 '평가적 편향성(evaluative bias)' 이라는 개념을 제시해 정부와 언론의 보도양태 간의 상호 관련성을 설명하고자 했다.

고이델과 랭레이(1995)는 이러한 개념을 적용해 언론의 경제뉴스가 경제상황과 관계없이 정부에 따라 다르게 다뤄진다는 사실을 경험적으로 밝혀냈다. 이들은 미국의 1982년, 1991년, 1992년 정부시기의 경제뉴스가 경제상황과 관계없이 다른 기간에 비해 보다 덜 긍정적으로 보도됐다는 사실을 확인했다. 이 연구에 기초해 볼 때 경제뉴스는 정치적 맥락과 관계없이 경제상황을 제대로 반영하며, 경제상황과 상호관계가 있다고 볼 수만도 없다.

따라서 언론이 경제뉴스를 어떤 논조로 보도하는지는 전적으로 정부를 구분해 살펴볼 필요가 있으며(Blood & Phillips, 1995, p. 18 참고), 정치적 상황에 따라 편향적인 보도를 한다는 사실을 가정해 볼 수 있겠다.

이 연구는 위에서 설명한 대로 경제뉴스와 경제상황과의 관계, 경제뉴스와 경제현실 평가와의 관계, 특정 정부에 있어 경제뉴스 보도태도 등의 연구문제를 중점적으로 논의하였다. 이를 토대로 다음과 같은 네 가지 연구문제를 설정하였다.

연구문제 1 : 경제뉴스는 실제 경제상황을 얼마나 잘 반영해 보도하는가.
연구문제 2 : 국민들이 중요하게 인식하는 경제이슈는 무엇이며, 어떻게 인식하는가.
연구문제 3 : 경제뉴스는 실제 경제상황을 통제한 상태에서 경제현실 평가에 영향을 주는가.
연구문제 4 : 경제뉴스가 노무현 정부시기에 주목한 경제이슈는 무엇이며, 어떻게 보도하는가.

5. 경제현실과 미디어 매개 기능 사례연구

1) 분석변인과 측정

이 연구는 SAS(Statistical Analysis System) 소프트웨어 프로그램을 이용해 계량경제 모형을 분석했다. 이 연구는 이러한 방법을 통해 구체적으로 1) 실제 경제상황에 대한 경제뉴스 보도 2) 실제 경제상황과 경제뉴스 보도에 대한 국민경제 인식 3) 특정 정부의 경제상황에 대한 경제뉴스 보도 양태를 개별적으로 추정해보고자 했다. 이를 위해 1998년부터 2005년까지 8년간 조선일보, 동아일보 1면 경제뉴스, KBS, SBS 저녁 종합뉴스의 경제뉴스가 같은 기간의 경제상황과 얼마나 일치하는지를 분석했다.

물론 이들 4개 매체를 대상으로, 그것도 제한된 지면과 뉴스시간만을 분석했다는 점에서 연구결과를 일반화할 수는 없다. 하지만 이들 매체는 선행연구에 자주 사용되며, 때로는 다른 매체의 의제설정 기능을 한다(박재영, 2006). 특히 신문의 1면과 방송의 저녁 종합뉴스는 정치적, 경제적 세계를 보여줄 뿐 아니라(Fogarty, 2005), 여론에 가장 강력한 영향을 미치는 뉴스 영역에 속한다(박재영, 2006; Iyengar & Kinder, 1987)[1].

경제뉴스 데이터는 월별 단위로 발표되는 경제지표를 고려해 비교 가능하도록 월별 단위로 수집했다. 이를 토대로 개별 경제뉴스가 국가경제를 긍정적, 또는 부정적인 논조로 다루는지의 항목을 설정해 코딩작업을 실시했다. 헤드라인과 리드 상에 나타난 묘사, 표현, 방향이 우호적이거나 희망적이며 긍정적 논조로, 반대로 비우호적이거나 부정적이며 부정적인 논조로 처리했다. 하지만 기사가 어떤 감정이나 방향을 제시했다기보다는 단순히 있는 '사실의 진술(factual statement)'에 해당되거나, 긍정과 부정의

---

1) 아이엔가와 킨더(1987)는 미국 TV 저녁뉴스가 국민들의 정치현실 인식에 가장 강력한 영향을 미친다는 연구결과를 제시하였다. 그러나 이는 한편으로 1면이나 저녁종합뉴스가 가장 중요하고, 뉴스 수용자들의 관심을 끌 수 있긴 하지만, 경제섹션에 비해 상대적으로 부정적이고 갈등적인 경제이슈가 많이 다뤄진다는 점에서 일반화에 대한 논란이 있을 수 있다.

표현이 동시에 섞여 있는 경우에는 중립적인 기사로 처리했다.

여기서 뉴스의 논조는 단순히 부정, 중립, 긍정으로 분류해 코딩하는 대신, 이를 보다 세분화해 매우 부정(-2점)에서 매우 긍정(+2점)까지 5점 척도로 평가 한 뒤 매우 부정과 부정은 부정기사로 합치고, 매우 긍정과 긍정은 긍정기사로 합쳐 논조별 기사건수를 합산했다. 물론 여기서 '매우 부정'과 '부정' 그리고 '매우 긍정'과 '긍정'기사가 사람의 인식에 미치는 영향력의 정도는 다르기 때문에 평가척도에 따라 가중치를 두는 게 옳다. 하지만 가중치를 얼마로 할 것인가는 연구자에 따라 주관적일 수 있기 때문에 이 연구에서는 별도의 가중치를 적용하지는 않았다.

코더 간 신뢰도(intercoder reliability) 측정을 위해 전체기사의 10%인 250개의 무작위 샘플을 추려냈으며[2], 사전에 훈련 받은 2명의 언론학 전공 대학원생 코더가 국가경제상황에 대한 뉴스 보도의 표현이나 묘사를 근거로 해 코딩을 실시했다. 코더 간 신뢰도 측정은 코더 간의 단순 일치도를 보여주는 홀스티(Holsti) 공식을 사용해 신뢰도 수준을 측정하였다. 측정 결과 헤드라인기사는 0.93, 리드기사는 0.82의 일치도 수준을 보였다. 코더 간 일치도 수준이 어는 정도가 돼야 하는 가에 대한 합의된 기준은 물론 없다. 하지만 일반적으로 연구들이 보고하는 신뢰도 수준은 0.80에서 0.90 사이로 그 범위를 충족시켰다[3].

기사의 평균값, 표준편차(SD), 전체 기사건수의 게재범위(최소값-최대값), 기사건수 등은 다음 〈표 3-1〉에 제시됐다.

---

2) 전체 표본은 조선일보 490건, 동아일보 358건, KBS 861건, SBS 811건 등 모두 2,520건이다. 사전 코딩에 필요한 10%의 샘플은 각 매체의 10번째 마다 기사를 한 개씩 표집 하는 방식으로 이뤄졌다.

3) 코더 간의 일치도를 보여주는 신뢰도 수준(coefficient of reliability)의 공식은 다음과 같다. 신뢰도 계수(C. R)=2M/N_1+N_2으로 M은 2명의 코더 간의 일치도 코딩수를 나타내고, N_1은 코더 1이 코딩한 개수이고, N_2는 코더 2가 코딩한 개수를 말한다. 신뢰도의 수준은 오택섭과 최현철(2003)의 사회과학 데이터 분석법(서울: 나남)에 제시돼 있다.

〈표 3-1〉 월별 경제뉴스 논조의 기술적 통계

변수	평균값	표준편차	최소값	최대값	합계
전체기사건수	21.55	9.91	5.00	62.00	1,832.00
긍정기사건수	6.00	6.33	0	28.00	510.00
부정기사건수	15.55	10.55	2.00	58.00	1,322.00

주: 1) 조선일보, 동아일보, KBS, SBS, 1998.12~2005.12
2) 전체기사 건수는 2,520건이지만 중립적인 논조기사를 제외할 경우 실제 기사건수는 1,832
건임

〈표 3-1〉에서 볼 수 있듯이 매달 4개 매체(신문은 1면, 방송은 저녁종합뉴스)에 실린 경제기사는 평균 21건이었으며, 그 가운데서도 긍정적 기사는 평균 6건, 부정적인 기사는 평균 15건이었다. 전체기사의 표준편차(SD)는 9.91이고, 긍정기사의 표준편차는 6.33, 부정기사의 표준편차는 10.55로 각각 나타났다. 전체 분석기사 1,832건 가운데 긍정논조 기사건수는 510건, 부정논조 기사건수는 1,322건으로 부정논조 기사가 2배 이상 많았다.

그렇다면 경제이슈를 다룬 언론의 보도 논조가 실제 경제상황의 변화를 얼마나 제대로 반영했다고 볼 수 있을까. 경제상황이 실제로 나빠서 부정적인 경제기사가 많다고 봐야 할까, 아니면 언론의 편향적인 보도태도 때문일까. 이러한 문제에 답하기 위해 다음과 같이 회귀모델을 설정했다. 회귀모델은 물가지수, 물가변동률, 실업률, 실업변동률 그리고 국내총생산(GDP) 변동률 등 주요 경제상황 요소를 투입해 경제뉴스에 어떻게 반영돼 나타나는가를 살펴보고자 했으며, 방정식은 아래와 같다.

$$Y_i = \beta_0 + \beta_1 x_1 + \beta_2 x_2 + \beta_3 x_3 + \beta_4 x_4 + \beta_5 x_5 + \epsilon_i. \quad \epsilon_i \sim N(0, \sigma^2)$$

Y_i = 경제이슈를 다룬 긍정적 또는 부정적 기사건수
　　혹은 긍정적 기사와 부정적 기사건수의 차이
X_1 = 물가지수
X_2 = 실업률
X_3 = 과거 12개월에 대한 물가변동률
X_4 = 과거 12개월에 대한 실업변동률
X_5 = 이전 분기 비교 국내총생산(GDP) 변동률

먼저 위에 제시한 물가, 실업, 국내총생산(GDP) 등 관련 경제지표는 계절조정을 거쳤다. 왜냐하면, 경제상황을 나타내는 경제지표들은 경기적 요인이외 계절적 요인에 의해서도 영향을 받기 때문이다. 경기적 요인만을 분석하기 위해 계절에 따라 주기적으로 일어날 수 있는 비경기적 요인을 제거했다. 이러한 절차를 거쳐 구성된 이 회귀모델은 경제상황, 특히 기본지수(levels)와 변동률(changes)을 동시에 사용해 이들과 경제뉴스 간의 관계를 알아보기 위해 설정됐다.

둘째, 경제현실에 대한 국민인식지표는 통계청이 전국 도시지역 2,000가구를 대상으로 전달 22일이 포함된 1주일간 경기, 생활형편, 소비지출, 자산평가 등 14개 항목에 대한 국민의 주관적인 인식을 조사 집계한 소비자평가지수와 소비자기대지수를 사용했다. 경기평가는 매우 좋음, 조금 좋음, 비슷, 조금 나쁨, 매우 나쁨 등 5점 척도로 측정됐으며, 이는 국민들의 경제상황 인식을 비교적 폭넓게 반영한다. 국민의 경제인식지수에는 전반적인 경기상황은 물론 물가와 고용여건 항목이 포함돼 있다.

여기서 소비자평가지수는 "6개월 전에 비해 현재의 경기, 생활형편이 어떠한가"를 나타내는 지표이며, 100을 기준으로 그 이상이며 경제상황이 좋아졌음을, 그 이하이며 경제상황이 나빠졌음을 의미한다. 소비자기대지수는 "현재보다 향후 6개월 후에 경기, 생활형편이 어떻게 될 것 같은가" 에 대한 전망을 나타내는 지수이다. 마찬가지로 100 이하이면 경기전망이 나빠질 것으로, 반대로 100 이상이면 경기전망이 좋아질 것으로 예측한다(이완수·심재철·박양수, 2007 참고).

셋째, 실제 경제상황 지표 항목으로는 위의 회귀모델에 제시된 대로 월별 물가지수 및 물가변동률, 월별 실업률 및 실업변동률 그리고 국내총생산(GDP) 변동률을 사용했다. 이들 지표는 언론이 특히 관심을 갖는 거시경제지표이며, 동시에 소비자들이 경제상황을 평가하는 기준으로 자주 활용된다(Behr & Iyengar, 1985; Soroka, 2002). 물가, 실업이슈는 전년 동월대비, GDP는 직전 분기대비 등으로 비교 조정해 표준 지수화 했다. 즉 물가와 실업 그리고 GDP는 이전에 비해 떨어진 경우와 올라간 경우에 따라 각각 더미(dummy)변인으로 처리해 측정했다.

6. 사례연구 결과

이 연구는 먼저 경제뉴스가 실제 경제상황과 얼마나 일치하는 가에 주목했다. 더빈-왓트손(Durbin-Watson) 통계는 변수 간의 일련의 관계를 현재 시점 기준으로 측정하기 때문에 모델을 자기상관관계인 AR(1)로 설정하고 회귀분석을 실시했다. 다시 말하면 시차(time lag) 1에서 관련 변수 간의 예측관계를 추정했다. 분석 결과는 아래 〈표 3-2〉에 제시됐다.

〈표 3-2〉 실제 경제상황에 대한 경제뉴스보도의 회귀분석

IV \ DV	긍정뉴스	부정뉴스	긍정뉴스-부정뉴스 차이
물가지수	−0.08(0.17)	−0.27(0.31)	0.17(0.45)
실업률	2.36*(0.79)	2.52*(1.44)	4.82*(2.06)
물가변동률	−0.51(1.24)	2.68(2.61)	−3.16(3.15)
실업변동률	1.05(1.94)	1.16(3.96)	−0.19(4.92)
GDP 변동률	0.12(0.36)	0.10(0.66)	−0.08(0.92)
C	4.71(21.22)	53.13(38.50)	−45.47(55.54)
R2	0.31	0.07	0.16
Durbin-Watson	1.25	1.48	1.21

주) 데이터는 시차를 자기상관관계(AR) 1에서 설정했다. *p〈0.1, **p〈0.05(one-tail test)에서 통계적으로 유의미하며, ( )안은 표준오차 값. 소수점 두 자리에서 반올림. N=1,832

〈표 3-2〉에 보듯이 국내 경제뉴스는 실업률을 빼고는 전체적으로 경제상황의 움직임에 연동돼 보도되지 않았다. 이런 현상은 "경제뉴스는 실제 경제상황을 대체로 반영 한다"는 기존 연구(Gergen, 1992; Samuelson, 1990; Behr & Iyengar, 1985)의 주장과 일치하지 않는다. 아울러 부정적인 경제뉴

스는 긍정적인 경제뉴스에 비해 경제상황을 상대적으로 잘 반영한다는 일부 연구(Goidel & Langley, 1995)와도 다르다. 그러나 우리는 여기서 이 같은 결과를 해석함에 있어 유의할 필요가 있다. 물가와 GDP 지표가 언론에 충실히 반영돼 보도되지 않은 것은 사실이지만, 그렇다고 경제상황이 언론에 전혀 매개되지 않았다고 단정하기는 어렵다. 경제뉴스는 적어도 실업률 항목에 대해서는 제한적으로 현실을 잘 반영하는 경향을 보여주고 있기 때문이다. 이를 구체적으로 보면 다음과 같다.

먼저 위의 표 왼쪽 두 번째 칼럼에 제시된 대로 경제상황 가운데 실업률만이 긍정적인 경제뉴스의 예측변수로 나타났다(t=2.99, p=.00). 일반적으로 실업률이 증가하면 긍정뉴스가 줄어드는 게 원칙이나, 여기에서는 오히려 긍정뉴스가 늘어남으로써 직관에 반(反)한다. 긍정뉴스 조차 제한적이긴 하지만, 경제상황이 좋을 때(실업률 감소)보다, 경제상황이 나쁠 때(실업률 증가) 더 민감한 반응을 보인다는 의미이다.

이런 반 직관성(counter-intuitive)은 경제상황이 나쁠 때 일반적으로 정부가 개입해 인위적인 부양책을 쓰게 되고, 언론은 이를 긍정적인 신호로 받아들이는 관행을 고려해 볼 때 일정부분 타당성을 지닌다. 요약하면 언론이 물가, 물가변동률, 실업변동률, GDP 변동률 등 다른 경제지표들은 좋아져도 이를 주목하고 뉴스에 충실히 반영하지 않지만, 실업률에 대해서는 예외적으로 이를 반영해 보도한다.

두 번째는 실업률이 높아지면 부정뉴스가 늘어나는데(t=-1.75, p=.08), 이것 역시 언론이 실업문제가 악화될 때에는 특별히 관심을 갖고 이를 잘 반영해 보도하는 것으로 해석된다. 결론적으로 언론은 경제뉴스를 보도함에 있어 실업문제, 특히 일자리 상황이 나쁠 때 민감한 반응을 보이며, 일자리 상황을 중요한 경제뉴스 의제로 삼고 있음을 보여준다.

여기서 한 가지 흥미로운 점은 언론은 일자리 상황의 미세한 변동률보다 실업률 자체가 더 뉴스가치가 있는 것으로 받아들인다는 점이다.

예를 들어 9월 실업률이 10.0%로 8월 실업률 10.1%에 비해 떨어졌다고 가정했을 때 언론은 실업률이 떨어진 사실에 주목하기 보다는 실업률 자체가 너무 높다는 사실에 더 주목하고 보도한다(Brown, 1984). 이와 함께 실업률이 떨어졌는가, 아니면 올랐는가에 따라 경제뉴스 논조에 어떤 차이가 있는지 분석해 본 결과에서도 뚜렷한 차이가 나타났다(t=2.34, p=.02). 일자리 상황이 좋지 않으면 부정적인 논조로 보도하고, 일자리 상황이 좋으면 긍정적인 논조로 보도한다는 의미이다.

세 번째, 표의 맨 오른쪽에서 보듯이 실업이슈가 유일하게 언론의 뉴스 균형보도에 영향을 미쳤다. 실업률이 올라가면 부정적인 논조가 많아지고, 반대로 실업률이 떨어지면 긍정적인 논조가 줄어듬으로써 실업상황에 따라 뉴스의 논조가 대칭적으로 움직인다는 사실을 보여준다.

네 번째, 이 모델에서는 많은 경제 데이터가 경제뉴스에 반영돼 보도되지는 않았지만, 변수 간의 설명력 측면에서 경제상황이 나쁠 때보다(R2 =.07), 경제상황이 좋을 때 뉴스에 더 적절하게 반영됐다(R2=.31). 흥미롭게도 이런 결과는 언론이 경제상황이 좋을 때보다, 경제상황이 나쁠 때 더 주목한다는 비대칭적 보도태도를 가정한 기존의 연구(Wu, McCracken, & Saito, 2004)를 뒷받침한다. 국내의 경우 긍정적인 뉴스는 실제 경제상황을 비교적 잘 반영하는 것으로 볼 수 있지만, 반대로 부정적인 뉴스는 실제 경제상황보다 훨씬 편향적으로 보도하는 것으로 추정해 볼 수 있겠다.

언론이 국가경제현실을 제대로 반영해 보도하지 않으면 국민들은 국가경제현실을 잘못 이해하고, 평가할 가능성이 커진다. 이러한 가정에 따라 실제 경제상황과 경제뉴스 논조에 대한 국민의 경제인식 관계를 회귀분석해 보았다(〈표 3-3〉 참조).

<표 3-3> 실제 경제상황과 경제뉴스보도에 대한 경제인식의 회귀분석

IV＼DV	소비자평가지수	소비자평가지수	소비자기대지수	소비자기대지수
소비자평가지수	0.84**(0.04)	0.84**(0.04)	-	-
소비자기대지수	-	-	0.75**(0.05)	0.76**(0.05)
물가지수	−0.02(0.08)	−0.02(0.07)	0.02(0.06)	0.02(0.06)
실업률	−0.33(0.40)	−0.31(0.39)	−0.11(0.31)	−0.12(0.30)
물가변동률	0.67(0.75)	0.67(0.74)	0.89(0.61)	0.89(0.60)
실업변동률	−2.81(1.07)	−2.79**(1.06)	−0.90(0.90)	−0.90(0.90)
GDP 변동률	0.33(0.21)	0.34(0.21)	0.24(0.17)	−0.24(0.17)
긍정뉴스	0.28**(0.07)	-	0.20**(0.06)	-
부정뉴스	−0.25*(0.04)	-	−0.20**(0.03)	-
논조차이(긍정뉴스－부정뉴스)	-	0.26**(0.03)	-	0.20**(0.02)
C	16.81(10.78)	17.60(10.40)	23.83(8.90)	23.62(8.68)
R2	0.96	0.96	0.91	0.91
Durbin-Watson	1.54	1.54	1.77	1.77

주) 데이터는 시차를 자기상관관계(AR) 1에서 설정했다. *p〈0.1, **p〈0.05(one-tail test)에서 통계적으로 유의미하며, (   )안은 표준오차 값. 소수점 두 자리에서 반올림. N=1832

경제평가 지표로 소비자평가지수와 소비자기대지수가 사용됐으며, 경제상황 지표는 위에 설명한 항목과 같다. 기존 연구에 따르면 국민 경제인식 지표는 국가경제상황과 대통령 지지도 등의 변화와 서로 밀접한 관련성을 갖는다(Katona, 1964; Shapiro & Conforto, 1980; MacKuen et al., 1992). 또한 일부 연구에서는 미디어 논조가 부정적일수록, 국민의 경제현실 인식이 부정적으로 바뀐다는 사실을 확인했다(Goidel & Langley, 1995; Hester & Gibson, 2003; 이완수 외, 2007). 따라서 경제상황 변수와 경제뉴스 보도가 국민의 경제현실 평가에 어떻게 반영돼 나타나는지 살펴보았다.

이를 회귀모델로 나타내면 아래 주석과 같다. 아래 제시한 모델은 물가지수, 물가변동률, 실업률, 실업변동률, 국내총생산(GDP) 변동률과 경제뉴

스 논조가 국민의 경제현실 인식에 어떻게 반영돼 나타나는지 살펴보기 위해 설정됐다.[4]

위의 〈표 3-3〉에서 보듯이 경제상황은 전체적으로 국민의 경제현실 인식과 관련성을 보이지 않았다. 다만, 한 가지 흥미로운 점은 실업률이 아닌 실업 변동률이 국민의 경제현실 인식에 영향을 미쳤다. 즉 실업 변동률의 증감 폭이 크면, 국민은 실업문제에 대해 우호적으로(또는 비우호적으로) 받아들인다. 이는 경제의 단순 지표보다 경제상황이 어떻게 변화하는지에 대해 국민이 더 관심을 기울인다는 고이델 등(Goidel & Langley, 1995)의 연구결과와 일치한다. 동시에 국민이 과거 경제 실적지표보다 앞으로의 경제지표가 어떻게 변화할 것 같다는 흐름에 더 민감하다(MacKuen, Erikson, & Stimson, 1992)는 의미를 시사한다. 이런 결과는 실업 변동률보다 실업률 자체에 더 관심을 갖는 언론의 보도관행과는 상반된다는 점에서 흥미롭다.

둘째, 앞서 설명한 대로 국민의 경제현실 인식은 실업 변동률을 제외하고는 다른 경제지표로부터는 그다지 영향을 받지 않았으나, 위 〈표 3-3〉에서 보듯이 언론의 경제뉴스로부터는 전반적으로 크게 영향을 받았다. 바꿔 말하면, 언론의 경제뉴스는 국민의 현재 경제인식은 물론 미래경제인식에도 뚜렷이 영향을 미친다. 이는 국내 경제뉴스가 어떤 이슈가 보다 중요하다는 단순한 의제설정 기능이상을 한다는 사실을 보여주는 것이다.

먼저 긍정적인 경제뉴스는 국민의 현재 경제현실 평가에 영향을 주는 동시에, 미래경제평가에도 영향을 미쳤다. 이런 현상은 부정적인 경제뉴스에서도 비슷하게 나타났다. 국내의 경우 경제뉴스는 전반적으로 경제현

---

4) $Y_i = \beta_0 + \beta_1 x_1 + \beta_2 x_2 + \beta_3 x_3 + \beta_4 x_4 + \beta_5 x_5 + \beta_5 x_5 + \beta_7 x_7 + \beta_8 x_8 + \epsilon_i.\ \epsilon_i \sim N(0, \sigma^2)$

  Yi = 국가경제에 대한 국민의 평가

  X1 = 물가지수　　　　　　　　　　　　　　　　X2 = 실업률
  X3 = 과거 12개월에 대한 물가변동률　　　　　X4 = 과거 12개월에 대한 실업변동률
  X5 = 이전 분기 비교 국내총생산(GDP) 변동률　X6 = 긍정뉴스
  X7 = 부정뉴스　　　　　　　　　　　　　　　　X8 = 긍정뉴스와 부정뉴스의 건수의 차이(논조)

실에 대한 국민들의 머릿속 그림을 제공하는 기능을 한다고 볼 수 있다.

우리는 이 같은 결과에 대해 두 가지 관점에서 해석이 가능하다. 첫째, 국민들은 언론이 국가경제현실을 어떤 논조로 보도하던 국가경제를 평가할 때 영향을 받는다는 사실이다. 언론의 경제뉴스는 시간적으로 현재 경제상황에 대한 인식은 물론 앞으로의 경제전망을 예측할 때에도 영향을 미친다고 볼 수 있다. 이런 결과는 긍정적인 경제뉴스 보다 부정적인 경제뉴스가 국민들의 경제현실 평가에 더 강력한 영향을 미친다(Goidel & Langley, 1995)는 기존 연구결과와 반드시 일치하지는 않는다.

둘째, 현재 경제상황은 개인이 상당부분 직접 체험할 수 있기 때문에 언론 보도로부터 영향을 덜 받는다(Zucker, 1978; Soroka, 2002; 이완수, 2007)는 기존 이론을 재검토할 필요성을 제기한다. 그러나 경제이슈의 성격에 따라 직접 체험의 영향력이 큰 경우도 있고, 반대로 경제뉴스의 영향력이 보다 크게 나타날 수도 있다는 점에서 조심스럽게 해석할 필요가 있다(Mutz, 1992). 인플레이션과 같은 경제주체의 경험영역에 속하는 이슈는 미디어 효과가 떨어질 수 있지만, 정보 접근이 제한돼 있고 분석이 쉽지 않은 국가경제이슈는 미디어 효과가 상대적으로 크게 나타날 개연성을 갖는다.

긍정뉴스가 공중에 미치는 제한성 때문에 많은 연구가 부정적인 경제뉴스와 국민의 경제현실 인식 간의 관련성을 밝히는 데 맞춰져 왔다(Goidel & Langley, 1995; Wu et al., 2004; 이완수 외, 2007). 이에 반해 긍정뉴스가 국민의 경제현실 인식에 미치는 영향력 관계에 대한 연구는 상대적으로 적다. 이 연구에서는 부정적인 논조의 뉴스와 함께 긍정적인 논조의 뉴스가 국민의 경제평가 요소로 작용하는지 살펴보았다. 〈표 3-3〉에서 보았듯이 긍정적인 경제뉴스가 통계적으로 유의미할 정도로 국민의 경제인식에 반영돼 나타났다(t=4..04, p=.00(소비자평가지수)/t=3.46, p=.00(소비자기대지수)). 이 결과만 놓고 보면 경제이슈의 경우, 부정적인 뉴스가 긍정적인 뉴스에 비해 국민의 경제현실 평가에 훨씬 강력한 의제설정 기능을 한다는 해석은 조심스럽게 내려야 한다. 국내의 경우 대체적으로 국민의 경제인식은 경제상황(실업변동률만 예외)에 의해서보다는 주로 경제뉴스에 기초에 형성되는 것으로 추론된다.

셋째, 논조 차이에 따라 국민이 경제현실을 어떻게 인식하는지 살펴 본 결과 부정적인 논조의 기사가 상대적으로 많을수록 소비자평가지수 및 소비자기대지수는 떨어졌다. 결국 부정적인 경제뉴스가 많아지면, 현재경제와 미래경제 인식이 모두 나빠지고, 경제평가에 대한 부정적인 뉴스의 영향이 긍정적인 뉴스의 영향에 의해 상쇄되지 않는다. 사람은 일반적으로 인지 구조상 긍정적인 정보보다는 부정적인 정보를 보다 강하게 기억한다(Lau, Sigelman, Heldman, & Babbit, 1999)는 점에서 타당성을 갖는다.

앞에서도 진술했지만, 국내의 경우 언론이 경제상황을 전체적으로 잘 반영해 보도한다고 보기는 어렵다. 예외적으로 실업이슈 등 부분적으로 경제상황을 반영했으며, 동시에 경제상황이 악화될 때 더 많은 부정적인 뉴스를 양산한다는 사실을 확인했다. 이는 결과적으로 언론이 경제상황이 나빠진다는 조짐을 공중들에게 사전에 경고하는 '경보역할'을 한다고 볼 수 있다. 왜냐하면 언론의 경제뉴스 논조는 경제현실 평가에 중요한 예측변수로 작용한다는 점에서 "어떤 이슈가 보다 중요하다"는 단순한 순서를 보여주는 의제설정 이상의 기능을 하는 셈이다.

언론이 경제상황을 부정적으로 다룰 경우 국민들은 현재 경제상황 인식은(t=-6.96, p=0.00) 물론 미래경제상황에 대해 서로 비관적으로 인식(t=-7.10, p〈0.00)하게 된다(Dua & Smyth, 1993)는 가정이 〈표 3-3〉에 제시된 대로 국내 연구에서도 받아들여졌다. 결론적으로 경제이슈에 대한 국민인식은 결국 실제 경제지표에 의해서보다는 언론의 보도논조에 따라 상당부분 결정된다고 해석해 볼 수 있겠다.

이 연구는 지금까지 1) 미디어 경제보도가 실제 경제상황을 어느 정도 제대로 반영하는가. 2) 경제상황과 언론의 경제보도가 국민(소비자)의 경제 인식에 어떻게 영향을 미치는 가를 각각 검토했다. 또한 언론이 어떤 경제이슈에 더 관심을 갖는지를 살펴보았다.

특히 이러한 연구문제가 노무현 정부에 어떻게 구현되어 나타나는지를 파악해 보고자 하였다. 이는 경제커뮤니케이션 효과가 특정 정부시기에 따라 다르게 나타날 수 있다는 기존 연구를 확인해보기 위해서였다. 구체적으로 경제뉴스가 노무현 정부시기에 주목한 경제이슈는 무엇이며, 또 어떤 관점에서 보도했는지를 알아보려는 것이다. 경제현실에 대한 미디어 보도와 평가는 단순히 경제현실이나 국민들의 경제인식만을 토대로 설명되는 것은 아니다. 미디어의 경제보도에는 대통령 리더십 등 정치적 환경 등이 영향을 미치기 때문에 이런 매개 변수를 고려할 필요가 있다는 점을 시사한다.

언론의 이런 정치적 효과 기능과 관계없이 실제로 2003년 출범한 노무현 정부는 역대 다른 정부에 비해 "언론이 자주 부정적인 경제뉴스는 강조하고, 긍정적인 경제뉴스는 축소하거나 무시한다"는 취지의 주장을 제기해왔다. 그렇다고 언론이 노무현 정부시기에 경제상황과 동떨어지게 특별히 편향적으로 보도했다고 단정할 만한 근거는 없다. 노무현 정부가 자신들의 나쁜 경제실적을 회피[5]하기 위해 언론 보도에 책임을 귀인하는 정치적 전략을 사용했는지, 아니면 국내 언론의 편향성에 대한 사실적 근거에 기초한 정당한 주장인지는 분명치 않다.

이러한 문제에 답하기 위해 노무현 정부에서 언론이 경제상황을 어떻게 반영해 보도하는지 회귀분석을 실시했다. 따라서 다음에 제시된 모델은 물가지수, 물가변동률, 실업률, 실업변동률, 국내총생산(GDP) 변동률이 노무현 정부시기에 경제뉴스 논조에 어떻게 반영돼 나타나며, 아울러 노무현

---

5) 노무현 정부의 실제 경제지표는 역대 정부에 비해 나쁘지 않다는 의견도 있다.

정부시기에 경제뉴스가 보다 편향적이었는지를 분석하기 위해 설정됐다.[6]

노무현 정부시기를 더미(dummy) 변인으로 처리해 다른 정부(김대중 정부)와 차별적으로 편향적인 보도를 했는지 분석해 보았다. 물론 김대중 정부시기를 동시에 측정하는 게 원칙이나 여기에서는 노무현 정부시기만을 따로 선택해 언론의 경제현실 효과의 타당성을 검토했다. 왜냐하면 이 연구는 노무현 정부의 경제보도에 대한 불만이 얼마나 타당한지를 경험적으로 확인해 보는 데 있기 때문이다. 〈표 3-4〉에서 보듯이 노무현 정부에서는 언론이 전체적으로 긍정적인 경제뉴스보다는 부정적인 경제뉴스에 더 주목하는 경향을 보인다(t=1.91, p=.06). 즉 언론이 노무현 정부 들어 상대적으로 긍정적인 경제뉴스는 무시하고, 부정적인 경제뉴스는 강조해 보다 많이 다뤘다고 해석해 볼 수 있겠다.

이는 "언론이 실제 경제상황을 덜 긍정적으로 다룬다"는 노무현 정부 주장의 타당성을 부분적이나마 뒷받침한다. 실제로 노무현 정부 들어 경제상황, 특히 인플레이션, 일자리 등 서민경제가 정부 데이터(통계청, www.nso.go.kr 참고)만 놓고 볼 때 악화됐다는 증거가 충분치 않은 만큼 국내 언론의 경제보도가 노무현 정부시기에 정말로 공평하고, 균형적으로 다뤄졌는지는 확실치 않다. 서민경제 이슈 가운데 나빠진 지표를 선택해 부정적으로 프레이밍(framing)함으로써 국가경제가 좋지 않은 쪽으로 그려냈을 수도 있다.

이런 추정은 언론이 노무현 정부 들어 물가지수, 실업률, 그리고 물가변동률 등 서민경제에 더 주목하고 이를 부정적으로 다룬 사실에서도 잘 뒷받침 된다. 경제지표 가운데 인플레이션이나 실업문제 등은 경제뉴스

---

6) $Y_i = \beta_0 + \beta_1 x_1 + \beta_2 x_2 + \beta_3 x_3 + \beta_4 x_4 + \beta_5 x_5 + \beta_6 x_6 + \epsilon_i. \quad \epsilon_i \sim N(0, \sigma^2)$
   Y_i = 경제이슈를 다룬 긍정적 또는 부정적 기사건수 혹은 긍정적 기사와 부정적 기사건수의 차이
   X_1 = 물가지수 $\qquad\qquad\qquad\qquad$ X_2 = 실업률
   X_3 = 과거 12개월에 대한 물가변동률 $\qquad$ X_4 = 과거 12개월에 대한 실업변동률
   X_5 = 이전 분기 비교 국내총생산(GDP) 변동률 $\quad$ X_6 = 노무현 정부시기

의 가장 중요한 요소이며(Nadeau et al.,, 1999), 언론에 자주 언급되고(Clarke, Mishler, & Whiteley, 1990), 경제 여론형성에 많은 영향을 미친다(Haller & Norpoth, 1997). 노무현 정부에 유독이 '민생경제'가 사회적 이슈가 됐다는 점에서 물가, 일자리 등이 언론의 집중적인 조명을 받았을 것이고, 그것이 보도논조의 차이로 나타났을 수 있다.

〈표 3-4〉 노무현 정부의 실제 경제상황에 대한 경제뉴스보도의 회귀분석

DV / IV	긍정뉴스	부정뉴스	긍정뉴스-부정뉴스의 차이
물가지수	0.04(0.30)	−0.99**(0.44)	0.71(0.74)
실업률	2.53**(0.85)	−3.62**(1.27)	5.62**(2.12)
물가변동률	−0.70(1.31)	3.91(2.66)	−4.07(3.32)
실업변동률	0.99(1.95)	1.38(3.69)	−0.44(4.91)
GDP 변동률	0.11(0.35)	−0.00(0.53)	−0.05(0.87)
노무현 정부(더미)	−1.65(3.41)	9.77*(4.94)	−7.49(8.50)
C	−7.86(33.54)	132.12(50.06)	−104.10(83.50)
R2	0.32	0.11	0.20
Durbin-Watson	1.28	1.60	1.32

주) 데이터는 시차를 자기상관관계(AR) 1에서 설정했다. *p〈0.1, **p〈0.05(one-tail test)에서 통계적으로 유의미하며, ( )안은 표준오차 값. 소수점 두 자리에서 반올림. N=1,832

〈표 3-4〉에서 보듯이 노무현 정부시기에 한 가지 흥미로운 점은 물가 이슈의 경우 국내 언론은 물가가 내리고, 오르는 변동성보다는 물가지수 자체에 주목했다. 물가지수가 안정적이거나 내려갔을 경우에는 언론의 주목을 받지 못한 반면, 물가가 불안하거나 올라갔을 때는 부정적인 뉴스로 많이 다뤄졌다. 그러나 물가가 전년에 비해 좋아졌던, 나빠졌던 변동성에 대해서는 언론이 보도의제로 주목하지 않았다.

일자리 이슈도 마찬가지로 일자리가 늘어나고 줄어드는 실업변동률보다는 실업률지수 자체에 언론이 더 주목했다. 그러나 실업률지수의 경우

는 물가지수와는 달리 긍정뉴스와 부정뉴스 모두에 반영되어 나타났다. 일자리가 늘어나면 언론이 긍정적인 신호로 보도했으며, 반대로 일자리 사정이 나빠지면 부정적인 메시지를 내보내는 식이다.

다만 회귀계수 상 일자리 사정이 좋을 때보다는 나쁠 때 더 강조해 보도하는 점이 다르다. 언론이 실업변동률보다 실업률지수 자체에 더 주목하는 것은 언론의 일반적인 보도 속성과 관계가 있는 것으로 짐작된다. 언론은 일반적으로 실업률이 과거에 비해 호전되더라도 실업률 자체가 높으면 여기에 초점을 맞춰 부정적인 논조로 보도한다(Brown, 1984). 또한 일자리 이슈의 경우는 고용시장 상황이 좋을 때와 나쁠 때에 따라 언론의 보도 논조가 대조적이고, 차별적으로 다뤄졌다(t=2.66, p=0.00). 이는 실업률의 경우는 지표가 좋고, 나쁨에 따라 언론이 고용현실을 적절히 반영해 보도하는 관행을 갖고 있음을 보여준다. 즉 실업이슈는 언론의 현실구성주의보다는 현실반영주의가 더 두드러지게 작동한다고 볼 수 있다.

7. 토론

이 연구는 국내 언론이 실제 경제상황을 어떻게 반영해 보도하며, 국민의 경제현실 인식에 미치는 경제이슈와 국민의 경제인식에 미치는 유인가성에 대해 검토했다. 또 노무현 정부시기의 경제현실에 대한 언론의 보도 방식과 함께 경제이슈가 보도논조에 어떻게 구현되는지에 대해서도 살펴보았다. 이 연구에서 발견된 결과를 이론적 관점에서 종합해 논의하면 다음과 같다.

첫째, 국내 언론은 전반적으로 모든 경제이슈를 충실히 반영해 보도하지는 않았다. 다시 말하면, 경제상황이 좋으면 긍정적인 뉴스가 늘어나고, 경제상황이 나쁘면 부정적인 뉴스가 늘어나는 대칭적 보도관행을 보이지 않았다. 이는 "경제뉴스와 경제현실은 부합한다"는 기존의 현실반영주의가 적어도 이 연구에서는 입증되지 않았다. 다만 경제상황 가운데 예외적으로 실업률만이 긍정적인 경제뉴스와 부정적인 경제뉴스 모두에 반영돼 나타난 점은 일면 흥미롭다. 일자리 사정이 좋아진 경우와 나빠진 경우에 따라 언론이 적절히 유인가적 프레이밍을 하고 있음을 보여준다.

둘째, 국내언론 보도에서 일자리 문제가 중요한 경제이슈임을 발견할 수 있었다. 물론 모든 국가경제지표를 사용하지는 않았지만, 전반적으로 언론이 가장 주목하는 경제이슈는 실업률이었다. 이런 현상은 국내 언론이 실업문제를 가장 주목하고 있으며, 뉴스 소비자들에게 전달해야 할 뉴스가치가 상대적으로 큰 경제이슈로 보고 있음을 뜻한다. 언론이 경제지표를 뉴스로 다룰 때 일반적으로 지수보다는 변화율에 더 주목한다(Nadeau et al., 1999)는 기존 연구와 배치된 점은 특이하다. 이런 결과는 단순히 미세한 증감 폭보다는 실업률의 높은 절대지수를 더 뉴스가치가 있다고 보는 저널리즘 내부 관행과 무관치 않아 보인다.

셋째, 물가 이슈에서는 미디어 효과가 나타나지 않았으나 실업(지표) 이슈는 미디어 효과가 상대적으로 크게 나타난다. 이런 결과는 이론적으로 경험 가능한 돌출성이 두드러진 이슈는 미디어 효과가 상대적으로 크게 나타나지 않는다는 기존 연구와 일치하는 부분이다.

넷째, 언론이 경제이슈의 단순 지표(실업률)에 보다 주목한 것과는 달리 국민들은 경제이슈의 변동 상황(실업변동률)에 더 주목하는 상반된 양상을 보였다. 실업이슈에 제한된 것이긴 하지만 변동률이 국민 경제인식의 예측변수로 나타났다는 점에서 "'변화'는 뉴스이지만 '정지'는 뉴스가 아니다"는 사실을 증명해 준다(Stimson, 1991).

언론이 끊임없이 프레임(frame) 변화를 통해 이슈를 현저(salience)하게 하는 것은 이슈에 대한 뉴스 수용자의 주목도를 높이고(Chyi & McCombs, 2004), 나아가 태도나 행동에 영향을 미치기 위한 전략으로 이해된다

(McCombs, 2004). 결국 변화는 단순히 규범에서 이탈했다는 뜻보다는 어떤 총체적 경향을 보여줌으로써 미디어의 관심을 끌고, 공중들에게 미치는 영향력을 증가시킨다(Van Raaij, 1989, p. 484; Andreassen, 1987). 하지만 국내 언론은 경제상황을 충실히 매개하고, 반영하지 못하고 있다는 점에서 언론이 국민의 경제여론을 왜곡할 가능성을 배제할 수 없다.

다섯째, 언론의 경제뉴스 보도는 실제 경제상황의 효과를 통제하고도 경제현실 평가에 큰 영향을 미쳤다. 경제현실에 대한 국민인식은 주로 부정적인 뉴스 논조에서만 나타날 것이라는 예상과는 달리, 긍정적인 뉴스 논조에서도 함께 나타났다. 긍정뉴스와 부정뉴스 모두 현재 경제인식은 물론 미래경제인식에도 영향을 준다는 점에서 언론의 부정적인 논조가 사람들의 경제현실에 대한 평가방식을 결정하는 절대변수는 아니다.

하지만 경제뉴스 보도를 통제했을 때 경제상황과 국민의 경제인식과의 상관관계는 낮은 반면, 미디어의 영향력은 상대적으로 컸다. 이는 곧 언론이 국내 경제뉴스의 의제설정 기능을 하는 동시에 국가경제현실을 평가하는 기준을 제공하는 지배적인 예측변수라는 점을 의미한다.

여섯째, 언론이 정부에 따라 경제뉴스를 다르게 전달하고, 부분적으로 논조의 편향성을 드러낸 점은 경제뉴스조차 정치적 맥락 속에서 재구성된다는 점을 시사한다. 언론과 시시각각 대립했던 노무현 정부시기 들어 부정적인 경제뉴스에 특히 더 주목했다는 뜻은 경제상황적 요소보다, 정치상황적 요소가 뉴스 구성과정에 고려됐다는 점을 간접적으로 시사한다. 물론 이러한 결과가 언론이 의도적으로 노무현 정부를 비판한 때문인지, 아니면 경제적 요인이나 또는 다른 외부적 요인 때문인지는 이 분석만으로는 알기 어렵다.

그럼에도 우리는 이 연구를 통해 언론이 본질적으로 부정적인 경제뉴스에 더 관심을 기울이며, 경제현실에 대한 국민의 평가에 강력한 영향을 미친다는 점만은 분명해 보인다. 언론이 부정적인 논조로 보도하면, 결과적으로 국민들은 경제현실을 나쁘게 인식하는 동시에 정치현실을 보다 부정적으로 평가한다는 점에서 언론의 속성 의제설정과 프라이밍 효과(priming effects, 점화효과) 기능의 이론적 타당성을 동시에 확인할 수 있었다.

아울러 이 연구는 언론이 경제이슈를 강조하면 국민이 이를 중요하게 여긴다는 차원을 넘어 제한적이지만 경제상황이 뉴스의 논조와 경제현실 인식에 거꾸로 영향을 주는 역동적 의제설정 관계에 주목할 필요성이 있음을 제시한다. 그러나 이 연구는 동시에 언론이 국민의 경제생활에 절대적으로 영향을 미칠 수 있다는 점에서 보다 균형적이고, 객관적이며, 비정파적으로 보도해야 한다는 점을 시사한다. 언론이 경제상황을 비대칭적으로 또는 특정 정부에 대해 편향적으로 보도하면, 국민의 경제현실 인식은 왜곡된다. 물론 언론 현장에서 '균형적이고, 객관적이며, 비정파적 보도'라는 저널리즘 원칙을 기대하기란 현실적으로 어렵다.

언론은 일반적으로 복잡한 제작과정을 거치면서 현실을 재구성한다. 기자 개인의 경제현실 인식, 미디어 조직의 경영사정, 외부 경제상황 그리고 정부의 정책에 따라서도 실제 경제상황은 다르게 설명되거나 예측된다. 뉴스는 경제사회를 재정의 하고, 재구성한다는 점에서 뉴스의 의제설정과 실제 경제상황 간에는 일정부분 간격이 있을 수밖에 없다. 이 연구결과도 언론의 현실반영주의가 부분적으로 발견되긴 했지만, 전체적으로는 구성주의적 관점에서 경제상황과 평가를 가감해서 이해하고, 해석할 필요가 있다는 시사점을 제시한다.

이 연구는 국내에선 처음으로 경제상황에 대한 경제뉴스의 직간접적인 매개 기능을 살펴보았다는 점에서 의미가 있다. 하지만 몇 가지 점에서 한계가 있는 것도 사실이다.

첫째, 두 정부의 경제보도만을 제한적으로 살펴보았다는 점에서 위의 논의 사실을 일반화하기에는 무리다.

둘째, 경제뉴스와 경제상황 변수 간의 상호 예측관계를 자기상관관계인 시차 1, 즉 같은 달에 기준을 두고 살펴보았기 때문에 이전 달의 언론 보도와 경제지표가 국민의 경제인식에 미치는 영향력을 측정하지는 못했다. 상호 예측관계의 동시성을 가정함으로써 시차에 따른 매개 기능을 살펴보지 못했다는 점에서 한계를 가질 수밖에 없다.

셋째, 뉴스 변인과 경제상황 변인 간의 일치성 문제이다. 뉴스 변인으로는 물가, 실업, 주가, 유가, 환율, 무역수지, GDP 성장률, 경제정책 등 포괄적이고 집합적인 경제지표를 사용한 반면, 경제상황 변인은 물가, 실업, GDP 등 부분적인 지표만으로 사용해 비교가 이뤄졌다. 따라서 경제뉴스와 경제상황 간의 상호 인과관계에 대한 적절성이 문제가 될 수 있다.

넷째, 노무현 정부시기 실제 경제상황과 경제뉴스 보도가 국민의 경제인식에 미치는 영향에 어떤 차별성이 있는 가에 대한 회귀분석도 필요하다. 즉 언론과 갈등이 심했던 노무현 정부시기에 물가와 실업이슈, 그리고 언론의 보도가 국민의 경제인식에 미치는 영향을 분석해 보는 것도 의미가 있을 것이다.

후속 연구에서는 경제뉴스에 대한 개별 매체의 보도경향을 비교연구해 보는 동시에 분석대상 정부를 늘려 경제변수 간의 매개 관계를 시계열적으로 분석했으면 한다.

〈요약〉

이 연구는 국내 경제뉴스가 국가경제상황을 어떻게 매개해 보도하는지를 경험적으로 살펴보기 위해 실시됐다. 또한 국민들이 특별히 주목하는 국가경제이슈는 무엇이며, 경제뉴스를 어떻게 받아들이고 이해하는지 파악하고자 하였다. 그리고 언론과 대립각을 세웠던 노무현 정부시기에 국가경제이슈가 경제뉴스에 특별히 달리 반영돼 보도되는지를 분석해 보았다.

분석결과 첫째, 국내 언론은 전반적으로 경제상황을 충실히 반영해 보도한다고 보기는 어려웠다. 경제상황이 좋으면 긍정적인 경제뉴스가 늘어나고, 경제상황이 나쁘면 부정적인 경제뉴스가 늘어나는 대칭적 보도관행을 보이지 않았다.

둘째, 국내 언론은 국가경제지표 가운데 특히 실업률에 가장 관심을 두고 보도했다. 이 연구를 통해 언론이 가장 민감하게 다루는 경제이슈이자, 의제는 실업문제임을 확인했다.

셋째, 국내 언론은 경제상황이 나쁠 때 경제이슈에 더 주목했으며, 국민들 역시 경제상황이 나쁠수록 경제뉴스에 더 민감한 반응을 보였다. 이는 경제상황에 따라 언론의 경제보도와 국민의 평가가 달라질 수 있다는 사실을 보여준다.

넷째, 국내 언론의 경제뉴스는 실제 경제상황을 통제하고도 국민들의 경제현실 평가에 영향을 미쳤다. 이 연구는 경제뉴스가 경제현실을 어떻게 매개하며, 나아가 이론적으로 의제설정과 프라이밍 효과 기능을 하는지 논의했다.

2부

경제커뮤니케이션 효과와 구조

4장 경제뉴스 속성 프레임과 효과

매스 미디어는 부정적인 경제뉴스를 지나치게 강조하고, 긍정적인 경제뉴스를 무시한다는 주장이 자주 제기되어 왔다(Hester & Gibson, 2003). 그럼에도 미디어가 경제뉴스를 부정적인 속성(attributes)으로 다루는지, 경제위기가 미디어 보도 때문인지에 대한 경험적인 증거는 별로 없다. 논리적 정합성이나 과학적 근거 없이 뉴스 미디어는 경제현실을 부정적인 속성으로 다루며, 동시에 경제위기를 조장해 국가경제를 악화시킨다는 주장만 무성하다(청와대 브리핑, 2007년 1월 23일자).

국가경제 이슈에 대한 의제설정은 매스 미디어에 의해 결정된다고 해도 과언이 아니다. 국민은 직접적인 경험이 어려운 국가경제 지형을 제대로 파악할 수 없다. 따라서 경제정보를 전달해주는 매스 미디어를 통해 국가경제를 평가하고 이해한다. 미디어가 국가경제의 특정 속성을 강조하면 국민은 이 속성을 중심으로 경제현실을 이해하고, 받아들인다. 그렇다고 경제뉴스가 국민의 주관적인 경제인식에 영향을 주고, 나아가 경제 및 정치지형을 전적으로 좌우한다고 볼 수도 없다.

국민의 주관적인 경제인식이나 객관적인 경제현실이 거꾸로 미디어의 의제형성에 영향을 미친다는 주장도 많다(Wu et al., 2002, 2004). 심지어 대통령의 리더십에 따라 경제현실에 대한 평가가 다르기도 하다. 경제이슈 의제설정연구는 경제뉴스-경제인식-경제현실-대통령 경제리더십이 국가경제이슈를 놓고 서로 각축하고, 영향을 주고받는 구조를 취한다.

그러나 경제 변수는 언론의 보도를 통해 서로 연결된다. 경제뉴스 영향력의 강도와 방향에 대한 연구결과는 혼란스러울 정도로 일치하지 않는다. 경제상황을 통제한 상태에서 경제뉴스가 사람들의 경제인식에 영향을 주기도 하지만(MacKuen, Erikson, & Stimson, 1992; Stevenson et al., 1991; Hester & Gibson, 2003), 경제뉴스 보도와 경제현실에 대한 사람들의 인식이 서로 영향을 주고받는 '순환적 효과(cyclical effects)' 관계를 지닌다는 사실도 보고되어 왔다(Stevenson, Gonzenbach, & David, 1991). 그런가 하면 일부 연구자는 경제뉴스가 경제현실에 직접적인 영향을 준다는 점을 지적하였고(Kurtz, 1990; Stevenson et al., 1991; Blood & Phillips, 1995, 1997), 다른 연구자는 경제현실이나 경제인식이 경제뉴스의 설명변수라는 점을 실증적으로 제시해 보였다(Wu et al., 2002, 2004; Behr & Iyengar, 1985). 또 경제인식이나 경제현실이 대통령 지지도와 서로 관계성을 지닌다는 연구도 있다(Blood & Phillips, 1995; Page, Shapiro, & Dempsey, 1987).

경제뉴스-경제인식-경제현실-대통령 지지도는 이처럼 서로 영향력을 주고받는 다방향적이고, 역동적인 상관관계를 지닌다고 할 수 있다. 하지만 기존의 경제이슈 의제설정연구는 장기간에 걸쳐 경제 변수 간의 잠재적 효과나 변동의 추이를 시계열적으로 추적하지 않았다. 단순히 두 시점 사이에 여론의 변화추이를 관찰함으로 시간의 흐름에 따른 상호 예측관계를 보여주는 데 성공적이지 못했다(Brosius & Kepplinger, 1990; Gonzenbach, 1996; McCombs & Zhu, 1995).

따라서 이 연구는 특정한 시점을 중심으로 개인의 의견, 태도, 행동의 변화추이에 대한 횡단면적(cross-sectional) 의제설정효과를 측정하려는 것은 아니다. 그보다는 미디어-여론-경제-정치 등 집합적이고 거시적인 주체가 서로 어떻게 영향을 주고받는지 장기간에 걸쳐 그 경로와 방향을 동태적으로 추적해보고자 한다. 나아가 한국 경제이슈 의제설정의 영향력 정도와 효과발생 시점을 동시에 밝혀보려고 한다. 기본적으로 경제이슈의 의제설정 경로와 방향을 파악하지 않고는 주관적인 경제평가, 객관적인 경제현실 그리고 정치지형에 미치는 '이슈 주도자'가 누구인가를 파악하기 어렵다고 본다.

이러한 사실에 기초해 이 연구는 (1) 국내 경제뉴스가 국민의 국가경제인식에 영향을 주는가, (2) 국내 경제뉴스가 실제 경제지형에 영향을 미치는가 등 두 가지 질문에 답하고자 한다. 특히 이 연구는 경제뉴스 논조(tone)가 국가경제에 대한 사람들의 주관적 평가와, 객관적인 경제현실에 어떻게 영향을 주고받는지를 살펴보고자 한다.

이를 위해, 이 연구는 경제뉴스-경제인식-경제현실-대통령 지지도 간의 상호 영향력 관계의 경로와 효과 발생시점에 대해 시계열 분석(time series analysis)을 시도한다. 특히 시계열의 벡터자기회귀(VAR·Vector Autoregression) 모형을 사용해 김대중 정부와 노무현 정부를 포함하는 85개월(1998.12~2005. 12)간에 걸쳐 국내 경제이슈의 예측경로를 역동적으로 추적한다.

VAR 모형은 경제뉴스, 경제인식, 경제현실 그리고 대통령 경제리더십 등 의제 주체 간의 통계적 방향성을 동시에 보여줄 뿐 아니라, 측정 변인이 외생성과 내생성을 동시에 갖고 있을 때 상호 영향력을 알아보거나, 시간 프레임(time frame)상에서 변인 간의 상관관계를 밝혀내는 데 유용하다.

1. 경제뉴스와 주관적 경제인식

경제주체인 사람은 자신의 일상생활 속에서 경제이슈를 보고 듣지만, 경제와 관련된 사회적 혹은 집합적 정보를 스스로 얻어내는 데는 한계가 있다. 사회구조가 복잡해지고, 경제현실이 다양해지면서 개인 스스로 정보를 수집, 분석, 평가하기란 쉽지 않다. 결국 미디어가 보도하는 사실에 기초해 경제상황을 평가하며(Nadeau, Niemi, Fan, & Amato, 1999; Sanders et al., 1993; Mutz, 1992; Hetherington, 1996), 미디어에 등장한 전문가의 의견을 참고해 경제행위를 수행하게 된다(Matthew Eshbaugh-Soha, Peake, 2005; MacKuen et al., 1992).

경제뉴스와 공중인식 간의 관계에 대한 초기 연구도 자연히 미디어의 제가 공중의제로 어떻게 전이되는가 하는 관점에 주로 맞춰졌다. 스티븐 슨과 그의 동료들(Stevenson et al., 1991)은 미디어가 경제를 부정적으로 보도하자 경제에 대한 국민(소비자)의 신뢰도가 떨어졌다는 사실을 발견하였다. 즉, 미디어가 그려낸 경제지형이 곧 국민이 인식하는 경제지형으로 전이됐음을 보여준다. 경제뉴스와 국민인식간의 관계를 양방향으로 측정한 팬(Fan, 1993)도 미디어가 국민의 경제심리에 직접적인 영향을 미친다는 사실을 확인했다. 그러나 팬은 객관적 경제상황을 통제하지 않음으로써 미디어가 여론에 영향을 미쳤는지, 아니면 거꾸로 경제상황이 여론에 영향을 주었는지를 구분해 보여주지는 않았다.

머츠(Mutz, 1992, 1998)는 국가경제의 이슈별 특성에 따른 미디어 효과의 차이점에 주목했다. 사람들이 개인의 생활과 가까운 실업이슈에 대해서는 주로 자신의 현실 경험에 의존하지만, 전국 단위의 경제이슈에 대한 정보나 대통령에 대한 평가는 미디어에 주로 의존한다는 사실을 발견했으며 이를 미디어의 '비개인적 효과(impersonal effects)'라고 불렀다. 국가경제상황과 같은 전국 단위의 경제이슈는 주커(Zucker, 1978)나 소로카(Soroka, 2002)가 말하는 두드러짐(obtrusiveness)이 개인의 경험영역에서 잘 일어나지 않을 수 있으며, 미디어 의제설정 효과가 상대적으로 크게 나타날 개연성이 크다.

다른 관점의 연구는 경제상황을 객관적으로 나타내는 경제지표 변인을 통제한 상태에서 경제뉴스가 사람들의 경제인식에 어떻게 영향을 주는지 살펴보았다. 이런 관점에서 스티븐슨, 곤젠박 그리고 데이비드(Stevenson, Gonzenbach, & David, 1991)는 객관적 경제지표를 통제한 뒤에도 경제뉴스가 경제에 대한 사람들의 평가에 영향을 주는지를 살펴보았다. 그 결과, 팬의 연구와는 달리 경제에 대한 사람들의 인식이 거꾸로 경제뉴스의 보도방향에 영향을 미쳤다.

이와 달리 맥쿠엔, 에릭슨, 스팀슨(MacKuen, Erikson, & Stimson, 1992)은 경제상황을 통제한 상태에서 사람들의 '뉴스회고(news recall)'가 경제 및 정치평가에 어떻게 영향을 주는지 알아보고자 하였다. 맥쿠엔과 그의 동료들은 뉴스가 의제설정하는 방향에 따라 사람들이 경제를 전망하고, 대통령을 평가한다는 사실을 발견했다. 라이즈와 프레드(Raaij & Fred, 1989)도 경제에 대한 기대감이나 구매행위는 경제뉴스와 소비자의 분위기(mood)에 영향을 받는다고 보았다.

뉴스는 결국 사람들이 미래경제상황을 평가하는 단서를 제공하는 동시에, 대통령을 평가하는 기준에 영향을 미친다. 그렇다고 미디어의 내용이나 보도량만이 사람들의 인식에 영향을 주지는 않는다. 오히려 사람들의 생각이나 인식은 미디어가 어떤 관점이나, 논조로 보도했느냐에 따라 더 크게 영향을 받을 수 있다(Ridout, 1991; Ross, 1992; Covington et al., 1993).

미디어가 지나치게 부정적인 경제뉴스를 양산한다는 1992년 당시 미국 공화당 정부의 주장에 대해 경험연구를 진행한 고이델과 랭레이(Goidel & Langley, 1995)는 경제상황을 통제한 상태에서 경제뉴스 논조가 사람들의 경제평가에 어떻게 영향을 미치는지를 알아보고자 했다. 이들은 2차 의제설정 이론을 처음으로 적용해 경제뉴스 효과를 측정했으며, 부정적인 논조의 경제뉴스가 여론에 영향을 미친다는 사실을 확인했다.

1981년부터 1992년까지 미국 〈뉴욕타임스〉 1면 경제보도, 국민인식, 경제지표 등을 갖고 실시된 이 연구에서는 매스 미디어가 경기상황이 좋을 때보다 경기상황이 나쁠 때 경제이슈에 더 주목했으며, 부정적인 논조의 경제뉴스는 경제상황을 통제했을 때 사람들의 경제평가에 부정적으로 영향을 미쳤다. 하지만 이 연구는 측정 변인을 같은 달의 경제뉴스, 국민인식, 경제지표 등으로 제한해 분석함으로써 이전 달이 미칠 수 있는 영향력을 고려하지 않았다.

일반적으로 사람들은 경제뉴스에 의해 즉각적으로 반응을 하기보다는 1개월에서 최고 수개월에 걸쳐 지속적이고, 누적적으로 영향을 받는다(Blood & Phillips, 1995, 1996). 이러한 논의를 기초로 일부 연구는 경제뉴스, 경제인식, 경제상황, 대통령 지지도 등 경제커뮤니케이션 관련 변인이 시차를 두고 서로 어떻게 영향을 주고받는지를 동시에 살펴보고자 하였다.

이 방법의 선구자인 블러드와 필립스(Blood & Phillips, 1995)는 경제뉴스, 소비자 인식, 경제지표, 대통령 지지도 변인의 인과관계를 시계열 분석의 벡터자기회귀(VAR) 모델을 사용해 동시 추정했다. 그러나 이 연구는 경제여론이 경제뉴스 내용에 영향을 준다는 스티븐슨과 그의 동료들(Stevenson, Gonzenbach, & David, 1991)의 주장과 정반대의 결과를 확인했다. 경기선행지수를 통제한 상태에서 미국 〈뉴욕타임스〉 1면의 불황 관련 헤드라인 뉴스가 늘어나자 소비자의 경기 신뢰도가 떨어졌다. 그러나 다른 변인 간에는 통계적으로 유의미한 관계가 발견되지 않았다.

블러드와 필립스(Blood & Phillips, 1995, 1997)에 이어 우와 그의 동료들(Wu et al., 2002)도 불황뉴스, 경제상황, 경제에 대한 공중인식 간의 효과관계를 동시에 측정했다. 이들은 블러드 등의 연구와는 달리 '경기상황'에 따라 이들 경제 관련변인이 서로 어떻게 영향을 주고받는지에 관심을 가졌다. 1987년 1월부터 1996년 3월까지 미국경제를 사례로 VAR 모델을 적용해 시도된 이 연구에서는 경제상황을 통제했을 때 경제뉴스는 전반적으로 사람들의 현실 경제인식에 영향을 미치지 못했다.

이는 뉴스 미디어가 사람들의 주관적인 경제인식을 반영하기보다는 객관적인 경제현실을 따른다는 점을 보여준다. 그러나 경제가 침체된 상황에서는 객관적인 경제지표를 통제하고도 미디어가 사람들의 경제평가에 영향을 미친다는 사실을 확인했다. 즉, 경제가 나쁘면 실제 경제상황을 통제하고도 미디어는 현재 경제상황에 대한 평가는 물론 미래경제에 대한 평가에도 영향을 미쳤다.[7]

사람들은 기본적으로 경제가 나쁠 때 경제이슈에 더욱 주목하며(Haller & Norpoth, 1997, p.560; Headrick & Lanoue, 1991), 미디어 역시 경제가 좋을 때는 경제이슈에 덜 주목하지만, 경제가 나쁠 때 경제이슈에 더 관심을

---

7) 이런 결과는 MacKuen, Erikson, & Stimson(1992)의 연구에서도 발견됐다.

기울인다(Shah et al., 1999; Goidel & Langley, 1995). 이는 매스 미디어가 경기 수축기에 객관적인 경제상황보다 사람들의 주관적인 경제인식을 더 잘 반영함을 뜻한다(Wu et al., 2002).

블러드와 필립스(Blood & Phillips, 1995), 우와 그의 동료들(Wu et al., 2002, 2004)이 미디어 변인을 단순히 불황뉴스로 제한해 변수 간의 관계를 추정한 반면, 헤스터와 깁슨(Hester & Gibson, 2003)은 경제뉴스의 논조(긍정, 부정, 중립)가 경제에 대한 일반 공중들의 태도에 어떻게 영향을 주는지 2차 의제설정이론을 사용해 살폈다. 헤스터 등은 미국 〈뉴욕타임스〉 1면과 ABC 방송 〈월드뉴스 투 나이트〉에 보도된 경제뉴스 논조 분석을 기초로 부정적인 프레임은 현재 경제상황에는 부정적인 영향을 주지 않았으나, 미래경제상황에는 부정적인 영향을 준다는 사실을 제시했다. 그러나 긍정적인 뉴스 프레임은 어디에도 영향을 주지 않았다.

지금까지 경제뉴스와 국가경제에 대한 국민인식이 어떻게 서로 영향을 주고받는지에 대해 기존 연구를 중심으로 검토했다. 미디어가 사람들의 경제인식에 영향을 미친다는 주장이 대체로 지지 받아 왔지만, 경제뉴스와 경제인식 가운데 어느 쪽이 설명변수인지에 대해서는 의견이 일치하지 않는다. 또한 경제뉴스가 미래경제상황 인식과, 현재 경제상황 인식에 미치는 효과 측정의 결과도 반드시 같지 않다. 이러한 사실에 기초해 다음과 같은 연구문제와 연구가설을 설정하고, 이를 경험적으로 검정해 보고자 한다.

> 연구문제 1 : 국내 경제뉴스는 국민의 경제현실 인식에 영향을 주는가.
> 　연구가설 1-1 : 부정적인 속성의 경제뉴스는 미래경제상황에 대한 국민
> 　　　　　　인식에 부정적인 영향을 줄 것이다.
> 　연구가설 1-2 : 부정적인 속성의 경제뉴스는 현재 경제상황에 대한 국민
> 　　　　　　인식에 부정적인 영향을 줄 것이다.

2. 경제뉴스와 객관적 경제현실

미디어 의제설정 연구자들은 경제뉴스가 경제현실에 영향을 미치는지, 아니면 경제현실이 경제뉴스에 영향을 주는지에 관심을 기울여 왔다. 경제현실은 사람들이 매일 경험하고, 통계를 통해 끊임없이 공개된다. 경제이슈는 '실제 현실'과 '뉴스 속의 현실'이 얼마나 일치하고 다른가의 비교가 쉬우며(Rattliff, 2001), 경제뉴스와 실제 경제상황 간의 관계에 대한 연구도 그런 차원에 맞춰져 왔다.

연구자들은 첫째, 부정적인 경제뉴스가 실제경제에 영향을 주는가(Blood & Phillips, 1995, 1997; Kurtz 1990; Stevenson et al., 1991), 둘째, 경제뉴스 논조 또는 보도량이 실제경제상황과 어느 정도 일치하는가에 관심을 가졌다(Goidel & Langley, 1995). 경제뉴스는 일반적으로 경제현실을 왜곡하고(Harrington, 1989; Nadeau et al., 1999), 경제현실을 충실히 반영하지 못함으로써 사람들의 경제인식을 비관적으로 몰고 간다는 지적을 받아왔다(Blood & Phillips). 경제뉴스의 편향적이고 부정적인 보도태도는 경기회복을 막거나, 경기반등을 지연시키며(Kurtz, 1990; Stevenson et al., 1991), 시장상황을 심각하게 약화시키기도 한다(Graber, 1993). 하지만 불황뉴스가 반드시 경제현실에 부정적으로 영향을 미치지 않는다는 주장이 있기도 하다(Blood & Phillips, 1995). 미디어가 경제현실에 미치는 영향이, 경제현실이 미디어에 미치는 영향보다 크지 않다는 관점도 보인다(Wu, McCracken, & Saito, 2004).

그런 가운데 뉴스가 경제현실에 직접적인 영향을 준다는 사실을 밝혀낸 사람은 쿠르츠(Kurtz, 1990)와 스티븐슨과 그의 동료들(Stevenson et al., 1991)이었다. 이들은 미디어가 경제뉴스를 부정적으로 보도하면 실제로 경제상황이 나빠진다는 이른바 '미디어 맬러디 효과(media malady effects)' 가설을 제시했다. '미디어 맬러디 효과'는 미디어가 경제이슈를 부정적으로 다루면 실제로 경제가 나빠지거나, 경기회복이 더뎌지는 심리적 현상을 말한다. 경제뉴스 논조가 사람들의 경제심리에 영향을 미치고, 나아가 실제 경제상황에 연쇄적으로 영향을 준다는 사실은 미디어의 강력한 의제설정기능을 설명하는 근거가 돼 왔다.

블러드와 필립스(Blood & Phillips, 1997)의 다른 연구에서도 부정적인 경제뉴스가 늘어날수록, 적어도 5개월에서 최고 6개월의 시차를 두고 지속적으로 경기선행지표들이 나빠졌다. 이러한 결과들은 경제뉴스의 논조와 보도량이 경제지형에 영향을 준다는 사실을 보여준다(Hester & Gibson, 2003). 실례로 지난 1987년 '검은 월요일'로 알려진 미국의 주가 대폭락은 당시 언론들의 부정적인 보도가 상당 부분 영향을 미쳤다는 주장이 설득력을 얻는다(Graber, 1993).

국내에서도 노태우 정부시절이던 지난 1990년대 초 '총체적 경제위기'라는 용어가 언론을 장식하면서 국민들의 경제활동이 필요 이상으로 위축돼 실제로 경제가 깊은 수렁에 빠졌다. 또 언론이 '삼저(三低) 현상'에 따른 일시적 경기회복을 두고 '건국 이래 최대의 호황'으로 보도함으로써 불필요한 소비를 조장했으며, 경기과열의 원인을 낳았다는 비판이 제기됐다(심재철, 1997). 노무현 대통령의 참여정부에서는 정부와 청와대가 제기한 '미디어의 부정적인 보도가 경기를 위축시키고, 소비자들의 지갑을 닫도록 한다'는 주장[8]도 모두 미디어가 경제현실에 강력한 영향을 미친다는 가정에 근거한다.

그렇다고 하더라도 미디어가 경제현실에 일방적으로 영향을 준다고 볼 수만도 없다. 미디어는 본질적으로 경제현실에 기초해 뉴스 프레임을 구성하고, 보도한다(Wu et al., 2004). 에너지, 실업, 물가 등 미시 경제이슈를 대상으로 경제커뮤니케이션 효과연구를 진행한 베르와 아이엔가(Behr & Iyengar, 1985)는 경제뉴스는 경제인식보다 경제현실로부터 더 영향을 받는

---

8) 노무현 대통령 2004년 국회 개원연설, 이병완 청와대 홍보수석 발언(SBS, 2004년 8월 8일 보도).

다는 사실을 보고했다. 우와 그의 동료들(Wu et al., 2004)도 경제뉴스가 경제현실에 영향을 주기보다는 경제현실을 반영한다는 비슷한 연구 결과를 제시하였다.

지금까지 경제뉴스와 경제현실 간의 관계에 대한 논의에서 어느 한쪽이 영향을 준다는 연구도 있지만, 서로 쌍방향적으로 영향을 주고받는다는 연구들도 제시되어 왔다. 이러한 사실에 기초해 경제뉴스가 국민의 주관적인 인식을 넘어 객관적인 경제현실에 어떻게 연결되는지 검정해보고자 한다. 특히 기존 연구에서 충분히 다뤄지지 않은 부분이 바로 경제뉴스와 현재 및 미래경제현실 간의 상호 예측관계에 대한 개별 검토다. 따라서 이 연구에서는 경제뉴스 속성이 현재 및 미래경제현실에 과연 영향을 주는지 가설로 제시하고, 이를 차례로 검정해보고자 한다.

> 연구문제 2 : 국내 경제뉴스는 경제지형에 영향을 주는가.
>> 연구가설 2-1 : 부정적인 속성의 경제뉴스는 현재 경제상황에 부정적인 영향을 줄 것이다.
>> 연구가설 2-2 : 부정적인 속성의 경제뉴스는 미래경제상황에 부정적인 영향을 줄 것이다.

3. 경제뉴스 속성 프레임 효과 사례연구

1) 자료 수집과 표본 선정

경제현실, 경제인식, 경제뉴스 그리고 대통령 지지도 등 시계열 변인 데이터는 다양한 출처로부터 가져왔다. 분석범위는 1998년 12월부터 2005년 12월까지 85개월이며, 분석의 개별 시간 단위는 1개월로 잡았다. 경제현실 변인은 통계청이 매달 발표하는 경기동행지수와 경기선행지수로 구성된 경기종합지수가 사용되었다.

현재의 경기상황을 나타내는 경기동행지수는 고용부문의 비농가취업자수, 생산부문의 산업생산지수, 제조업가동률지수, 건설실질기성액, 서비스업활동지수, 소비부문의 도소매판매액지수, 내수출하지수 그리고 무역부문의 실질수입액 등 모두 8개 항목을 가공 종합한 지표다.

미래의 경기동향을 예측하는 경기선행지수는 구인구직비율, 재고순환지표, 소비자기대지수, 종합주가지수, 건설 및 기계 수주지표, 자본재 수입액, 총유동성, 장단기금리차, 순상품역조건 등 10개 경제지표를 가공 종합한 지표다.

국민 경제인식 변수로는 역시 통계청이 매달 22일부터 1주일간의 조사를 거쳐 그 다음 달 초에 발표하는 소비자평가지수와 소비자기대지수가 사용됐다. 소비자평가지수는 6개월 전과 비교한 현재 경제에 대한 평가이고, 소비자기대지수는 6개월 후 경제상황을 전망하는 조사로 전국 도시지역 2,000가구의 20세 이상 기혼자를 대상으로 작성되었다.

이 자료는 경기인식, 생활형편, 소비지출, 고용, 물가, 자산형편, 소득, 저축 및 부채 등과 관련돼 있는 14개 문항을 갖고 '많이 나아졌다(혹은 많이 나아질 것이다)'(1)에서부터 '많이 나빠졌다(혹은 많이 나빠질 것이다)'(5)까지 5점 척도로 측정되었다.

대통령의 '월별 국정수행능력 평가자료'는 국내 여론조사기관인 리서치앤리서치가 조사한 자료를 사용했다. 이 자료는 인구 비례에 따른 지역별, 성별, 연령별로 할당표본(quota sample) 방식으로 추출된 전국 만 20세 이상 성인 800명을 대상으로 "대통령으로서의 일을 잘 하고 있다고 생각하십니까? 아니면 잘 못하고 있다고 생각하십니까?"의 질문을 갖고 '매우 잘하고 있다'(1)부터 '매우 잘못하고 있다'(4)까지 4점 척도로 조사됐다. 표본오차 한계는 +/−3.5%다. 분석대상 대통령으로는 김대중, 노무현 전 대통령이 포함됐다.

경제뉴스 변인으로 신문은 조선일보와 동아일보 1면, 방송은 KBS와 SBS

의 저녁 종합뉴스의 경제뉴스를 각각 분석했다.[9] 경제뉴스 데이터는 한
국언론재단(www.kpf.or.kr) 뉴스전문 검색코너인 카인즈(KINDS)와 해당 매
체의 홈페이지를 이용해 1998년 12월 1일부터 2005년 12월 31일까지 85개
월 기간에 걸쳐 '경제'라는 주제어로 경제관련 뉴스를 모두 수집했다. 이
렇게 해서 추려진 조선일보, 동아일보, KBS, SBS의 전체 기사건수는 21,910
건에 달했다. 이 연구는 물가, 실업, 주가, 유가, 환율, 무역수지, 국내총
생산(GDP) 성장률, 경제정책, 경제전망 등 국가경제상황과 관련된 기사를
중심으로 분석했다. 특정 기업의 경영실적, 경제 스캔들이나 사건 등 국
가경제와 직접 관계없는 내용은 분석대상에서 제외했다.

국가경제 평가와 관련해 선정한 최종 표본은 조선일보 490건, 동아일
보 358건, KBS 861건, SBS 811건 등 모두 2,520건이었다. 조선일보와 동아
일보, KBS, SBS는 국내에서 가장 영향력 있는 전국적인 신문 및 방송매
체[10]로서 이들이 다른 매체의 중요한 정보원이 되거나 의제설정자 역할
을 한다고 보았다.

미디어 변인의 측정은 경제뉴스 헤드라인을 대상으로 기사의 묘사나
표현상에 나타난 감정의 정도나 방향에 따라 '매우 부정적'(-2)에서부터
'매우 긍정적'(2)까지 5점 척도로 나눠 평가했다. 그런 뒤 이를 월 단위로
합산한 뒤 평균 논조값을 계산해냈다. 그 결과 부정적인 논조 건수
(n=1,322)가 긍정적인 논조 건수(n=510)보다 많았고, 논조별 평균값 차이도

---

9) KBS는 9시 뉴스, SBS는 8시 뉴스. 아이엔가와 킨더(Iyengar & Kinder, 1987)는
   저녁 뉴스가 시청자들에게 가장 강력한 영향을 미친다는 점을 지적하였다.

10) 한국 ABC협회의 공식자료에 따르면 2002년 12월 현재 조선일보는 2,380,500여
    부, 동아일보는 2,094,000여 부, 중앙일보 2,083,000여 부의 발행부수로 각각 등록
    됐다. 시청률 조사기관인 AGB닐슨미디어리서치가 지난 2000년 1월 1일부터
    2005년 8월 21일까지 전국 가구 TV시청률과 점유율을 조사한 바에 따르면 KBS
    는 19.5%의 시청률과 28.9%의 점유율로 모두 가장 높았다. MBC는 13.1%의 시
    청률, 19.5%의 점유율, SBS는 9.0%의 시청률, 14.7%의 점유율을 보였다. SBS는
    저녁 종합뉴스 시간대가 다르고, 상업방송이라는 점을 고려해 분석대상에 포함
    시켰다.

전체적으로 다소 부정적인 방향(-0.11)에 위치했다.

일반적으로 1면 기사는 가장 중요하고, 여론에 강력한 영향을 미친다 (Hester & Gibson, 2003; Goidel & Langley, 1995). 특히 헤드라인 기사는 대상에 대한 독자들의 기억과 태도 결정에 영향을 미치며, 본문 기사에 비해 사람들에게 보다 강력한 영향을 주기 때문에 의제설정 효과연구에 자주 이용된다(Bock, 1978; Bleske, 1995a, 1995b; Blood & Phillips, 1995; Hilliard, 1991).

이와는 별도로 순전히 부정적인 논조의 기사건수를 월 단위로 추출해 별도의 미디어 빈도 변인을 만들었다. 전체 경제뉴스 보도량에서도 논조와 마찬가지로 부정적인 기사가 통계적으로 유의미할 정도로 많았다(평균 =-.49, 표준편차 =1.184, p<.000). 헤드라인 기사 논조에 대한 코더 간 신뢰도 측정은 분류확률의 비동등성(heterogeneity)을 가정하는 코헨(Cohen, 1960)의 카파 (κappa) 공식을 사용했으며, 카파계수는 0.91로 비교적 높게 나타났다.[11]

2) 벡터자기회귀(VAR) 시계열 분석

시계열 분석의 목적은 과거에서부터 현재까지 수집되어온 자료를 관찰하고, 분석한 결과를 기초로 미래의 값을 예측하는 데 바탕을 둔다. 따라서 이 연구에서도 이뷰스(EViews) 소프트웨어 프로그램을 사용해 미디어변인, 소비자변인, 경제현실변인, 대통령 지지도변인 간의 예측관계를 시간의 흐름에 따라 추정했다.

미디어 변인은 경제뉴스 논조와 부정뉴스 빈도를, 소비자 변인은 소비자 평가지수와 소비자기대지수를, 경제현실 변인은 경기동행지수와 경기선행지수를 각각 사용했다. 그리고 대통령 지지도가 정치 변인으로 추가됐다. 구체적으로 이 연구에서는 시계열의 VAR 모형 분석방법이 사용됐다. VAR

---

11) 코헨의 카파(κ) 공식은 다음과 같다. κ=관찰일치(%)-기대일치(%)/1-기대일치(%) (Riffe, D., Lacy, S., & Fico, F. G., 1998).

은 일정한 시간에 걸쳐 변인 간의 통계적 상호 방향성을 추정하는 데 널리 사용된다. 변인의 외생적, 내생적 위치에 관계없이 예측관계에 대한 동시 추정이 가능하다(Wu et al., 2002). VAR 모형을 적용한 변인 간 예측관계를 알아보기 위해서는 먼저 통계적으로 변인이 정상성(stationary)인지, 아니면 비정상성(nonstationary)인지를 확인하는 사전 절차가 필요하다.

시계열 분석을 할 때 경제 데이터는 규칙적으로 움직이지 않는 비정상적인 속성을 갖는다. 따라서 이를 점검하기 위해 단위근(unit root) 테스트를 거쳤다. 단위근 테스트는 변인이 자체적으로 지니고 있는 고유한 영향력이나, 시간적 추세(time trend)가 존재하는지에 대한 일종의 사전 검정 절차다. 이 연구도 측정하고자 하는 변인에 대한 정상성 여부를 확인하기 위해 필립스와 페론(Phillips & Perron, 1988)이 고안한 방법으로 단위근 테스트를 실시했다.[12]

그 결과 미디어변인인 논조와 부정뉴스 빈도를 제외한 소비자심리, 경제지표, 대통령 지지도 등 나머지 변인 모두에서 비정상적인 단위근이 존재했다. 단위근에 대한 테스트 결과는 〈표 4-1〉과 같다.

〈표 4-1〉 단위근 테스트 결과

	필립스-페론(Philips-Perron)
소비자평가지수	0.2619
경기동행지수	0.2159
소비자기대지수	0.0568
경기선행지수	0.3095
대통령지지도	0.2125
경제뉴스 논조	0.000*
부정뉴스 빈도	0.000*

주: *p⟨0.05에서 "단위근이 존재한다"는 귀무가설이 기각됐다. N=85(1998: 12~2005: 12).

---

12) 단위근 테스트에는 필립스와 페론의 방법 이외에도 쉬왈즈(Schwarz, 1978), 디키와 풀러(Dickey & Fuller, 1979), 엘리엇 등(Elliot et al., 1996) 등이 고안한 여러 가지 방법이 존재한다.

따라서 단위근이 존재하는 소비자인식 변인, 경제지표 변인, 대통령 지지도 변인 데이터를 정상적인 시계열로 바꾸기 위해 로그 차분(log difference)을 했다.[13] 로그 차분 값은 일반적으로 경제 데이터의 전월 또는 전년 동월대비 증감률을 나타낸다. 가령, log(Yt)-log(Yt-1)의 차이 값이 0.05이며 전월 또는 전년동월 대비 5%가 증가했음을 의미한다.

두 번째로 이 연구는 국내 경제뉴스 속성 의제설정 효과를 알아보기 위해 (1) 전체기간을 대상으로 1차 분석을 한 뒤 이어 (2) 정부(regime)별로 나눠 2차 분석을 시도했다. 분석기간인 김대중 정부와 노무현 정부 간에 경제상황이 다른지를 알아보기 위해, 차우 테스트(Chow test)(Johnston, 1991, pp.507~509)를 실시했다.

시계열 분석에서는 기관 간에 특성이나 구조가 아주 다를 경우 변인 간의 정확한 예측이나 인과관계가 나타나지 않기 때문에 차우 테스트가 필요하다(Wu et al., 2002). 정부가 바뀌는 시점인 2003년 3월을 기점으로 차우 검정을 실시했으며, 그 결과 "일부 변인에서 구조변화가 없다"는 귀무가설이 기각됐다. 따라서 변인 간 인과관계를 정부별로 나눠 살펴보는 게 보다 타당함을 확인했다.[14]

---

13) 변인들이 장기적으로 서로 일정한 관계를 유지하면서 함께 움직이는지를 알아보기 위해 공적분(cointegration) 테스트를 실시했다. 그 결과 변인 간에 서로 유의미한 관계를 발견하지 못해 "변인 간에 공적분이 존재한다"는 영가설이 기각됐다. 따라서 단위근이 있는 변인을 차분해 정상성(stationary)으로 바꾼 뒤 벡터자기회귀(VAR) 모델로 예측관계를 추정했다.

14) 구조적 변화를 알아보는 차우 테스트 방정식 결과는 다음과 같다. 부정뉴스=C+부정뉴스(-1)+부정뉴스(-2)+부정뉴스(-3)+부정뉴스(-4)+대통령 지지도(-1)+대통령 지지도(-2)+대통령 지지도(-3)+대통령 지지도(-4)+경제지표(-1)+경제지표(-2)+경제지표(-3)+경제지표(-4)+E다. 이 방정식은 차우 테스트 결과가 통계적으로 유의미한 지를 확인하는 기준인 로그 기능도 비율(Log likelihood ratio)값이 24.42이고, p값은 0.03으로 유의도 수준 p<0.05보다 작아 영가설이 기각됐다. 따라서 구조적 변화가 있음이 입증됐다.
두 번째 방정식은 논조=C+논조(-1)+논조(-2)+논조(-3)+논조(-4)+대통령 지지도(-1)+대통령 지지도(-2)+대통령 지지도(-3)+대통령 지지도(-4)+E다. 이 방정식 역시 로그 기능도 비율(Log likelihood ratio)값이 22.88이고, p값이 0.04로 유의도 정부 간의 구조상 차이가 발견됐기 때문에 굳이 전체기간을 대상으로 분석할 필요는 물론 없다. 하지만 차우 테스트의 결과는 두 정부의 구조가 완전히 다르다는 의미보다는, 변수의 반응정도의 차이를 보여주기 때문에 정부별로는 물론 전체기간에 대해서도 함께 예측관계를 추정했다.

이어 위에 열거한 7개의 변인이 서로 어떻게 예측관계를 갖는지를 살펴보았다. 이를 위해 두 단계 분석절차를 거쳤다. 먼저 분석기간인 1998년 12월부터 2005년 12월까지 85개월간에 걸쳐 경제뉴스, 소비자인식, 경제상황, 대통령 지지도 등 4개 변인을 동시에 검정했으나 변인 간에 유의미한 인과관계 사례가 발견되지 않았다. 소비자 변인과 경제지표 변인은 같은 경제지형을 반영하기 때문에 동시에 추정할 경우 다중공선성(multi- collinearity)에 의해 의미 있는 결과가 나오지 않을 가능성이 많다(Wu et al., 2002).

이에 따라 이 연구는 소비자 인식과 경제지표를 나눠 살폈다. 즉, (1) 경제뉴스 논조, 부정 뉴스 보도량(미디어 변인), 소비자평가지수, 소비자기대지수(국민인식), 대통령 지지도(정치 변인) 간의 관계와 (2) 경제뉴스 논조, 부정 뉴스 보도량(미디어 변인), 경기선행지수, 경기동행지수(경제상황 변인), 대통령 지지도(정치 변인) 간의 관계를 나눠 추정하였다.

이론적 모델구조상 경제뉴스-경제인식-경제현실 간의 상호 예측관계를 살펴보는 게 보다 타당하나, 앞서 제시한 대로 이 연구에서는 경제뉴스-경제인식-경제현실-대통령 평가 변인을 부분(partial) 모델로 나눠 살펴보았다. 이는 (1) 경제현실에 이미 경제인식(소비자기대지수) 지표가 반영돼 있고, (2) 대통령의 경제리더십이 경제커뮤니케이션 효과에 중요한 예측변수가 될 것이라고 보았기 때문이다(Blood & Phillips, 1995).

연구결과 부분에서 논의하겠지만, 개별 시차 회귀계수의 부호가 음과 양으로 혼재되어 있더라도 이들 카이스퀘어 값의 합이 +부호이면, 독립

수준 p〈0.05보다 작아 "구조적 변화가 없다"는 영가설이 기각됐다.

변수와 종속변수가 같은 방향으로 움직이고, 반대로 −부호이면 두 변수가 서로 다른 방향으로 움직인다는 의미로 해석한다. 가령, 미디어 논조(독립변수)와 소비자기대지수(종속변수)의 상호 예측관계 추정에서 개별시차의 카이스퀘어 값의 합이 +이며 미디어 논조가 긍정적일수록, 소비자 기대심리는 좋아지는 쪽으로 영향을 준다고 본다.

그러나 방향이 직관을 벗어나 반대로 움직이면, 예측 변수가 서로 비정상적인 의사상관관계(spurious relationship)가 있을 가능성이 있다고 해석한다. 결론적으로 F-블록 검정이나 그랜저 인과관계 검정을 통해 계산된 F값이나, p값이 통계적 유의도 수준에서 적합하면 다중공선성 문제와 관계없이 변수 간에 서로 인과관계가 있다고 본다. 따라서 이 연구에서는 변수 간의 +/−의 방향성을 보여주는 충격반응(impulse-response) 함수 그래프를 별도로 제시하지는 않았다.

마지막으로 전체 시차 상관 회귀계수를 대상으로 한 변인 간의 비인과 가설(non-causality hypothesis)을 증명하기 위해 그랜저 인과관계(Granger causality) 검정을 실시했다. 일반적으로 VAR 시스템에서 '두 번째 변수($\Delta y2$)가 첫 번째 변수($\Delta y1$)로의 인과관계를 가지지 않는다'는 귀무가설이 기각되면, 우리는 "$\Delta y2$와 $\Delta y1$ 간에 그랜저 인과관계가 있다"고 말한다.

4. 사례연구 결과

1) 경제뉴스와 주관적 경제인식 관계

〈연구문제 1〉은 경제뉴스 보도가 국민의 경제상황 인식과 직접적 관계가 있는지를 살펴보기 위해 제시됐다. 위의 연구문제를 해결하기 위해 "부정적인 속성의 경제뉴스는 '미래경제상황에 대한 국민인식'에 부정적인 영향을 줄 것이다"는 〈연구가설 1-1〉을 설정했다. 이들 변인 간 예측관계를 알아보기 위해 시계열 분석의 VAR 모형이 사용됐다. 시차는 '아카이케 정보 기준점(Akaike Information Criterion)'을 사용한 모형 시차수의 적정성 검증을 통해 4개월까지 설정하였다.[15] 이러한 과정을 거쳐 전체기간을 대상으로 한 〈연구가설 1-1〉의 결과는 〈표 4-2〉에서 보여준다.

먼저 〈표 4-2〉의 첫 번째 패널에서 볼 수 있듯이 부정적인 경제뉴스 논조는 대통령 지지도를 통제하고도 시차 1개월 후에 미래경제상황에 대한 국민인식을 나타내는 소비자기대지수에 부정적으로 영향을 미쳤다. 즉, 경제뉴스 논조가 부정적일수록 국가경제에 대한 국민인식은 더 나빠지고, 경제뉴스 논조가 긍정적일수록 국가경제에 대한 국민인식은 더 좋아졌다. 이러한 결과가 통계적으로 유의미한지를 알아보기 위해 그랜저 인과관계 검정을 실시했으며, 3.1% 수준에서 유의미한 관계를 보였다.

〈표 4-2〉 전체기간 : 소비자기대지수, 경제뉴스 그리고 대통령 지지도

종속변인	독립변인	시차(-1)	시차(-2)	시차(-3)	시차(-4)	그랜저 인과관계
소비자 기대지수 R^2=0.221	소비자 기대지수	−0.012 [−0.089]	−0.060 [−0.457]	−0.013 [−0.104]	−0.190 [−1.504]	
	경제뉴스 논조	2.443 [2.367]	1.712 [1.607]	−1.448 [−1.430]	−0.401 [−0.380]	10.560 [0.031]
	대통령 지지도	0.037 [0.686]	0.026 [0.474]	−0.009 [−0.172]	−0.037 [−0.674]	1.280 [0.864]
	C	1.230 [1.484]				

주: 모든 변인은 VAR 모델을 사용해 측정됐다. 시차 아래 괄호안의 값은 t-값을 의미하고 위의 숫자는 카이스퀘어(chi-square)값을 나타낸다. 변인은 시차 1에서 시차 4까지 측정됐으며, t-값이 각각 제시됐다. 맨 오른쪽의 그랜저 인과관계 테스트 아래의 괄호 안 값은 p-값을 보여준다. 굵은 숫자의 t-값은 변인 간의 관계가 있음을 의미한다. 굵은 숫자의 t-값과 p-값은 p<.05에서 통계적으로 유의미하다. N=85(1998: 12~2005: 12).

---

15) 시차를 4개월로 잡은 것은 오차범위를 넓힘으로써 적정차수를 벗어난 시차에 있어 측정 변인 간의 관계를 살펴보기 위해서였다(Wu et al., 2004). 특히 시차 4가 통계적으로 기각할 수준은 아니었다. 또한 기존연구(Stone & McCombs, 1981; Shoemaker, Wanta, & Legget, 1989)에서도 미디어 의제가 공중의제로 옮겨져 영향력이 나타나는 최적 시점이 2개월에서 6개월 나타나 시차 4를 분석해 볼 필요성을 뒷받침한다.

〈연구가설 1-2〉는 "부정적인 속성의 경제뉴스는 '현재 경제상황에 대한 국민인식'에 부정적 영향을 줄 것이다"는 가정을 확인하기 위해 설계됐다. 검정결과 부정적인 경제뉴스 논조는 현재 경제상황에 대한 국민인식을 보여주는 소비자평가지수에 영향을 미치지 못했으며, 따라서 〈연구가설 1-2〉는 기각됐다.

부정적 경제뉴스 보도량 역시 현재 경제상황에 대한 국민인식에 영향을 미치지 못해 가설이 채택되지 않았다. 대신 통계적으로 유의하지는 않았으나, 한계적 수준(p⟨.136)에서 현재 경제에 대한 국민인식이 시차 4개월 후에 부정뉴스 보도량의 증감에 영향을 미쳤다. 요약하면, 부정적인 속성의 경제뉴스가 사람들의 미래경제상황 인식에는 영향을 주지만, 현재 경제상황 인식과는 무관했다.

〈표 4-3〉 김대중 정부 : 소비자기대지수, 경제뉴스 그리고 대통령 지지도

종속변인	독립변인	시차(-1)	시차(-2)	시차(-3)	시차(-4)	그랜저 인과관계
소비자 기대지수 R^2=0.444	소비자 기대지수	0.035 [0.189]	−0.035 [−0.211]	−0.068 [−0.403]	−0.366 [−2.136]	
	경제뉴스 논조	2.697 [1.964]	2.614* [1.803]	−2.792* [−1.923]	0.958 [0.684]	14.870 [0.005]
	대통령 지지도	−0.04 [−0.412]	0.141 [1.285]	0.202 [1.795]	0.028 [0.271]	4.831 [0.305]
	C	1.614 [1.821]				

주: 〈표 2〉참조. 굵은 숫자의 t-값과 p-값은 p⟨.05에서 통계적으로 유의미하다. 단,
  *는 p⟨0.1에서 유의미하다. N=51(1998: 12~2003: 2).

그러나 전체기간에 걸친 이러한 분석결과가 경제지형이 다른 모든 정부에 동일하게 나타난다고 확신할 수는 없다. 따라서 김대중 정부와 노무현 정부로 나눠 부정적인 경제뉴스가 미래 및 현재 경제상황에 대한 국민의 인식에 영향을 주는지를 VAR 모형을 사용해 추정했다. 먼저 김대중 정부에서 부정적인 경제뉴스 논조가 미래경제상황에 대한 국민인식에

영향을 주는지 검정해 보았다.

〈표 4-3〉에 제시된 대로 김대중 정부에서는 부정적인 경제뉴스 논조가 대통령 지지도 변인을 통제한 상태에서도 미래경제에 대한 국민인식에 시차 1~3개월에 걸쳐 지속적으로 영향을 미쳤다. 그랜저 인과관계 검정에서도 통계적으로 유의미(p<.005)해 "부정적인 속성의 경제뉴스는 미래경제상황에 대한 국민인식에 부정적인 영향을 준다"는 〈연구가설 1-1〉의 가정은 받아들여졌다.

이어서 김대중 정부에서 경제뉴스와 현재 경제인식 간의 관계에 기초한 〈연구가설 1-2〉의 예측 결과를 알아보기 위해 경제뉴스 논조와 부정적인 경제뉴스 보도량을 독립변인으로 사용해 순서대로 살펴보았다. 먼저 경제뉴스 논조가 현재 경제에 대한 국민인식에 어떻게 영향을 주는지에 대한 결과가 〈표 4-4〉에 제시됐다.

〈표 4-4〉에 보듯 경제뉴스 논조가 통계적으로 유의미한 수준(p<.095)에서 국민의 현재 경제인식에 영향을 미쳐 〈연구가설 1-2〉가 받아들여졌다. 표에 나타난 대로 개별 시차별로는 변수 간의 예측관계가 유의하지 않으나, 그랜저 인과검정에서는 통계적으로 유의미하게 나타났다. 이는 다중공선성(multicollinearity) 문제로 개별 시차별로는 미디어 논조가 소비자평가지수의 예측변수로 작용하지 않았으나, 상관관계가 높은 독립변인을 합한 뒤 하나의 변인을 사용해 동시 실시한 그랜저 인과검정에서는 유의미한 수준에서 예측관계를 보였다.

이와 함께 부정적인 경제뉴스 보도량이 현재 경제에 대한 국민인식에 영향을 주는지 추가로 검정해 보았다. 〈표 4-4〉의 두 번째와 세 번째 패널에 각각 제시됐다. 즉, 부정적인 경제뉴스 보도량은 1개월 후에 국민의 경제현실인식에 영향을 줬으며, 거꾸로 국민의 경제현실 인식이 미디어의 부정적인 경제뉴스 보도량에 영향을 미쳤다. 부정적인 경제뉴스 보도량이 국민의 경제현실 인식에 미치는 영향력은 한계적 유의도 수준(p<.162)을

보인 반면, 국민의 현재 경제인식(소비자평가지수)은 통계적으로 높은 유의도 수준(p<.041)에서 부정적인 경제뉴스 보도량에 영향을 미쳤다.[16] 이것 역시 다중공선성 문제로 개별 시차에서는 유의미하지 않았으나 변수간의 예측관계를 동시 추정하는 그랜저 인과관계에서는 유의미한 결과를 보였다.

〈표 4-4〉 김대중 정부 : 소비자평가지수, 경제뉴스 그리고 대통령 지지도

종속변인	독립변인	시차(-1)	시차(-2)	시차(-3)	시차(-4)	그랜저 인과관계
소비자 평가지수 R^2=0.467	소비자 평가지수	0.326 [1.499]	-0.093 [-0.428]	0.003 [0.015]	-0.236 [-1.124]	
	경제뉴스 논조	2.162 [1.230]	2.510 [1.391]	-2.076 [-1.175]	1.682 [0.975]	7.888* [0.095]
	대통령 지지도	-0.105 [-0.855]	0.110 [0.866]	0.140 [1.085]	0.024 [0.200]	3.090 [0.542]
	C	1.505 [1.312]				
소비자 평가지수 R^2=0.449	소비자 평가지수	0.831 [3.583]	0.035 [0.131]	0.244 [0.856]	-0.330 [-1.288]	
	부정뉴스 빈도	0.221 [2.356]	-0.020 [-0.216]	0.077 [0.762]	-0.130 [-1.373]	6.542 [0.162]
	대통령 지지도	-0.059 [-0.446]	0.063 [0.449]	0.110 [0.852]	0.044 [0.370]	1.140 [0.887]
	C	-2.363 [-0.985]				
부정뉴스 빈도 R^2=0.439	소비자 평가지수	-0.849 [-1.595]	-0.853 [-1.385]	0.147 [0.226]	0.537 [0.897]	9.943 [0.041]
	부정뉴스 빈도	-0.186 [-0.861]	-0.158 [-0.718]	0.023 [0.100]	0.590 [2.627]	
	대통령 지지도	0.190 [0.650]	-0.020 [-0.062]	-0.550 [-1.741]	0.045 [0.165]	5.295 [0.258]
	C	11.500 [2.091]				

주: 〈표 4-2〉 참조. 굵은 숫자의 t-값과 p-값은 p<.05에서 통계적으로 유의미하다. 단, *는 p<0.1에서 유의미하다. N=51(1998: 12~2003: 2).

---

16) 소비자평가지수와 부정적인 경제뉴스 보도량 간의 관계에서도 다중공선성 문제로 개별시차에서는 예측관계가 발견되지 않았다.

이어서 이러한 결과가 노무현 정부에서는 어떻게 나타나는지 살펴보았다. 검정결과 경제뉴스 논조가 국민의 현재 및 미래경제인식에 전혀 영향을 미치지 못했다. 따라서 노무현 정부에서는 "부정적인 경제뉴스가 '미래경제상황에 대한 국민인식'에 부정적인 영향을 준다"는 〈연구가설 1-1〉의 예측은 통계적으로 기각됐으며, "부정적인 경제뉴스는 '현재 경제상황에 대한 국민인식'에 부정적인 영향을 준다"는 〈연구가설 1-2〉 역시 이 연구의 데이터와 일치하지 않았다.

결론적으로 노무현 정부에서는 미디어가 경제이슈에 대한 의제설정자(agenda-setter) 역할을 하지 못했다. 그러나 현재 경제상황에 대한 국민의 평가가 통계적으로 유의미하지는 않았으나, 시차 4개월 후에 통계적으로 한계선상(borderline) 수준(p〈.126)에서 경제뉴스 논조에 영향을 미쳤다.

다음으로 노무현 정부에 있어 부정적인 경제뉴스 보도량이 현재 및 미래경제에 대한 국민인식에 미치는 효과를 측정했으며, 결과는 〈표 4-5〉에 제시됐다.

〈표 4-5〉 노무현 정부 : 소비자기대지수, 경제뉴스 그리고 대통령 지지도

종속변인	독립변인	시차(−1)	시차(−2)	시차(−3)	시차(−4)	그랜저 인과관계
소비자 기대지수 R^2=0.363	소비자 기대지수	0.148 [0.52]	−0.452 [−1.48]	0.162 [0.54]	−0.335 [−1.36]	
	부정뉴스 빈도	0.004 [0.04]	−0.227 [−2.02]	0.071 [0.68]	0.014 [0.13]	4.606 [0.330]
	대통령 지지도	0.178 [1.21]	−0.021 [−0.17]	−0.105 [−0.83]	0.013 [0.15]	2.496 [0.645]
	C	2.658 [1.02]				
부정뉴스 빈도 R^2=0.582	소비자 기대지수	1.019 [1.42]	0.136 [0.17]	−0.349 [−0.46]	1.499 [2.42]	8.402* [0.077]
	부정뉴스 빈도	0.446 [1.75]	0.450 [1.59]	−0.008 [−0.03]	0.264 [0.95]	
	대통령 지지도	−0.436 [−1.17]	0.362 [1.17]	−0.106 [−0.33]	0 [−0.00]	3.737 [0.442]
	C	−4.22 [−0.64]				

주: 〈표 4-2〉 참조. 굵은 숫자의 t−값과 p−값은 p〈.05에서 통계적으로 유의미하다. 단,
 *는 p〈0.1에서 유의미하다. N=30(2003: 7~2005: 12).

첫 번째 패널에서 보듯이 부정적인 경제뉴스 보도량은 국민의 미래경제인식에 영향을 주지 못했으며, 〈연구가설 1-1〉의 가정은 기각됐다. 그러나 미래경제에 대한 국민의 평가가 시차 4개월 후에 부정적인 경제뉴스 보도량에 영향을 줬으며, 그랜저 인과관계 검정에서도 통계적으로 7% 수준에서 유의미한 관계를 보였다. 하지만 이러한 결과는 흥미롭게도 미래경제에 대한 국민의 인식이 좋아질수록, 부정적인 경제뉴스 보도량이 증가하는 '의사 상관관계'가 양상을 나타냈다.

이 연구에서 제시하지는 않았지만, 부정적인 경제뉴스 보도량이 국민의 현재 경제인식에 미치는 영향력 추정에서는 통계적으로 유의미성을 발견하지 못했다. 그러나 반대로 현재 경제상황에 대한 국민의 인식이 통계적으로 약한 유의도 수준(p〈.111)에서 4개월 후에 부정적인 경제뉴스 보도량에 영향을 미쳤다. 이런 결과를 놓고 볼 때 노무현 정부에서는 경제뉴스가 사람들의 현재 및 미래경제평가에 미치는 영향력은 미미한 반면, 국민의 경제인식이 미디어 보도에 미치는 영향력이 보다 크게 나타났다. 요약하면, 경제뉴스가 국민의 경제인식에 부정적인 영향을 주기보다는 국민의 부정적인 경제인식이 미디어의 경제보도의 방향에 부정적인 영향을 미쳤다.

2) 경제뉴스와 객관적 경제현실 관계

〈연구문제 2〉는 경제뉴스가 실제 경제지형에 영향을 주는지에 대해 알아보기 위해 제시됐다. 위의 연구문제를 해결하기 위해 "부정적인 속성의 경제뉴스는 현재 경제상황에 부정적인 영향을 줄 것이다"는 〈연구가설 2-1〉을 설정했다. 이들 변인 간의 예측관계를 알아보기 위해 역시 시계열 분석의 VAR 모형이 사용됐다. 먼저 전체기간을 대상으로 미디어의 경제뉴스가 경제상황에 영향을 주는지 살펴보았다.

<표 4-6> 전체기간 : 경기동행지수, 경제뉴스 그리고 대통령 지지도

종속변인	독립변인	시차(-1)	시차(-2)	시차(-3)	시차(-4)	그랜저 인과관계
경기동행 지수 R^2=0.516	경기동행 지수	0.414 [3.540]	0.210 [1.778]	−0.503 [−4.127]	0.220 [1.890]	
	경제뉴스 논조	0.112 [1.348]	0.046 [0.522]	0.055 [0.626]	0.144 [1.597]	11.113 [0.025]
	대통령 지지도	−0.004 [−0.890]	−0.001 [−0.290]	−0.002 [−0.499]	−0.004 [−0.944]	1.610 [0.806]
	C	0.566 [4.145]				
경기동행 지수 R^2=0.533	경기동행 지수	0.374 [3.081]	0.198 [1.636]	−0.539 [−4.301]	0.181 [1.496]	
	부정뉴스 빈도	−0.003 [−0.923]	−0.004 [−1.160]	−0.009 [−2.197]	−0.009 [−2.006]	14.010 [0.007]
	대통령 지지도	−0.006 [−1.285]	−0.002 [−0.422]	−0.002 [−0.536]	−0.005 [−1.204]	2.820 [0.588]
	C	0.900 [4.392]				

주: <표 4-2> 참조. 굵은 숫자의 t-값과 p-값은 p<.05에서 통계적으로 유의미하다.
N=85(1998: 12~2005: 12).

<표 4-6>에서 보듯이 경제뉴스 논조가 대통령 지지도를 통제한 상태에서 현재 경제상황을 나타내는 경기동행지수에 영향을 미쳤다. 변인 간의 인과관계 검정에서도 시차에 관계없이 2.5% 수준에서 통계적으로 유의미하였다. 여기서 다중공선성 문제로 개별 시차에는 모두 통계적으로 유의미하지 않았으나, 개별 시차를 모두 합쳐 하나의 변인으로 만든 뒤 실시한 그랜저 인과관계 검정에서는 유의미했다. 이로써 경제뉴스가 부정적인 속성으로 프레이밍될수록 현재 경제상황이 나빠진다는 <연구가설 2-1>은 받아들여졌다.

또한 부정적인 경제뉴스 보도량은 <표 4-6>의 두 번째 패널이 보여주듯이 대통령 지지도를 통제하고도 시차 3, 4개월 후에 현재 경제상황에 부정적인 영향을 미쳤다. 이런 결과는 그랜저 인과관계 검정 결과 통계적으로 7% 수준에서 유의미하였다. 따라서 <연구가설 2-1>의 예측은 받아들여

졌다. 한국에서도 미디어가 경제뉴스를 부정적으로 다루면 경제상황이 직접적으로 영향을 받는 '미디어 맬러디(media malady)' 현상이 나타났다.

마찬가지로 경제뉴스와 경제현실간의 관계가 정부별로 어떻게 다른가를 추정해보았다. 정부 간 인과관계의 차이를 살펴보기 위해 차우 검정과 VAR 모형이 사용됐다. 먼저 김대중 정부에서는 경제뉴스 논조가 현재 경제상황에 영향을 미치지 못했고, 따라서 〈연구가설 2-1〉의 가정은 받아들여지지 않았다. 즉, 현재 경제상황을 말해주는 경기동행지수는 부정적인 속성의 경제뉴스 논조와는 무관하게 움직였다.

〈표 4-7〉 김대중 정부 : 경기동행지수, 경제뉴스 그리고 대통령 지지도

종속변인	독립변인	시차(−1)	시차(−2)	시차(−3)	시차(−3)	그랜저 인과관계
경기동행 지수 R^2=0.614	경기동행 지수	0.550 [3.284]	0.005 [0.032]	−0.583 [−3.325]	0.301 [1.856]	
	부정뉴스빈 도	−0.003 [−0.560]	0 [0.092]	−0.015 [−2.636]	−0.006 [−0.967]	10.350 [0.034]
	대통령지지 도	−0.003 [−0.338]	0.018* [1.724]	0.001 [0.130]	0.005 [0.569]	4.505 [0.341]
	C	0.875 [2.952]				

주: 〈표 4-2〉참조. 굵은 숫자의 t-값과 p-값은 p〈.05에서 통계적으로 유의미하다. 단,
  *는 p〈0.1에서 유의미하다. N=51(1998: 12~2003: 2).

그러나 〈표 4-7〉에 나와 있듯이 부정적인 경제뉴스 보도양은 시차 3개월 후에 현재 경제상황에 부정적인 영향을 미쳤다. 구체적으로 말하면, 부정적인 경제뉴스 보도량이 늘어나자 일정한 시점 뒤에 경기동행지수가 나빠졌다. 이에 따라 부정적인 경제뉴스 보도량과 현재 경제지표간의 인과관계를 검정했으며, 통계적으로 3.4%의 높은 수준에서 유의미한 인과관계를 보였다. 김대중 정부에서도 전체기간과 마찬가지로 부정적인 경제뉴스 보도량이 시차 3개월 후 현실 경제지표에 부정적인 영향을 미쳤다.

이어서 경제뉴스와 현재 경제상황과의 관계가 노무현 정부에서는 어떤

경향을 보이는지 살펴보았다. 노무현 정부에서는 〈표 4-8〉의 첫 번째 패널에서 보듯이 경제뉴스 논조가 대통령 지지도를 통제한 상태에서 시차 3개월 후에 현재 경제상황을 보여주는 경기동행지수에 영향을 미쳤다. 그랜저 인과관계 검정에서도 통계적으로 유의미(p〈.023)한 결과를 보여 〈연구가설 2-1〉은 받아 들여졌다.

이러한 경향은 부정적인 경제뉴스 보도량이 종속변인인 경기동행지수에 3개월의 시차를 두고 부정적으로 영향을 미쳤다. 그랜저 인과관계 검정에서도 통계적으로 유의미(p〈.088)하게 나타나 연구가설이 받아들여졌다. 노무현 정부 역시 경제뉴스가 경제현실에 영향을 준다는 점에서 미디어가 경제를 나쁘게 보도하면 실제로 경제가 나빠졌다. 경제뉴스 논조가 현재 경제상황에 영향을 미치지 못한 김대중 정부 때와는 다른 결과다.

〈표 4-8〉 노무현 정부 : 경기동행지수, 경제뉴스 그리고 대통령 지지도

종속변인	독립변인	시차(−1)	시차(−2)	시차(−3)	시차(−3)	그랜저 인과관계
경기동행 지수 R^2=0.668	경기동행 지수	−0.032 [−0.14]	0.352 [1.65]	−0.209 [−1.03]	0.009 [0.04]	
	경제뉴스 논조	0.021 [0.15]	0.204 [1.59]	0.320 [2.24]	0.245 [1.51]	11.319 [0.023]
	대통령 지지도	−0.012 [−1.26]	−0.016* [−1.75]	−0.015 [−1.62]	−0.012* [−1.94]	8.198 [0.084]
	C	0.968 [3.78]				
경제뉴스 논조 R^2=0.491	경기동행 지수	0.671* [1.80]	−0.020 [−0.05]	−0.788 [−2.32]	0.631* [1.73]	7.232 [0.124]
	경제뉴스 논조	0.217 [0.92]	0.397 [1.85]	−0.012 [−0.05]	−0.480 [−1.76]	
	대통령지지 도	−0.007 [−0.43]	−0.004 [−0.32]	−0.005 [−0.36]	0 [−0.02]	0.381 [0.984]
	C	−0.858 [−2.00]				

주: 〈표 4-2〉 참조. 굵은 숫자의 t−값과 p−값은 p〈.05에서 통계적으로 유의미하다.
　　단, *는 p〈0.1에서 유의미하다. N=30(2003: 7~2005: 12).

노무현 정부에서 특히 한 가지 흥미로운 점은 거꾸로 현재 경제상황이 미디어 경제뉴스 논조에 영향을 미치는 요인으로 작용했다. 즉, 〈표 4-8〉의 두 번째 패널에 제시했듯이 경기동행지수가 1, 3, 4개월 간격의 개별 시차에서는 미디어의 경제뉴스 논조에 영향을 미쳤지만, 그랜저 인과검정에서는 p값이 12.4%로 유의미하지 않았다. 하지만 이 가설 검정에서는 '한계선상 효과(borderline effects)'가 나타났으며, 이런 한계선상 효과는 예측관계가 당장은 아니지만 잠재적으로 나타날 가능성을 배제하기 어렵게 나타났다.

다시 말하면, 노무현 정부에서는 뉴스 미디어가 경제상황이 나빠지면 부정적인 논조로 보도하고, 경제상황이 좋아지면 긍정적인 논조로 보도하는 경향이 약하게나마 발견됐다. 노무현 정부에서는 경제뉴스 논조와 부정적인 경제뉴스 보도량이 현재 경제상황에 영향을 주는 동시에, 현재 경제상황이 반대로 시차를 두고 경제뉴스 방향에 약하게나마 영향을 미친다.

〈연구가설 2-2〉는 "부정적인 속성의 경제뉴스는 미래경제상황에 부정적인 영향을 줄 것이다"는 가정을 확인해보기 위해서였다. 전체기간을 대상으로 경제뉴스 논조와 부정적인 뉴스 보도량이 미래경제에 부정적인 영향을 주는지 검정한 결과 〈연구가설 2-2〉의 예측은 모두 기각됐다. 국내 경제이슈의 경우 현재 경제상황에 미치는 미디어 효과는 크지만, 미래 경제상황에 미치는 미디어 효과는 매우 제한적으로 나타났다. 정부별 경제뉴스와 경제상황 간의 관계를 알아보기 위해 차우 테스트에 이어 VAR 모형을 사용해 추가 검정을 실시하였다.

먼저 김대중 정부의 경우 경제뉴스 논조와 미래경제상황을 보여주는 경기선행지수 간에 영향력을 살펴본 결과 어떤 시차에서도 관련성이 발견되지 않았다. 따라서 김대중 정부에서는 경제뉴스 논조가 미래경제상황과 무관했으며, 가설은 받아들여지지 않았다.

마찬가지로 〈표 4-9〉의 첫 번째 패널에서 볼 수 있듯이 부정적인 경제
뉴스 보도량 역시 경기선행지수에 영향을 미치지 못했고, 〈연구가설 2-2〉
도 기각됐다. 다만, 흥미로운 사실은 두 번째 패널에 나와 있듯 거꾸로
경기선행지수가 시차 1개월, 4개월 후에 각각 부정적인 경제뉴스 보도량
에 영향을 미쳤다는 점이다. 그랜저 인과검정에서도 경기선행지수와 경
제뉴스 보도량이 통계적으로 매우 유의미(p<.014)한 수준에서 예측관계를
보였다. 김대중 정부에서는 적어도 뉴스 미디어가 미래경제에 대한 예측
을 충실히 반영했으며, 경제적 환경에 대한 '감시와 경고' 기능을 잘 이행
한 듯이 나타났다.

〈표 4-9〉 김대중 정부 : 경기선행지수, 경제뉴스 그리고 대통령 지지도

종속변인	독립변인	시차(−1)	시차(−2)	시차(−3)	시차(−4)	그랜저 인과관계
경기선행 지수 R^2=0.631	경기선행 지수	0.887 [4.801]	0.009 [0.046]	−0.501 [−2.257]	0.336 [1.739]	
	부정뉴스 빈도	−0.001 [−0.147]	−0.007 [−0.728]	0.011 [1.100]	−0.005 [−0.591]	1.962 [0.742]
	대통령 지지도	−0.002 [−0.121]	0.011 [0.658]	0.018 [1.023]	−0.006 [−0.408]	2.245 [0.690]
	C	0.150 [0.364]				
부정뉴스 빈도 R^2=0.469	경기선행 지수	−10.440 [−3.289]	3.472 [0.949]	2.152 [0.563]	−5.858* [−1.762]	12.380 [0.014]
	부정뉴스 빈도	−0.145 [−0.815]	−0.142 [−0.855]	−0.212 [−1.205]	0.351 [2.103]	
	대통령 지지도	0.048 [0.166]	−0.354 [−1.154]	−0.695 [−2.261]	0.053 [0.197]	7.513 [0.111]
	C	22.630 [3.183]				

주: 〈표 4-2〉 참조. 굵은 숫자의 t−값과 p−값은 p<.05에서 통계적으로 유의미하다. 단, *는
p<0.1에서 유의미하다. N=51(1998: 12~2003: 2).

동시에 이런 경향이 노무현 정부에서는 어떤 결과로 나타나는지 추정
해 보았다. 경제뉴스 논조와 경기선행지수와의 예측 관계는 〈표 4-10〉에

서 보듯이 일관된 결과를 보여주지 않는다. 즉, 경제뉴스 논조가 경기선
행지수에 각각 1, 2개월의 시차에 걸쳐 경기선행지수에 영향을 줬으며,
경기선행지수 역시 시차 3개월 후에 경제뉴스 논조에 영향을 미쳤다. 먼
저 경제뉴스 논조가 미래경제지표에 영향을 주는지 알아보기 위해 그랜
저 인과검정을 실시하였다. 통계적으로 유의미하지 않았으며, 〈연구가설
2-2〉의 예측은 빗나갔다.

노무현 정부 역시 〈표 4-10〉 두 번째 패널에서 보듯이 미래경제상황 지
표인 경기선행지수가 시차 3개월 후에 경제뉴스 논조에 영향을 미쳤다.
이 같은 예측관계가 통계적으로 유의미한지 확인하기 위해 그랜저 인과
검정을 실시했으며, 9.5% 수준에서 경기선행지수가 경제뉴스 논조에 영
향을 미쳤다

〈표 4-10〉 노무현 정부 : 경기선행지수, 경제뉴스 그리고 대통령 I지도

종속변인	독립변인	시차(-1)	시차(-2)	시차(-3)	시차(-4)	그랜저 인과관계
경기 선행지수 R^2=0.669	경기선행 지수	0.265 [1.06]	−0.056 [−0.22]	−0.492 [−1.95]	0.256 [1.33]	
	경제뉴스 논조	0.284* [1.70]	0.345 [2.01]	0.280 [1.50]	0.118 [0.60]	6.852 [0.143]
	대통령 지지도	−0.018 [−1.47]	−0.027 [−2.30]	−0.020 [−1.57]	−0.010 [−1.02]	6.747 [0.149]
	C	1.150 [2.61]				
경제뉴스 논조 R^2=0.504	경기선행 지수	0.260 [0.67]	0.045 [0.11]	−0.971 [−2.48]	0.270 [0.90]	7.903* [0.095]
	경제뉴스 논조	0.013 [0.05]	0.481 [1.81]	0.462 [1.60]	−0.136 [−0.45]	
	대통령 지지도	−0.007 [−0.37]	−0.014 [−0.78]	−0.027 [−1.32]	−0.020 [−1.30]	3.079 [0.544]
	C	0.034 [0.05]				

주: 〈표 4-2〉 참조. 굵은 숫자의 t-값과 p-값은 p〈.05에서 통계적으로 유의미하다. 단,
　　*는 p〈0.1에서 유의미하다. N=30(2003: 7~2005: 12).

뉴스 미디어가 노무현 정부에서도 경제상황을 있는 그대로 반영해 보도했다는 사실을 보여줌에 따라, 외부 경제환경에 대한 '감시와 경고' 기능을 이행하고 있는 듯이 나타났다. 이어서 노무현 정부에서 부정적인 경제뉴스 보도량이 경기선행지수에 영향을 미치는지 추가검정을 실시했다. 표로 제시하지는 않았으나 검정결과 노무현 정부 역시 김대중 정부 때와 마찬가지로 부정적인 경제뉴스 보도량이 경기선행지수에는 영향을 미치지 못해 〈연구가설 2-2〉가 이 연구에서 기각됐다.

5. 토론

이 연구는 크게 두 가지 그림을 살펴보고자 시도됐다. 첫째, 국내 경제뉴스가 국민의 주관적인 경제상황 인식에 어떻게 영향을 미치는가, 둘째, 국내 경제뉴스가 객관적인 경제상황에 미치는 효과와 경로는 어떠한가를 계량적으로 파악해보고자 하였다. 물론 이 연구는 경제뉴스가 다른 변인에 한쪽 방향으로 일방적으로 영향을 미치는지를 살펴보려는 데 목적을 두지는 않았다. 그보다는 시계열 분석의 VAR 모형을 사용해 경제뉴스, 주관적인 경제평가, 객관적인 경제현실 그리고 대통령 지지도로 나타나는 거시적이고 집합적인 이슈가 서로 어떻게 영향을 주고받는지의 관계를 시간의 흐름에 따라 역동적으로 추적하였다.

구체적으로 미디어 변인으로 경제뉴스 논조와 보도량, 주관적 경제인식 변인으로 소비자평가지수와 소비자기대지수, 객관적 경제현실 변인으로 경기동행지수와 경기선행지수, 정치변인으로 대통령 지지도 등 모두 7개 집합 변인 간의 상호 예측관계와 영향력의 정도를 측정함으로써 주관적 경제평가와 객관적 경제현실에 미치는 경제뉴스의 의제설정 효과를 밝히고자 하였다. 이 연구의 결과와 의미를 논의하면 다음과 같다.

국내 경제이슈의 경우 미디어가 사람들의 의견, 태도, 행동에 영향을 준다는 의제설정 효과가 폭넓게 발견됐다. 구체적으로 부정적인 경제뉴스 논조는 미래경제상황에 대한 국민인식(소비자기대지수)에 부정적인 영향을 미쳤다. 개인적인 경험이나 관찰에 의존하는 사람들도 미래경제를 평가할 때는 미디어에 보다 의존한다(심재철, 2005). 사람들은 많은 경우 자신의 경험에 의존하지만, 스스로 '볼 수 없고'(out of sight), '알 수 없고'(out of mind), '닿을 수 없는'(out of reach) 정보는 사실은 매스 미디어를 통해 얻는다. 이러한 사실은 지역적인 이슈보다 직접 경험하기 어려운 전국적인 이슈에서 보다 강력한 미디어 의제설정 효과가 나타난다는 머츠(Mutz, 1992)의 주장과도 일맥상통한다.

특기할만한 점은 경제뉴스 논조가 국민의 미래경제심리에 미치는 영향력이 시차 1개월 후에 곧바로 나타났다가 사라질 정도로 즉각적이고도 강력한 데 반해 부정적인 경제뉴스(보도량)는 '현재 경제상황에 대한 국민인식'에는 영향을 주지 않았다는 점이다. 사람들은 일반적으로 현재 경제상황을 평가할 때에는 개인의 일상 경험이나 직접적인 관찰에 더 의존한다. 이 연구결과에서도 미디어가 현실 경제정보를 사람들에게 제공하는 데 있어 아주 제한적인 역할밖에 하지 못하며(Haller & Norpoth, 1997), 동시에 사람들은 개인적인 관찰에 의존해 현재 경제상황에 대한 의견을 형성한다(Headrick & Lanoue, 1991; Wu et al., 2002)는 사실이 확인됐다. 미래경제상황에 대한 평가는 미디어에 의존하지만, 현재 경제상황에 대한 평가는 개인의 경험에 따른다는 이 연구결과의 해석은 기존 연구결과(Hester & Gibson, 2003)와 일치한다.

특히 미래경제상황에 대한 국민인식이 미디어의 '정서적 속성(affective attributes)'인 경제뉴스 논조에서 보다 두드러지게 나타난 점은 주목할 만하다. 한국 국민들은 미래경제상황을 평가할 때 뉴스 미디어가 부정적인 경제뉴스를 얼마나 자주 보도(보도량)하는가에 주목하기보다는 어떤 관점

(논조)에서 보도하는가에 더 관심을 갖는다고 해석할 수 있다. 결론적으로 미디어는 '무엇에 대해 생각할지'(what to think about)를 넘어 '어떻게 생각할지'(how to think about)를 잘 설명해준다.

그러나 이런 현상들이 정부에 따라 의제설정 효과가 다르게 나타난 점은 매우 흥미롭다. 국제통화기금(IMF) 체제의 위기상황에 놓였던 김대중 정부에서는 미디어가 국민의 경제인식에 일방적으로 영향을 주기보다는 서로 영향을 주고받는 순환적인 관계를 보였다. 즉, 경제뉴스 논조가 '미래 및 현재 경제상황에 대한 국민인식(소비자기대지수 및 소비자평가지수)'에 영향을 주는 동시에, 거꾸로 국민의 현재 경제인식이 '경제뉴스 보도량'에 영향을 미쳤다.

사람들은 일반적으로 경기상황이 좋을 때는 일상생활을 통해 경기상황을 판단하지만, 경기가 나쁠 때는 미디어에 더 의존한다. 즉, 개인적인 불황 경험이 클수록 미디어 의제설정 효과가 커진다고 본다(Lasorsa & Wanta, 1990). 미디어 의존이론(dependency theory)을 보더라도 사람들은 국가위기 상황에서는 정보에 대한 욕구가 커지고, 긴장 완화와 집단 유대감의 필요성을 느껴 미디어에 보다 의존하는 경향을 보인다(Ball-Rokeach & DeFluer, 1976). 이러한 사실에 기초해 볼 때 국민의 경제인식에 미치는 미디어 의제설정 효과가 경제위기 상황에 놓였던 김대중 정부 시기에 보다 강화됐을 것으로 추론된다. 경제가 침체하는 시기일수록 미디어는 사람들의 경제여론에 더 주목하고, 미디어 효과는 강화된다는 우 등(Wu et al., 2002)의 연구 결과와도 일치하는 부분이다. 결론적으로 김대중 정부의 경제커뮤니케이션은 경제뉴스 → 경제인식 → 경제뉴스로 이어지는 순환구조의 특징을 나타낸다.

그런데 반해 노무현 정부에서는 김대중 정부 때와는 다른 양상을 보였다. 즉, 경제뉴스 논조와 보도량은 국민들의 미래경제상황 인식은 물론 현재 경제상황 인식에도 통계적으로 아무런 관계가 나타나지 않았다. 적어도 노무현 정부에서는 미디어가 경제이슈에 대한 의제설정 기능을 하지 못했으며, 국가경제환경에 영향을 미치지도 못했다. 이런 결과는 미디어가 경제를 나쁘게 보도해서 국민이 경제를 나쁘게 인식하는 게 아니라, 국민의 부정적인 경제평가가 뉴스의 보도 방향에 부정적인 영향을 미쳤음을 뜻한다. 노무현 정부에서는 미디어가 경제에 대한 국민여론을 주도(leads)했다고 해석하기보다는, 오히려 경제에 대한 국민여론을 추종(follows)하는 구도로 파악된다.

결론적으로 노무현 정부에서는 실제 경제상황과 관계없이 국민의 불황심리는 '미디어'보다 '경제현실'로부터 더 영향을 받았으며, 미디어는 경제여론을 반영했다고 해석할 수 있다. 한마디로, 노무현 정부 경제커뮤니케이션 효과 구조는 불황심리→ 부정적인 논조→ 경기수축→ 불황심리의 방향으로 나타나는 경향을 보였다.

나아가 부정적인 경제뉴스는 국민의 경제인식을 넘어 실제 경제상황에도 영향을 미쳤다. 구체적으로 부정적인 경제뉴스 논조와 보도량이 현재 경제상황을 나타내는 경기동행지수에 부정적인 영향을 준다는 사실이 뚜렷이 발견됐다. 매스 미디어가 경제뉴스를 부정적으로 다루면, 실제 경제지표가 나빠진다는 '미디어 맬러디 효과'는 국내 의제설정 효과연구에 있어 중요한 이론적 함의를 제공한다. 즉, 미디어 뉴스는 공중인식에 영향을 주는 단계에서 나아가 현실에도 강력한 영향을 미친다는 구체적인 증거로 받아들여진다. 부정적인 경제뉴스가 미래경제상황에 영향을 준다는 기존연구(Blood & Phillips, 1995)와는 달리 이 연구에서는 부정적인 경제뉴스가 현재 경제상황에 직접 영향을 준다는 새로운 사실이 밝혀졌다.

그러나 부정적인 경제뉴스는 미래경제상황에 부정적인 영향을 준다는 가설은 이 연구에서 기각됐다. 이 같은 결과는 한국 언론들은 장기적인 전망이나 분석을 담은 경제뉴스를 많이 다루지 않거나, 뉴스 소비자들이 먼 장래의 경제예측에 대한 보도에는 덜 민감하게 반응한다는 결과로 추론된다. 적어도 이런 결과만 놓고 보면 국내에선 외국과 달리 경제뉴스가 미래경제상황의 예측변수는 아니다. 경제뉴스의 논조가 사람들의 주관적인 미래경제인식에는 영향을 주지만, 그렇다고 객관적인 미래경제지표인 경기선행지수에 반드시 영향을 주는것은 아니다.

경제뉴스와 경제상황 간의 이런 예측관계는 정부별로도 큰 차이는 발견되지 않았다. 김대중, 노무현 정부 모두 경제뉴스가 현재 경제상황을 나타내는 경기동행지수에 영향을 미쳤다. 정부의 경제지형 구조와 관계 없이 경제뉴스 논조나 보도량이 부정적이며, 일정한 시점 후에 현재 경제 상황에 부정적으로 영향을 미쳤다. 그러나 한 가지 흥미로운 점은 김대중, 노무현 정부 모두 경제뉴스가 미래경제상황을 나타내는 경기선행지수엔 영향을 주지 않았지만, 거꾸로 경기선행지수가 경제뉴스 논조와 보도량에 영향을 주는 '역효과(reverse effects)'가 발견됐다.

미디어가 "앞으로 경제가 어떻게 될 것 같다"고 보도하더라도 미래경제지표는 아무런 영향을 받지 않지만, "앞으로 경제가 어떻게 될 것 같다"는 전망이나 예측은 미디어의 경제뉴스 보도논조나 방향에 직접적인 영향을 미친다. 결론적으로 한국 매스 미디어는 미래경제를 예측 보도함에 있어 의제설정자(agenda-setter) 역할을 하기보다는 경기의 흐름을 쫓는 의제추종자(agenda- follower) 역할을 하는 경향을 보였다.

한국 경제커뮤니케이션 구조와 효과를 관찰한 이 연구의 의의와 성과를 간략히 정리하면 (1) 경제뉴스의 의제설정 효과가 시간상으로 먼 미래경제상황에 대한 국민인식에는 나타나지만, 현재 상황인식에는 잘 나타나지 않았으며, (2) 정부의 경제 및 정치지형 구조에 따라 서로 다른 예측관계가 발견됐으며, (3) 미디어 경제보도는 '미래경제상황'보다 '현재 경제상황'에 더 강력한 영향력을 미쳤다. 또한 (4) 미디어가 미래경제상황을 나타내는 경기선행지수에 영향을 주는 '의제설정자 역할'을 하기보다 거꾸로 경기선행지수로부터 영향을 받는 '의제추종자 역할'을 했으며, (5) 국가경제 위기시에는 미디어의 의제설정 효과가 강화되지만, 대통령의 경제리더십이 부족하거나 미디어와 갈등을 빚으면 의제설정 효과가 잘 나타나지 않는 경향을 보였다.

특히 이 연구에서는 이론적으로 직접 경험이 어려운 집합적인 국가경제이슈에서는 의제설정 효과가 잘 나타나며, 경제뉴스가 어떤 속성을 특별히 강조하면 사람들은 그 속성에 기초해 경제현실을 평가하거나 그러한 평가가 경제지표에 반영되는 경향을 보였다.

그러나 이 연구는 이러한 의미 있는 발견에도 불구하고 몇 가지 문제점과 한계를 지닌다. 첫째, 분석 데이터로 수집한 매체와 지면(혹은 방송시간)의 대표성 문제다. 이 연구가 분석한 2개 신문, 2개 방송이 경제 이슈에 대해 균형적이고 객관적으로 보도했다고 볼 수 없으며, 특히 그 논조가 한국 전체 매체를 대표한다고 말할 수는 없다. 또한 포털 사이트 등 수많은 인터넷 매체들이 등장했고, 실제로 미디어 이용자들이 전통 매체와 함께 신매체를 점점 더 많이 이용한다는 점에서 보다 폭넓은 매체를 사용한 경제뉴스 효과연구가 요구된다.

아울러 조선일보, 동아일보 등 신문은 1면 경제뉴스를, KBS와 SBS 등 방송은 저녁 종합뉴스를 대상으로 한정해 분석한 점도 제한점이 될 수 있겠다. 신문 1면과 방송 저녁 종합뉴스가 가장 영향력 있는 지면과 방송이라는 점은 사실이지만, 그렇다고 신문 1면과 방송 저녁 종합뉴스가 전체 뉴스를 대표한다고 보기는 어렵다.

둘째, 이 연구는 매스 미디어 의제설정 효과의 가외 변수가 될 수 있는 사회정치적 이벤트나 정보 속성(information attributes) 등을 고려하지 않았다. 북핵문제, 탄핵정국 등 정치적 사건이나 다양한 정보 속성은 종종 미디어 변인 못지않게 경제이슈에 대한 국민의 인식과 대통령 평가에 영향을 미친다. 정치적 이벤트나 정보 속성 변인을 고려하지 않은 이 연구는 미디어의 영향력을 지나치게 과장해 평가하는 잘못을 피하기 어렵다.

셋째, 국민의 경제인식과 실제 경제상황 간의 관계를 직접 측정하지 못한 점은 이 연구의 약점으로 지적될 수밖에 없다. 경제커뮤니케이션 연구에 있어 핵심은 미디어의 영향력 못지않게 경제활동 주체인 사람들의 경제상황인식과 실제 경제상황이 서로 어떻게, 또 얼마나 영향을 주고받는가 하는 점이다. 물론 경제현실에 소비자들의 경제인식이 간접적으로 반영돼 있고, 사전 테스트에서 두 데이터 간에 유의미성을 발견하기 어렵다는 점을 인정하더라도 이 연구의 한계라는 점은 분명하다.

이 연구는 특히 방법론적으로 관련 변수 간의 충격(impulse)과 반응(response) 함수관계를 제시하지 않음으로써 변수 간의 방향성에 대한 흐름을 명료하게 보여주지 못했다. 따라서 다음의 몇 가지 점에서 보완된 후속연구가 필요하다고 본다.

첫째, 미디어 변인으로 인터넷을 포함하는 다양한 매체를 사용했으면 한다.

둘째, 경제현실에 대한 국민인식과 경제현실 간의 예측관계 추정은 후속 연구가 반드시 해결해야 할 과제다.

셋째, 이 연구는 기본적으로 경기동행지수, 경기선행지수 등 거시적인 국가경제지표를 중심으로 분석했으나, 후속 연구는 실업률, 물가 등 미시적 경제지표를 대상으로 의제설정 효과를 측정할 필요가 있다고 본다.

넷째, 경제이슈 의제설정 효과연구의 일반화를 위해 정부별, 경기국면별 요인을 통합해 동시 분석을 실시했으면 한다.

〈요약〉

이 장에서는 계량경제 연구방법론의 하나인 시계열의 벡터자기회귀(VAR) 모형을 사용해 국내 경제뉴스가 국민의 경제상황 인식에 어떻게 영향을 미치며, 나아가 국내 경제뉴스가 실제 경제상황에 미치는 예측관계와 경로를 살펴보았다.

구체적으로 경제뉴스, 주관적인 경제평가, 객관적인 경제상황 그리고 대통령 경제리더십을 나타내는 지표가 시간의 흐름에 따라 서로 어떻게 영향을 주고받는지 역동적 의제설정 경로와 효과발생 시점을 분석했다.

분석결과를 정리하면 다음과 같다. 첫째, 부정적인 경제뉴스 논조는 대통령 지지도를 통제하고도 미래경제상황에 대한 국민인식에는 부정적인 영향을 미친 반면 현재 경제상황에 대한 국민인식에는 부정적인 영향을 주지 않았다. 이러한 의제설정 효과는 정부의 경제지형에 따라 다르게 나타났다. 국제통화기금(IMF) 체제를 겪은 김대중 정부에서는 미디어가 국민의 경제인식에 일방적 영향을 주기보다는 서로 영향을 주고받는 순환적인 관계를 보인 데 반해 노무현 정부에서는 경제뉴스 논조와 보도량이 국민의 미래경제상황 평가는 물론 현재 경제상황 평가에도 큰 영향을 주지 못했다.

둘째, 경제뉴스가 국민의 경제인식 차원을 넘어 경제현실에도 영향을 미쳤다. 부정적인 경제뉴스 논조와 보도량은 현재 경제상황을 나타내는 경기동행지수에 부정적인 영향을 주었지만 미래경제상황에 부정적인 영향을 주지는 않았다. 경제뉴스와 경제상황 간의 이런 인과관계는 정부별로도 큰 차이는 발견되지 않았다. 흥미로운 발견으로, 이 연구의 예측과는 달리 경기선행지수가 경제뉴스 논조와 보도량에 영향을 주는 '역효과(reverse effects)'가 발생했다.

5장 '무엇'에서 '언제'로

− 경제커뮤니케이션의 시간성 −

커뮤니케이션의 효과는 '언제' 발생하고, 소멸하는가?

그동안의 커뮤니케이션 효과연구는 대중매체의 내용물이나 대인 간 의사소통이 무엇(예: 고정관념형성, 의견기후지각, 투표행태 등)에 효과를 주는가의 문제에 천착해왔다. 버나드 코헨의 경구가 커뮤니케이션 연구자들로부터 꾸준히 인용되어 온 이유도 여기에 있다. "언론은 대개 사람들이 어떻게 생각해야하는지를 바꾸는 데는 별 효과가 없지만, 무엇을 생각하게끔 만드는 데에는 매우 효과적이다(The press may not be successful much of the time in telling people what to think, but it is stunningly successful in telling its readers what to think about)"라는 그의 주장은 커뮤니케이션 효과를 찾아 나선 연구자들에게 일종의 나침반을 제공해왔다(Cohen, 1963, p.120).

하지만 우리는 이 연구를 통해 코헨의 경구를 변용해 새로운 연구방향을 제시하고자 한다. 바로 '무엇을 생각하게 하는가(what to think about; 효과의 대상에 대한 탐구)'에 대한 논의의 차원을 넘어 '언제 생각하게 하는가(when to think; 효과의 발생 시점에 대한 탐구)'에 대한 연구로 옮겨가자는 제안이 그것이다. 이러한 시도의 출발점으로 우리는 경제현상과 커뮤니케이션 간의 관계를 논하는 경제커뮤니케이션의 영역에서 '언제'의 문제를 탐구해보고자 한다.

경제문제는 '시간'에 대한 고려가 중요하다. 투자자들이 몰리느냐 떠나느냐, 물가가 올라가느냐 내려가느냐, 소비가 위축되느냐 활발해지느냐 등의 표면적 정보만으로는 경제현상을 예측하고 통제하기 어렵다. 이 보다는 투자자들이 '언제' 몰리고 떠나는지, 물가는 '언제' 올라가고 내려가는지, 소비는 '언제' 위축되고 활발해지는지의 정보가 필수적이다.

언론의 부정적인 경제보도가 국민의 경제인식을 위축시키는지, 경기침체에 놓여있는 현실 경제지표는 언론에 제대로 보도가 되는지, 국민의 부정적인 경제인식은 경기침체의 원인이 되는지 등을 탐구한 기존 경제커뮤니케이션 관련 연구의 결과는 투입된 노력에 비해 그 현실적 효용성이 크지 않았다(예: Behr & Iyengar, 1985; Haller & Norpoth, 1997; Vanraaij, 1989; Wu, Stevenson, Chen, & Guner, 2002).

한국은 지난 1997년 경제현실 보도와 예측이 뒤늦게 이루어짐으로써 'IMF 구제 금융 체제'라는 국가적 위기 상황을 경험했다(심재철, 2008). 2008년 전 세계를 경제 위기의 공포로 몰아넣은 미국의 서브프라임 사태나 미국·유럽발 금융위기도 다르지 않다. 이들 경제위기 모두 그것이 도래할 수 있는 시기를 예측하지 못함으로써 빚어졌다고 볼 수 있다. '경제현실-보도-인식' 간 상호 관련성의 시차별 발생과 소멸에 대한 사전지식이 있었다면 경제상황을 전망하거나 위기상황에서 효과적인 경기부양책을 추진하는 등 효율적이고 과학적인 방법으로 위기를 극복할 수 있었을 것이다.

하지만 아쉽게도 기존의 국내외 경제커뮤니케이션 연구에서 시간의 개념에 주목해 진행된 연구는 없다. 그간 다수의 연구들이 '시간'을 방법론적 분석 단위로 하는 시계열 분석을 주로 사용했음에도 측정변수 간 상관관계의 '시차(time-lag)'에 대한 논의는 간과해왔다. '언론의 경제보도는 국민의 경제인식에 영향을 준다', '국민의 경제인식이 언론의 경제보도 양태를 결정한다', '경제상황에 대한 부정적인 인식은 실제 경제지표를 악화시킬 수 있다' 등의 가정을 실증적으로 분석한 연구들은(이완수·심재철·박양수, 2007; Harrington, 1989; Hester & Gibson, 2003; Katona, 1964, 1974; Nadeau, Niemi, Fan, & Amato, 1999) 주로 '무엇'의 문제에 관심을 갖고 상관관계의 유무 내지는 그 방향성을 제시했을 뿐 변수 간의 인과관계가 '언제' 발생하게 되는지에 관해서는 충분히 논의하지 않았다.

이 연구는 이러한 한계를 극복하기 위해 현실 경제지표와 언론의 경제보도, 국민의 경제인식 간의 '상호영향'이 '언제' 발생하게 되는지를 살펴보고자 한다. 이러한 시도가 '기술'과 '설명'의 차원을 넘어 '예측'과 '통제'가 필수적인 동태적 경제현상에 대한 이해의 지평을 넓히는 데 기여할 수 있다고 보기 때문이다.

경제현실은 언제 언론의 보도에 반영돼 나타나게 되는지, 경제보도는 어느 정도의 시간적 간격을 두고 경제인식에 영향을 미치게 되는지, 또 경제현실과 인식은 얼마의 시차를 두고 서로 영향을 주고받는지를 예측하는 것은 이론적으로도 새로운 시도일 뿐만 아니라, 정부의 경제정책 수립이나 언론의 보도규범의 구성, 경제 사안에 대한 식견을 갖춘 시민의 교육, 소비자들의 합리적 의사결정 등에 두루 유용한 함의를 제공할 것으로 기대된다.

이를 위해 이 연구는 경제상황과 경제보도, 경제인식 간의 관계를 일방향적으로 이해하기보다는 다방향적 관계로 설정하고 삼자간 상호영향의 시간차(time-lag)를 시계열분석 방법의 하나인 벡터자기회귀 모델(Vector Autoregression Model)을 통해 규명하고자 한다.

1. 경제커뮤니케이션 효과의 발생 시점

커뮤니케이션 효과연구는 일찍이 월터 리프만(W. Lippmann, 1922)이 제시한 "바깥 세상과 우리 머릿속의 상(像)"의 간극을 조절하는 대중매체의 영향력을 다루는 데 초점이 맞춰져 왔다. 대중매체에 제시된 특정 이슈의 양이 사람들의 여론형성에 영향을 미치는지(의제설정)(McCombs & Shaw, 1972), 대중매체에 제시된 내용물이 나 자신과 비교해 공동체를 구성하는 일반적인 타자에게 얼마나 영향을 미칠 것으로 기대되는지(제3자 효과)(Davison, 1983), 대중매체에 제시된 다른 사람들의 의견이 우리가 생각하는 것을 표현하게 하는지 감추게 만드는지(침묵의 나선)(Noelle-Neumann, 1974), 대중매체에 제시된 현실에 대한 묘사가 우리가 생각하는 바깥 세상에 대한 그림을 바꾸어 놓는지(문화배양)(Gerbner & Gross, 1976) 등의 연구가 모두 그렇다. 매체를 통해 제시된 내용물(보도)이 우리 머릿속의 상

(인식)을 어떻게 만들어내는지에 대한 경험적 관찰이 그간의 실증적 커뮤니케이션 효과연구의 중심을 이뤄왔다.

그러나 경험적 연구의 지속적 축적에도 불구하고 기존 연구들은 방법론상의 문제로 사회현상을 설명하는 데 한계를 드러내왔다. 대부분의 연구가 단일 시점에서 관찰된 현실과 보도, 보도와 인식, 현실과 인식의 관계만을 탐구해왔다. 이러한 방법론적 한계는 이미 잘 알려진 대로 현상 간의 관계를 공변(co-variation)하는 정도로만 파악했을 뿐 측정 변수 간의 상호 관계의 역동적 과정을 파악하기 어렵다는 점이 지적돼왔다.

여기에 저자는 두 가지 문제를 새롭게 제기하고자 한다. 첫째로 기존 연구들은 변수들 간의 복잡한 인과적 관계를 볼 수 없었기 때문에, 현실과 보도, 보도와 인식, 현실과 인식간의 상호 예측과정을 제대로 관찰할 수 없었다. 이 때문에 기존의 많은 연구들은 관련 변수 간의 상호 관계를 단일방향으로 설정하고 연구를 수행했다. 즉, 현실이 보도에 미치는 영향과 보도가 현실에 미치는 영향은 동시에 연구될 수 없었다. 둘째로 횡단면적인(cross-sectional) 연구는 효과의 발생을 간접적으로 관찰할 수는 있으나 효과의 발생까지의 과정을 시간의 흐름에 따라 입체적이고, 구체적으로 파악하기 어려웠다. 즉, 변수 간의 관계가 존재하는지의 여부만을 추론했을 뿐, 그러한 상호관계가 언제 발생하고, 지속되며, 또 소멸되는지에 대한 논의는 다루지 못했다.

물론 그간의 커뮤니케이션 효과연구에서 시계열 분석의 적용이나 시간차를 살펴본 사례가 전혀 없었던 것은 아니다. 매체가 사람들이 생각하는 공동체의 현안과제를 설정하는 데 얼마의 시간이 걸리는가에 대한 의제설정의 시차(time-lag) 연구는 여러 차례 논의돼 왔다. 시차에 대한 기존의 의제설정 연구들은 의제의 생성시점이 적게는 1주일 길게는 9개월에 걸쳐 나타날 수 있으며, 대개의 경우 3~4주일 사이에 영향이 나타난다는 연구결과를 제시해왔다(McCombs, 2004; Stone & McCombs, 1981; Wanta & Hu, 1994).

기존 연구가 단순히 매체의 보도와 사람의 인식 간 관계에 주목한 반면, 이 연구는 현실-보도-인식 등 상호 간 영향, 특히 이들 변수의 시간차를 모두 살펴본다는 점에서 차별적이다. 또한 기존의 시간차 연구가 매체 간 차이(Winter & Eyal, 1981; Wanta & Hu, 1994; Wanta & Roy, 1995)나, 인권·마약 등의 사회이슈(Shoemaker, Wanta & Leggett, 1997)를 중심으로 다룬 데 비해 이 연구에서는 '경제이슈'를 다룬다는 점에서 차이가 있다.

앞서 언급했듯이 경제이슈는 상대적으로 예측과 통제가 중요하다. 때문에 경제이슈의 현실-보도-인식 간의 상호 영향에 대한 시간차 연구는 현실적, 이론적 측면에서 의미가 적지 않다. 또 방법론의 측면에서 경제이슈는 '현실-보도-인식'의 상호영향과 그 시간차를 연구하는 데 있어서 타당도와 신뢰도를 높이는데 필수적인 충분한 양의 관측 자료수집이 가능하다.

경제이슈를 제외한 다른 사안의 경우에는 현실을 가리키는 지표가 유동적이어서 항구적이지 않은 반면 현실 경제지표는 시간의 추이를 따라 지속적으로 기록되고 축적된다. 이 점에서 경제이슈는 현실, 보도, 인식 간 상호영향의 생성과 소멸과정을 관찰할 수 있는 최적의 환경을 제공한다.

이러한 실천적, 이론적 함의와 방법론적 혜택을 바탕으로 우리는 1) 현실 경제지표→언론의 경제보도, 2) 언론의 경제보도→현실 경제지표, 3) 현실 경제지표→국민의 경제인식, 4) 국민의 경제인식→현실 경제지표, 5) 국민의 경제인식→언론의 경제보도, 6) 언론의 경제보도→국민의 경제인식 등 6가지 조합의 상호 역동적 예측관계가 '언제' 발생하고, 지속되며, 소멸되는지를 밝히고자 한다.

2. 경제현실과 경제보도 간 상호효과의 발생 시점

경제보도가 얼마나 경제현실을 잘 반영하고 또 정확하게 매개하는지에 대해 관심을 갖은 기존의 연구들은 경제현실이 언론의 보도에 영향을 미치며, 경제현실을 언론이 예측하는 것이 바람직하다고 제안한다(이완수, 2007, 2008; Behr & Iyengar, 1985; Nadeau et al., 1999; Wu, McCracken, & Saito, 2004; Wu et al., 2002). 또 그렇게 될 때에만 미국의 경제 대공황이나 한국의 'IMF 위기'와 같은 경기침체나 부진을 막을 수 있을 것이라고 주장한다(심재철, 1997, 2005). 그러나 실제적으로 그러한 예측과 통제가 가능하기 위해서는 경제변수 간의 상호 관련성에 관한 논의와 더불어 변수 간의 상호영향이 언제 발생하게 되는지에 대한 시간의 이해가 전제되어야 한다. 반대의 경우도 마찬가지이다. 언론이 경제상황에 대해 부정적인 보도를 지속적으로 내보내면, 실제로 경제지표가 나빠진다는 '미디어 맬러디 효과(media malady)'를 제시한 논의들도 "대중매체가 경제상황에 영향을 주는가?"라는 문제에만 매달림으로써 예측과 통제에 필수적인 시간에 대한 정보를 제공하는 데에는 성공하지 못했다(Kurtz 1990; Stevenson, Gonzenbach, & David, 1994).

하지만 그렇다고 해서 경제현실과 경제보도 간 상호영향의 시간차에 대한 경험적 자료가 전혀 없었던 것은 아니다. 시계열 분석을 이용한 기존의 경제커뮤니케이션 연구는 변수 간의 상호영향이 언제 발생하는지에 대한 내용을 -연구의 주요 논점으로- 명시적으로 다루지 않았을 뿐, 이에 대한 부분적인 정보를 제공해 왔다. 1987년 1월부터 1996년 3월까지 10년의 기간 동안 미국 경제를 '경기하강국면'과 '경기상승국면'으로 나누어 경제현실-보도-인식 간의 상관관계를 검증한 우와 동료들의 연구(Wu et al., 2002)가 대표적이다.

이들의 연구에 따르면 경기하강국면에서는 언론(뉴욕타임스)의 경제보도가 현실 경제지표에 한 달의 시간차를 두고 영향을 미치기 시작해 2개월간 지속되는 것으로 나타난 반면, 경기상승국면에서는 영향이 나타나기 까지 시간이 더 오래 걸렸다(4개월).[1]

또한 우(Wu)는 새로운 동료들과 일본의 경제 침체기였던 1988년부터

1999년까지의 소위 '잃어버린 10년(lost decade)'을 대상으로 유사 연구를 수행했는데(Wu et al., 2004), 이 연구에서는 언론의 경제보도가 경제현실에 미치는 영향은 발견되지 않았다. 거꾸로 경제현실이 경제보도에 미치는 영향이 4개월째에 나타났다. 우(Wu)와 그 동료들에 의한 일련의 연구는 현실 경제지표와 언론의 경제보도 간에 상관관계가 존재할 뿐만 아니라 상관관계의 시차에 있어서도 국가별, 경기국면별로 차이가 존재함을 보여준다. 그러나 이 연구 역시 상호영향의 시간차가 갖는 의미의 분석과 해석에 중점을 두지는 않았다.

3. 경제현실과 경제인식 간 상호영향의 발생 시점

경제커뮤니케이션 연구에서 현실 경제지표와 경제인식 간의 관계는 분석에서 빠뜨리기 쉬운 관계의 조합이다. 기존 연구는 현실 경제지표가 경제인식에 영향을 주는 비매개(non-mediated) 기능이 존재하는지, 또 국민의 경제인식이 현실 경제지표에 영향을 미치는 이른바 자기충족적 예언(self-fulfilling prophecy)이라 할 수 있는 인과적 가설이 증명될 수 있는지를 검토해 왔다(Wu et al., 2002, 2004).

경제커뮤니케이션 효과연구의 선구자라 할 수 있는 계량경제학자 블러드와 필립스(Blood & Phillips, 1995, 1997)는 경제현실과 경제지표 간 상호영향의 시간차에 대한 경험적 기초 자료를 제공한다. 이들은 1992년 미국 대선이 대중매체의 부정적 경제 보도에 의해 영향을 받았으며, 나아가 이러한 보도양태가 실제 경제지표에도 영향을 주었다는 사람들의 인식에

---

1) 이들의 연구에서 현실 경제지표가 언론의 보도에 미치는 영향은 각각의 구별된 기간에는 나타나지 않았다. 하지만 전체 기간에 대한 분석 결과는 소비자평가지수를 통제한 상황에서는 한 달의 기간차를 두고 발생해 한 달간 효과가 지속된 것으로, 소비자기대지수를 통제한 상황에서는 한 달의 시간차를 두고 발생해 2개월간 효과가 지속된 것으로 나타났다.

착안해 경제현실-보도-인식-대통령 지지도에 대한 시계열 분석을 수행했다. 연구 결과, 현실 경제지표가 국민의 경제인식에 미치는 영향이 2개월 이후 나타났다.

또한 우와 동료들의 미국 연구를 보면 경기 하강국면에서는 국민의 경제인식이 현실 경제지표에 미치는 영향이 3개월째 발생해 한 달간 지속됐으며, 경기 회복국면에서는 2개월 이후 형성됐다(Wu et al., 2002). 우와 동료들의 후속 연구인 일본 연구에서는 국민의 경제인식이 현실 경제지표에 미치는 영향이 한 달 이후 발생했으며, 현실 경제지표가 국민의 경제인식에 미치는 영향 역시 한 달이 지난 후 발생했다(Wu et al., 2004).

반면 한국에서 행해진 유사 연구를 보면, 경제현실과 경제인식 간 상호관계가 모두 한 달 이후 나타나 3개월여 동안 유지된 것으로 나타났다(이완수·심재철·박양수, 2007; 이완수, 2007). 미국이나 일본에서 행해진 연구들에서는 경제현실이 인식에 미치는 영향의 지속기간이 짧았던 반면, 한국에서 관찰된 경제현실과 경제인식 간의 상호영향은 상대적으로 빠르게 발생해 일정기간 동안 지속됐다는 점에서 흥미롭다. 그러나 이들 연구는 대부분 경제현실과 경제인식의 상호 예측관계를 밝혀냈다는 기여는 인정되지만, 그러한 예측관계가 시간의 흐름에 따라 나타날 수 있는 시간차에 대한 함의를 제공하는 데는 충분치 않다.

4. 경제인식과 경제보도 간 상호영향의 발생 시점

경제보도와 경제인식의 상호영향 연구는 앞서 살펴본 두 개념적 조합에 비해 경제커뮤니케이션 분야에서 상대적으로 많이 검토돼 온 영역이다. 전통 커뮤니케이션 효과연구에서는 흔히 의제설정(agenda-setting)과 의제형성(agenda-building), 프레이밍(framing), 점화(priming) 등으로 이들 관계의 조합이 논의되어왔다. 하지만 시간차에 대한 고려가 이루어진 것은 의제설정 연구에 국한된다. 의제설정 연구자들이 대중매체의 의제가 공중의제화되는 과정에 얼마의 시간이 필요한지에 대한 문제에 관심을 기울였기 때문이다. 의제설정의 '시차' 내지는 '최적효과기간(optimal-effect span)'에 주목한 연구에서는 대체적으로 2주에서 6개월 사이에 효과가 발생했으며, 효과가 가장 강하게 나타나는 시점은 4주에서 6주 사이라는 결과가 주를 이뤘다(Eyal, Winter, & DeGeorge, 1981; McCombs, 2004; Wanta & Hu, 1994).

하지만 이들 연구는 주로 매체 간의 차이나 인권, 마약, 에너지 부족, 국제 문제 등의 정치사회적 이슈에 초점을 맞추었고, 경제문제에 대한 논의를 다루지는 않았다(Shoemaker et al., 1997; Winter & Eyal, 1981). 반면 경제커뮤니케이션 연구에서는 공중의 경제인식이 언론의 경제보도에 영향을 미치는지(의제형성), 언론의 경제보도가 공중의 경제인식에 영향(특히, 보도논조에 의한 프레이밍 효과)을 주는지에 대한 논의는 있었지만, 역시 시간차에 대한 논의를 중점적으로 다루지는 않았다.

매우 제한적이기는 하지만 기존의 경제커뮤니케이션 연구들에 나타난 시간차를 살펴보면, 블러드와 필립스의 연구에서는 경제보도가 경제인식에 미치는 영향이 한 달 이후 나타나 3개월간 지속되는 것으로 나타난 반면, 국민의 경제인식은 언론의 경제보도에 한 달이 지나 반영돼 나타났다(Blood & Phillips, 1995).

우와 동료들의 미국 연구에서도 경기하강국면에서는 소비자평가지수에 미치는 경제보도의 영향이 한 달째 이후 나타나 3개월간 지속되는 것으로 나타나 블러드와 필립스의 연구 결과와 유사했다. 이에 반해 소비자기대지수의 경우에는 한 달째와 4개월째에 각각 예측관계가 나타났다(Wu et al., 2002). 또 경제인식이 보도에 미치는 영향은 소비자평가지수를 통제한 경우 2개월째에 나타났고, 소비자기대지수를 통제한 경우에는 2개월 이후 나타나 그로부터 2개월간 지속됨을 보였다. 경기상승국면에서는 경제보도가 인식에 미치는 효과나 경제인식이 보도에 미치는 효과 모두 나타나지 않았다. 우와 동료들의 후속 일본 연구에서는 국민의 경제인식이 언론의 경제보도에 한 달째 영향을 준 것으로 나타났다(Wu et al., 2004).

이완수·심재철·박양수(2007)의 국내 연구에 따르면 보도논조(언론)는 소비자기대지수(인식)에 한 달째 영향을 미치기 시작해 3개월간 지속되었으며, 부정적 기사건수는 소비자기대지수에 한 달째 영향을 미치기 시작해 한 달간 지속된 것으로 나타났다. 그러나 국민의 경제인식이 언론의 보도에 반영되는 예측관계는 발견되지 않았다. 국내외적으로 경제이슈 의제설정은 공통적으로 예측 시차가 한 달의 시간이 걸리고 2개월 정도 지속되는 것으로 나타났다. 이는 의제설정 효과의 시간지체가 2주에서 6개월 사이라는 기존연구 결과와 유사하다.

5. 정치환경과 경제커뮤니케이션 효과의 시간성

경제현실-보도-인식의 상호관계는 늘 일정한 패턴으로 움직이는 것은 아니다. 거시경제지표가 서로 다른 국가 간 차이는 물론, 경제현실의 역동성으로 인해 같은 국가 내에서도 여러 가지 외부변수가 작용할 개연성이 있고, 때문에 경제변수 간의 상관관계가 다르게 나타날 수 있다.

미국의 경제보도와 경제현실을 연구한 고이델과 랭레이(Goidel & Langley, 1995)의 연구에 따르면 현실 경제지표와는 무관하게 1982년, 1991년, 1992년의 경제뉴스가 상대적으로 부정적인 양태를 보였다. 즉 정치적 환경의 차이에 따라 경제뉴스 자체가 달라질 수 있다고 말한다. 외부적 요인에 따라 경제변수 간의 예측관계가 차이를 보일 수 있다는 이러한 통찰은 앞서 살펴본 우와 동료들의 미국 사회의 경제커뮤니케이션 연구에서도 똑같이 발견된다(Wu et al., 2002). 이들은 정치적 요인을 고려한 것은 아니지만 경기국면 간의 차이를 구분함으로써, 외부적 요인에 따른 경제변수 간 상호관계의 잠재적 차이를 확인했다.

국내에서도 이러한 외부적 요인의 차이가 경제보도에 영향을 미칠 수 있다는 논의가 있었다. 이완수(2008)는 정부별로 경제보도의 양태를 내용분석한 결과 김대중 정부에 비해 노무현 정부시기에 언론의 경제보도가 경제현실을 보다 부정적으로 보도했음을 발견했다. 이는 정부 간 차이에 따라서도 언론의 경제상황 보도에 차이가 날 수 있고, 동시에 외부의 정치적 환경의 변화에 따른 삼자 간의 상호 예측관계에 있어서도 차이가 날 수 있음을 의미한다.

이상의 논의를 종합해 보면, 상이한 경제환경이나 구조, 정부와 언론의 관계, 국민 여론에 따라 경제커뮤니케이션 관련 변수 간 상호영향의 생성, 지속, 그리고 소멸시점이 서로 다르게 나타날 것이라는 예상이 가능하다.

6. 경제커뮤니케이션 시간성 연구모형

앞서 논의에서 언급했듯이 이 연구에서는 아래 〈그림 5-1〉에 제시된 바와 같이 경제현상을 구성하는 세 가지의 요소인 (1) 현실 경제지표, (2) 경제상황에 대한 언론보도, (3) 국민들의 경제인식의 역동적 시차관계를 다룰 것이다.

〈그림 5-1〉에서 볼 수 있듯이 우리는 경제현실–보도–인식의 삼자 간 상호 예측관계를 연구하는 것은 결국 6가지 관계의 조합으로 구성될 수 있으며, 이것이 곧 분석의 단위가 될 수 있다고 보았다. 앞서 살펴보았듯이 기존의 연구들은 경제현실–보도–인식 간 6가지 관계의 조합에서 나

타난 결과가 때로는 상호보완적이면서, 때로는 상충되는 경험적 결과들
을 제시하고 있다.

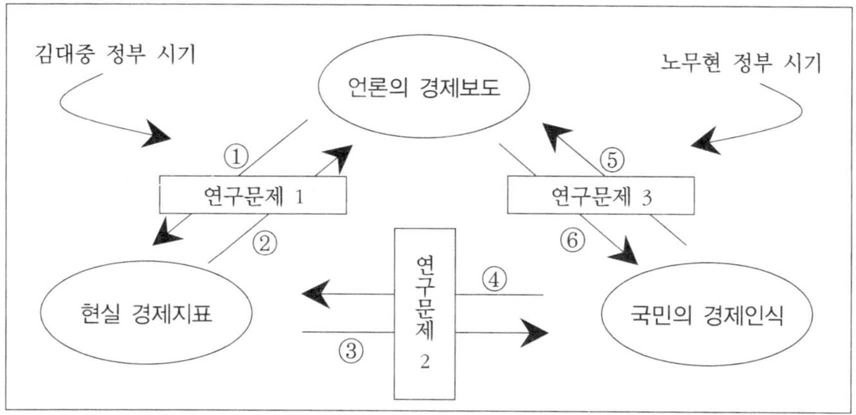

그러나 이러한 연구들은 상호 간 영향의 방향에 초점을 맞추었을 뿐,
이 연구의 주요 관심사인 변수 간의 영향이 '언제' 발생되는지, 즉 시간에
주목하지는 않았다. 따라서 경제커뮤니케이션 연구의 지형에서 찾아낸
이러한 맹점을 해결해보고자 하는 것이 이 연구의 목적이다. 이 같은 연
구 과제를 풀어가는 데에 사용될 구체적인 연구문제의 설정을 위해 6가
지의 조합이 기존 연구에서 어떻게 개념화될 수 있는가를 모색했다.

저자는 블러드와 필립스가 제시한 경제커뮤니케이션 효과행렬에 기존
의 커뮤니케이션 효과연구에서 다루어지고 있는 개념을 추가해 이 연구
에서 사용되는 변수들 간의 상호 예측관계에 적용될 수 있는 개념들을
〈표 5-1〉의 내용과 같이 정리했다(Blood & Phillips, 1995, p.4).

아래 〈표 5-1〉에 도시한 주요 개념을 간략히 기술하면 다음과 같다.

첫째, 미디어 멜로디 효과는 언론의 경제보도 양태에 따라 실제 경제
상황이 나빠지기도 하고, 좋아지기도 한다는 경제학적 개념이다.

둘째, 자기충족적 예언은 소비자들이 경제현실을 인식하는 방향에 따라 실제 경제상황이 그런 방향으로 움직인다는 사회심리학적 개념이다.

셋째, 사건중심 보도는 언론은 기본적으로 경제 이벤트에 기초해 보도하는 속성을 갖는다는 언론의 보도관행에 대한 개념이다.

〈표 5-1〉 경제커뮤니케이션의 세 주체 간 상호영향의 행렬표

			결과					
			경제현실		경제보도		경제인식	
			경기 선행지수	경기 동행지수	부정적인 뉴스빈도	미디어 논조	소비자 평가지수	소비자 기대지수
원인	경제 현실	경기 선행지수			사건중심 보도 (event-driven reporting)		비매개 경험 (non-mediated experience)	
		경기 동행지수						
	경제 보도	부정적인 뉴스빈도	미디어 맬러디 효과 (media malady)				의제설정 효과 (agenda-setting)	
		미디어 논조					프레이밍 효과 (framing)	
	경제 인식	소비자 평가지수	자기충족적 예언 (self-fulfilling prophecy)		소비자 지향 보도 (consumer-driven reporting)			
		소비자 기대지수						

넷째, 소비자 지향 보도는 언론은 본질적으로 독자, 구체적으로 소비자들의 경제인식을 반영해 보도하는 속성을 갖는다는 언론의 보도관행에 대한 개념이다.

다섯째, 비매개 경험은 수용자들은 통상 언론의 보도를 통해 사회현실을 이해한다는 관점과 달리 경제현실에 대한 직접적인 경험을 통해 경제현실을 이해하고 평가한다는 개념이다.

여섯째, 의제설정 효과는 미디어가 중요하게 다룬 의제에 대해 공중들도 이를 중요하게 여기는 미디어 효과 개념이다.

일곱째, 프레이밍 효과는 언론이 경제현실을 특정 관점이나 논조로 보도하면, 공중들도 같은 관점에서 경제현실을 인식한다는 미디어 효과 개념의 하나다.

우리는 위에 제시한 커뮤니케이션 연구 및 인접학문분야의 개념에 기초해 이들의 상호 예측관계가 '언제' 나타나는지를 경험적으로 밝혀 보고자 한다. 특히 앞서 이론적 논의의 후반부에 언급했듯이 상호영향이 외부 정치환경에 따라 달라질 수 있다는 점을 감안해 이들 개념 간의 상호 예측관계의 시차가 두 정부의 시기별로 어떤 차이가 있는지를 비교분석한다. 이러한 분석틀을 바탕으로 이 연구에서는 경제현실–보도–인식 간의 상호영향의 과정에 대한 다음의 연구문제들을 설정했다.

연구문제 1 : 경제현실과 경제보도 간의 상호영향은 정부별로 언제 발생하는가?
　연구문제 1-1 : 정부시기별로 '미디어 맬러디' 효과는 언제 발생하는가?
　연구문제 1-2 : 정부시기별로 '사건중심 보도'는 언제 발생하는가?

연구문제 2 : 경제현실과 경제인식 간의 상호영향은 정부별로 언제 발생하는가?
　연구문제 2-1 : 정부시기별로 '비매개 경험'은 언제 발생하는가?
　연구문제 2-2 : 정부시기별로 '자기충족적 예언'의 효과는 언제 발생하는가?

연구문제 3 : 경제인식과 경제보도 간의 상호영향은 정부별로 언제 발생하는가?
　연구문제 3-1 : 정부시기별로 '소비자 지향 보도'는 언제 발생하는가?
　연구문제 3-2-1 : 정부시기별로 '프레이밍' 효과는 언제 발생하는가?
　연구문제 3-2-2 : 정부시기별로 '의제설정' 효과는 언제 발생하는가?

7. 경제커뮤니케이션 시간성 탐구방법

1) 분석대상과 측정

이 연구는 현실 경제지표, 언론의 경제보도, 국민의 경제인식 등의 경제커뮤니케이션 변수 간 상호영향이 언제 나타나며, 나아가 지속되고 소멸되는지를 보여주는 시차(time lag)를 검증하는 데 목적이 있다.

이를 위해 언론의 경제보도를 조선일보와 동아일보 1면, 방송은 KBS와 SBS의 저녁 종합뉴스로 정의하고, 이를 분석대상으로 삼았다.[2] 소비자인식 변수로는 통계청이 매달 발표하는 월별 소비자평가지수와 소비자기대지수를 사용했다. 소비자평가지수와 소비자기대지수는 6개월 전과 비교한 현재의 경기 판단과, 6개월 후 경기전망에 대한 소비자들의 경기인식을 각각 보여주는 국내의 대표적 경제 평가지표이다. 경기상황 변수는 경기변동의 방향, 국면 및 전환점은 물론 속도까지도 동시에 볼 수 있는 국가경제상황 지표인 경기선행지수와 경기동행지수를 각각 사용했다. 통계청이 매달 발표하는 경기선행지수는 앞으로의 경기동향을 예측하는 지표이고, 경기동행지수는 현재 경기상태를 나타내는 지표다.

(1) 경제현실 변수

경제현실 변수로 사용된 경기종합지수의 하나인 경기선행지수는 구인구직비율, 종합주가지수, 건설 및 기계 수주지표, 재고순환, 통화량 등 10개 지표를 가공 종합해 측정했다. 또 경기동행지수는 공급측면의 산업생산지수, 취업자수 등과 수요측면의 도소매판매액지수 등 모두 8개 항목을 가공 종합해 측정했다. 여기서 경기선행지수와 경기동행지수는 계절의 변화, 명절, 조업일수 변동 등 경제지표에 영향을 미칠 수 있는 외부

---

2) 이 연구에서 사용된 분석 대상의 설정은 이들 매체의 잠정적 영향력을 고려했다. KBS는 9시 뉴스, SBS는 8시 뉴스. 조선일보와 동아일보는 한국에서 차지하는 시장점유율이 가장 높은 매체들이다.

요인을 모두 제거했다.

(2) 경제보도 변수[3]

국가경제상황에 관련돼 있는 신문, 방송의 자료는 1998년 12월부터 2005년 12월까지 기간에 걸쳐 전수 수집방식을 선택했다. 구체적으로 신문, 방송의 경제뉴스 2,520건(참고로 조선일보 490건, 동아일보 358건, KBS 861건, SBS 811건)의 헤드라인 논조를 분석했으며, 측정은 '매우 부정적'(−2), '부정적'(−1), '중립적'(0), '긍정적'(1), '매우 긍정적'(2) 등 5점 척도로 나눠 평가했다. 그런 뒤 이를 월 단위로 합산한 뒤 평균값을 계산했다. 아울러 '매우 부정기사'와 '부정기사'건수를 월 단위로 추출해 '부정적인 뉴스빈도'라는 별도의 변수를 만들었다. 이로써 경제보도관련 변수는 월 평균 논조값과 부정뉴스 빈도 등 두 가지가 사용됐다.

경제뉴스 헤드라인 논조 분석은 2명의 언론학 전공 대학원생 코더가 참여했으며, 신뢰도 측정은 전체 샘플의 10%에 해당하는 250개를 무작위로 추출해 실시했다. 신뢰도 추정은 코더 간 분류확률의 비동등성을 가정하는 코헨의 카파(Cohen's Kappa) 공식을 사용했다. 분석 결과 코헨의 카파 계수는 '0.91'로 비교적 높게 나타나 신뢰도상 문제가 없다고 판단했다.

이와 함께 우리는 신문과 방송기사가 같은 방향으로 보도되는지 알아보기 위해 매체 간 상관관계를 분석했다. 신문과 방송 기사의 부정적인 논조기사 건수에 대한 상관관계 분석에서 피어슨 상관관계 계수가 높게 나타나(r=0.74, p<.00), 국내 신문과 방송 간의 경제기사 보도 방향은 서로 유사하다고 판단했다.

---

3) 이 연구에서 제시된 경제보도 변수는 이완수(2007)의 한국 경제뉴스의 속성(attributes) 프레임 효과연구. 『언론과 사회』, 15권 1호, 86~121에 게재된 논문과 이완수·심재철·박양수(2007)의 경제뉴스, 경제상황, 소비자 기대심리, 그리고 소비행위의 상호 속성 의제설정 관계에 대한 시계열 분석, 『한국언론학보』, 51권 4호, 280~307에 게재된 논문에서 부분적으로 이용된 바 있다.

(3) 경제인식 변수

국민의 경제인식 변수로 사용된 소비자평가지수와 소비자기대지수는 전국 도시지역 2,000가구의 20세 이상 기혼자를 대상으로 면접 인터뷰를 통해 조사했다. 이 데이터는 매월 22일이 포함되는 1주일 동안 개별 가구의 경기인식, 생활형편, 소비지출, 고용, 물가, 자산형편, 소득, 저축 및 부채 등과 관련돼 있는 14개 문항을 대상으로 측정이 이뤄졌다. 측정은 '매우 긍정', '다소 긍정', '비슷', '다소 부정', '매우 부정'으로 5점 척도로 구성됐다.[4]

2) 분석 기간과 분석단위

연구에서 관찰의 대상이 되는 분석기간은 김대중 정부 시기인 1998년 12월부터 노무현 정부 시기인 2005년 12월까지 85개월간이다. 분석시점을 1998년 12월로 잡은 것은 연구의 핵심 구성 개념의 하나인 현실 경제지표의 대응변수가 되는 소비자평가지수와 소비자기대지수에 대한 정부의 공식적인 조사 데이터가 1998년 12월부터 제공되고 있는데 따른 것이다.

이 연구는 이들 기간에 걸쳐 국내 경제커뮤니케이션 효과의 발생 시점을 규명하려고 한다. 특히 IMF와 같은 국가적 경제위기를 겪은 김대중 정부와 언론과의 갈등으로 미디어 편향성 시비가 끊이지 않았던 노무현 정부를 분석기간에 포함해 집합적 수준의 경제현실–보도–인식 간 상호영향의 시간차가 서로 다르게 나타나는지 살펴보고자 한다.

시계열 분석은 기준이 되는 시차를 월 단위로 설정하는 것이 일반적이며, 다만 계량 경제학에서 거시 경제지표의 움직임을 측정할 때는 연 단위가 사용되기도 한다. 또 맥쿠엔과 동료들(MacKuen, Erikson, & Stimson,

---

4) 소비자평가(기대)지수 100을 기준으로 아래로 내려가면, 6개월 전(현재) 경기, 생활형편 등이 현재(6개월 후)에 비해 나빠지거나 나빠졌다는 의미다. 반대로 100 이상으로 올라가면 경기 및 생활형편이 좋아졌거나 좋아질 수 있음을 뜻한다.

1992)은 국내의 국가경제인식이 대통령 평가에 미치는 영향력을 추정하기 위해 '분기'를 단위로 시계열 분석을 하기도 했다. 물론 경제현실과 경제 인식 그리고 경제보도 간 인과관계를 살펴보는데 있어 정해진 단위나 시차가 있는 것은 아니다. 이 연구에서는 '월'을 분석단위(시차)로 설정했다. 정부가 조사해서 발표하는 소비자의 경제평가지수나 여타의 경제지표들이 모두 월 단위로 조사돼 집계되고 있기 때문이다. 경제커뮤니케이션 효과와 의제설정에 관한 시계열 분석을 행한 다수의 연구들이 변수들 간의 관계를 관찰하는데 있어 월 단위를 기준으로 진행해 왔다는 점 도 '월 단위 분석'이 갖는 타당도와 신뢰도를 간접적으로 뒷받침한다(Blood & Phillips, 1995; Goidel & Langley, 1995; Wu et al., 2002, 2004; Hester & Gibson, 2003; 이완수, 2007).

3) 벡터자기회귀(VAR) 시계열 분석

언론의 경제현실, 경제보도, 경제인식 간 상호영향의 발생과 소멸시점을 측정하기 위해 시계열 분석의 벡터자기회귀 모형(VAR; Vector Autoregression Model)을 사용했다. 벡터자기회귀 모형은 복수의 독립변수들의 상호 영향력을 비교적 간단하게 확인할 수 있을 뿐 아니라(최영재, 2007), 일정한 시간에 걸쳐 변수 간의 상호 인과적 방향성을 예측하는 데 유용하다(Wu et al., 2002). VAR 모형을 적용한 변수 간 예측관계를 추정하기 위해 단위근(unit root) 테스트를 통해 변수가 통계적으로 정상성(stationary)을 띠는지, 아니면 비정상성(non-stationary)을 갖는지를 확인하는 사전 분석 절차를 거쳤다.

경제현상에 대한 다수의 관측 자료는 규칙적으로 움직이지 않는 비정상적인 속성을 갖고 있기 때문에 성공적인 시계열 분석을 위해서는 단위근 테스트가 필수적이다. 먼저 변수에 대한 정상성 여부를 확인하기 위해 필립스와 페론(Phillips & Perron, 1988)의 단위근 검정법을 사용했다. 단위근 검정결과 경제뉴스 논조($p < .05$)와 부정뉴스 건수($p < .05$)는 단위근이 존재한다는 귀무가설이 기각됐으나, 나머지 경기인식 변수(소비자평가지수/소비자기대지수)와 경제현실지표 변수(경기동행지수/경기선행지수)는 단위근이 존재했다.

따라서 단위근이 존재하는 경제인식 변수, 경제현실지표 변수를 대상으로 1차 로그차분(log difference)을 거쳐 전월 또는 전년 동월대비 증감률 형태로 모두 정상적인 시계열로 변환했다.[5] 두 번째 단계로 김대중 정부와 노무현 정부 간에 경제 구조적 특성 간에 차이가 있는지 확인하기 위해 정부교체 시기인 2003년 3월을 기점으로 차우 테스트(Chow test) (Johnston & DiNardo, 1997, pp. 507~509)를 실시했다. 그 결과 통계적 유의미성을 확인하는 지표인 로그 기능도 비율(log likelihood ratio)값이 '22.88'이고, p 값이 '0.04'로 나타나 유의도 수준을 통과해 "구조적 변화가 없다"는 영가설은 기각됐으며, 관련 변수 간의 상호관계를 정부별로 나눠 분석해야 한다는 경험적 근거를 확보했다.

이와 같은 사전 분석절차를 거친 다음 벡터자귀회귀 모형을 사용해 개별 변수의 시차 효과가 통계적으로 유의미한지 검증하기 위해 쌍대적(Pairwise) 그랜저 인과관계(Granger causality) 검정을 실시했다. 우리는 분석에 앞서 모형의 적정 시차수 검증을 위해 '아카이케 정보 기준점(Akaike Information Criterion)'을 사용했으며, 변수별로 차수 '1' 또는 '2'가 적합했으나 효과가 나타나고 소멸하는 시점까지 최대 범위로 차수를 넓혀 분석했다. 분석 프로그램은 이뷰스(EViews)를 사용했다.

---

5) 변수들이 장기적으로 서로 일정한 관계를 유지하면서 함께 움직이는지를 알아 보기 위해 공적분(cointegration) 테스트를 실시했다. 그 결과 변수 간에 서로 유의미한 관계를 발견하지 못해 "변수 간에 공적분이 존재한다"는 영가설이 기각됐다. 따라서 단위근이 있는 변수를 차분해 정상성(stationary)으로 바꾼 뒤 벡터자기회귀(VAR) 모형으로 인과관계를 추정했다.

8. 경제커뮤니케이션 효과 사례연구 결과

1) 정부별 현실 경제지표와 언론의 경제보도 간 상호영향의 발생 시점

〈연구문제 1〉에서 제시된 현실 경제지표와 언론의 경제보도 간 상호영향의 시간차를 확인하고자 그랜저 인과검정을 실시했다. 분석결과는 아래 〈표 5-2〉의 내용과 같다.

〈표 5-2〉 정부별 현실 경제지표가 언론의 경제보도에 미친 효과의 발생 시점

개념	변수	통제변수	정부	시차				그랜저 인과관계
				한 달	2개월	3개월	4개월	
경제현실 ↓ 경제보도	경기선행지수 ↓ 미디어 논조	소비자 기대지수	김대중	0.2344	−0.136	0.0804	0.1215	2.7907
			노무현	−0.1476	0.4446	−0.496*	0.1227	4.06
		소비자 평가지수	김대중	0.23	−0.108	0.1197	0.0947	3.44
			노무현	−0.0645	0.4776*	−0.44*	0.1603	4.6313
	경기선행지수 ↓ 부정적인 뉴스빈도	소비자 기대지수	김대중	−8.683*	5.3522	−0.557	−6.12*	9.31**
			노무현	4.718	−12.719*	14.223**	−7.608*	5.47
		소비자 평가지수	김대중	−8.025**	5.788	−0.05	−5.786*	8.18*
			노무현	−1.4798	4.0506	−3.827	3.2545	2.66
	경기동행지수 ↓ 미디어 논조	소비자 기대지수	김대중	0.0619	−0.23	0.2931	−0.083	1.76
			노무현	0.5365*	0.0191	−0.721**	0.5299	7.93**
		소비자 평가지수	김대중	0.07	−0.228	0.3153	−0.086	2.0046
			노무현	0.6027**	0.0347	−0.701**	0.4986	8.3215*
	경기동행지수 ↓ 부정적인 뉴스빈도	소비자 기대지수	김대중	−7.063	7.2415	−5.734	3.0544	4.29
			노무현	0.5711	−7.682	15.101**	−3.626	9.53**S
		소비자 평가지수	김대중	−6.346	7.5832	−5.187	2.5	4.03
			노무현	−1.33	−8.683	15.075**	−2.958	7.5664

주: 각 셀에 제시된 숫자는 카이스퀘어(chi-square)값을 나타낸다.
　　**p〈.05, *p〈.10, S허위적 관계. 이후 〈표 5-3〉~〈표 5-5〉의 내용은 이것을 따른다.

경제현실과 경제보도 간 상관관계의 시차를 분석한 결과, 김대중 정부에서는 소비자기대지수와 소비자평가지수가 각각 통제된 상황에서 경기

선행지수는 한 달째에 경제뉴스(부정적인 기사 빈도)에 영향을 미쳤다가, 2개월째부터 그 효과가 사라졌다. 그리고 4개월이 지난 시점에 영향이 다시 나타났다. 표에서 보듯이 개별 시차에서 부호가 −와 +가 번갈아 나타난 것은 시계별 분석 특성상 개별 시차마다 다른 경제사회적 요소들이 개입되면서 부호가 기대했던 방향과는 반대로 나올 수 있다. 즉 시계열 분석에서 시차의 불규칙성은 예측하고자 하는 변수 간의 관계와는 별개로 다른 경제사회적 심리 등 외부 요인들이 내재 돼 작동될 수 있기 때문이다.

그러나 개별 시차 회귀계수의 부호가 −와 +로 혼재돼 있다 하더라도, 이들 카이스퀘어 값의 합의 부호(그랜저 인과관계)가 +이면 독립변수와 종속변수가 상호 같은 방향으로 움직인다고 가정한다. 다만 이 연구는 기본적으로 최소자승법(OLS)을 적용해 분석됐기 때문에 부호의 시차분포를 정확히 밝혀내기 어려운 측면이 있다고 하겠다.

한편 노무현 정부에서는 소비자기대지수와 소비자평가지수를 각각 통제한 상황에서 경기동행지수가 1개월째에 미디어 논조의 예측변수로 나타났다가 사라진 후 3개월째에 다시 나타났다. 이러한 발견은 기존의 연구결과와 다소 차이가 있다. 앞서 논의했듯이 일본 경제의 '잃어버린 10년(lost decade)'으로 불리는 기간을 대상으로 실시한 유사 연구(Wu et al., 2004)에서는 경제현실이 보도에 반영되기까지는 4개월의 시간이 걸린 것으로 나타난 바 있다. 그러나 이 연구에서는 관련 변수 간의 영향이 지속되지 않은 것은 같았지만, 최초 발생시점이 기존 연구에 비해 상당히 빠른 시점(한 달 對 4개월)에서 관찰되는 상이성을 보였다.

물론 이 연구의 결과를 기존의 연구와 단순 비교하는 것은 무리일 수도 있다. 경기선행지수와 경기동행지수를 현실 경제지표로 삼고, 미디어 논조와 부정적인 뉴스빈도를 언론의 경제보도를 대표하는 변수로 정의했지만, 상호 예측관계의 시간차를 보인 두 지표인 경기선행지수와 경기동행지수는 같은 시점의 경제현실을 대표하는 것은 아니기 때문이다. 두 지수는 경기동향을 예측하는 미래지표와 현재의 경기상태를 나타내는 현행지표로서 서로 상이한 구성요소와 측정 방법에 의해 만들어졌다.

따라서 이러한 결과를 가지고 김대중 정부와 노무현 정부를 단순 비교하는 것은 무리한 해석이 될 수 있다. 그럼에도 대체적으로 두 정부 모두 현실 경제지표가 언론의 경제보도에 한 달이라는 비교적 빠른 시간에 중요 의제로 출현하고 있는 점은 주목할 만하다. 또한 경제현실이 경제뉴스에 미치는 영향이 일정한 시점, 즉, 3~4개월 후에 다시 나타나는 것은 언론이 일정한 주기에 걸쳐 경제의 흐름을 지속적으로 추적하는 동시에 경제를 이벤트 중심으로 보도하는 규범을 보인다고 해석해 볼 수 있다.

⟨표 5-3⟩ 정부별 언론의 경제보도가 현실 경제지표에 미친 효과의 발생 시점

개념	변수	통제변수	정부	시차				그랜저 인과관계
				한 달	2개월	3개월	4개월	
경제보도 ↓ 경제현실	미디어 논조 ↓ 경기선행지수	소비자 기대지수	김대중	0.0763	0.0668	−0.342	0.034	2.52
			노무현	0.3987**	0.5051**	0.434**	0.187	12.844**
		소비자 평가지수	김대중	0.0056	0.09	−0.37	0.1356	2.59
			노무현	0.3211*	0.4802**	0.2604	0.0425	10.250**
	미디어 논조 ↓ 경기동행지수	소비자 기대지수	김대중	0.0257	−0.029	−0.066	0.1561	1.2567
			노무현	0.052	0.3216**	0.4835**	0.3207	12.75**
		소비자 평가지수	김대중	0.04	−0.047	−0.041	0.1303	1.04
			노무현	−0.0569	0.3143*	0.4556**	0.27	8.9686*
	부정적인 뉴스빈도 ↓ 경기선행지수	소비자 기대지수	김대중	0	−0.002	0.0061	0.0026	0.44
			노무현	−0.0064	−0.0066	−0.013	0.0068	3.6066
		소비자 평가지수	김대중	0.0084	−0.012	0.01	−0.007	1.45
			노무현	−0.0026	−0.011	−0.004	0.0036	2.6905
	부정적인 뉴스빈도 ↓ 경기동행지수	소비자 기대지수	김대중	0.0036	0.001	−0.005	−0.016**	5.9854
			노무현	−0.0106	−0.001	−0.020**	0.0118	7.84*
		소비자 평가지수	김대중	0.003	0.004	−0.01	−0.014*	7.04
			노무현	0	−0.011	−0.009	0.0037	4.759

이 연구가 관심을 갖는 두 번째 문제는 경제보도가 경제현실에 미치는 상호영향의 발생시점에 있다. 여기서 노무현 정부는 김대중 정부와 뚜렷한 차이를 보였다. 〈표 5-3〉에서 보듯이 김대중 정부의 경우 모든 시차에서 경제보도와 현실경제 간의 예측관계가 나타나지 않은 반면, 노무현 정부에서는 상당히 많은 시차에 걸쳐 변수 간에 상관관계가 나타났다.

우선 미디어 논조가 소비자기대지수를 통제하고도 1개월째에 경기선행지수에 영향을 미쳤으며, 그 영향력은 2개월간 지속됐고, 소비자평가지수를 통제한 상황에서는 영향이 1개월째에 나타났다가 한 달가량 유지되다가 사라졌다.6) 미디어 논조와 경기동행지수 간의 상관관계는 소비자기대지수와 소비자평가지수를 각각 통제한 가운데 2개월째에 나타난 영향이 일정기간(한 달) 지속되는 모습을 보였다. 부정적인 뉴스빈도는 소비자기대지수를 통제한 가운데 3개월째에 예측관계가 나타났다. 노무현 정부에서 나타난 경제현실에 미치는 보도 논조 효과의 생성 시점은 기존 연구의 발견과 유사한 점을 보인다.

미국 경제를 경기국면에 따라 나누고 경제보도가 경제현실에 미친 영향을 살펴본 우와 동료들(Wu et al., 2002)의 연구에 따르면 경기상승국면에 비해 경기하강국면에서 효과 발생까지의 시간이 더 짧았고(한 달) 또 상대적으로 효과가 오래 지속된 것으로 나타났었다(2개월). 노무현 정부가 김대중 정부에 비해 각종 경제지표에서 부진한 양상을 보였다는 점을 감안할 때(김종석, 2007) 미디어 맬러디 효과의 발생 시점은 기존 연구와 유사하다고 볼 수 있다.

위의 논의를 통해 김대중 정부에서는 언론의 경제보도와 경제현실이 같은 방향으로 순행하지 않은 반면, 노무현 정부에서는 언론의 경제보도

---

6) 이 연구에서는 관찰단위를 한 달로 설정하였기 때문에, 2개월째에 관찰된 영향이 3개월째에도 관찰되었다는 결과에 대해 그 영향이 한 달간 지속된 것으로 해석하였다.

와 경제현실이 비교적 동일한 방향으로 움직였음을 확인할 수 있다. 즉 김대중 정부에서는 경제현실과 관계없이 언론의 경제보도가 이뤄졌을 가능성이 있는 반면에 노무현 정부에서는 경제현실을 언론이 지속적이고 집중적으로 보도했을 가능성을 짐작하게 하는 대목이다.

이런 경향은 김대중 정부에서는 IMF체제라는 국가위기상황에서 언론이 경제현실과 관계없이 우호적 관점에서 경제현실을 조명했을 수 있고, 처음부터 언론과 대립적 관계에 놓여 있던 노무현 정부에서는 경제현실이 나빠지면 언론이 강조해서 부정적으로 보도했을 수 있다. 그런 점이 두 정부 간의 경제보도와 경제현실 간의 상호 예측관계에서 시차상 차이를 보였을 수 있다고 여겨진다.

2) 정부별 현실 경제지표와 국민의 경제인식간 상호영향의 발생 시점

〈연구문제 2〉에서 알아보고자 했던 현실 경제지표가 국민의 경제인식에 미치는 영향의 발생 시점을 확인할 수는 없었다. 국민의 경제인식이 경제현실을 제대로 읽어내는 현상이나 현실 경제지표에 영향력을 행사하는 과정이 김대중 정부와 노무현 정부시기에서 모두 나타나지 않았기 때문이다.

그랜저 인과관계 검증 결과 김대중 정부시기에서 경기동행지수가 미디어 논조를 통제한 가운데 소비자기대지수와 소비자평가지수에 영향을 준 것으로 나타났으나(시계열 분석의 통상적인 유의도 수준을 충족시켰으나) 효과의 방향성이 역으로 나타나 허위적 관계로 나타났다. 따라서 김대중 정부와 노무현 정부 하에서 현실 경제지표가 국민의 경제인식에 미치는 '비매개 경험효과'는 발견되지 않았다.

국민의 경제인식이 현실 경제지표에 영향을 미친다는 '자기충족적 예언'의 인과적 가설 역시 입증되지 않았다. 노무현 정부 하에서 미디어 논조를 통제한 후 소비자기대지수와 소비자평가지수가 각각 경기선행지수에, 또 부정적인 뉴스빈도의 영향력을 통제한 가운데 소비자기대지수가 경기동행지수에 영향을 주는 인과관계가 통상적인 유의도 수준을 결정하는 카이스퀘어 값을 나타냈지만, 그 방향이 역으로 설정돼 역시 허위적 관계로 나타났다.

이처럼 경제현실과 경제인식간의 상호 예측관계가 나타나지 않은 것은 앞서 살펴본 '현실-보도' 간 상관관계와 이어서 제시될 '인식-보도' 간의 상관관계를 감안할 때 언론의 경제보도가 국가경제지표와 국민경제인식에 갖는 상대적 영향력을 간접적으로 시사한다고 볼 수 있다.

3) 정부별 국민의 경제인식과 언론의 경제보도 간 상호영향의 발생 시점

국민의 경제인식이 언론의 경제보도에 반영되는 것은 언제이고 또 얼마나 그 효과가 지속되는가에 대한 분석결과(〈표 5-4〉 참조), 노무현 정부 시기에는 경제인식이 경제보도에 미친 영향이 발견되지 않은 반면, 김대중 정부시기에는 소비자평가지수가 경기선행지수와 경기동행지수를 각각 통제한 상태에서 부정적인 뉴스빈도에 제한적으로 영향을 미치는 것으로 나타났다. 그러나 각각의 시차에 나타난 카이스퀘어 값의 합을 바탕으로 검정된 그랜저 인과관계에서는 시계열분석의 통상적인 유의도 수준에서 영가설을 기각하였으나, 변수 간의 시차별 상관관계는 뚜렷이 나타나지 않았다.

반면 언론의 경제보도와 국민의 경제인식 간의 상호영향의 발생은 김대중 정부 시기에서 관찰됐다. 우선 미디어 논조가 소비자기대지수에 미친 효과를 보면 경기선행지수를 통제한 경우에는 2개월째 영향이 나타났다가 한 달간 지속되었으며, 경기동행지수의 영향력을 통제한 상황에서는 1개월째에 영향이 나타나 2개월간 지속됐다.

<표 5-4> 정부별 국민의 경제인식이 언론의 경제보도에 미친 효과의 발생 시점

개념	변수	통제변수	정부	시차				그랜저 인과관계
				한 달	2개월	3개월	4개월	
경제인식 ↓ 경제보도	소비자기대지수 ↓ 미디어 논조	경기 선행지수	김대중	−0.004	0.0225	−0.003	−0.01	1.007
			노무현	0.0165	−0.038	−0.0409	−0.05	4.28
		경기 동행지수	김대중	−0.001	0.0157	0.0007	−0.008	0.5583
			노무현	−0.0008	−0.025	−0.0264	−0.031	2.2
	소비자기대지수 ↓ 부정적인 뉴스빈도	경기 선행지수	김대중	−0.621	−0.755	−0.29	0.3086	4.46
			노무현	0.7809	0.0015	0.4559	0.5855	3.05
		경기 동행지수	김대중	−0.86	−0.561	−0.066	0.3626	4.1312
			노무현	0.9823	−0.29	0.647	0.6845	5.03
	소비자평가지수 ↓ 미디어 논조	경기 선행지수	김대중	0.0049	0.0151	−0.017	−0.023	2.0305
			노무현	0.0168	−0.044*	−0.02	−0.038	6.6729
		경기 동행지수	김대중	0.0112	0.0123	−0.009	−0.016	1.1812
			노무현	0.0011	−0.031	−0.012	−0.03	4.1673
	소비자평가지수 ↓ 부정적인 뉴스빈도	경기 선행지수	김대중	−0.419	−0.974	−0.284	0.8555	8.22*
			노무현	0.2918	0.1819	−0.078	0.4513	1.69
		경기 동행지수	김대중	−0.72	−0.876	0.167	0.578	8.67*
			노무현	0.44	−0.365	0.405	0.2514	2.1312

<표 5-5> 정부별 언론의 경제보도가 국민의 경제인식에 미친 효과의 발생 시점

개념	변수	통제변수	정부	시차				그랜저 인과관계
				한 달	2개월	3개월	4개월	
경제 보도 ↓ 경제 인식	미디어 논조 ↓ 소비자기대지수	경기 선행지수	김대중	2.264	2.8142*	−2.875*	1.0895	11.20**
			노무현	3.3129	2.7484	0.737	−1.023	3.55
		경기 동행지수	김대중	2.7660**	3.0260**	−2.607*	2.0618	19.855**
			노무현	3.2326	2.0823	−0.428	−1.665	2.99
	미디어 논조 ↓ 소비자평가지수	경기 선행지수	김대중	1.9045	2.7367	−2.03	2.3748	7.1045
			노무현	2.9469	1.0487	−0.307	0.605	1.4054
		경기 동행지수	김대중	2.26	2.855*	−2.086	2.7603*	12.121**
			노무현	3.4152	0.994	−1.072	0.2917	1.5395
	부정적인 뉴스빈도 ↓ 소비자기대지수	경기 선행지수	김대중	0.1490*	0.0083	0.1936**	−0.03	7.63*S
			노무현	−0.0342	−0.075	−0.066	0.0200*	1.5536
		경기 동행지수	김대중	0.0627	−0.032	0.1245	−0.071	2.3634
			노무현	0.0087	−0.102	−0.037	−0.0015	1.23*
	부정적인 뉴스빈도 ↓ 소비자평가지수	경기 선행지수	김대중	0.2784**	−0.002	0.1539	−0.127	11.04**S
			노무현	−0.057	0.0279	−0.103	0.093	0.98
		경기 동행지수	김대중	0.1948**	−0.009	0.0559	−0.13	5.25
			노무현	−0.0259	0.0052	−0.061	0.0987	0.54

다음으로 미디어 논조와 소비자평가지수 간의 예측관계의 경우에는 경기동행지수의 효과를 통제한 가운데 2개월째에 나타난 뒤 잠시 끊어졌다가 4개월째에 다시 관찰됐다. 반면 노무현 정부 시기의 경우에는 경기동행지수를 통제한 상태에서 부정적인 뉴스빈도가 소비자기대지수에 미치는 효과가 유의수준 10%에서 검정되었으나 각 시차별로는 뚜렷한 효과가 나타나지 않았다.

4) 결과 요약 : 정부시기별 경제커뮤니케이션 효과의 발생 시점

지금까지의 연구결과를 〈표 5-6〉의 내용을 요약해보면 김대중 정부 시기에서는 미디어 논조가 국민의 경제심리(소비자평가지수와 소비자기대지수)에 미치는 효과 즉, 프레이밍 효과가 잘 나타났다.

〈표 5-6〉 분석 결과 요약(김대중 정부)

			결과					
			경제현실		경제보도		경제인식	
			경기 선행지수	경기 동행지수	부정적인 뉴스빈도	미디어 논조	소비자 평가지수	소비자 기대지수
원인	경제 현실	경기 선행지수			한 달 4개월	N.S.	N.S.	N.S.
		경기 동행지수			N.S.	N.S.	N.S.	N.S.
	경제 보도	부정적인 뉴스빈도	N.S.	N.S.			2개월 4개월	선행지수 2개월(1) 동행지수 한 달(2)
		미디어 논조	N.S.	N.S.			N.S.	N.S.
	경제 인식	소비자 평가지수	N.S.	N.S.	N.S.	효과는 확인, 시차는 미확인		
		소비자 기대지수	N.S.	N.S.	N.S.	N.S.		

주: '개월'로 제시된 시간은 효과의 발생시점을 말한다. 괄호 안에 제시된 수는 효과의 지속(duration)시간을 가리킨다. 밑줄로 표시된 것은 통제된 변수를 의미한다. 이어지는 〈표 5-7〉의 내용은 이것을 따른다.

구체적으로 프레이밍 효과는 대체적으로 2개월 이후 발생하여 한 달 정도 지속되는 특징을 보인다. 경기선행지수가 부정적인 뉴스 빈도에 미치는 예측관계 또한 발견되었는데, 이러한 사건지향 보도에 나타난 상관관계의 경우 그 영향이 지속성을 갖지 못하는 것으로 관찰됐다. 한편 소비자평가지수가 부정적인 뉴스빈도에 미치는 예측관계 즉, 소비자 지향 보도도 예측관계의 정확한 발생 시점을 추정하기 어려웠다.

〈표 5-7〉 분석 결과 요약(노무현 정부)

			결과					
			경제현실		경제보도		경제인식	
			경기 선행지수	경기 동행지수	부정적인 뉴스빈도	미디어 논조	소비자 평가지수	소비자 기대지수
원인	경제 현실	경기 선행지수			N.S.	N.S.	N.S.	N.S.
		경기 동행지수			한 달 3개월	N.S.	N.S.	N.S.
	경제 보도	부정적인 뉴스빈도	기대지수 한 달(2) 평가지수 한 달(1)	2개월(1)			N.S.	N.S.
		미디어 논조	N.S.	3개월			N.S.	효과는 확인, 시차는 미확인
	경제 인식	소비자 평가지수	N.S.	N.S.	N.S.	N.S.		
		소비자 기대지수	N.S.	N.S.	N.S.	N.S.		

반면 위의 〈표 5-7〉의 내용에서 볼 수 있듯이 노무현 정부시기에서는 미디어 논조와 현실 경제지표인 경기선행지수와 경기동행지수 간의 상관관계가 뚜렷이 나타났다. 부정적인 뉴스빈도가 경기동행지수에 미치는 영향이 관찰된 것이다. 이러한 미디어 맬러디 효과는 2개월째에 발생하는 것으로 나타났다. 또한 김대중 정부와 마찬가지로 경기동행지수가 미

디어 논조에 영향을 미치는 사건지향 보도의 특성이 나타났다. 이는 국내 경제커뮤니케이션 분야의 선행 연구(이완수, 2008)에서 지적된 바와 같이 한국 언론의 경마식 보도관행과 무관하지 않아 보인다.

이 연구는 경제현실-보도-인식의 삼자 간 상호 예측관계를 분석하면서 각 개념을 대표하는 두 가지씩의 지표를 가지고 서로 다른 두 정부시기를 비교하는 복잡한 연구결과를 제시했다. 따라서 연구결과의 해석에 대한 타당도와 이해도를 높이기 위해 개별 분석결과를 종합적으로 살펴볼 필요가 있다. 연구결과를 종합적으로 살펴보았을 때 경제현실-보도-인식 간 상호영향의 정부별 시간차는 발견되지 않았지만 그 양상이 다소 차이가 있는 〈표 5-2〉, 〈표 5-3〉, 〈표 5-5〉의 분석결과는 다음과 같은 몇 가지 시사점을 준다.

〈표 5-2〉를 보면 김대중 정부의 경우 경기선행지수가 부정적인 뉴스 빈도에 거꾸로 영향을 주는 반면, 노무현 정부에서는 경기동행지수가 미디어 논조에 영향을 주는 특징을 보였다. 즉, 김대중 정부의 경우 경기선행지수가 부정적 뉴스 빈도에, 미디어 논조가 국민의 경제인식에 각각 영향을 주고 있는데, 이는 당시가 IMF 시기였다는 점을 감안해 볼 때 국가위기 상황에서는 언론이 우호적인 보도경향을 보인다는 기존 연구결과에 근거해 해석이 가능하다. 반면 노무현 정부의 경우 경제현실이 좋지 않았다는 점은 김대중 정부와 마찬가지였지만 정부와의 대립각이 존재했기 때문에 언론이 경제현실을 강조해 보도한 것으로 해석해 볼 수 있다.

〈표 5-3〉의 경우에는 노무현 정부시기에만 미디어 논조가 경기선행지수와 경기동행지수에 영향을 주고 있는데, 이는 미디어 논조 변수의 조작적 정의 과정에서 경제상황을 예측하는 성격의 보도와 반영하는 성격의 보도를 구분하지 않은데서 비롯된 결과로 보인다.

〈표 5-2〉의 결과와 〈표 5-3〉의 결과를 함께 놓고 보면 경기동행지수가 미디어 논조에 영향을 주고, 다시 미디어 논조는 경기동행 및 선행지수에

영향을 준다. 여기서 전자의 미디어 논조는 현재의 경제상황에 관한, 후
자의 미디어 논조는 미래의 경제상황에 대한 보도를 반영한 것일 수 있
다. 이는 부정적인 뉴스 빈도 변수에도 적용될 수 있는 본 연구의 한계점
으로 후속 연구를 통해 보완이 필요할 것으로 생각된다.

〈표 5-5〉에서는 김대중 정부에서만 미디어 논조가 소비자기대지수 및
소비자평가지수에 영향을 주고 있는데, 그 양상이 2개월째에서 3개월째로
옮겨가면서 방향성이 바뀌는 것을 관찰할 수 있었다. 이는 경기선행지수
에서 예상되었던 부정적 경제현실이 2개월째에서 3개월째를 거치면서 현
실로 나타남에 따라 국민들이 그것을 직접적으로 경험하기 때문에 언론
의 친정부적인 보도성향과 역관계를 보이는 것으로 해석해 볼 수 있다.

9. 토론

지금까지의 커뮤니케이션 효과연구는 주로 대중 매체가 '무엇'에 효과를
주는가의 연구에 관심을 기울여 왔다. 이 연구는 여기에서 나아가 현실
경제지표, 언론의 경제보도, 국민의 경제인식이라는 경제커뮤니케이션의
세 핵심적 요인 간의 상호 예측관계를 집합적 수준의 지표를 통해 측정하
고, 효과가 '언제' 발생하고 소멸하는지에 대한 상호 간 시차를 살펴보았
다.

위에서 논의한 연구결과를 정리하면 다음과 같다. 1) 언론의 경제보도
가 현실 경제지표에 미치는 영향(미디어 맬러디)이 발생하기까지는 대체적
으로 2개월 정도의 시간이 걸리며, 그 효과는 한 달 가량 지속되는 것으
로 나타났다. 마찬가지로 2) 언론의 경제보도(논조)가 국민의 경제인식에
미치는 영향(프레이밍 효과) 역시 발생하기까지 2개월여의 시간이 걸리며,
한 달 후에는 관찰되지 않았다. 한편 3) 현실 경제지표가 언론의 경제보도

에 반영(사건중심보도)되기까지는 김대중, 노무현 정부 시기 모두에서 상대적으로 짧은 한 달의 시간이 걸렸다. 4) 경제현실과 언론의 경제보도 간 상호영향의 시간차는 정부 간에 뚜렷한 차이를 보이지 않았다.

한 차례의 경험적 연구결과로 경제변수의 시차를 체계적으로 설명하는 것은 어려운 작업이다. 이 연구에서는 보도시점으로부터 2개월 정도가 지난 시점에 집합적 수준의 효과가 관찰되는 것으로 나타났지만, 언론의 경제보도가 실제 경제현실에 영향을 미치는 시점에 관한 신뢰할 만한 예측을 내어놓기 위해서는 이후 지속적인 경험적 분석이 필요하다. 그럼에도 언론의 경제보도가 경제현실에 영향을 행사하기까지 2개월여의 시간이 필요하다는 발견은 경제현상의 특성을 고려해볼 때 어느 정도 타당한 면이 있다.

언론이 경제현실을 부정적으로 보도했다고 하더라도 이를 국민이 인식하고 실제 경제행위에 옮겨 결과가 나타나기까지는 일정한 시간이 필요하다. 즉 정부, 기업, 소비자 등 경제주체들이 경제적 의사결정을 내릴 때 언론의 경제보도 후 2개월가량 후에 국가전체의 경제환경에 변화가 생길 수 있다는 점을 의미한다. 덧붙여 물가, 주가 등 미시적 경제지표들에 대한 언론의 보도와 실제 경제상황 간의 시간차는 거시경제지표를 바탕으로 한 이 연구의 결과와는 상이할 수 있다. 이런 점에서 우리는 언론의 보도와 경제상황 간 상호관계의 시차를 추정하는 추가 연구가 필요하다는 점을 동시에 제안한다.

언론의 경제보도가 국민들의 국가경제현실 인식에 영향을 주는 의제설정이나 프레이밍 효과의 예측시점 역시 2개월로 나타난 점은 흥미로운 발견이다. 그간 커뮤니케이션 효과연구, 특히 경제이슈를 주제로 한 연구에서 의제설정이나 프레이밍 효과가 언제 나타나는지에 대한 '시차'의 경험적 데이터는 충분히 논의되지 못했다. 정치사회이슈에서 발견되는 의제설정이나 프레이밍 효과의 시차는 일부 연구자들에 의해 부분적으로 제시돼 왔지만 국민들의 생활에 직접적이고, 밀접한 경제이슈의 경우에는 이러한 시도가 부족했다. 아울러 경제이슈의 의제설정 효과와 프레이밍 효과가 한 달가량 지속된다는 점은 경제주체들의 의사결정에 유용한 함의를 제공한다.

경제현실이 언론의 경제보도에 언제 반영되는지에 대한 추정에서는 정부의 성격에 관계없이 시차가 한 달째 나타났는데, 이는 국내 언론들이 경제이슈를 지속적으로 반영해 보도한다는 긍정적 의미와 함께 경제상황을 종합적으로 이해하고 맥락적으로 보도하기보다는 단편적이고, 이벤트 중심적으로 보도한다는 부정적 의미를 내포한다. 동시에 언론 보도 후 경제현실에 대한 국민여론이 한 달 후에 집합적 수준에서 관찰된다는 점은 정부나 기업의 정책적 대응 자료로 제공될 수 있을 것이다.

경제현실과 경제보도 간의 시차에 대한 상호 예측관계를 정부별로 살펴본 결과, 상호 차별성이 발견되지 않은 점은 두 가지 함의를 준다. 하나는 정부 간의 이념적 특성과 경제구조가 유사한 경우 언론의 보도 역시 유사할 수 있으며, 관련 경제변수 간의 예측관계에 대한 시차에도 차이가 나지 않을 수 있다는 점을 보여준다. 이를 거꾸로 설명하면 정부 간의 이념적 특성이나 구조가 다를 경우에는 언론의 경제보도조차 경제현실을 동일한 관점에서 보도하지 않으며, 나아가 예측관계의 시차에 차이가 발생될 수 있음을 암시한다. 둘째로는 동일한 성격의 정부에서 언론의 경제보도와 경제현실 간의 시차에 차이가 없다면 성격이 상이한 정부를 포함해 추가 연구를 해 보아야 한다는 점을 의미한다.

"내가 타인에 비해 조금 더 멀리 바라볼 수 있었던 것은 거인의 어깨를 밟고 올라서 세상을 바라봤기 때문(If I have seen a little further it is by standing on the shoulders of giants)"이라는 아이작 뉴튼의 고백이 말해주듯 과학적 연구결과물은 기존의 연구결과들과의 대화를 통해 더욱 풍성해진다. 이 연구도 예외가 아니다. 이 연구 결과물을 보다 깊이 있게 이해하기 위해서는 두 가지 차원의 고려가 이루어져야 한다. 우선 다른 이슈를 가지고 수행된 기존의 의제설정 연구와의 비교가 필요하다. 경제이슈가 갖는 특이성이 반영되는지, 아니면 일반적인 의제설정의 시간차가 발견되는지를 확인해 볼 수 있는 기회를 제공하기 때문이다.

다음으로 고려되어야 할 사항은 이 연구에서 발견된 시간차가 미국이나 일본 등을 대상으로 행해진 기존의 경제커뮤니케이션 연구와 어떤 공통점과 차이점이 있는가를 밝히는 작업이다. 이는 특정 국가의 경제구조의 차이에 따른 경제커뮤니케이션 효과의 상이성을 보는 단계를 넘어 국가간, 문화간 차이에 따라서도 경제커뮤니케이션 효과에 시간차가 존재하는지를 관찰해 볼 수 있는 기회를 제공한다. 경제구조나 국가와 문화구조에 따라 경제커뮤니케이션 효과의 시차의 차별성을 일반화하기 위해서는 이런 시도가 필요하다고 하겠다.

기존의 의제설정 연구의 시간차는 혼란스러울 정도로 상이하다. 그러나 이 연구에서도 경제커뮤니케이션 효과의 생성과 소멸까지의 시차가 일정한 패턴을 보이지는 않았다. 다만, 정부에 따라 시차의 생성과 그 지속시간은 달라질 수 있으며, 동원되는 경제변수에 따라서도 예측관계의 발생시점이 차이가 날 수 있음을 확인할 수 있었다. 물론 이러한 결과가 경제구조와 정치적 환경이 다른 국가에 똑같이 나타난다고 보기는 어렵다. 따라서 경제커뮤니케이션의 시간차 연구는 다양한 환경과 조건을 고려해 장기적이고, 누적적으로 검정해 보아야 할 것이다.

이 연구에서 경제이슈를 가지고 '언제' 효과가 발생하는가 하는 시간문제를 다루었지만, 이러한 논의는 비단 경제커뮤니케이션 분야뿐 아니라 커뮤니케이션 효과연구의 전반에 걸쳐 적용될 수 있을 것으로 보인다. 선거캠페인 메시지를 내보낸 후보자에게 있어 메시지가 갖는 효과의 유무도 물론 중요하겠으나, 현실적 효용은 '언제' 효과가 발생하는지를 예측하는 것도 중요하다.

기업의 광고도 마찬가지다. 초기 노출 시점으로부터 구매율이 '임계수준(critical mass)'을 넘어서는 시점이 '언제'인가를 사전에 예측할 수 있다면 효율적인 마케팅 전략수립이 가능할 것이다. 바꿔 말하면, 의도하는 커뮤니케이션의 효과를 산출하기 위해서는 어느 시점에 커뮤니케이션 행위를 시작해야 하는지에 대한 구체적인 시간의 데이터가 필요하다.

끝으로 연구의 발견 점 가운데 하나는 프레이밍 효과(보도 논조의 효과)가 집합적 수준에서 2개월의 '시간차'를 두고 나타났다는 점이다. 그간 커뮤니케이션 연구에서의 프레이밍 효과에 관한 논의는 인지심리학에서 제시한 프레이밍 효과와 분명한 이론적 차이점을 지니고 있음에도(Druckman, 2001), 그 효과를 확인하는 방법에 있어서는 유사한 모습을 보여 왔다. 주로 실험 방법을 통해 이를 검증하는 방식을 취해온 것이다. 이 점에서 프레이밍 효과 발생과정에 시간적 간격, 지속, 소멸이 존재한다는 이 연구의 발견은 기존 연구의 한계를 드러내 보여준다. 프레임의 차이가 있는 자극물을 주고, 곧바로 이어지는 설문지의 응답을 통해 효과를 확인하는 이러한 방법은 효과의 유무만을 보여줄 뿐, 뉴스 프레이밍이 집합적 수준에서 언제, 어떤 속도로 효과를 발현(emerge)하는지는 설명하지 못했다. 언론의 보도를 통해 유발되는 프레이밍 효과를 검정하는 추후의 연구들은 이 점을 고려한 새로운 연구 설계가 필요하다.

그러나 이 연구가 갖는 위의 함의를 명확히 하기 위해서는 다음의 한계점 또한 간과해서는 안 된다. 먼저 연구의 중요한 논점인 시간차를 정부시기별로 구분(between regime)했으나 이는 하나의 정부 내(within regime)에서 발생할 수 있는 경제현상의 '이질성(heterogeneity)'을 충분히 고려하지 않았다는 문제가 제기된다. 가령 김대중 정부시기의 경우 초기에는 IMF 외환 위기의 분위기가 각종 경제현상을 지배했으나, 후반부에는 월드컵과 같은 국가적 이벤트가 분위기를 주도했다.

우와 동료들의 연구 (Wu et al., 2002)에서 발견되었듯이 경기국면에 따라 경제현실-보도-인식 간 상호영향의 시간차는 상이한 양상을 보일 수 있다. 이는 노무현 정부시기도 마찬가지다. 더욱이 이 연구에서는 노무현 정부시기를 일부만 포함함으로써 이러한 분석에 제약이 있었다.

향후 연구에서는 노무현 정부 전(全)시기, 그리고 이명박 정부에 대한 분석과 함께, 세 정부의 경기국면을 고려해 경제현실-인식-보도 간 시간차를 '정부별×경제상황별' 요인을 포함한 보다 입체적인 틀 속에 분석했으면 한다. 또한 이 연구에서 제시된 지표들은 우리의 판단에 따라 경제현상-보도-인식을 나름대로 대표하는 것으로 제시한 것이지만, 분석 가능한 경제지표를 모두 포함한 것은 아니다. 가령 경제지표는 물가상승률이나 실업률과 같은 미시경제지표를 간과했고, 국민의 경제인식은 그 대상이 국가수준으로 정해져, 개인의 차원이나 자신이 속한 사회적 집단에 대한 고려가 함께 이루어진 것도 아니다.

또 경제보도는 부정적인 경제보도와 논조가 사용되었는데, 긍정적인 경제보도를 지표로 삼아 분석할 수도 있을 것이다. 향후 미시적인 경제지표나 긍정적인 보도 양태의 활용을 통해 좀 더 다양한 지표를 사용하는 작업이 이루어진다면 이 연구가 새로이 제시한 '시간차'에 대한 보다 풍부한 연구 결과를 제공해 줄 수 있다고 본다.

끝으로 경제현실-보도-인식 간 상호영향의 시간차를 다룬 이 연구에서 예측관계의 생성과 소멸시점까지의 거리, 다시 말해 지속시간에 대한 논의는 상대적으로 엄밀함이 부족한 것이 사실이다. 효과의 시차를 한 달로 설정했지만 시차를 좀 더 줄여서 관찰할 수 있었다면 효과의 지속성(durability)에 대한 논의를 심도있게 다룰 수 있었을 것이다. 하지만 이러한 분석은 경제현실 변수가 한 달 단위로 측정되는 현실적 한계로 인해 시도되기 어려웠다.

그럼에도 이 연구는 국내외적으로 흔치 않게 거시경제지표를 활용해 언론의 경제보도, 국민의 경제인식 등의 상호 예측관계에서 발견할 수 있는 시간차를 다차원적으로 탐구했다는 점에서 의의가 있다고 본다. 사회과학의 연구목적이 사회현상을 예측하고 통제하는데 있다고 볼 때 이 연구는 현실–보도–인식 간의 삼각 축에서 나타날 수 있는 상호영향이 언제 나타나는지를 찾아내고자 했다는 점에서 효과연구의 확장에 기여하는 바가 있다고 여겨진다. 구체적으로 우리는 이 연구에서 커뮤니케이션 효과연구가 대상에 대한 영향력의 유무만을 고려한 기존의 논의를 넘어서 '언제' 효과가 '발생'해, 얼마의 시간동안 '지속'되는가 하는 새로운 연구 영역을 제안했다. 하지만 이것은 어디까지나 시론적 논의에 불과하다. 이러한 연구는 '언제' 꽃을 피울 수 있을까? 동학(同學)들의 참여를 기대한다.

〈요약〉

현실 경제지표와 언론의 경제보도, 국민의 경제인식 간의 예측관계는 '언제' 나타나고, 사라지는가?

이 장에서는 이러한 의문을 해결하고자 김대중 정부와 노무현 정부의 경제현실–보도–인식을 대표하는 각 두 가지의 집합적 지표들을 통해 상호 역동적 영향 과정이 '언제' 발생하고 소멸하는지를 실증적으로 탐구했다. 또한 상이한 경제구조, 정부와 언론의 관계, 국민여론의 특징을 갖는 두 정부 하에서 이러한 상호영향의 시간차가 어떻게 같으며, 또 다르게 나타나는지에 대해 비교했다.

벡터자기회귀 모형(Vector Autoregression Model)을 이용한 시계열 분석 결과 1) 언론의 경제보도가 현실 경제지표에 미치는 영향(미디어 맬러디; media malady)이 발생하기까지는 대체적으로 2개월 정도의 시간이 걸리는 것으로 나타났다.

마찬가지로 2) 언론의 경제보도가 국민의 경제인식에 미치는 영향, 구체적으로 보도 논조의 프레이밍 효과도 집합적 수준에서 관찰되기까지 2개월의 시간이 걸리는 것으로 밝혀졌다.

3) 김대중, 노무현 정부시기 모두에서 현실 경제지표가 언론의 경제보도에 영향을 미치기까지는 상대적으로 짧은 한 달의 시간이 걸렸다.

4) 경제현실–보도–인식 간 상호영향의 시간차에 있어서 정부 간에는 뚜렷한 차이가 발견되지 않았다.

이를 바탕으로 '무엇에 효과를 주는가'에 대한 기존의 패러다임을 넘어, 향후 커뮤니케이션 효과연구에서는 '언제 효과가 나타나고 사라지는가'에 대한 논의가 필요하다는 제언을 담았다.

6장 경제커뮤니케이션 효과의 비대칭성

경제현상을 보면 '발 없는 말이 천리를 간다'는 경구가 실감난다. 주식시장에서 오고가는 말(정보) 한 마디에 주식시세는 널뛰기를 한다. 좋은 말이 넘치면 주식이 오르고, 나쁜 말이 넘치면 주식이 내린다. 주식시장의 상황(주가)은 곧 사람들의 소비활동에 영향을 미친다(Doms & Morin, 2004; Henry, Olekalns, & Shields, 2010; Shirvani & Wilbratte, 2008).

일반적으로 주가는 국가경제 상태를 보여주는 바로미터이자, 소비심리를 나타내는 신호라고 해도 과언이 아니다. 주가가 오르면 소비가 늘어나고 반대로 주가가 내리면 소비가 감소한다는 말이 과히 틀린 것도 아니다. 경제뉴스야 말로 주가에 영향을 주는 정보원이다. 경제상황에 대한 보도가 나오게 되면, 곧바로 소비심리(주가)에 영향을 미치고, 소비심리는 실제 경제행위(소비)에 반영된다(Doms & Morin, 2004; Shirvani & Wilbratte, 2008). 경제보도, 주가, 소비활동으로 이어지는 선형적 인과관계는 경제의 흐름을 설명하는 상식(truism)으로 통용된다(Henry, Olekalns, & Shields, 2010).

하지만 발 없는 말(경제정보)은 천리를 가더라도, 그 말이 어떤 맥락(경기국면)에서 나온 것인가에 따라 전파 경로와 속도는 달라질 수 있다. 경기(景氣)가 상승국면일 때, 경제보도, 주식시장, 소비자의 구매활동 간 선후관계(효과의 위계)는 경기하강국면의 양상과 같을 수 없다. 뿐만 아니라 경기호황기에 나타나는 상호영향의 발생시점과 지속성(효과의 속도), 그리고 파급력(효과의 강도) 역시 다르게 전개될 수 있다.

그러한 근거는 경제뉴스, 주가, 소비행위 간의 상호 효과가 선형적으로, 또는 일정한 방향으로 나타나지 않기 때문이다(Shirvani & Wilbratte, 2010). 경제뉴스가 때로 주식시장이나, 소비행위에 영향을 주기도 하지만, 그 반대로 주식시장이 경제뉴스 방향이나 소비행위에 영향을 주는 상황이 관찰되기도 한다(Case, Quigley, & Shiller, 2005; Poterba & Samwick, 1995). 또 거꾸로 소비의 증감이 경제뉴스 보도방향과 주식시장에 영향을 미친다는 연구결과가 있기도 하다(Shirvani & Wilbratte, 2010). 경제보도, 심리, 행위의 인과관계의 가변성은 경기국면에 따라 경제현상을 구성하는 위의 세 요소 간에 다른 '효과의 위계(hierarchy of effects)'가 존재한다는 것을 의미한다.[1]

한편으로 경제보도, 심리, 행위 간의 효과가 언제 나타나고 얼마나 지속되는가의 문제 역시 경제상황의 영향을 받는다는 것이 최근 인지심리학과 정치심리학의 연구결과에서 종종 발견된다(Alwathainani, 2010; Baistha & Kurov, 2008; Kurov, 2010). 과거 경제뉴스에 대한 연구들은 경제에 관한 긍정적, 부정적 보도가 경제현실에 대한 여론지각에 각각 정적, 부적으로 균등한 영향을 미치는 것으로 가정해왔다. 하지만 부정적인 경제뉴스 논조의 영향력이 호재를 담은 경제뉴스에 비해 효과의 크기나 지속 정도가 크고 장기적이라는 연구결과도 보고되고 있다(Laakkonen & Lanne, 2010; Soroka, 2006). 뿐만 아니라 뉴스 효과의 강도는 경기상황이 좋을 때와 나쁠 때에 따라 다르다는 연구결과도 다수 존재한다(Boyd, Hu, & Jagannathan, 2005; Chen, 2007; Henry, Olekalns, & Shields, 2010).

지금까지 경제커뮤니케이션 연구는 경제뉴스 효과에 대한 수용자의 특성에 따른 차이(예: Erbring, Goldenberg, & Miller, 1980), 경제뉴스의 보도 경향의 차이(예: Alsem, Brakeman, Hoogduin, & Kuper, 2004; Hester & Gibson, 2003), 경제뉴스의 논조와 노출에 따른 효과의 차이(Haller & Norpoth, 1997;

---

1) 본래 효과의 위계(hierarchy of effects)라는 개념은 마케팅 분야에서 소비자의 의사결정과정에 대한 미시적 분석에 사용된다(Ray, 1973). 이 연구에서 거시적 경제 의사결정의 3요소로 경제보도, 주가, 소비행위의 관계를 삼은 것과 마찬가지로 마케팅 연구자들은 미시적 경제 의사결정의 3요소로 신념(beliefs), 태도(attitudes), 행위(behaviors)를 꼽는다. 마케팅 분야에서의 효과의 위계란 이들 3요소의 선후관계가 의사결정의 맥락정보인 관여도(involvement)의 수준에 따라서 상이하게 나타난다는 점을 설명하는 개념이다. 즉, 관여도 수준이 높을 경우에 효과의 위계는 신념, 태도, 행위의 인과관계를 보이지만, 관여도 수준이 낮을 때는 신념, 행위, 태도의 위계가 잘 나타나지 않는다는 것이다. 우리는 이러한 효과의 위계 개념을 빌려와 집합수준의 경제의사결정에서 그 맥락이 되는 경기상황에 따라, 경제보도, 주가, 소비행위의 선후관계의 변화를 설명하는 개념으로 명명했다.

Stevenson, Gonzenbach, & David, 1994), 경제뉴스의 경기국면별 효과의 차이 (Beber & Brandt, 2009; Henry, Olekalns, & Shields, 2010; Su, 2010), 경제보도, 경제인식, 경제현실 간 상호영향의 정부별 차이(이완수·노성종, 2008) 등과 같이 효과의 조건에 대한 다양한 탐구가 진행되어 왔다.

하지만 지금까지의 경제커뮤니케이션 연구는 경제보도, 주가, 소비의 세 가지 요인을 모두 고려한 가운데 경기상황을 고려한 분석을 내어놓지 못했다. 현재 자본주의 사회에서 주식시장은 경제활동의 핵심적인 공간으로 간주한다. 주식시장의 움직임은 그 사회의 전체적인 경제동향을 감지하는 단서를 제공한다. 때문에 언론은 매일 주식시세의 흐름을 추적하고, 분석한다. 사람들은 일반적으로 언론을 통해 공표되는 주식시장을 통해 경제상황을 파악한다.

지난 10년여에 걸쳐 한국사회가 경험한 IMF 금융위기와 미국발 경제위기 등의 급변하는 경제현상은 보다 정교한 분석을 필요로 한다. 역동적 경제현실에 효과적으로 대응하기 위해서는 경기국면에 따라 상이하게 나타나는 경제 요소들 간의 관계를 예측하는 것이 필요하다. 뉴스, 주가, 소비의 상호 효과가 언제 나타나, 얼마나 지속되며, 얼마의 크기로 변화하는지를 알아야만 경제적 의사결정을 적기에 내릴 수 있다. 투자자들이 투자매입 시점을 중시하는 점이나, 정부가 사회경제 정책의 타이밍을 중시하는 것은 이를 방증한다. 따라서 이 연구에서는 경제보도, 심리, 행위의 세 가지 요소를 분석 모형에 모두 포함시켜 그간 부분적으로 연구되고 관찰되어온 경제커뮤니케이션 효과의 비대칭성을 포괄적으로 탐구하고자 한다. 또한 경기 상승국면과 하강국면에서 관찰되는 효과의 비대칭성을 위계(경제보도, 주가, 소비행위 요소의 인과관계), 시간과 속도(효과의 출현 시점과 지속성), 그리고 강도(효과의 수준과 정도)의 세 가지의 차원으로 구분해 분석함으로써 개인, 기업, 정부의 각 경제주체의 의사결정과 언론보도의 관계에 대한 함의를 제공하고자 한다.

1. 경제커뮤니케이션 효과 관계

1) 경제뉴스와 주식시장(소비심리)

소비자의 의사결정 과정은 직접적인 경험, 주변 사람들과의 대화, 경제정보 등 다양한 커뮤니케이션 요소로 구성된다(Mutz, 1998). 소비자들은 개인적인 경험과 함께 대중매체로부터 접하는 정보나 사실에 기초해 자신들의 경제현실 인식을 만들어가지만, 이 과정에서 가장 중요한 역할을 하는 것은 역시 언론이다. 경제뉴스는 공중에게 경제에 대한 객관적인 지표(fact)를 제공하는 것은 물론 경제상황에 대한 공중의 생각 역시 전달한다.

심스(Sims, 2003)는 정보이론 모형을 통해 경제뉴스가 경제적 정보를 어떻게 구성하는 가에 따라 소비자 심리에 미치는 영향이 다르게 나타난다고 주장한다. 가령, '불황 조짐 있음'이라는 뉴스 헤드라인은 '경제 학술대회에서 다양한 의견이 제시됨'이라는 신문 제목에 비해 소비자에게 부정적인 인식을 심어줄 가능성이 상대적으로 높다는 것이다. 경제뉴스의 헤드라인이나 리드 상에 묘사된 '불황', '경기침체' 등의 단어는 사람들에게 경제에 대한 부정적인 평가를 제공하며, 실제 경제상황이나 장래 경기전망을 통제하고도 소비자 심리에 나쁘게 영향을 미친다고 본다.

같은 맥락에서 돔스와 모린(Doms & Morin, 2004)도 '불황', '침체' 등의 표현을 쓴 미국의 30개 주요 신문 경제뉴스가 소비자 심리와 소비행위의 변동에 미치는 연구를 수행했다. 스타(Starr, 2008)는 경제뉴스와 소비자 심리 간의 영향관계에 대한 연구를 정리하면서 "경제뉴스는 소비자 심리(주가)에 영향을 미치며, 뉴스 충격은 소비행위에도 분명한 영향을 미친다"고 주장한다.

하지만 이러한 주장과 상반된 견해도 있다. 주가는 경제상황의 건강상태와 미래의 경기상황을 동시에 보여주는 지표이기에 언론이 주가의 변화에 민감하게 반응하지 않을 수 없다는 것이다(Beaudry & Portier, 2004).

뉴스가 주식시장의 동향을 매일, 그리고 비중 있게 보도하는 것도 이런 이유 때문이다. 주가가 오르고, 내림에 따라 그날의 경제뉴스에 등장하는 경제전망은 좋을 수도 있고 나쁠 수도 있다. 주식시장의 동향은 중요한 뉴스로 장식되며, 때로는 경제뉴스의 방향을 결정하기도 한다.

2) 소비심리(주가)와 소비행위

일반적으로 주가하락은 경기침체를 초래하고, 소비자의 소비감소로 이어진다. 경제 전문가들은 주식시장의 호황은 투자자들의 주머니 사정을 좋게 하고, 이것이 소비증가로 이어진다고 본다. 실제로 총체적인 부의 변화와 총체적인 소비 간에는 일정한 상관관계가 존재한다(Ludvingson & Steindel, 1999, p. 29). 루드빙손과 스타인델은 주식시장에서 1달러의 부(재산)가 늘어나면 평균 3~4센트의 소비가 늘어난다는 흥미로운 연구결과를 제시한 바 있다. 이는 주식시장이 호황을 누리면 금융수익이 늘어나고, 소비 역시 늘어난다는 의미이다. 특히 흥미로운 점은 부의 증가가 일정한 시점 후에 소비증가로 이어지는 것이 아니라, 곧바로 소비증가로 나타난다는 점에서 소비에 미치는 경제활성화 효과(wealth effect)가 즉각적이라는 것이다(Ludvingson & Steindel, 1999).

케이스와 동료들(Case, Quigley, & Shiller, 2005)은 가계형편과 금융사정이 소비와 어떤 상관관계를 갖는지에 대한 연구를 통해 가계형편이 나아지면 가계 소비가 늘어난다는 사실을 제시했는데, 이는 달리 말하면 주식시장이 좋아지면 가계형편이 나아지고, 결과적으로 소비가 늘어나는 선순환적인 구조를 보인다는 뜻이다. 개별 가구의 부의 수준이 가계의 소비행위에 직접 영향을 미치는 셈이다.

한편 소비의 변화는 개별 가구의 부의 변화와 관계가 있지만, 주식시장의 변화와는 관계가 없다는 주장도 있다. 스타-맥클루어(Starr-McCluer, 1998)

는 미국 미시간 대학(University of Michigan) 소비자 설문조사 연구를 통해 응답자의 85%가 "주식시장의 변동이 소비지출에 영향을 미치지 않았다"는 근거를 예로 들면서 주식가격과 소비(또는 저축) 간에는 큰 상관관계가 없다고 밝혔다. 다만 이런 응답이 연 25만 달러가 넘는 고액 소득자 집단에서는 주식가격이 오르면 소비가 늘어난다는 상반된 응답을 얻어냈다. 이는 주식시장이 좋아지더라도 반드시 소비가 늘어나는 것은 아니며, 일정한 소득이 있는 가구에서 제한적으로 소비가 증가하는 비대칭적 현상을 보인다고 해석해 볼 수 있다. 결국 이는 개인적인 경제사정이 좋은 집단과 그렇지 않은 집단 간에 주식시장에 대한 인식과 소비행위 간에 차이가 존재한다는 점을 보여준다.

뒤난과 마키(Dynan & Maki, 2001)의 연구를 보면 주식을 보유하고 있는 가구는 주식가격에 반응하는 동시에 소비에도 변화를 보였지만, 주식을 보유하고 있지 않는 가구는 주식가격이 변화하더라도 소비에 어떤 반응도 보이지 않았다. 이는 가구의 경제수준에 따라 주식시장에 대한 소비행위의 반응이 다르게 나타난다는 사실을 보여준다.

하지만 그렇다고 해서 소비활동이 주가에 미치는 영향이 없다고 단언하기는 어렵다. 소비가 늘어난다는 것은 결국 시중에 통화량이 풍부해 투자심리에 긍정적으로 작용한다. 사람들은 소비가 늘어나는 것을 보고 현재 또는 미래의 경제상황이 좋을 것이라는 심리적 낙관론을 펴게 된다. 물론 소비활동이 침체되어 있다고 해서 주가가 반드시 내리는 것은 아니지만, 소비가 늘어나면 상대적으로 주식거래가 활발해지고 소비심리가 호전될 가능성이 높다(Case, Quigley, & Shiller, 2005). 일부 연구에 따르면 소비행위는 실제 경제상황에 기초해 형성된 소비자 심리에 따라 유동적으로 변화한다고 가정한다(Krause, 1997; Wu, McCracken, & Saito, 2004).

국내 연구에서도 소비활동 지표가 높아지면 소비심리가 긍정적으로 작용한다는 결과가 있다(이완수·심재철·박양수, 2008). 경제주체들은 소비활동지수라는 창(窓)을 통해 경제 기상도가 어떻게 전개될지를 예측하고, 주식시장에서 투자를 결정하게 된다는 것이다. 일반적으로 주식시장의 상황이 좋은가, 나쁜가에 따라 소비활동의 정도가 결정되기도 하지만, 반대로 소비활동이 좋아지면 경제전망을 낙관하고 소비(혹은 투자)에 적극적으로 나서게 된다.

3) 경제뉴스와 소비행위

경제뉴스와 소비 간의 관계는 소비자 기대심리(주가)라는 매개변인이 존재한다는 주장이 있다(Doms & Morin, 2004; Poterba & Samwick, 1995). 하지만 경제뉴스는 일반적으로 소비자, 투자자, 정책입안자가 시장상황을 평가하고, 예측하고, 수정하는 기회를 제공한다는 점에서 소비행위에 직접적인 영향을 미치기도 한다(Henry, Olekalns, & Shields, 2010). 때문에 경제커뮤니케이션 학자들은 뉴스가 경제현실을 좋게 보도하면 소비가 늘어나고, 나쁘게 보도하면 소비가 줄어든다고 가정한다. 투자자나 소비자는 뉴스로부터 영향을 받고, 이에 따라 실제 금융자산 가격이나 소비수준이 결정된다(Veronesi, 1999). 바스키와 심스(Barsky & Sims, 2010)도 미래 생산성에 대한 좋은 뉴스는 결국 개별 가구의 소비 비용이 더 많이 투입되는 원인으로 작용한다고 말한다.

그러나 경제뉴스가 소비행위에 선행적으로 영향을 미친다는 가설이 전적으로 지지받는 것은 아니다. 반대로 소비의 수준에 따라 뉴스가 보도 방향을 바꾼다고 보는 시각도 존재한다. 이전 연구는 주로 소비행위가 미디어의 보도에 영향을 미치고, 이것이 다시 주식 시세에 영향을 미치는지에 대한 가설적 모형을 확인하는데 맞춰져 왔다. 다시 말하며 언론의 보도는 소비 현실을 반영하는 것이지, 언론의 보도가 소비수준(소매판매액)을 결정하는 선행변수는 아니다는 견해이다. 이에 대해 미첼과 멀허린

(Mitchell & Mulherin, 1994)은 소비활동이나 금융시장 움직임이 뉴스의 보도 방향이나 논조를 결정하며, 금융 시장의 규칙성은 기사의 헤드라인이나 내용을 통해 반영된다고 말한다(p. 924). 이처럼 경제뉴스와 소비행위 간에는 위계관계가 서로 상치 되며, 어느 한쪽이 일방적으로 영향을 주는 위계구조를 갖는 것도 아니다. 심지어 일부 연구는 뉴스와 실제 경제활동(소비행위) 간의 관련성이나 규칙성의 정도에 의문을 제기하기도 한다. 다모다란(Damodaran, 1989)은 정보(뉴스)와 실제 주식 시황 간에 연관성이 있다는 점을 인정하면서도 정보의 발표 내용이 시장에 미치는 영향은 미미하다고 보고했고, 롤(Roll, 1988)도 금융관련 뉴스가 실제 경제활동에 별로 영향을 미치지 않았다고 밝혔다.

이상의 논의를 놓고 볼 때, 한국 경제의 맥락에서 경제보도, 주가, 소비행위에 어떤 인과관계가 존재하는지, 또 얼마의 시차를 두고 상호 간의 위계관계가 성립되는지 명확하게 예측하기가 어렵다. 경제커뮤니케이션 효과의 위계, 속도 혹은 강도는 경기국면에 따른 효과의 비대칭성을 고려할 때, 보다 정교한 이론적 모형이 정립될 수 있을 것이다.

4) 경제보도, 경제심리, 경제행위 간의 속도와 강도

경제현상을 보여주는 많은 요소들은 간의 관계는 정태적이기보다는 동태적이다. 동시에 이들 요소들은 일정한 시간과 강도를 갖고 서로 영향을 주고받는다. 경제학 영역에서 정보에 대한 반응의 침투성과 강도에 주목하는 것도 바로 경제현상의 변동성 때문이다(Soroka, 2006). 경제 요소들 간의 상호효과나 영향관계는 일정하다기보다는 오히려 반대로 정보의 특성, 경제의 환경적 요소, 심지어 비경제적 요소의 성격에 따라서도 차별적으로 나타난다.

경제현상은 일정한 시점에서 그 특성이나 경향을 파악할 수 있는 성격의 것이 아니다. 따라서 경제 요소들 간의 효과에 대한 추정은 단기간이 아닌 일정한 시차를 두고 일어나는 변화의 패턴을 지속적으로 관찰하고 추적함으로써 가능하다. 다시 말하면 경제현상이 일어나고 진행되는 과정을 예측하기 위해서는 상호관계가 언제 발생하고, 지속되며, 어느 정도의 크기로 나타나는지를 알아야만 한다(이완수·노성종, 2008). 그러나 경제현상에 대한 그간의 많은 연구들이 단일 시점에서 일어나는 관계의 수준을 예측하는 횡단면적 연구에 치중함으로써 효과의 발생과 진행과정에서 나타나는 시간과 강도를 동태적으로 파악하지 못했다. 현실적으로 경제요소 들 간의 상호효과는 일정한 시간과정에서 일어나는 특성을 관찰함으로써 가능하다.

경제현상은 복잡하며, 효과의 예측성 역시 일관된 패턴으로 나타나는 것은 아니다(Wu, et al., 2004). 경제뉴스와 소비심리, 소비심리와 소비행위, 그리고 경제뉴스와 소비행위의 관계는 그 위계도 복잡하지만 상호영향의 속도와 크기 역시 역동성을 갖는다.[2] 경제커뮤니케이션 학자들이 경제요소 간 효과의 발생 시점과 크기에 대한 연구 결과를 놓고 혼란스러워 하는 것도 경제현상의 이런 복잡한 구조와 무관하지 않다. 즉 경제요소 간의 효과가 언제, 어느 정도의 크기로 발현되고, 지속되는지에 대한 축적된 연구가 필요한 이유이기도 하다. 이 연구는 이러한 현실적 조건을 고려해 경제보도, 심리, 행위 간 상호 효과의 위계뿐만 아니라, 발생 속도와 강도가 경기상황에 따라 어떤 차별성이 있는지 알아보고자 했다.

---

2) 경제보도, 인식, 현실로 구성된 경제커뮤니케이션 변수 간 효과의 시차는 짧게는 1개월에서 길게는 4개월 등 다양한 시간차를 두고 나타남이 보고되고 있다(Blood & Phillips, 1995; Wu, et al., 2002; 2004).

2. 경기국면과 경제커뮤니케이션 효과의 비대칭성

부정적인 정보가 긍정적인 정보에 비해 사람들의 경제적 판단이나 의사결정에 더 크게 영향을 미친다는 주장은 경제학, 심리학, 정치학 등 인접 사회과학에서 널리 지지를 받아왔다(Kahneman & Tversky, 1979; Lau, 1982; Singh & Teoh, 2000; Soroka, 2006). 즉 정보의 성격과 경제적 맥락(호황과 불황)에 따라 뉴스가 주가나 실제 경제활동에 미치는 영향이 다르게 나타나는 효과의 비대칭성(asymmetry)이 나타난다는 것이다.

투자자들은 경기가 좋을 때 부정적인 뉴스에 더 민감한 반응을 보이는 반면, 경기가 나쁠 때 좋은 뉴스에는 덜 민감한 반응을 보인다(Veronesi, 1999). 이는 경기가 좋은 상황에서 갑자기 언론이 비관적인 경제뉴스나 정보를 내보내면 심리적으로 위축된다는 것이다. 이에 반해 경기상황이 나쁜 가운데 언론이 긍정적인 뉴스를 내보내더라도 소비심리가 갑자기 좋아지는 것은 아니다. 이는 경제가 좋을 때는 언론의 영향력이 상대적으로 크지만, 경제가 나쁠 때는 영향력이 같은 크기로 나타나지 않는 다는 뜻이다.

라코넨과 란네(Laakkonen & Lanne, 2010)도 거시경제 뉴스의 논조가 환율변동성에 영향을 줄 수 있으며, 부정적인 뉴스가 긍정적인 뉴스에 비해 변동성에 더 크게 영향을 미친다는 점을 밝혔다. 또 뉴스는 경제위기 동안에는 일반적으로 주식시장에 영향을 미치지만, 국가의 경제사정이 좋고 나쁨에 따라 다르게 영향을 미친다는 점도 찾아냈다. 경제위기 상황에서는 뉴스는 주가가 떨어지는 소식을 계속적으로 전하고, 이에 따라 사람들이 미래경제를 비관적으로 받아들이는 요인으로 작용할 개연성이 커진다(Hwang & Makoto, 2010).

뉴스 효과의 강도는 이렇듯 경기상황이 좋을 때와 나쁠 때에 따라 서로 다르다(Alwathainani, 2010; Kurov, 2010). 이는 경제주체들이 동일한 뉴스를 접하더라도, 그 당시의 경기상황이 어떤 가에 따라 다르게 반응한다는 의미이다.[3] 뉴스의 효과는 특히 경기가 좋은 시기보다, 나쁜 시기에 더 강하게 나타난다. 부정적 뉴스의 영향은 경제가 어려운 시기보다 호황기에 더 강하게 나타나며, 좋은 뉴스의 영향은 나쁜 시기나 좋은 시기나 관계없이 거의 동일하게 나타나는 경향이 있다(Laakkonen & Lanne, 2010). 특히 주가는 호황기의 나쁜 뉴스에 더 민감한 반응을 보이는 반면, 불황기의 좋은 뉴스에는 덜 민감한 반응을 보인다(Veronesi, 1999). 경제에 영향을 미치는 중요한 요인 가운데 하나인 투자자의 불확실성은 언론의 보도가 부정적일 때 심화되며, 이는 결국 주가 수익변동률에 영향을 미치게 된다.

일부 연구는 경제뉴스에 대한 주식시장의 반응이 실제 경제상황에 의존하는지를 분석하기도 했다. 먼저 맥퀸과 로레이(McQueen & Rorey, 1993)는 경제 성장기에는 주식시장이 뉴스에 더 유의미하게 반응한다는 사실을 확인했다. 이후 보이드 등(Boyd, et al., 2005)은 실업뉴스에 대한 주식시장의 반응은 경제상황에 의존한다는 사실을 제시했다. 이는 주식시장이 경제뉴스에 반응을 하지만, 경제상황에 기초하는 선택적 효과를 보인다는 것이다. 앤더슨 등(Andersen, Bollerslev, Diebold, & Vega, 2007)은 우호적인 경제뉴스는 경기확장기에는 주식 시장에 부정적인 영향을 미치지만, 경기수축기에는 주식시장에 긍정적인 영향을 미친다는 이른바 '비대칭 효과'를 확인했다.

이론적으로 볼 때에도 경제커뮤니케이션 현상의 비대칭성은 예측이 가능한 현상이다. 라우(Lau, 1984)는 부정적인 캠페인의 효과가 긍정적 캠페인의 효과에 비교했을 때 선거에서 영향력이 크다는 점을 설명하면서, 그

---

3) 이러한 비대칭적 효과가 모든 연구에서 관찰되는 것은 아니다. 파우스트 등(Faust et al., 2007)과 펠스와 솔라코그루(Paerce & Solakoglu, 2007)의 연구는 외환시장에 대한 뉴스의 효과를 연구한 결과, 비대칭적 뉴스 효과가 제한적으로 나타났다. 뿐만 아니라 다니엘과 동료들(Daniel, et al., 1998) 그리고 바르베리스와 동료들(Barberis, et al., 1998) 역시 긍정적 뉴스와 부정적 뉴스에 대한 투자자의 반응은 대칭적이라고 주장한다. 즉 긍정적인 내용을 담은 경제 뉴스든, 부정적 전망을 담은 경제뉴스든 투자자의 기대심리에 미치는 영향은 다르지 않다는 것이다.

근거로 부정성 정보는 사람들이 정보처리를 할 때 전경(foreground)의 역할을, 긍정적인 정보는 배경(background)의 역할을 한다고 주장한다.

인지심리학의 전망이론(prospect theory)에서는 사람들이 특정 손실을 동일한 수준의 이득보다 더 큰 것으로 인식하는 경향이 있기 때문에, 이득에 대한 기대보다 손실에 대한 회피(loss aversion)에 더 크게 반응한다고 설명 한다(Kahneman & Tversky, 1984). 이를 경제커뮤니케이션 현상에 적용해보면, 경제가 위축될 것이라는 보도는 사람들의 손실회피를 부추겨, 소비를 감소시켜 실제로 경제활동을 위축시킨다. 그러나 반대로 동일한 수준으로 경제가 활성화될 것이라는 보도는 사람들의 경제활동을 손실회피에 의해 감소한 만큼 증가시키지 못한다. 즉 긍정/부정적 정보에 대한 사람들의 반응이 비대칭적으로 나타나는 점을 보여준다.

언론의 보도효과는 소비자의 경제심리에 편향적으로 영향을 미칠 수 있으며, 실제 소비행위에도 그릇된 방향으로 이끌 수 있다. 소비의 경우 경기가 수축할 때 감소가 경기가 확장할 때 증가보다 더 크다는 비대칭성 이론도 존재한다(Soroka, 2006). 미디어가 경제상황의 변화를 반영해 제대로 보도하지 못했을 경우 기업이나 소비자에게 국가경제상황의 토대가 취약하다는 그릇된 인식을 심어 줄 위험성이 있다. 경제뉴스가 실제 경제상황을 지나치게 낙관적으로, 또는 비관적으로 다루면 소비자들은 그들이 실제로 기대하는 것보다 더 과도하게, 또는 소극적으로 소비행위를 하게 되는 왜곡현상이 일어날 수밖에 없다.

그러나 이 경우에도 경제뉴스가 경제현실을 부정적으로 보도하며 소비 침체로 이어지지만, 반대로 긍정적으로 경제현실을 보도하더라도 같은 수준으로 소비가 회복되는 것은 아니다. 예컨대 부정적인 뉴스는 소비자에게 경제적 우려를 주며, 소비를 침체시키고, 회복시점을 지연시킬 수 있다(Doms & Morin, 2004). 경제커뮤니케이션 효과의 비대칭성에 대한 탐구가 긴요한 이유가 여기에 있다.

지금까지 경제뉴스, 주식시장 그리고 소비행위 간의 상호 인과관계에 대해 여러 가지 대립되는 주장들을 살펴보았다. 혹자는 경제뉴스가 주식시장에 영향을 주며, 주가는 소비자들의 소비행위에 영향을 줄 수 있다는 주장을 하는 반면, 효과의 위계(순서)가 반드시 경제보도, 심리, 행위의 선형적 관계가 아닐 수 있다는 주장도 제기한다. 또한 경제뉴스, 주가, 소비행위의 인과관계의 위계, 속도, 그리고 강도는 경기국면에 따라 -구체적인 예측은 아직 어렵지만- 상이할 수 있음을 추론할 수 있었다.

위의 이론적 논의를 바탕으로 경기국면 변수를 투입해 경제변수 간 효과에 있어 위계의 비대칭성, 속도의 비대칭성, 강도의 비대칭성이 존재하는지 알아보기 위해 다음과 같은 연구문제를 설정했다.

연구문제 1 : 경제뉴스, 주가, 소비행위 간 효과의 위계는 경기국면에 따라 어떻게 나타나는가? (경기국면에 따른 경제커뮤니케이션 효과의 위계에 나타나는 비대칭성)

연구문제 1-1 : 경기상승국면에서 경제뉴스, 주가, 소비행위 간 효과의 위계는 어떻게 나타나는가?

연구문제 1-2 : 경기하강국면에서 경제뉴스, 주가, 소비행위 간 효과의 위계는 어떻게 나타나는가?

연구문제 2 : 경제뉴스, 주가, 소비행위 간 효과의 속도는 경기국면에 따라 어떻게 나타나는가? (경기국면에 따른 경제커뮤니케이션 효과의 발생시점과 지속성에 나타나는 비대칭성)

연구문제 2-1 : 경기상승국면에서 경제뉴스, 주가, 소비행위 간 효과의 속도는 어떻게 나타나는가?

연구문제 2-2 : 경기하강국면에서 경제뉴스, 주가, 소비행위 간 효과의 속도는 어떻게 나타나는가?

연구문제 3 : 경제뉴스, 주가, 소비행위 간 효과의 강도는 경기국면에 따라 어떻게 나타나는가? (경기국면에 따른 경제커뮤니케이션 효과의 속도와 강도에 나타나는 비대칭성)

연구문제 3-1 : 경기상승국면에서 경제뉴스, 주가, 소비행위 간 효과의 강도는
어떻게 나타나는가?
연구문제 3-2 : 경기하강국면에서 경제뉴스, 주가, 소비행위 간 효과의 강도는
어떻게 나타나는가?

3. 경제커뮤니케이션 효과의 비대칭성 탐구방법

1) 분석 자료의 수집

이 연구를 수행하기 위해 세 가지 분석 자료를 활용했다. 먼저 경제뉴스 변수로 월별 경제뉴스를 집계했다. 조선일보, 동아일보, KBS, SBS 등 국내 주요 신문사와 방송사의 1면 경제뉴스와 저녁 종합뉴스 경제뉴스의 월별 평균 논조값을 활용했다.[4] 신문과 방송이 다루는 경제뉴스는 경제 정책, 경제전망, 금리, 환율, 주가, 실업, 경상수지, 유가, 무역수지, 국내 총생산(GDP) 성장률 등 국가경제상황에 직접적으로 관계가 있는 지표를 모두 수집했다. 데이터는 각 홈페이지를 이용해 관련 뉴스를 수집했다. 그러나 특정기업의 실적, 경제비리나 스캔들, 경제 사이클과 무관하게 움직이는 부동산 경기지표 등은 분석 대상에서 제외했다. 분석기사의 건수는 조선일보 551건, 동아일보 404건, KBS 1,107건, SBS 985건 등 모두 3,047건이었다. 분석기간은 외환위기 직후인 1998년 12월부터 2007년 12월까지 모두 109개월(9년 1개월)이다. 분석의 출발을 1998년 12월로 잡은 것은 외환위기의 충격이 어느 정도 완화된 시점을 고려해서이다. 1997년 12월에 발생한 외환위기는 경제적 구조가 정상적인 상황이 아닌 관계로 자료 분석과정에 왜곡이 일어날 수 있기 때문이다.

---

4) 조선일보, 동아일보는 신문분야에 있어 가장 많은 부수를 기록하는 국내외 이슈의 의제 설정자(agenda-setter) 기능을 한다. 또 KBS는 공영방송으로 국민의 여론에 미치는 영향력이 가장 크며, SBS는 유일한 민간 지상파 방송으로 경제, 산업, 기업 등의 뉴스를 많이 다루는 방송 채널이다.

소비심리 변수로 설정한 주가지수는 한국거래소 홈페이지(http://www.krx. co.kr)를 통해 매달 발표하는 월평균지수의 데이터를 수집했다. 주가는 일 반적으로 경제현실의 집합체이지만, 소비심리와 직접적인 상관관계를 갖 는다. 주가지수는 소비심리의 대용변수로 봐도 무방하다(Abizadeh, S., & Ng, D., 2009; Shirvani & Wilbratte, 2008). 소비행위 변수로 설정한 소매판매액 지수는 통계청 홈페이지 국가통계포털(KOSIS, http://kosis.kr)를 통해 계절조 정을 거친 지표를 수집했다.

2) 변수의 정의와 측정

(1) 경제뉴스 논조

경제뉴스 논조는 국내 주요 일간지와 방송사의 국가경제에 대한 언론 의 보도 논조로 정의하였다. 구체적으로 경제뉴스 헤드라인의 논조를 리 커트형 5점 척도로 측정했다. 헤드라인의 제목이나 내용을 '매우 부정적', '부정적', '중립', '긍정적', '매우 긍정적' 등 5점 척도로 구분해 월 평균 논 조값을 산출했다. 여기서 논조가 '매우 부정'인 경우는 경제현상을 매우 극단적으로 평가하거나 부정적으로 묘사한 경우에 해당된다. 이에 반해 '부정'은 경제현상을 표현의 정도가 아주 강하지는 않지만, 비관적이고 부 정적으로 평가 또는 묘사한 경우에 해당된다. '중립'은 경제현상의 부정적 인 측면과 긍정적인 측면을 동시에 묘사한 경우와 어떤 객관적인 사실을 그냥 보여줄 경우에 해당된다.[5]

---

5) 헤드라인 기사가 대폭 둔화, 초비상, 고공비상, 붕괴, 대폭락, 강타, 최악 등 아주 강하거나 격한 묘사나 표현을 했을 경우 매우 부정적인 논조로 간주했다. 예를 들어 '주가 3년만에 대폭락, 또는 폭락'등 경제현실상 바람직하지 않으면서, 동시 에 격한 표현으로 보도됐을 경우가 이에 해당된다. 급락, 급증, 급등, 비상, 심각, 타격 등 표현의 정도가 아주 강하지는 않지만, 부정적인 감정이나 관점을 담았 을 경우에는 부정적인 논조로 간주했다. 가령, '주가 전날에 비해 20포인트 급락' 이라고 보도했을 경우 '급락'이 주는 의미 때문에 부정적인 기사에 포함시켰다. 이에 반해 주가 폭등, 연중 최고치, 유가 폭락 등 묘사나 표현이 정도가 아주 강

(2) 주가지수

한국거래소가 매달 발표하는 월평균 KOSIP 주가지수로 정의한다. KOSIP 주가지수는 1980년 1월4일 상장사 시가총액을 기준으로 비교시점의 총액을 비교한 월평균지수이다. 월별 시가총액주가지수는 비교시점의 총액을 기준시점의 시가총액으로 나눈 뒤, 이를 100으로 나눈 수치로 전년 동월비 데이터를 사용했다.

(3) 소매판매액지수

소매판매액지수는 소매업의 월별 판매동향을 파악하고, 소비동향을 간접적으로 관찰해 보기위해 매달 작성되는 지표로, 상품군별, 소매업태별, 16개 시·도별 대형소매점 2,500개를 조사해 계절조정을 거쳐 집계한 수치이다. 월별 소매판액지수는 그달의 소비수준을 예측하는 지표로 전년 동월비 데이터를 사용했다.

3) 자료 분석절차

(1) 내용분석 신뢰도 검정

경제뉴스 헤드라인 논조 변수는 두 명의 코더가 경제상황을 매우 부정적으로 묘사했을 경우(−2)에서 경제상황을 매우 긍정적으로 묘사했을 경우(+2)의 범위 안에서 신뢰도 수준을 측정했다. 코더 간 신뢰도 수준은 언론학 전공 대학원생 2명과 연구자 1명 등 모두 세 명의 코더가 전체 분석 기사의 대략 10%에 해당하는 300건의 샘플을 무작위로 추출해 코더 간 분류확률의 비동등성을 가정한 코헨(Cohen, 1960)의 카파(kappa)계수 공

하거나 격하지만, 경제현실상 바람직할 때에는 매우 긍정적인 논조로 간주했다. 헤드라인 기사가 급증, 급등, 경기회복 조짐 등 표현의 정도가 아주 강하지는 않지만, 긍정적인 의미로 전달됐을 경우에는 긍정적인 뉴스로 분류하였다. 이에 반해 '주가가 전날에 비해 10포인트 올랐다'거나 정부가 단순히 정책을 발표하거나 입장, 그리고 견해를 밝힌 경우에는 중립적인 논조로 보았다. 이후 '매우 긍정'과 '긍정'은 긍정으로, '매우 부정'과 '부정'은 부정으로 재코딩했다.

식을 사용해 측정했다. 두 명의 코더가 실시한 검정결과 합의가 안 된 경우는 연구자가 최종적으로 판단했다. 경제뉴스 헤드라인 논조에 대한 코헨의 카파계수는 '0.93'으로 비교적 높게 나타났다.

(2) 시계열 분석

경제뉴스, 주가, 소비행위 간 상호효과의 위계와 속도 그리고 강도를 분석하기 위해 계량경제학 연구에서 자주 사용되는 시계열 분석 방법을 사용했다. 분석은 다음의 다섯 가지 단계를 거쳤다.

먼저 분석 자료인 경제뉴스 논조, 주가지수, 소매판매액지수에 대해 단위근(unit root) 검정을 실시했다. 경제 관련 데이터에는 흔히 선형적으로 움직이는 불안정(non-stationary) 시계열을 갖기 쉬운데 이를 원천적으로 통제하기 위해 사전에 단위근 검정을 했다. 연구 모형인 경기확장기, 경기수축기 별로 구분해 각각의 데이터에 대해 단위근 검정을 했다. 그 결과 경기확장기의 소매판매액과 경기수축기의 주가지수의 경우 단위근이 존재해 2차 로그차분을 거쳐 안정(stationary) 시계열로 전환했다(〈부록 1 참조〉).[6]

이 연구는 방법론적으로 경제뉴스, 주가, 소비 변수 간 상호 영향관계를 경기국면별로 구분해 분석했다. 경기국면에 따라 경제현상들이 다른 결과를 보일 것이라는 가정에서였다. 정부는 경기동행지수 순환변동치, 생산 및 소비 등 주요 동행성 개별지표, 경제총량 지표인 GDP(국내총생산), 당시 경제상황, 경기관련 전문가들의 의견을 종합해 경기확장기와 경기수축기를 공표한다. 이 연구에 포함된 분석기간 중 경기확장기는 1999년 12월~2000년 8월, 2001년 8월~2002년 12월, 2005년 5월~2007년 12

---

6) 변수들의 수준(level)을 가지고 회귀분석을 할 경우 설명변수와 종속변수 간에 추세 때문에 설명력이 높아져 두 변수 간의 효과 관계를 제대로 해석하기 어렵다. 이럴 경우 추세를 제거하는 통계적 절차를 거쳐야 하는데 이를 차분(difference)이라고 하며, 통상 데이터의 수준 대신에 변동률을 사용한다. 2차 차분은 1차 차분을 하고도 추세가 제대로 제거되지 않았을 경우 같은 방법으로 재차 차분을 하는 것을 말한다.

월의 3개의 기간이었고, 경기수축기는 2000년 9월~2001년 7월, 2003년 1월~2005년 4월의 두 기간이었다. 경기확장기는 '1'의 값으로, 경기수축기는 '0'의 값을 갖도록 더미(dummy) 변수화했다.

둘째, 이를 기초로 전체기간, 경기확장기, 경기수축기 등 세 영역으로 나누어 경제변수 간의 영향 관계 모형을 파악해 보기위해 이뷰스(EViews) 통계 패키지 프로그램으로 〈식 1〉의 그랜저 인과관계 검정을 실시했다. 그랜저 인과검정은 전체 변수에서 독립변수와 종속변수를 사전에 알 수 없을 때 인과적 위계관계를 보여준다.

$$Y_t = \sum_{i=1}^{k} \alpha_i X_{t-i} + \sum_{j=1}^{k} \beta_j Y_{t-j} + \epsilon_t \cdots\cdots\cdots\cdots\cdots\cdots\cdots\cdots\cdots\cdots (식1)$$

셋째, 시계열 분석에는 최적 시차를 검정하는 것이 중요한데, 아카이케 값(Akaike Information Criterian; AIC)을 통해 시차 최적모형을 찾아냈다. 그 결과 '시차 1'이 변수 간의 관계를 가장 잘 설명해주는 최적 시차로 나타났다(〈부록 3〉 참조).

넷째, 시차의 최적모형에 기초해 경제변수 간 상호관계를 알아보기 위해 다중 시계열 분석인 벡터자기회귀(Vector Autoregression Modelling; VAR) 모형을 사용했다. 그러나 시계열의 VAR 모형분석만으로는 변수 간 효과의 속도와 크기를 파악하기 어렵다. 따라서 우리는 경제변수 간의 역학관계를 추론하기 위해 아래 〈식 2〉의 충격반응(impulse-response) 함수모형을 통해 변수 간의 상관관계는 물론 효과의 속도와 강도를 동시에 추정하고자 했다.

$$\Delta Y_t = \sum_{j=1}^{k-1} \Gamma_j \Delta Y_{t-k} + \alpha\beta' Y_{t-1} + \gamma + \epsilon_t \cdots\cdots\cdots\cdots\cdots\cdots\cdots\cdots (식2)$$

충격반응 함수는 변수 간 충격(영향)의 방향(+/−), 충격에 따른 최대값의 시차(반응의 수준), 그리고 반응의 소멸 시점(효과의 지속성)을 동시에 보여주기 때문에 경제변수 간 효과의 시간성과 크기에 대해 입체적이고, 구체적인 파악이 가능하다.

4. 경제커뮤니케이션 효과 비대칭성 사례 연구결과

1) 경기국면과 경제커뮤니케이션 효과의 위계

경제뉴스, 주가, 소비행위 변수 간의 상호관계를 예측해보기 위해 그랜저 인과관계 검정을 실시했다. 전체기간(1998년 12월~2007년 12월)의 경우에는 주가와 소비(소매판매), 경제뉴스 논조와 소비(소매판매) 간에는 상호 인과관계가 존재한다(〈표 6-1〉, 〈부록 2〉 참조).

〈표 6-1〉 그랜저 인과관계

	전체	경기확장기	경기수축기
주가지수 전년동월비 → 소매판매액지수 전년동월비	0.022	0.937	0.789
소매판매액지수전년동월비 → 주가지수 전년동월비	0.539	0.642	0.319
경제뉴스 논조 → 소매판매액지수전년동월비	0.067	0.768	0.705
소매판매액지수 전년동월비 → 미디어논조	0.860	0.466	0.302
미디어논조 → 주가지수 전년동월비	0.830	0.031	0.045
주가지수 전년동월비 → 미디어논조	0.309	0.941	0.297

주: 음영 처리 부분은 유의도 수준 p<.05임.

또한 경기국면별로 그랜저 인과검정을 실시한 결과는 경기확장기와 경기수축기 모두에서 소매판매액 변수를 통제한 가운데 경제뉴스가 주가에 영향을 미치고 있음을 보여준다.

이 연구는 먼저 그랜저 인과관계 검정을 통해 유효한 것으로 확인된 경제변수 간의 관계를 벡터자기회귀(VAR) 모형을 통해 최적 시차에서 변수 간의 상호 인과관계를 예측함으로써 효과의 위계를 알아보고자 하였다. 이어 경기국면에 따라 경제변수가 서로 언제, 어떻게 영향을 주고받는지 검정하였다.[7] 경기확장기에는 경제뉴스 논조가 소매판매액을 통제하고도 주가지수에 영향을 주는 것으로 나타났다(〈표 6-2〉 참조). 구체적으로 경기확장기에는 언론이 경제이슈를 긍정적인 논조로 보도하면 시차 1개월 후 시점에 주식시장이 좋아진다는 것을 보여준다(t=2.587).

〈표 6-2〉 경기확장기

	소매판매액지수 전년동월비				
lag 1	소매판매액지수 전년동월비	주가지수 전년동월비	경제뉴스 논조	상수	수정된 설명변량
	−0.551347	0.0000396	0.292113	−0.406237	0.317824
	[−5.21318]	[0.00295]	[0.28354]	[−0.39581]	
	주가지수 전년동월비				
lag 1	소매판매액지수 전년동월비	주가지수 전년동월비	경제뉴스 논조	상수	수정된 설명변량
	0.249003	0.88353	10.07673	9.519043	0.858191
	[0.62273]	[17.4101]	[2.58701]	[2.45309]	
	경제뉴스 논조				
lag 1	소매판매액지수 전년동월비	주가지수 전년동월비	경제뉴스 논조	상수	수정된 설명변량
	−0.008828	−0.0000443	0.428284	−0.242646	0.200416
	[−0.72633]	[−0.02869]	[3.61739]	[−2.05720]	

주: 음영 처리 부분은 유의도 수준 p<.05임.

이어 이들 경제변수 간의 영향관계가 경기수축기에 어떻게 나타나는지를 분석했다. 분석결과 경기수축기 시점에는 경제뉴스 논조가 역시 시차

---

7) 이 연구의 목적은 경기국면 별로 뉴스, 소비심리, 소비행위 간의 비대칭성을 알아보는 데 있는 만큼 VAR 검정에서 전체 기간은 포함시키지 않았다.

1에서 주가지수에 영향을 미치는 것으로 나타났다(〈표 6-3〉 참조). 하지만 그 방향성을 보면 경제뉴스 논조가 좋아지면 주가가 내려가고, 논조가 나빠지면 주가가 반대로 올라가는 것으로 나타나 일반적인 직관을 벗어난다(t=−1.787). 다시 말하면 경제뉴스 논조가 좋아지면 주식시장이 좋아져야 하지만, 국내 주식시장은 통계적으로 아무런 관계가 없는 것이 아니라, 그 반대의 현상이 나타난다. 즉, 경기수축기에는 경제뉴스 논조가 나쁘다고 해서 주가가 반드시 나빠지는 것은 아니라 점을 시사한다.

〈표 6-3〉 경기수축기

	소매판매액지수 전년동월비				
lag 1	소매판매액지수 전년동월비	주가지수 전년동월비	경제뉴스 논조	상수	수정된 설명변량
	0.617681	0.014172	0.325152	0.591295	0.429593
	[4.32349]	[0.26443]	[0.21741]	[0.50680]	
	주가지수 전년동월비				
lag 1	소매판매액지수전 년동월비	주가지수 전년동월비	경제뉴스 논조	상수	수정된 설명변량
	−0.102222	−0.134746	−8.243034	−5.498335	0.135229
	[−0.23209]	[−0.81553]	[−1.78777]	[−1.52861]	
	경제뉴스 논조				
lag 1	소매판매액지수전 년동월비	주가지수 전년동월비	경제뉴스 논조	상수	수정된 설명변량
	−0.003923	0.006143	0.444038	−0.356654	0.221331
	[−0.24551]	[1.02475]	[2.65440]	[−2.73296]	

주: 음영 처리 부분은 유의도 수준 p<.05임.

이는 이론적으로 경기가 좋을 때 좋은 뉴스는 주가에 부정적으로 작용하지만, 경기가 나쁠 때 나쁜 뉴스는 오히려 주가에 긍정적으로 작용한다는 비대칭성 효과를 고려해 볼 때 타당하다.

두 번째로 경기국면에 따라 경제커뮤니케이션 변수의 위계수준을 살펴보았다(〈표 6-2〉, 〈표 6-3〉의 [ ]안 t값 참조). 그 결과 경기확장기가 경기수축기에 비해 뉴스가 주가에 미치는 효과의 수준이 더 크게 나타나는 비대칭성을 보였다. 즉 경기가 좋을 때가 나쁠 때에 비해 뉴스 효과가 주가에 더 강하게 연관되어 있다는 차이를 보여준다.

세 번째는 경기상황과 경제뉴스 논조 간에 비대칭성이 존재하는지 살펴보았다. 그 결과 경기가 확장되는 시기와 경기가 수축되는 시기의 경제뉴스 논조(경기확장기 : −0.390, 경기수축기 : −0.650) 모두 부정적으로 나타났는데, 이는 두 가지 의미를 갖는다. 하나는 언론의 경제보도는 경기상황과 관계없이 대체로 비대칭적인 보도를 한다는 사실을 보여준다. 다른 하나는 경기가 좋아지더라도 경제뉴스가 더 긍정적으로 보도되지 않지만, 경기가 나빠질 때는 경제뉴스가 더 부정적으로 보도되는 비대칭성을 역시 보인다.

2) 경기국면과 경제커뮤니케이션 효과의 속도와 강도

(1) 경제뉴스 논조와 주가의 관계

경기확장기의 경제뉴스 보도와 주가의 충격반응 관계(〈그림 6-1〉)는 경제뉴스 보도에 대해 주가의 반응은 시차 1개월부터 5%의 양의 방향으로 변동을 보이다가 시차 5개월째에 와서 변동률이 12%가량 나타내 최대 폭으로 반응했다. 그런 뒤 시차 6개월부터 양의 방향으로 줄곧 감소하는 쪽으로 반응을 보이다가 그 효과가 완만하게 소멸하는 추세를 보였다.

한편 경기수축기 경제뉴스 보도와 주가 간의 충격반응 관계(〈그림 6-2〉)는 시차 2개월에서 경제뉴스 보도의 1단위 충격에 대해 주가가 3.9% 가량 음의 방향으로 움직였다. 그리고 시차 3개월에 와서 그 영향이 소멸했다. 이런 결과는 미디어 보도가 경기수축기의 경우 주가 변동에 즉각적이고, 강력한 영향을 미친다는 사실을 보여준다. 이에 반해 경기수축기에

는 미디어 보도에 대해 주가 변동이 단기간에 비교적 크게 영향을 받다
가 약화하는 추세를 보였다.

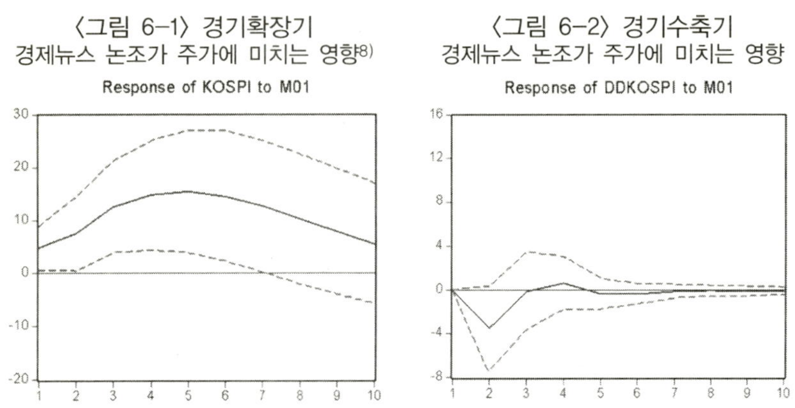

〈그림 6-1〉 경기확장기
경제뉴스 논조가 주가에 미치는 영향[8]
Response of KOSPI to M01

〈그림 6-2〉 경기수축기
경제뉴스 논조가 주가에 미치는 영향
Response of DDKOSPI to M01

　　주가와 경제뉴스 보도의 충격반응 관계(〈그림 6-3〉)는 주가의 변동에 따
라 경제뉴스 보도의 반응이 뚜렷하게 나타나지 않았다. 주가의 표준편차
1단위 변동에 대해 경제뉴스 논조가 시차 2개월에서 아주 미미한 반응을
보이다가 시차 4개월 시점에서 영향이 거의 소멸됐다. 그러나 시차 5개
월 이후에는 주가 변동에 대해 경제뉴스 보도가 진폭이 크지 않는 가운
데 음의 방향으로 지속적으로 움직였다.

　　하지만 경기수축기는 경기확장기와 달리 변수 간의 충격반응이 상이한
패턴을 보여준다. 주가와 경제뉴스 보도 간의 관계(〈그림 6-4〉)는 시차 1
개월에서 주가의 1단위 변동에 대해 경제뉴스 논조가 0.9점 가량 양의 방
향으로 움직이다가, 시차 2개월에 와서 주가의 1단위 변동에 대해 경제뉴
스 논조가 1.3점 정도 최대치를 나타내면서 양의 반응을 보였다. 시차 3
개월에 와서는 주가의 변화에 대해 경제뉴스 보도의 반응이 거의 없이
소멸했다가 시차 4개월에 와서 미미한 수준의 양의 방향으로 움직이다가

---

8) 〈그림 6-1〉의 점선은 신뢰구간(confidence interval) 95%를 의미한다. 이후 〈그림 6-2
　~그림 6-12〉의 점선도 마찬가지로 95% 신뢰구간을 의미한다.

5개월 시점에 소멸했다. 이런 결과는 경기상황이 나쁠 때에는 주식시장의 변동에 대해 미디어가 단기간에 민감하게 반응을 한다는 것을 의미한다.

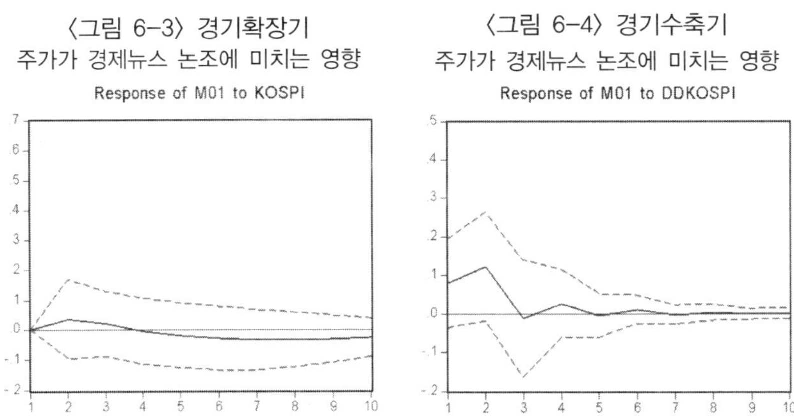

〈그림 6-3〉 경기확장기
주가가 경제뉴스 논조에 미치는 영향

〈그림 6-4〉 경기수축기
주가가 경제뉴스 논조에 미치는 영향

(2) 주가와 소매판매액의 관계

경기확장기 주가와 소매판매액지수 간의 충격반응 관계(〈그림 6-5〉)는 주가의 1단위 충격에 대해 소매판매액이 시차 1개월 시점에서 즉각적으로 양의 방향으로 0.8% 가량 움직이다가, 시차 2개월 시점에 와서는 1단위 충격에 대해 다시 0.3% 가량 음의 방향으로 움직였다. 그러나 시차 3개월에 접어들면서 주가 변동에 대해 소매판매액의 반응은 완전히 소멸했다.

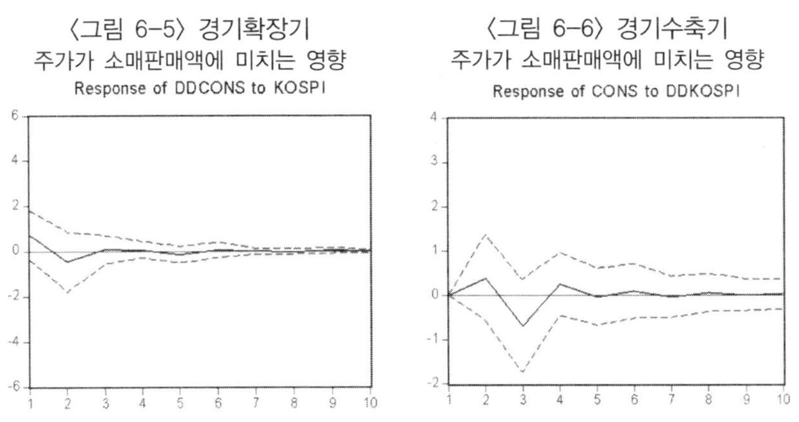

〈그림 6-5〉 경기확장기
주가가 소매판매액에 미치는 영향

〈그림 6-6〉 경기수축기
주가가 소매판매액에 미치는 영향

경기수축기 주가와 소매판매액 간의 충격반응 관계(〈그림 6-6〉)는 시차 2개월에서 주가가 1단위 변동하자 소매판매액이 양의 방향으로 움직이면서 0.5% 가량 늘어나기 시작하다가 시차 3개월 시점에 와서는 주가의 영향으로 최대값인 0.6% 음의 방향으로 움직였다. 이런 추세는 시차 4개월 시점에 접어들면서 그 영향이 급격히 소멸했다. 경기 수축기에는 주가 변동에 따라 시차 1, 2월 사이에 등락을 거듭하다가 그 이후에는 영향이 급격히 사라지는 추세를 나타냈다.

경기확장기 소매판매액지수와 주가의 충격반응 관계(〈그림 6-7〉)는 시차에 관계없이 거의 충격반응 효과가 나타나지 않았다. 시차 2개월에서 시차 4개월 시점 사이에서 아주 미미하게 양으로 방향으로 움직였으나 소매판매액의 변화가 주가에 영향을 준다고 보기는 어려운 수준이다.

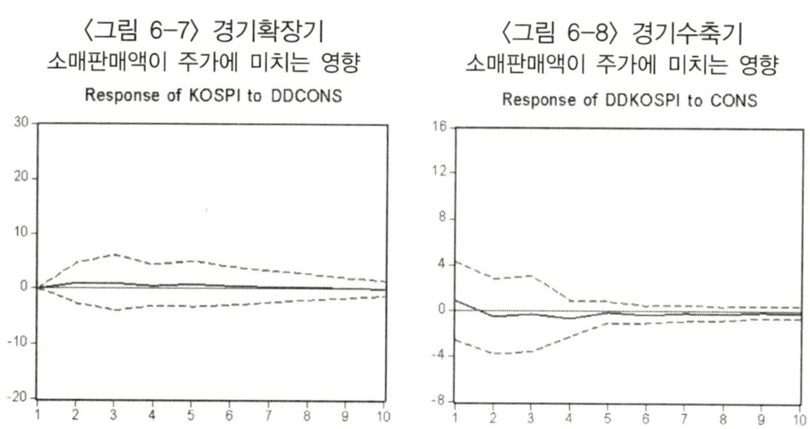

〈그림 6-7〉 경기확장기
소매판매액이 주가에 미치는 영향

〈그림 6-8〉 경기수축기
소매판매액이 주가에 미치는 영향

경기수축기 소매판매액과 주가 간의 충격반응 관계(〈그림 6-8〉)는 소매판매액의 변화에 대해 주가가 거의 영향을 받지 않았다. 다만 시차 1개월 시점에서 소매판매액 변동이 주가 변동에 미미한 영향을 주긴 했지만, 전체적으로 소비가 늘어나거나 줄어드는 것과 주가 움직임 간에는 큰 상관관계가 없다. 이런 결과는 경기상황이 어떻든 소비활동이 주가에 미치는 영향은 별로 없다고 볼 수 있다.

(3) 소매판매액과 경제뉴스 논조의 관계

경기확장기 소매판매액지수와 경제뉴스 보도 간의 충격반응 관계(〈그림 6-9〉)는 시차 2개월에서 음의 방향으로 움직이다가 시차 3개월 시점에서 소매판매액지수가 1단위 움직이며 경제뉴스 논조가 척도 0.5점 정도 양의 방향으로 움직였다. 즉 소비가 1단위 올라가며 경제뉴스 보도는 약간 긍정적인 방향으로 반응했다. 그러다가 시차 4개월쯤에 와서 소비에 대한 경제뉴스 보도의 반응이 음의 방향으로 움직이다가 곧바로 없어졌다.

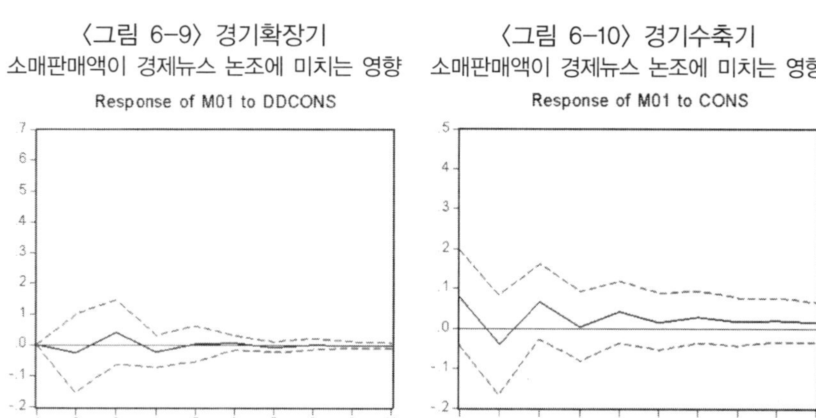

〈그림 6-9〉 경기확장기   〈그림 6-10〉 경기수축기
소매판매액이 경제뉴스 논조에 미치는 영향   소매판매액이 경제뉴스 논조에 미치는 영향

경기수축기 소매판매액과 경제뉴스 보도 간의 관계(〈그림 6-10〉)는 시차 1개월 시점에서 소매판매액의 1단위 영향에 대해 경제뉴스 논조가 0.8점 정도 양의 방향으로 최대의 반응을 보이다가 시차 2개월에 와서는 0.4점 가량 음의 방향으로 움직였다. 그리고 시차 3개월에 와서 1단위 소매판매의 영향에 대해 경제뉴스 논조가 0.6점 정도 긍정적인 반응을 보이다가 시차 4개월에서 영향이 소멸했다. 그런 뒤 다시 시차 5개월 시점에 논조가 0.5점 가량 긍정적인 반응을 보이다가 시차 6개월에 이르러 반응이

서서히 소멸했다. 경기가 나쁜 상황에서는 소비가 늘어나고 줄어드는 데 따라 경제뉴스 논조가 즉각적으로 그러면서 민감하게 영향을 받는다는 사실을 보여준다.

경기확장기 경제뉴스 보도와 소매판매액지수 간의 충격반응 관계(〈그림 6-11〉)는 시차 2개월에서 경제뉴스 논조의 1단위 변화에 대해 소매판매액이 약간 늘어나다가 시차 3개월째에 와서는 소매판매액지수가 0.4% 음의 방향으로 움직였다. 그러다가 시차 4개월째 접어들면서 그 효과가 완전히 소멸했다.

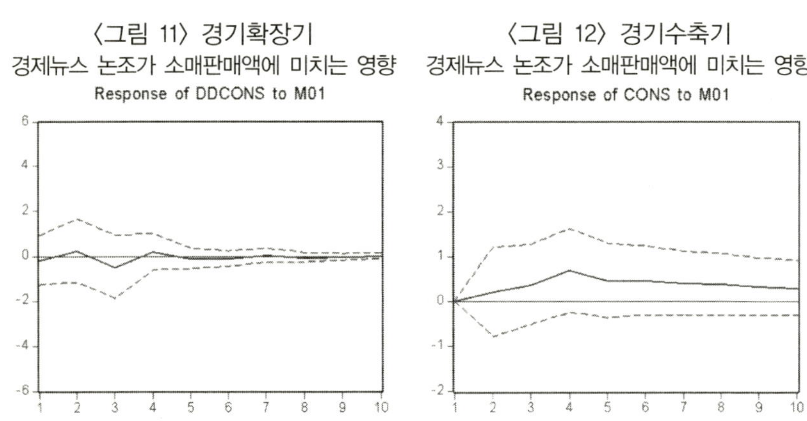

경기수축기 경제뉴스 보도와 소매판매액 간의 충격반응 관계(〈그림 6-12〉)는 시차 2개월 시점에서 경제뉴스 보도에 대해 소매판매액이 양의 방향으로 움직여 0.2% 늘어나다가, 시차 4개월 시점에 와서 1단위 충격에 소매판매액이 가장 큰 폭인 0.5% 증가를 보여 정점을 이루다가 시차 5개월 시점에 와서 약간 떨어진 수준에서 장기간 지속되다가 서서히 소멸했다.

즉, 경제뉴스 보도가 4개월이 지난 시점에 사람들의 소비활동에 반영된 것으로 추정해 볼 수 있다.

경제커뮤니케이션 변수의 경기국면별 충격반응 효과의 속도와 강도를 요약하면 〈표 6-4〉와 같다. 경기확장기의 경제변수 간 효과의 속도와 크기의 특징을 정리하면, 첫째로 영향에 대한 반응의 속도는 더디고, 소멸시점은 빠르며, 강도는 미미한 편이다. 둘째로 소비가 경제뉴스 보도에 다소 영향을 주고, 경제뉴스 보도가 주가 움직임에 즉각적이면서 장기간에 걸쳐 영향을 주는 것을 제외하고는 경제변수 간 효과의 속도나 강도는 전체적으로 약하게 나타났다.

경기수축기 경제변수 간 효과의 속도와 크기를 정리하면 첫째, 반응극대화 시점은 빠른 반면에 소멸시점은 더디며 둘째, 충격에 대한 반응의 강도는 대체로 큰 편으로 경기확장기와 다른 특성을 보였다는 점이 특기할 만하다.

〈표 6-4〉 경제커뮤니케이션 변수 간 충격, 반응 분석결과 요약

	경기확장기				경기수축기			
	속도			강도	속도			강도
	발생시점	최대값시점	소멸시점		발생시점	최대값시점	소멸시점	
경제뉴스 논조→ 주가	시차 1	시차 5	시차 10 이후	매우 큰 편임	시차 2	시차 2	시차 3	비교적 큰 편임
주가→경제뉴스 논조	시차 2	시차 2	시차 4	미미함	시차 1	시차 2	시차 5	매우 큰 편임
주가 → 소비	시차 1	시차 2	시차 3	미미함	시차 2	시차 3	시차 5	비교적 큰 편임
소비 → 주가	n/a	n/a	n/a	거의 없음	n/a	n/a	n/a	거의 없음
소비 → 경제뉴스 논조	시차 2	시차 3	시차 4	미미함	시차 1	시차 1	시차 6	비교적 큰 편임
경제뉴스 논조→ 소비	시차 3	시차 3	시차 4	미미함	시차 2	시차 4	시차 10이후	다소 큰 편임

주: 1) 음영처리된 부분은 경기국면 간 비대칭성이 뚜렷함을 의미
2) 강도의 표기는 절대 기준에 따른 것이 아니라 경기국면에 따른 상대적 비교수준을 나타내는 것임

5. 토론

이 연구에서 경제뉴스, 주가, 소매판매액으로 구성된 경제커뮤니케이션 변수가 경기상황에 따라 인과관계(효과의 위계), 효과의 발생시점과 지속성(효과의 속도), 그리고 크기(효과의 강도)에서 어떤 차이를 보이는지 살펴봤다. 연구결과를 요약하면 다음과 같다.

첫째, 경제뉴스는 경기가 좋고 나쁨에 관계없이 모두 주가동향(소비심리)에 영향을 미쳤다. 이는 경기상황과 관계없이 경제뉴스가 소비자 심리에 미치는 영향력이 존재한다는 것을 보여준다.

둘째, 경제뉴스가 주가에 미치는 위계적 효과는 경기확장기가 경기수축기에 비해 더 크게 나타난다. 이는 경제뉴스는 경제상황이 좋을 때 주가심리에 더 크게 영향을 미친다는 것을 뜻한다.

셋째, 경기상황과 관계없이 경제뉴스 논조는 모두 부정적으로 보도되는 경향을 보인다. 언론의 경제보도는 경기상황과 관계없이 대체로 부정성을 나타내는 대칭적인 보도를 하는 동시에, 경기가 좋아지더라도 경제뉴스가 더 긍정적으로 보도되지는 않지만, 경기가 나빠지면 경제뉴스가 더 부정적으로 보도되는 비대칭성을 보인다.

넷째, 경제커뮤니케이션 효과의 속도와 강도는 위계에서와는 달리 경기상황에 따라 비대칭성이 뚜렷이 발견됐다. 전반적으로 경기확장기 보다 경기수축기에 효과의 발생 시점이 빠르거나 지속성이 컸으며, 효과의 강도도 상대적으로 컸다. 이는 경제 변수의 위계에서 나타나지 않은 비대칭성이, 속도와 강도에서 나타난 것은 위계와 속도(혹은 강도)가 서로 다른 특성을 갖고 있다는 뜻이다.

다섯째, 경제커뮤니케이션 변수 간 효과의 위계에서는 비대칭성이 존재하지 않았지만, 경제뉴스 효과의 강도(크기)가 경기확장기에 상대적으로 크게 나타난 점은 흥미롭다. 이는 소비심리 변수로 주가지표를 사용한 데 따른 데이터의 특성과 관련이 있는 것으로 보인다. 주가의 경우 일반적으로 경기수축기에 비해 경기확장기에 경제뉴스로부터 더 민감한 반응을 보이는 것은 선행연구와 일치하는 것이기도 하다(McQueen & Roley, 1993).

위의 분석결과를 토대로 다음과 같은 함의의 도출이 가능하다.

첫째, 경제커뮤니케이션 변수 간 효과의 비대칭적 위계성은 경제상황과 별로 관계가 없다는 사실이다. 이는 경기상황이 반드시 경제변수 간 효과의 비대칭성을 결정하는 요인이 아니다는 점을 보여준다. 물론 이 연구결과만으로 경제변수 간에 효과의 위계가 경기국면에 따라 차이가 없다는 주장은 조심스럽게 할 필요가 있다. 기존의 연구 역시 경제변수 간의 위계가 경기상황에 따라 다르게 나타나는 비대칭성이 분열적으로 나타났기 때문이다. 경제변수 간의 위계가 경기국면에 따라 나타나거나, 제한적으로 나타나거나, 아예 나타나지 않는 등 일관된 양상을 보여주고 있지 않다. 이 연구는 기존의 일부 연구(Faust, et al. 2007; Laakkonen & Lanne, 2010; Paerce & Solakoglu, 2007)의 주장과 일치한다.

둘째, 경제커뮤니케이션 변수 간 효과의 위계적 비대칭성이 존재하지 않다는 점을 감안하더라도 경제뉴스 효과는 상대적으로 크다는 점이다. 경제뉴스의 의제설정 효과가 다른 경제변수에 비해 상대적으로 크다는 점에서 뉴스의 선행적인 위계성에 주목할 필요가 있다. 이는 뉴스가 상대적으로 소비심리에 미치는 중요한 요소라는 사실을 알 수 있다. 소비자, 투자자, 정책입안자들이 경제현상을 예측할 때 경제뉴스의 움직임을 주의 있게 살펴봐야 한다는 점을 시사한다.

셋째, 경제뉴스 효과가 경기상황에 따라 다른 효과 수준(영향력)의 비대칭성이 나타난 점은 경제커뮤니케이션 연구에서 변수의 위계관계보다 효과의 영향력을 더 주목해야 한다는 점을 시사한다. 특히 경기확장기에 경제뉴스가 사람들의 심리에 미치는 효과가 더 크다는 사실은 뉴스와 함께 경기상황을 투자(혹은 정책)의사결정 과정에 고려할 필요가 있다는 시사점을 제시한다.

넷째, 경기상황에 따라 경제변수 간의 위계는 같은데 반해 위계의 속도와 강도가 다르다는 점은 경제커뮤니케이션 효과의 비대칭성을 좀 더 포괄적으로 관찰하고 분석해야 한다는 뜻이다. 경제변수 간의 영향과 반응이 경기상황에 따라 다르게 나타난 점은 경제커뮤니케이션의 전망과 예측을 보다 미시적으로 접근해야 한다는 의미를 제시한다. 즉 경제변수 간의 효과의 위계가 외적 환경에 의해 다른지를 보여주는 차원에서 나아가 효과의 시간성과 크기의 차이가 있는지도 파악해야 한다는 것이다. 이는 경제현상을 이해하고, 평가하는 과정에서 시간성이 중요하다는 점을 제안한다.

다섯째, 많은 경제커뮤니케이션 변수 가운데 주가의 영향과 소비의 반응은 경기국면에 따른 비대칭성이 나타나지 않았는데, 이는 소비수준과 주가심리가 경기상황이라는 매개변수와는 별로 관계가 없다는 점을 보여주는 흥미로운 발견이다. 경기가 좋을 때 소비가 늘어나면 주가가 오르고, 경기가 나쁠 때 소비가 줄어들면 주가가 내려야 하지만 이 연구에서는 그런 비대칭성이 나타나지 않았다. 이는 경제학에서 주가변수는 경기가 좋을 때와 나쁠 때 투자심리가 오히려 반대로 움직이는 경우가 많다는 점에서 경기 호전에 따라 소비가 늘어나더라도 주가가 오르는 것은 아니라는 해석이 가능하다.

위에서 살펴 본대로 경제커뮤니케이션 과정은 매우 복잡하다. 그리고 뉴스의 성격이나 경제환경적 조건에 따라 전혀 다른 경제 현상들이 나타나기도 한다. 따라서 경제환경을 고려하지 않고 경제현상을 예측할 경우 경제현실에 대한 국민여론을 잘못 형성하거나, 경제활동을 지나치게 위축시키거나, 정부 또는 대통령의 경제리더십을 극단적으로 평가하는 오류를 범할 가능성이 많다. 그런 점에서 지금까지 커뮤니케이션 학자들이 탐구해 온 의제설정 이론, 프레임 이론, 점화 이론 등 미디어 이론도 효과의 비대칭성이라는 개념에 기초해 새롭게 조명될 필요가 있다. 미디어의 영향은 그간 모든 조건에서 동일하다는 가정에 기초해 설명해 왔다. 그러나 어떤 경제적 조건에 놓여 있느냐에 따라 미디어의 기능이나 영향은 같지 않다는 것이다. 따라서 경제커뮤니케이션 비대칭 효과에 대한 이해는 소비자, 투자자, 정책입안자 등 경제주체들이 겪게 되는 의사결정이나 정책의 오류를 예방하는 데 유용성이 크다.

이 연구는 이와 같은 함의에도 불구하고 몇 가지 한계점이 있다. 먼저 이 연구의 목적인 경제커뮤니케이션 효과의 비칭성은 뉴스의 구분을 긍정뉴스와 부정뉴스로 나누지 않고 논조로 합쳐서 측정했다는 점에서 뉴스의 성격에 따른 비대칭성을 파악하지 못했다. 따라서 향후 연구에서 뉴스 효과의 강도는 경기상황이 좋을 때와 나쁠 때 어떤 차이가 있는지를 살펴보는 동시에 뉴스의 유인가(valence)를 하나의 변수로 활용할 것을 제안한다.

또 이 연구는 경제뉴스, 주가지수, 소매판매액이라는 제한된 지표를 사용해 경제커뮤니케이션 효과의 비대칭성을 알아보고자 했다는 점에서 경제현상을 포괄적으로 살펴보는 데는 한계가 있다. 향후 연구에서는 환율, 통화량, 물가지수, 생산가격지수, 실업률 등 보다 다양한 경제 관련 자료를 사용해 분석의 범위를 넓힐 필요가 있을 것이다.

경제영역의 예측과 전망은 무엇이 어디에 영향을 주는지(위계), 그 영향이 언제 나타났다가 사라지는지(시간과 속도), 그리고 그 영향이 얼마의 크기로 나타나는지(강도)를 동시에 파악함으로써 가능하다. 소비자, 투자자, 정책입안자는 이러한 정보를 토대로 시장상황을 이해하고, 평가하고, 나아가 통제할 수 있다. 향후 후속연구를 통해 경제현상을 구성하는 주요 변수 간 상호영향의 위계와 효과의 시간과 속도 그리고 강도를 조건화하는 변수들을 지속적으로 탐구해야 할 이유가 여기에 있다.

【부록】

〈부록 1〉 단위근 검정

	전체	경기확장기	경기수축기
경제뉴스 논조	0.0024	0.0118	0.006
주가지수 전년동월비	0.1158	0.0175	0.3751
소매판매액지수 전년동월비	0.2441	0.5467	0.0207

주: 음영 처리 부분은 유의도 수준 p<.05임.

〈부록 2〉 VAR 모형

	소매판매액지수전년동월비				
lag 1	소매판매액지수 전년동월비	주가지수 전년동월비	미디어논조	상수	수정된 설명변량
	−0.326438	0.040037	0.779526	0.395316	0.143998
	[−3.66970]	[1.81848]	[1.18317]	[0.81933]	
	주가지수전년동월비				
lag 1	소매판매액지수 전년동월비	주가지수 전년동월비	미디어논조	상수	수정된 설명변량
	0.218781	0.45653	0.307855	0.205146	0.221418
	[0.58510]	[4.93294]	[0.11116]	[0.10115]	
	미디어논조				
lag 1	소매판매액지수 전년동월비	주가지수 전년동월비	미디어논조	상수	수정된 설명변량
	0.001355	0.003097	0.441903	−0.297774	0.23783
	[0.10921]	[1.00838]	[4.80754]	[−4.42362]	

주: 음영 처리 부분은 유의도 수준 p<.05임.

<부록 3> 시차 검증

Lag	LogL	LR	FPE	AIC	SC	HQ
0	−746.6817	NA	651.9744	14.99363	15.07179	15.02527
1	−721.0477	49.21724	467.5246*	14.66095*	14.97358*	14.78748*
2	−712.3704	16.13981	470.8151	14.66741	15.21449	14.88882
3	−708.6794	6.643862	524.2501	14.77359	15.55514	15.0899
4	−697.7589	19.00165*	505.7215	14.73518	15.75119	15.14638
5	−692.3793	9.03773	545.8123	14.80759	16.05807	15.31368
6	−683.3685	14.59758	548.8147	14.80737	16.29232	15.40835
7	−678.5335	7.54258	601.2284	14.89067	16.61008	15.58655
8	−674.5899	5.915406	672.2585	14.9918	16.94567	15.78257

〈요약〉

경기(景氣)가 상승 국면일 때, 경제보도, 주식시장, 소비자의 구매활동 간 선후 관계(효과의 위계)는 경기하강국면의 양상과 상이할 수 있다. 뿐만 아니라 보도, 주가, 소비활동 간 상호 영향의 발생시점과 지속성(효과의 속도), 그리고 파급력(효과의 강도) 역시 경기 상황에 따라 상이한 모습을 보일 수 있다.

이 같은 '경제커뮤니케이션 효과의 비대칭성'이 나타나는지 알아보기 위해 우리는 외환위기 직후인 1998년 12월부터 2007년 12월까지 109개월(9년 1개월)의 기간을 시계열 분석했다. 구체적으로 이 기간 경제뉴스의 논조, 주가, 소매판매액 간의 그랜저인과검정과 충격−반응 함수를 살펴보았다.

분석결과 첫째, 경제뉴스의 논조는 경기가 좋을 때에는 주가 변동에 크게 영향을 미치지만, 경기가 나쁠 때에는 주가 변동에 크게 영향을 미치지 못하는 것으로 나타났다. 둘째, 뉴스는 경기가 좋을 때에는 사람들의 소비 증가에 크게 영향을 미치지 못하지만, 경기가 나쁠 때는 소비침체에 크게 영향을 미치는 것으

로 나타났다. 다시 말해 사람들은 경기가 좋을 때는 뉴스가 긍정적으로 보도하
더라도 소비에 적극적으로 나서지 않지만, 경기가 나쁠 때 뉴스가 부정적으로
보도하면 소비를 크게 줄이는 것으로 나타났다. 셋째, 소비의 경우 경기가 좋든,
나쁘든 경기국면과 관계없이 주가 움직임에 별로 영향을 미치지 않았다. 끝으로,
소비가 늘어나더라도 주가가 오르지는 않지만, 주가가 오르면 소비가 늘어나는
비대칭성이 나타났다.

7장 경제 프라이밍 효과

언론학자 머츠(Mutz, 1998)는 "실업률이 몇 퍼센트 증가했다는 뉴스를 보고, 듣는 것은 한 개인이 회사로부터 해고장을 직접 받는 것과는 근본적으로 다르다"고 지적한다. 실직은 개인이나 가족에게 물론 충격적인 소식이다. 하지만 실업문제에 대한 뉴스는 개인의 일자리에 대한 불안감을 주는 것에서 나아가 사람들의 집단적 정치 의사결정에도 영향을 미친다. 개인의 경제경험보다는 뉴스를 통해 제시된 국민의 집합적 경제경험에 대한 평가가 정치태도를 결정하는 데 더 중요한 역할을 한다(Kinder & Kiewiet, 1981; Lau & Sears, 1981; Mutz, 1998). 소비자, 자영업자, 기업 등 개인단위 경제활동의 집합체인 국가경제는 국민의 정치적 평가, 특히 대통령 평가에 중요한 설명변수가 된다.

국가경제는 대통령에게 특별히 중요하다(Matthew Eshbaugh-Soha & Peake, 2005). 어느 나라나 대통령 선거시기만 되면 경제문제가 주요 의제로 부상한다. 대통령이 국민 지지와 선거에서 이기기 위해 "국가경제가 건전(sound)하다"는 점을 끊임없이 강조하는 것도 '국가경제'의 '정치적 효과'가 상당하기 때문이다(Campbell, 2000). 경제이슈에 대한 대통령의 의제선점 능력은 곧 대통령의 힘과 성공을 상징하며(Wood, 2004; Edwards, 1989), 국민의 지지를 얻어내는 열쇠가 된다(Derouen & Peake, 2002; Edwards, Michell, & Welch, 1995). 이슈별 의제설정자 역할을 분석한 최영재(Choi, 2004)의 연구에서도 경제이슈에 대한 국민의 관심과 대통령 지지도 간에는 정적인 관계를 보였으며, 대통령이 경제이슈에 대해 관심을 보일 때 국민의 지지도는 올라갔다. 이는 경제이슈가 대통령 평가와 매우 밀접하다는 사실을 시사해준다.

대통령의 경제적 성과가 대통령 지지도를 결정하는 중요한 요소라는 사실을 보여주는 연구는 그동안 수없이 많았다(Monroe, 1978; MacKuen, 1983; MacKuen, Erikson, & Stimson, 1992; Ostrom & Smith, 1993; Clarke & Stewart, 1994; Edwards, Mitchell, & Welch, 1995; Wood, 2000, 2004). 심지어 한 국가의 경제는

대통령과 여당의 선거 승패와 직결된다는 주장이 있기도 하다(Wood, 2004; Holbrook, 2001; 이은국, 2001). 국민들은 경제가 좋으면 대통령과 집권 여당에 대해 우호적인 평가를 내릴 가능성이 많다. 하지만 이러한 평가는 국민이 직접적인 경험에 기초해 이루어지기도 하지만, 미디어의 매개 기능에 의해 좌우되기도 한다. 대통령의 경제리더십은 상당부분 미디어에 의해 영향을 받는다고 해도 과언이 아니다. 미디어가 경제뉴스를 긍정적인 논조로 다루면 대통령의 경제리더십은 지지 받지만, 반대로 경제뉴스를 부정적인 논조로 다루면 경제리더십은 의심 받는다. 사람들은 현실적으로 미디어가 제공하는 경제뉴스를 보고 대통령의 국정능력을 판단하고, 평가한다(Matthew Eshbaugh-Soha & Peake, 2005). 결국 미디어가 경제뉴스를 어떤 관점에서 프라이밍(priming)하느냐에 따라 대통령에 대한 국민의 평가는 달라진다.

물론 대통령의 국정능력에 대한 평가가 미디어의 보도태도에 달려있지 않다는 주장도 있다. 코헨(Cohen, 2004)은 대통령에 대한 뉴스의 평가와 실제 대통령 지지도의 방향과는 상관관계가 없다고 말한다. 또한 경제이슈 속성상 사람들이 스스로의 관찰이나 체험을 통해 경제현실이 좋은가, 나쁜가하는 판단을 하고, 대통령에 대한 인식이나 평가를 내리는 경우도 많다(Patterson, 1993). 개인의 경제형편은 대통령 지지도와 관련이 없다는 주장이 있는가 하면(Lau & Sears, 1981), 사회경제적 요인, 지역성, 이념성 등이 오히려 실제 경제상황보다 대통령 지지도에 더 영향을 미친다는 견해도 있다(Lee, 2003).

대통령의 평가에 미치는 요인은 복합적이면서도, 동시에 일관된 결과를 보여주고 있지도 않다. 경제현실, 미디어 경제보도, 그리고 경제현실 인식이 서로 유기적으로 연결되어 작동되고 있음은 분명하지만, 어떤 요소가 지배적으로 영향을 미치는지, 또 어떤 구조 속에서 서로 영향을 주고받는지에 대한 해답을 제시해주고 있지는 않다.

그럼에도 경제뉴스가 대통령의 직무수행에 대한 평가 기준으로 과연 작동하는지, 국가경제에 대한 국민인식과 경제현실이 대통령에 대한 국민의 정치적 평가에 영향을 주는지, 또한 경제뉴스-경제인식-경제현실이 대통령 평가와 서로 인과관계(causality relationship)를 갖는지에 대한 경험적인 연구는 별로 이뤄지지 않았다. 지금까지 프라이밍 연구의 대부분은 뉴스 미디어가 강조하는 이슈를 중심으로 대통령의 직무수행 능력을 평가한다는 차원(Iyengar & Kinder, 1987)을 벗어나지 못했다. 대통령에 대한 평가는 사실 미디어가 강조하는 이슈에 의해서보다는 미디어가 강조하는 이슈의 속성이나 특성에 기초할 가능성이 높다(Krosnick & Brannon, 1993; Shah, Domke, & Wackman, 1996; Cohen, 2004).

또한 기존의 많은 의제설정 연구는 객관적인 경제현실-주관적인 경제인식-경제뉴스가 대통령 평가와 동시에 서로 어떻게 영향을 주고받는지에 대해 명료한 해답을 제시해오지도 못했다(Blood & Phillips, 1995, 1997). 따라서 기존 연구의 공백을 메우기 위해서는 국내 경제뉴스의 속성 보도-주관적인 경제현실 인식-객관적인 경제상황 그리고 대통령 평가 간의 상관관계를 통합적으로 추정해 볼 필요가 있다.

특히 2012년 12월 대통령 선거를 앞두고 속성 프라이밍 효과(attribute priming effects)가 한국 경제이슈에서도 이론적으로 작동하는지 검정해보고자 한다. 또한 국민의 경제인식과 국가경제현실이 대통령 평가에 어떻게 영향을 미치고 있는가를 분석해 보고자 한다. 이를 위해 이 연구는 시계열 분석의 벡터자기회귀(VAR·Vector Auto Regression) 모델을 이용해 경제뉴스-경제인식-경제현실-대통령 지지도 등 거시적이고 집합적인 시리즈 간의 충격과 반응(impulse-response) 관계를 85개월의 시간에 걸쳐 계량적으로 추적해 본다.

1. 경제뉴스와 대통령 평가

미디어 연구자들은 언론의 영향력에 대한 두 개의 중요한 이론적 틀로 프레이밍(framing)과 프라이밍(priming)을 꼽는다(Iyengar & Kinder, 1987; Iyengar, 1991). 신문과 방송이 특정 이슈나 그 이슈의 속성을 강조(프레이밍)하면 사람들은 이를 근거로 정부, 공무원, 정치인, 대통령을 평가(프라이밍)하는 경향을 보인다(Iyengar & Kinder, 1987; McCombs, 2004). 사람들은 자신의 주변에서 일어나는 경제상황은 제한적으로 알 수 있지만, 그 밖에 매일 일어나는 경제 및 정치적 상황을 모두 이해하고 평가하기란 쉽지 않다.

일반 국민이 접하는 경제현실은 결국 미디어가 재구성한 현실에 지나지 않는다. 미디어가 경제현실을 반영해 보도한다고 하더라도 실제 경제현실과 미디어가 보도한 현실 간에는 차이가 있을 수 있다. 하지만 국민은 많은 경우 미디어가 전달하는 경제 및 정치적 현실에 기초해 대통령을 평가하게 된다. 이 과정에 뉴스보도의 관점이나 논조는 일반 국민이 대통령을 평가할 때 유용한 단서(cues)를 제공한다(Krosnick & Brannon, 1993; Shah, Domke, & Wackman, 1996). 즉, 매스 미디어가 어떤 이슈, 혹은 이슈의 특정 속성을 강조하거나 부각시키면 사람들은 미디어가 프레이밍하는 속성을 기준으로 대통령을 평가하게 된다(Domke, Shah, & Wackman, 1998; Iyengar & Kinder, 1987).

미디어가 선거에서 경제를 주요 캠페인 이슈로 다루며, 유권자는 특정 경제문제를 중심으로 선거 후보자를 평가하는 경향을 보인다(Pan & Kosicki, 1997; Iyengar & Kinder, 1987). 동시에 미디어가 경제이슈에 대해 부정적인 논조의 뉴스를 많이 내보내면, 경제현실을 부정적으로 받아들이고, 대통령 지지도가 내려간다(Cohen, 2004).[1]

---

1) 빌 클린턴 전 미국 대통령과 모니카 르윈스키의 성추문과 대통령 지지도 간의 관계 연구(Cohen, 2004)에서는 미디어의 부정적인 논조의 기사가 늘어남에도 불구

미디어가 경제문제를 개인이 아닌 사회나 정부의 포괄적인 책임으로 물으면 사람들은 경제문제의 책임을 정부나 대통령에게 돌리고, 이를 토대로 대통령의 능력을 평가한다(Iyengar, 1991). 마찬가지로 미디어가 경제이슈를 부정적인 논조나 관점으로 보도하면 일반인의 대통령에 대한 정치적 평가 역시 부정적으로 바뀌기 쉽다. 경제뉴스 논조가 대통령 지지도 변화에 어떻게 영향을 주는가를 분석한 그래버(Graber, 1993), 패터슨(Patterson, 1996), 블러드와 필립스(Blood & Phillips, 1995)의 연구에서도 뉴스가 우호적인 논조일 때는 대통령의 지지도가 올라갔지만, 비우호적일 때는 대통령 이미지는 나빠지고 지지도가 떨어졌다. 블러드와 필립스는 특히 경제현실을 통제한 상태에서 회귀분석으로 경제 헤드라인 뉴스와 대통령의 지지도 간의 상관관계를 살펴 본 결과, 미디어의 뉴스 프레임이 대통령 지지도와 정적인 관계를 보였다.

드보프와 켈스테드(DeBoef & Kellsteds, 2004)의 연구에서도 경제상황을 통제한 상태에서 경제뉴스가 긍정적인 논조로 보도됐을 때, 사람들은 비교적 대통령을 호의적으로 평가했으며, 동시에 소비심리도 크게 높아졌다. 그런 반면 경제뉴스 보도량과 대통령 평가와의 관련성에 주목한 사람은 아이엔가와 킨더(Iyengar & Kinder, 1984)였다. 이들은 미디어가 경제이슈를 어떤 논조로 보도하는가에 관계없이 단순히 보도를 많이 하기만 해도 대통령의 지지도에 영향을 미친다고 보았다.

그러나 미디어가 대통령 평가에 영향을 준다는 견해와는 달리 대통령에 대한 국민의 지지도 정도가 거꾸로 불황 헤드라인 뉴스의 증감과 밀접한 관련성이 있다는 상반된 주장도 있다(Graber, 1993, p.293). 이는 결국 대

하고 대통령 지지도는 거꾸로 올라갔다. 이 연구에서는 첫째, 미디어 환경 변화에 따라 미디어 수용자들의 숫자가 줄어든 점, 둘째, 뉴스 미디어의 신뢰도 저하, 셋째, 뉴스 미디어의 부정적인 뉴스를 일종으로 잡음으로 받아들이는 수용자의 태도 등을 뉴스보도와 지지도 간의 관계가 거꾸로 가는 '미디어 효과의 패러독스'로 설명한다.

통령이 인기가 높을 때는 미디어가 덜 비판적이지만, 인기가 떨어지면 더 비판적으로 바뀌는 이른바 보도의 '평가적 편향성(evaluative bias)'이 존재한 다(Entman, 1989). 평가적 편향성은 대통령의 인기도에 따라 대통령에 대한 언론의 평가와 보도방식이 바뀌는 미디어 속성을 말한다.

지금까지 연구는 주로 경제뉴스와 대통령 경제리더십 간의 상호 관계 를, 그것도 단기간에 걸쳐 분석한 것이 대부분이었다. 대통령 리더십과 관련해 국민이 구체적으로 어떤 기준에 근거해 경제현실을 인식하고, 이 러한 인식이 대통령 평가에 어떻게 연결되는가에 대한 이론적인 틀이나 시간에 따라 이들 변인 간의 영향관계의 과정을 동태적으로 추적해 내지 는 못했다.

2. 경제인식과 대통령 평가

대통령 국정수행능력에 대한 일반 국민의 평가는 대통령 지지도에 반 영돼 나타난다. 대통령에 대한 지지율이 높으면, 대통령의 국정 수행능력 에 대한 국민의 평가는 높다고 보지만, 지지율이 낮으면 국민이 평가하는 대통령 국정능력의 점수는 낮다고 본다. 따라서 경제문제에 있어 대통령 지지도는 곧 대통령의 경제 수행능력과 경제리더십의 척도로 이해돼 왔 다(Blood & Phillips, 1995, 1997).

그러나 국민이 경제현실을 어떻게 받아들이는가 하는 인식의 문제는 실제 경제상황 못지않게 대통령 지지도 향방에 중요하다(Hetherington, 1996). 많은 커뮤니케이션 연구 사례가 된 1992년도의 미국 대통령 선거에 서 조지 부시(G. Bush)의 재선 실패 원인은 실제로 경제가 나빠서가 아니 라, 미디어의 보도에 영향을 받은 유권자의 잘못된 경제인식에서 찾아진 다(Patterson, 1993).[2] 멕시코의 칼로스 살리나스(Carlos Salinas) 전 대통령의 지지도와 경제에 대한 멕시코 국민인식 간에 상관관계를 분석한 연구도 비슷한 결과를 보여준다(Villarreal, 1999). 이 연구에 따르면 실제 경제지표는 일반인의 경제인식에 큰 영향을 주지 못했지만, 경제흐름에 대한 사람들의 인식은 대통령 지지도에 결정적인 영향을 미쳤다.

정치적 행위주체인 국민의 경제인식은 한 국가의 대통령을 결정할 정도로 중요하다. 이처럼 일반인은 정치적 의사결정 과정에 있어 실제 경제통계보다 자신의 경제현실 인식에 보다 더 의존해 판단하는 경향을 보인다.(Hetherington, 1996). 그렇다면 사람들은 경제현실을 어떤 기준에 따라 평가할까. 맥쿠엔, 에릭슨, 스팀슨(MacKuen, Erikson, & Stimson, 1992)은 미국의 사례를, 샌더스와 그의 동료들(Sanders, et al., 1991, 1993; Marsh, Ward, & Sanders, 1991)은 영국의 사례를 통해 유권자는 과거 경제성과나 현재 경제상황보다 앞으로의 경제전망을 더 중요하게 여긴다는 사실을 발견했다.

말하자면, 회고적(retrospective) 평가보다는 전망적(prospective) 평가에 더 의존한다는 것이다. 물론 과거 및 현재 경제실적과 미래경제전망 모두를 고려한다는 주장도 있다(Clarke & Stewart, 1994, Lewis-Beck, 1988). 하지만 많은 연구결과는 유권자가 자신의 주머니 사정보다는 국가경제상황을, 현재의 생활형편보다는 앞으로 국가경제가 어떻게 될까하는 기대나 전망을 중심으로 대통령의 국정수행능력을 평가하고 있음을 보여준다(MacKuen et al., 1992; Nadeau et al., 1999; Shah et al., 1999; Feldman, 1982; Kinder, Adams, & Gronke, 1989; Weatherford, 1983). 이러한 근거는 자기 주머니와 상관없이 국가경제가 좋다고 생각하면 집권당에 투표하고, 그렇지 않으면 야당에 투

---

2) 홀부르크(Holbrook, 2001)의 연구에서도 앨 고어 민주당 후보의 2000년 미국 대선 패배 원인을 빌 클린턴 대통령이 누려왔던 경제호황을 선거이슈로 부각시키지 못한 점과, 미디어가 실제 경제지표 보다 부정적인 논조로 보도한데서 찾았다. 홀부르크는 이런 결과가 2000년 대선 당시 미국 유권자들에게 당시 붐이 일던 경제상황을 마치 1980년과 1992년 경제 침체상황으로 잘못 연상하는 계기를 제공했다고 보았다.

표하는 경향과 일치한다(Mutz, 1998; 심재철, 2005). 일반인이 현재 경제지표 보다 앞으로 경제가 나아질 것이라는 기대나 전망을 하게 되면, 대통령의 지지도가 올라갈 개연성은 높다(Clarke & Stewart, 1994; Lewis-Beck, 1988).

한편 경제에 대한 일반인의 인식이나 평가가 대통령 지지도에 영향을 미치듯이, 대통령 인기도가 국민 여론이나 경제인식에 영향을 준다는 상반된 연구결과가 있기도 하다(Blood & Phillips, 1995). 블러드와 필립스는 대통령의 인기가 높으면, 경제인식에 긍정적으로 작용한다고 보았고, 맥쿠엔 등(MacKuen et al., 1992)과 샤피로와 콘폴토(Shapiro & Conforto, 1980)는 국가경제와 대통령 지지도가 일반인의 경제심리에 영향을 준다는 견해를 제시했다.

3. 경제현실과 대통령 평가

국가경제현실에 대한 개인 인식은 진공상태에서 그냥 만들어지지는 않는다. 자신의 일상 경험 속에서 보고, 듣는 경제상황이나 경제지표를 통해 경제현실을 이해하고 평가한다(Linden, 1982). 일반인이 직접 몸으로 체험하는 즉, 현저성(salience)이 두드러진 경제이슈의 경우 상황이 좋은가, 나쁜가에 따라 대통령 평가가 달라진다(Edwards et al., 1995). 경제는 다른 이슈와는 달리 개인이 생활 속에서 직접 보고, 듣고, 느낄 수 있기 때문에 이를 토대로 경제현실을 평가하고 대통령에 대한 지지여부를 결정할 가능성을 배제할 수 없다.

일부 연구자는 대통령에 대한 평가 기준을 반드시 앞으로의 경제에 대한 전망이나 인식에 기초하지만은 않는다고 주장한다(Smyth, Dua, & Taylor, 1994; Clarke & Stewart, 1994). 스미쓰와 그의 동료(Smyth, Dua, & Taylor, 1994)는 현재 경제상황이 일반인의 정치 의사결정에 더 영향을 준다고 보았고, 클

라크와 스튜아트(Clarke & Stewart, 1994)는 현재와 장래 경제상황이 모두 대통령 평가에 중요한 기준이 된다고 주장했다. 실제로 많은 실증 연구를 보더라도 대통령 지지도가 국가의 현재 경제지표에 달려 있다는 사실이 발견됐다(Kinder & Sears, 1985; MacKuen, 1983). 현재 경제상황은 심지어 당이나 선거 후보자에 대한 지지를 결정하는 구조적 요인(structural factor)으로 까지 설명된다(Blood & Phillips, 1995). 흥미롭게도 지난 1960년 이후 미국에서 치러진 대통령 선거에서 실업률이 낮을 때에는 현직 대통령과 여당이 모두 승리했으나, 실업률이 변화가 없거나 올라가면 모두 패배했다(Wood, 2004).

국내 연구에서도 고용, 물가 등 국민 경제생활과 직접 관련성이 있는 경제지표가 대통령 경제리더십 평가에 영향을 미친다는 견해가 제시돼 왔다(함성득·임동욱·곽승준, 2002). 그만큼 경제현실은 대통령 평가에 중요한 요인으로 작용한다(MacKuen et al., 1992). 그러나 경제상황이 대통령 지지도에 늘 절대적인 영향을 주는 것은 아니다(Shapiro & Conforto, 1980).

윌콕스와 알솝(Wilcox & Allsop, 1991)은 경제가 대통령의 지지도에 미치는 영향력이 크다는 점을 인정하면서도 외교 분쟁이 생기면 외교가, 경제위기 때에는 경제상황이 대통령 평가에 미치는 영향이 더 크다고 보았다. 즉 당시에 어떤 사회적 이슈가 더 부각되는 가에 따라 대통령에 대한 평가요소가 달라진다는 것이다. 이 부분에 대해서는 아이엔가(Iyengar, 1987)도 언론이 어떤 의제를 자주, 강조하는가에 따라 대통령 평가에 대한 국민의제가 달라진다는 사실을 확인했다.

또한 같은 경제이슈라도 대통령 지지도와 다르게 연결될 수 있다. 지금까지 연구를 보면 경제이슈 가운데 물가, 실업문제 등 민생경제와 관련된 경제이슈가 대통령 인기에 미치는 영향력이 상대적으로 컸다(Shapiro & Conforto, 1980; Monroe, 1978). 반면에 이(Lee, 2003)는 한국 유권자 투표행위 연구를 통해 국내에선 경제문제보다 지역성과 당파성 등 정치적 요소에 기초해 투표를 한다는 사실을 발견했다. 물론 이런 견해가 선거기간이 아닌 평소 대통령 평가에도 똑같이 적용될 수 있는가에 대해서는 밝혀진 연구는 없다.

결론적으로 위의 논의를 종합해 볼 때 경제뉴스-경제인식-경제현실 등 개별변수가 대통령 평가에 일방적으로 영향을 준다고 보기는 어렵다. 그 보다는 경제뉴스-경제인식-경제현실 변수가 상호작용을 통해 대통령 평가에 영향을 준다고 보는 게 타당하다(Behr & Iyengar, 1985). 예컨대, 경제뉴스가 국민의 경제인식에 영향을 미치고, 이것이 대통령 평가로 이어지거나 또는 경제현실이 경제인식에 영향을 주고 이것이 대통령 평가로 나타나기도 한다. 때로는 대통령의 경제리더십의 정도에 따라 경제뉴스와 경제현실에 대한 국민인식이 달라지기도 한다(Blood & Phillips, 1995).

4. 사례연구

지금까지 미디어가 경제이슈를 어떤 속성(attributes)으로 프레이밍하는가에 따라 대통령에 대한 국민적 평가나 판단이 달라질 수 있음을 확인했다. 또한 많은 연구에서 경제에 대한 국민인식과 실제 경제상황이 대통령 평가에 미치는 요인으로 작용하며, 구체적으로 대통령의 지지도에도 영향을 미친다는 사실을 살펴보았다. 그러나 이념성, 지역성 그리고 정파성이 강한 한국에서 경제뉴스의 속성 프레임이 대통령 경제리더십 평가에 어떻게 영향을 주는지는 아직까지 밝혀진 게 없다.

따라서 아래 연구문제 1은 국내 경제뉴스가 대통령 평가에 영향을 주는지 알아보고자 제시됐다. 구체적으로 미디어의 경제이슈 속성 프레임이 경제에 대한 국민인식과 경제현실을 통제하고도 대통령의 경제리더십 평가에 영향을 미친다는 가설을 설정했다. 한국의 경우 경제이슈가 대통령 평가에 중요한 변수라는 점은 널리 추정돼 왔으나, 이를 구체적으로 증명한 연구는 없다. 이에 따라 국민의 경제인식과 실제 경제상황이 대통령 경제리더십 평가 변수와 서로 어떻게 영향을 주고받는지 알아보기 위해 연구문제 2를 설정했다. 구체적으로 미래경제현실에 대한 주관적인 인식과 객관적 경제현실이 경제뉴스의 보도태도를 통제하고도 대통령 평가에 영향을 준다는 가설을 설정했다.

연구문제 1 : 국내 경제뉴스와 대통령 지지도는 서로 어떻게 영향을 주고받는가.
　　연구가설 1 : 부정적인 속성의 경제뉴스는 대통령 평가에 부정적인 영향을 줄 것이다.

연구문제 2 : 경제에 대한 국민의 미래인식과 실제 경제상황은 대통령 지지도와 서로 어떻게 영향을 주고받는가.
　　연구가설 2-1 : 미래경제에 대한 부정적인 인식은 대통령 평가에 부정적인 영향을 줄 것이다.
　　연구가설 2-2 : 현재 경제상황이 나빠지면 대통령에 대한 평가가 나빠질 것이다.

1) 자료 수집과 측정 변인

분석 데이터는 경제현실, 경제에 대한 국민인식, 경제뉴스 그리고 대통령 지지도 등이 사용됐다. 분석은 1998년 12월부터 2005년 12월까지 모두 85개월에 걸쳐 실시됐으며, 분석의 개별 시간 단위는 1개월이다.

경제현실 변인은 통계청이 매달 발표하는 경기동행지수와 경기선행지수로 구성된 경기종합지수가 사용됐다. 현재의 경기상황의 수준을 나타내는 경기동행지수는 공급측면의 산업생산지수, 취업자수 등과 수요측면의 도소매판매액지수 등 실제 경기순환과 함께 변동하는 개별지표를 가공·종합해 만든 지수이다. 추세나 계절적 요인을 제거한 상태에서 경기동행지수가 기준년도(2000년) 지수평균 100을 기준으로 그 이하이면 경기수축, 그 이상이면 경기확장으로 해석한다. 반면 미래의 경기전망의 수준을 나타내는 경기선행지수는 투자관련 건설 및 기계수주 지표나 재고순환, 통화량 등의 지표처럼 실제 경기순환에 앞서 변동하는 개별지표를 가공·종합하여 만든 지수이다. 경기선행지수는 전년 동월 비 기준으로 변동률의 증감에 따라 장래 경제의 흐름을 예측한다. 지표의 수준은 경기동행지수와 마찬가지로 100을 기준으로 그 이상이며 경기상황이 앞으로 좋아질 것으로 보면 되고, 100이하 이면 경기상황이 나빠질 것으로 예상한다.

소비자 경제심리 변인으로는 역시 통계청이 매달 22일부터 1주일간의 조사를 거쳐 그 다음달초에 발표하는 소비자기대지수와 소비자평가지수가 사용됐다. 소비자평가지수는 6개월 전과 비교한 현재의 경기, 생활형편에 대한 평가이고, 소비자기대지수는 6개월 후의 경기, 생활형편, 소비지출 등에 대한 예측조사로 전국 도시지역 2,000가구의 20세 이상 기혼자를 설문조사해 작성됐다. 조사원이 직접 방문, 면접조사 방식으로 이뤄진 이 지수는 경기인식, 생활형편, 소비지출, 고용, 물가, 자산형편, 소득, 저축 및 부채 등 모두 14개 문항을 갖고 '매우 좋음'(1점)에서 '매우 나쁨'(5점) 등 5점 척도로 각 응답 등급에 따라 가중치를 부여했다.

대통령의 '월별 국정수행능력 평가 여론조사 자료'는 국내 여론조사기관인 리서치앤리서치로부터 입수했다. 이 자료는 인구 비례에 따라 지역별, 성별, 연령별로 무작위 표집방식에 따라 추출된 전국 만 20세 이상 성인 800명을 대상으로 "대통령으로서의 일을 잘하고 있다고 생각하십니까? 아니면 잘못하고 있다고 생각하십니까?"의 질문을 갖고 '매우 잘하고 있다'(1점)에서 '매우 잘못하고 있다'(4점)의 4점 척도로 조사됐다. 표본오차 한계는 +/−3.5%다.

경제뉴스 변인의 경우 신문은 조선일보와 동아일보 1면, 방송은 KBS와 SBS의 저녁 종합뉴스의 경제뉴스를 각각 분석했다.[3] 일반적으로 1면 기

---

3) KBS는 9시 뉴스, SBS는 8시 뉴스. 아이엔가와 킨더(Iyengar & Kinder, 1987)는 저녁 뉴스가 시청자들에게 가장 강력한 영향을 미친다는 점을 지적하였다.

사나 저녁 종합뉴스는 가장 중요하고, 여론에 강력한 영향을 미친다(Reisner, 1992; Goidel & Langley, 1995; Iyengar & Kinder, 1987, 정연구, 2005).

경제뉴스 데이터는 먼저 한국언론재단(www.kpf.or.kr) 뉴스전문 검색코너인 카인즈(KINDS)와 해당 매체의 홈페이지를 이용해 1998년 12월 1일부터 2005년 12월 31일까지 85개월 기간에 걸쳐 '경제'라는 주제어로 경제관련 뉴스를 모두 수집했다. 이렇게 해서 추려진 조선일보, 동아일보, KBS, SBS의 전체 기사건수는 2만 1,910건에 달했다. 그러나 이 연구에 사용된 미디어 변인은 국내 신문, 방송이 국가경제상황을 어떻게 보도, 평가, 전망하는가를 알아보는 데 있는 만큼 물가, 실업, 주가, 유가, 환율, 무역수지, 국내총생산(GDP) 성장률, 경제정책, 경제전망 등 국가경제상황에 관련돼 있는 기사를 분석 대상으로 삼았다.

하지만 특정 기업의 경영실적, 경제 스캔들이나 사건 등 국가경제와 직접 관계없는 내용은 분석 대상에서 제외했다. 국가경제 평가와 관련해 선정한 최종 표본은 조선일보 490건, 동아일보 358건, KBS 861건, SBS 811건으로 합쳐서 2,520건이다.

조선일보와 동아일보는 국내에서 가장 영향력 있는 전국적인 매체[4]로써 이들 두 신문이 다른 신문 매체의 중요한 정보원이 되거나 의제 설정자(agenda-setter) 역할을 한다고 보았다. 또한 KBS 9시 저녁 종합뉴스는 국내 지상파 방송 가운데 시청률이 가장 높고, 따라서 영향력이 가장 큰 방송 매체로 보았다.[5] 이에 반해 SBS는 시청률이나 점유율면에서 지상파 방송 가운데 가장 낮지만 저녁 종합뉴스 방송 시간대가 다르고, 경제뉴스를

---

4) 한국 ABC협회 공식자료에 따르면 2002년 12월 현재 조선일보는 238만 500여 부, 동아일보는 209만 4,000여 부, 중앙일보 208만 3,000여 부의 발행부수로 각각 등록됐다.

5) 시청률 조사기관인 AGB닐슨미디어리서치가 지난 2000년 1월 1일부터 2005년 8월 21일까지 전국 가구 TV시청률과 점유율을 조사한 바에 따르면 KBS는 19.5%의 시청률과 28.9%의 점유율로 모두 가장 높았다. MBC는 13.1%의 시청률, 19.5%의 점유율, SBS는 9.0%의 시청률, 14.7%의 점유율을 보였다.

많이 다루는 상업방송이라는 점을 고려해 분석 대상에 포함시켰다.

미디어 변인의 논조는 경제뉴스 헤드라인을 대상으로 기사의 묘사나 표현상에 나타난 감정의 정도나 방향에 따라 '매우 부정적'(−2점)에서 '매우 긍정적'(2점) 등 5점 척도로 나눠 평가했다. 예컨대, '대폭 둔화', '주가 15개월 만에 최저', '국내도 초비상', '대폭락' 등 표현의 정도나 논조가 부정적인 방향으로 매우 강하게 나타났을 경우 척도를 −2로 했다. 반면에 '폭등', '기업 체감 경기 1년 만에 최고', '주가 사상 최고치' 등 표현의 정도나 논조가 긍정적인 방향으로 매우 강하게 나타났을 때에는 척도를 +2를 부여해 평가했다. 그리고 '주가 전날에 비해 10p 올라'로 보도됐거나, 정부가 단순히 입장이나 견해를 밝힌 '사실의 진술'인 경우에는 중립적인 논조로 보고 점수를 0으로 해 척도를 평가했다. 그런 뒤 이를 월 단위로 합산한 뒤 평균 논조값을 계산해냈다.

논조값의 평가는 각 매체의 10번째마다 기사를 1개씩 무작위 표집 하는 방식으로 추출된 250개(10%)의 서브 샘플(조선일보 49개, 동아일보 35개, KBS 86개, SBS 80개)를 대상으로 2명의 대학원생 코더가 코더 간 신뢰도(inter-coder reliability)를 통해 측정했다. 코더 간 신뢰도 측정은 분류확률의 비동등성(heterogeneity)을 가정하는 코헨(Cohen, 1960)의 카파(κappa) 공식을 사용했으며, 코헨의 카파 계수는 헤드라인 기사 논조의 경우 0.91로 비교적 높게 나타났다.[6] 동시에 코더 간 단순 일치도를 보여주는 홀스티(Holsti) 공식을 사용해 신뢰도 수준을 측정해 본 결과에서도 헤드라인 기사는 0.93으로 매우 높게 나타났다.

코더 간 신뢰도를 기초로 산출된 기사 논조별 평균값의 차이는 −0.11로 부정적인 프레임 건수(n=1322)가 긍정적인 프레임 건수(n=510)보다 많았다.

이와 함께 위에서 논의한 월별 논조값의 데이터를 기초로 순전히 부정

---

6) 코헨의 카파(κ) 공식은 다음과 같다. κ =관찰일치(%)−기대일치(%)/1−기대일치(%) (Riffe, D., Lacy, S., & Fico, F. G. (1998)

적인 논조(매우 부정/부정)의 기사건수를 월 단위로 추출해 합산한 부정적인 보도량을 별도로 만들었다. 이는 기존 연구에서 불황뉴스를 미디어 변인으로 사용한 선례(Blood & Phillips, 1995; Wu et al., 2002, 2004)와 비슷하며, 특히 가넴(Ghanem, 1997)의 주장대로 논조와 뉴스 수량이 프레임 분석을 위한 주요 차원과 변인이 될 수 있다는 점을 고려했다.

하지만, 이 사실만으로 신문과 방송의 월별 경제기사 논조와 건수가 통계적으로 같은 방향으로 움직인다고 볼 수는 없다. 따라서 신문, TV의 매체 간 기사건수에 대한 피어슨(Pearson) 상관관계를 분석했으며, 역시 통계적으로 신뢰할 만 한 수준에서 정적으로 나타났다(r=0.72, p⟨0.00). 또한 부정적인 논조기사 건수에 대한 상관관계 분석에서도 두 매체는 높은 정적 상관관계(r=0.74, p⟨0.00)를 보였고, 긍정적인 논조기사 건수 역시 높은 상관관계(r=0.76, p⟨0.00)를 보이면서 정적인 방향으로 움직였다.

2) 시계열 분석

미디어 변수, 경제인식 변수, 경제상황 변수 그리고 대통령 지지도 변수 간의 상호 인과적 방향성은 과학적 데이터 분석 및 평가, 금융 분석, 거시 경제전망을 하는데 자주 사용되는 이뷰스(EViews) 소프트웨어 프로그램을 사용해 시간의 흐름에 따라 추정했다. 미디어 변수는 경제뉴스 논조, 부정 뉴스 빈도를 사용했으며, 경제인식 변수는 소비자평가지수와 소비자기대지수를, 경제상황 변수는 경기동행지수와 경기선행지수를 각각 사용했다. 그리고 정치 변수로 대통령 지지도 항목이 추가됐다. 구체적으로 이 연구는 장기간에 걸쳐 변수 간의 상호 예측관계를 추정하는 데 널리 사용되는 시계열의 VAR 모델이 적용됐다. VAR 모델을 적용한 변인 간의 예측관계를 추정하기 위해 먼저 통계적으로 변인이 정상성(stationary)인지, 아니면 비정상성(non-stationary)인지의 사실을 확인하는 검증 절차를 거쳤다.

시계열 분석에 있어 많은 경제 데이터는 규칙적으로 움직이지 않는 비정상적인 속성을 갖고 있기 때문에 단위근(unit root) 테스트를 반드시 거쳐야만 한다. 단위근 테스트는 변인이 자체적으로 지니고 있는 고유한 영향력이나 시간적 추세(time trend)가 존재하는지에 대한 일종의 사전 검증 절차다. 가령, 변인이 일정한 평균값(mean)을 중심으로 움직이지 않고, 불규칙적으로 움직이는 비정상적인 특성의 단위근을 갖고 있을 경우 변인 간의 예측관계 추정은 처음부터 어렵다.

따라서 이 연구도 측정하고자 하는 변인에 대한 정상성 여부를 확인하기 위해 필립스와 페론(Phillips & Perron, 1988)이 고안한 방법에 따라 단위근 테스트를 실시하였다.[7] 그 결과 미디어 변인인 논조와 부정뉴스 빈도만이 통계적으로 5% 유의도 수준에서 "단위근이 존재 한다"는 귀무가설이 기각됐고, 나머지 국민(소비자)의 경제인식, 경제상황, 대통령 지지도 변인은 비정상적인 단위근이 존재했다. 단위근이 존재하는 경제인식 변인, 경제상황 변인, 대통령 지지도 변인 시리즈를 정상적인 시계열로 바꾸기 위해 로그 차분(log difference)하는 과정을 거쳤다.[8] 로그 차분 값은 경제 데이터의 전 월 또는 전년 동월대비 증감률을 보여준다.

두 번째 단계로 김대중 정부와 노무현 정부 간에 구조변화가 있다고 보고, 차우 테스트(Chow test)(Johnston, 1991, pp.507~509)를 실시했다. 시계열 분석의 경우 기간 간에 경제적 특성이나 구조가 다를 경우 변인 간의 정확한 예측이나 인과관계를 추정해내기 어렵다. 이 연구에서도 분석 대상

---

7) 단위근 테스트에는 필립스와 페론의 방법 이외에도 쉬왈즈(Schwarz, 1978), 디키와 풀러(Dickey & Fuller, 1979), 엘리엇 등(Elliot et al., 1996) 등이 고안한 여러 가지 방법이 존재한다.

8) 변인들이 장기적으로 서로 일정한 관계를 유지하면서 함께 움직이는지를 알아 보기위해 공적분(cointegration) 테스트를 실시했다. 그 결과 변인 간에 서로 유의미한 관계를 발견하지 못해 "변인 간에 공적분이 존재 한다"는 귀무가설이 기각됐다. 따라서 단위근이 있는 변인을 차분해 정상성(stationary)으로 바꾼 뒤 벡터자기회귀(VAR) 모델로 예측관계를 추정했다.

에 포함된 김대중 정부와 노무현 정부 간의 경제적, 정치적 지형구조가 다를 수 있다고 가정하고, 그 시기를 나눠 별도 분석을 실시했다.

〈그림 7-1〉 미디어 논조-소비자기대-경기동행-대통령 지지도 추이(1998:12-2005:12)

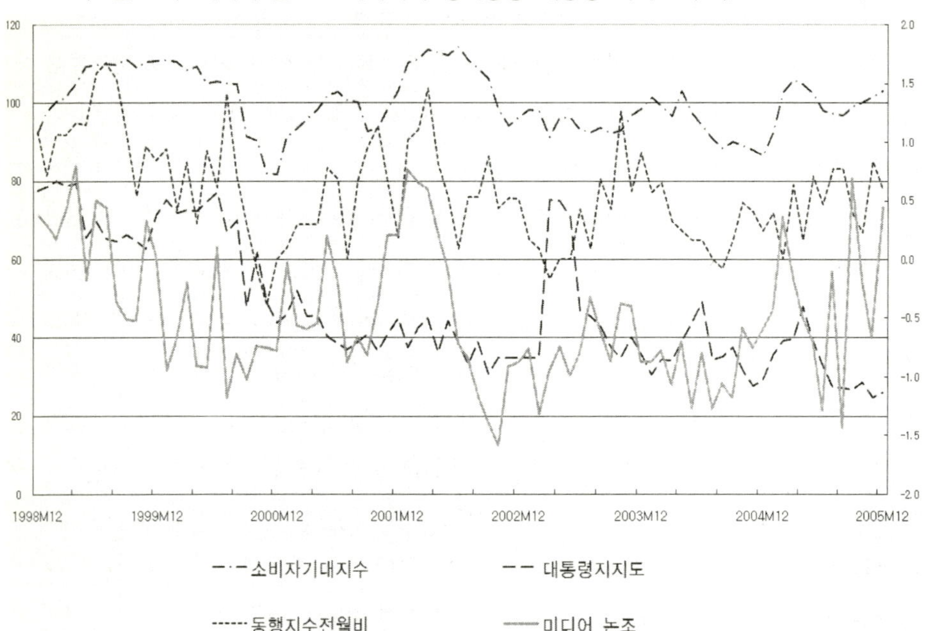

〈그림 7-1〉에서 보듯이 노무현 정부가 들어선 2003년 3월을 기점으로 대통령 지지도는 올랐지만, 국민의 경제심리는 갈수록 떨어지고, 경기동행지수도 나빠졌다. 거기에다 미디어 보도논조마저 부정적으로 돌아서는 등 여러 부분에서 구조적 변화가 발견됐다. 여기서 오른쪽 축의 숫자는 미디어 논조, 경기동행지수전월비를, 왼쪽 축의 숫자는 소비자기대지수, 대통령 지지도 수준을 표시한다.

하지만 이런 외관적인 사실만 놓고 두 정부 간에 구조적 변화가 생겼다고 단정 짓기는 어렵다. 이에 따라 정부 간에 구조변화가 있는지 알아보기 위해 정부가 바뀌는 2003년 3월을 기점으로 차우 검정을 실시했다.

그 결과 "일부 변인에서 구조변화가 없다"는 귀무가설은 기각됐으며, 결과적으로 변인 간의 시간에 따른 상관관계를 정부별로 나눠 살펴보는 게 보다 타당함을 확인했다.9) 따라서 이 연구는 김대중, 노무현 두 정부로 나눠 분석을 실시했다.

이런 분석절차를 거친 다음 VAR 모형을 사용해 위에 진술한 관련 변인이 서로 어떻게 인과관계를 갖는지를 살펴보았다. 이를 위해 두 단계 분석절차를 거쳤다. 먼저 미디어 변인, 경제인식 변인, 경제상황 변인, 대통령 지지도 변인 등 4개 시리즈를 동시에 분석했으나 시리즈 간에 유의미한 인과관계 사례가 발견되지 않았다.

이에 따라 연구자는 경제인식과 경제상황을 나눠 살폈다. 즉, 1) 경제뉴스 논조, 부정뉴스 보도량(미디어 변인), 소비자평가지수, 소비자기대지수(경제인식 변인), 대통령 지지도(정치 변인) 간의 관계와 2) 경제뉴스 논조, 부정뉴스 보도량(미디어 변인), 경기선행지수, 경기동행지수(경제상황 변인), 대통령 지지도(정치 변인) 간의 관계를 나눠 추정하였다.

개별 시차의 t-값은 계수의 부호에 따라 +나 -가 될 수 있으며, 예로 5%(p<.05) 유의도 수준에 해당하는 t분포의 수치와 비교해 절대값이 그 보다 크면 계수가 0이라는 가정을 기각한다. 즉, 개별 시차 계수의 합의 부호가 +이면, 설명변수가 종속변수에 긍정적인 영향을 준다는 의미이고,

---

9) 구조적 변화를 알아보는 차우 테스트 방정식 결과는 다음과 같다. 부정뉴스=C+부정뉴스(-1)+부정뉴스(-2)+부정뉴스(-3)+부정뉴스(-4)+대통령 지지도(-1)+대통령 지지도(-2)+대통령 지지도(-3)+대통령 지지도(-4)+경제지표(-1)+경제지표(-2)+경제지표(-3)+경제지표(-4)+E다. 이 방정식은 차우 테스트 결과가 통계적으로 유의미한지를 확인하는 기준인 로그 기능도 비율(Log likelihood ratio)값이 24.42이고, p값은 0.03으로 유의도 수준 p< 0.05보다 작아 귀무가설이 기각됐다. 따라서 구조적 변화가 있음이 입증됐다.
두 번째 방정식은 논조=C+논조(-1)+논조(-2)+논조(-3)+논조(-4)+대통령 지지도(-1)+대통령 지지도(-2)대통령 지지도(-3)+대통령 지지도(-4)+E다. 이 방정식 역시 로그 기능도 비율(Log likelihood ratio)값이 22.88이고, p값이 0.04로 유의도 수준 p<0.05보다 작아 "구조적 변화가 없다"는 귀무가설이 기각됐다.

반대로 합의 부호가 −이면, 설명변수가 종속변수에 부정적인 영향을 준다는 의미를 갖는다. 분석 시차는 '아카이케 정보 기준점(Akaike Information Criterion)'을 사용한 모형 시차수의 적정성 검증을 통해 4개월까지로 설정했다.

마지막으로 전체 시차를 대상으로 한 변수 간의 그랜저 인과관계(Granger causality) 테스트를 실시했다. VAR 시스템 분석을 통해 '두 번째 변수(Δy_2)가 첫 번째 변수(Δy_1)와 통계적 인과관계를 가지지 않는다'는 귀무가설을 기각할 수 있으면, 우리는 Δy_2와 Δy_1 간에 그랜저 인과관계가 존재한다고 보았다.

5. 사례연구 결과

1) 경제뉴스와 대통령 평가

〈연구문제 1〉은 국내 경제뉴스가 대통령에 대한 국민 지지도와 어떤 관계를 맺고 있는가를 알아보기 위해 설정됐다. 이 연구문제를 해결하기 위해 "부정적인 경제뉴스는 대통령 평가에 부정적인 영향을 줄 것이다"는 〈연구가설 1〉을 제시했다.

앞서 논의한 대로 정부 간 구조적 변화와 관련 변수 간의 인과적 방향성을 검정하기 위해 차우 테스트와 VAR 모형을 사용해 정부별로 나눠 시계열 분석을 실시했다. 구체적인 분석결과를 논문에서는 제시하지는 않았으나 김대중 정부에서는 경제뉴스 논조가 대통령 지지도와는 무관하게 나타났다.

그런 경향은 부정적인 경제뉴스 보도량을 독립변인으로 사용했을 때에도 마찬가지였다. 〈표 7-1〉의 아래 두 번째 패널에 보듯이 국가의 미래경제상황을 보여주는 경기선행지수를 통제했을 때 부정적인 경제뉴스 보도량이 1개월과 4개월 후에 대통령 지지도에 영향을 미쳤다. 즉 부정적 뉴스가 많아지면 1개월과 4개월 후 시점에 대통령 지지도가 떨어지는 양상을 보였다. 그랜저 인과관계 테스트 결과 경계선상에서 유의수준(p〈 .111)을 보였으나, 통계적으로 완벽하게 지지되지는 않았다. 한편으로 김대중 정부에서는 〈표 7-1〉의 첫 번째 패널에서 보듯이 경기선행지수를 통제하고도 대통령 지지도가 시차 3개월 후에 거꾸로 부정적인 경제뉴스의 보도량에 영향을 미쳤다. 하지만 두 변인의 인과관계를 설명하는 그랜저 인과관계 테스트 결과 유의수준(p〈.111)이 한계선상에서 나타나 대통령 지지도와 경제뉴스 간의 상관관계가 완전히 존재한다고 말하기는 어렵다. 요약하면, 김대중 정부에서는 경제뉴스의 보도방향과 대통령 평가, 또 대통령의 평가와 경제뉴스 보도방향 간에는 상호 관련성이 없었다.

〈표 7-1〉 김대중 정부: 경기선행지수, 부정뉴스 빈도 그리고 대통령 지지도

종속변인	독립변인	시차(-1)	시차(-2)	시차(-3)	시차(-4)	그랜저 인과관계
부정뉴스 빈도	경기선행 지수	-10.44 [-3.289]	3.472 [0.949]	2.152 [0.563]	-5.858* [-1.762]	12.38 [0.014]
R^2=0.469	부정뉴스 빈도	-0.145 [-0.815]	-0.142 [-0.855]	-0.212 [-1.205]	0.351 [2.103]	
	대통령 지지도	0.048 [0.166]	-0.354 [-1.154]	**-0.695** **[-2.261]**	0.053 [0.197]	7.513 [0.111]
	C	22.63 [3.183]				
대통령 지지도	경기선행 지수	1.777 [0.916]	0.576 [0.257]	-3.541 [-1.518]	0.683 [0.336]	3.713 [0.446]
R^2=0.442	부정뉴스 빈도	**0.182*** **[1.674]**	-0.158 [-1.555]	0.101 [0.941]	**-0.199*** **[-1.953]**	7.498 [0.111]
	대통령 지지도	-0.387 [-2.154]	-0.097 [-0.523]	0.31* [1.650]	-0.015 [-0.091]	
	C	0.191 [0.044]				

주) 시차 변인 아래 괄호안의 값은 t-값을 의미하고 위의 숫자는 카이스퀘어(chi-square) 값을 나타낸다. 맨 오른쪽의 그랜저 인과관계 검정 아래의 괄호 안 값은 p-값을 보여준다. 굵은 숫자의 t-값은 변인 간의 관계가 있음을 의미한다. 굵은 숫자의 t-값과 p-값은 p〈.05에서 통계적으로 유의미하다. 단, *는 p〈0.1에서 유의미하다. N=51 (1998: 12-2003: 2)

이와 함께 국민의 미래경제평가를 보여주는 소비자기대지수를 통제한 상태에서 부정적인 경제뉴스 보도량이 대통령 지지도에 영향을 미치는지 추정해 보았다.

〈표 7-2〉가 보여 주듯이 부정적인 경제뉴스 보도량이 미래경제에 대한 국민의 평가(소비자기대지수)를 통제하고도 시차 1, 2, 4개월 후에 대통령 지지도에 영향을 미쳤다. 이에 따라 이들 변인에 대해 그랜저 인과관계 검정을 실시했으며, 통계적으로는 유의미하지 않았다.

〈표 7-2〉 김대중 정부 : 소비자기대지수, 부정뉴스 빈도 그리고 대통령 지지도

종속변인	독립변인	시차(−1)	시차(−2)	시차(−3)	시차(−4)	그랜저 인과관계
대통령 지지도	소비자 기대지수	**0.675*** [**1.915**]	−0.193 [−0.593]	−0.087 [−0.254]	−0.205 [−0.625]	4.309 [0.365]
R^2=0.450	부정뉴스 빈도	**0.316** [**2.360**]	**−0.225** [**−1.729**]	0.131 [0.974]	**−0.265*** [**−1.936**]	7.127 [0.129]
	대통령 지지도	−0.388 [−2.190]	−0.152 [−0.798]	0.279 [1.512]	0.006 [0.040]	
	C	−0.683 [−0.248]				

주) 시차 변인 아래 괄호안의 값은 t−값을 의미하고 위의 숫자는 카이스퀘어(chi-square) 값을 나타낸다. 맨 오른쪽의 그랜저 인과관계 테스트 아래의 괄호안 값은 p−값을 보여준다. 굵은 숫자의 t−값은 변인 간의 관계가 있음을 의미한다. 굵은 숫자의 t−값은 p〈.05에서 통계적으로 유의미하다. 단, *는 p〈0.1에서 유의미하다. N=51(1998: 12-2003: 2)

이어 경제뉴스가 노무현 대통령의 경제리더십 평가에 영향을 미치는지를 알아보기 위해 위의 경우와 같은 방식으로 분석을 실시했다. 김대중 정부와 마찬가지로 노무현 정부에서도 경제뉴스 논조와 대통령 평가 간에는 서로 상관관계가 발견되지 않았다(표로 제시하지는 않았음). 이어서 현재 경제상황에 대한 국민의 경제인식을 통제한 상태에서 부정적인 경제뉴스 보도량과 대통령 지지도 간의 관계를 살펴보았다.

〈표 7-3〉에서 볼 수 있듯이 부정적인 경제뉴스 보도량이 현재 경제상황

을 통제하고도 시차 1, 3개월 후에 대통령의 지지도에 영향을 미쳤다. 그랜저 인과관계 검정결과 7.8%(p〈.078) 수준에서 통계적으로 유의미해 "부정적인 경제뉴스는 대통령 평가에 부정적인 영향을 준다"는 〈연구가설 1〉은 수용되었으며, 이 부분에서 이 연구의 데이터와 부합됐다. 결론적으로 노무현 정부에서는 매스 미디어가 어떤 속성 프레임으로 보도(논조)하든 대통령 지지도와 직접적인 상관관계가 나타나지 않았지만, 부정적인 경제뉴스를 자주 보도하며(보도량) 대통령 지지도에 부정적인 영향을 미쳤다.

〈표 7-3〉 노무현 정부 : 소비자평가지수, 부정뉴스 빈도 그리고 대통령 지지도

종속변인	독립변인	시차(-1)	시차(-2)	시차(-3)	Lag4	그랜저 인과관계
대통령 지지도	소비자 평가지수	**0.575** **[2.05]**	0.124 [0.40]	**−0.546*** **[−1.85]**	0.162 [0.67]	**10.341** **[0.035]**
R^2=0.491	부정뉴스 빈도	**0.314** **[2.42]**	0.006 [0.04]	**−0.286** **[−2.16]**	−0.062 [−0.45]	8.373* [0.078]
	대통령 지지도	−0.158 [−0.75]	−0.021 [−0.12]	0.092 [0.53]	−0.02 [−0.18]	
	C	−0.158 [−0.04]				

주) 시차 변인 아래 괄호안의 값은 t-값을 의미하고 위의 숫자는 카이스퀘어(chi-square) 값을 나타낸다. 맨 오른쪽의 그랜저 인과관계 검정 아래의 괄호안 값은 p-값을 보여준다. 굵은 숫자의 t-값은 변인 간의 관계가 있음을 의미한다. 굵은 숫자의 t-값과 p-값은 p〈.05에서 통계적으로 유의미하다. 단, *는 p〈0.1에서 유의미하다. N=30(2003: 7-2005: 12)

2) 경제인식 및 경제상황과 대통령 평가

〈연구문제 2〉는 경제에 대한 국민의 주관적인 인식과 실제 경제상황이 대통령 지지도에 어떻게 연결되는지를 살펴보기 위해 제시됐다. 위의 연구문제를 해결하기 위해 먼저 "미래경제에 대한 부정적인 인식은 대통령 평가에 부정적인 영향을 줄 것이다"는 〈연구가설 2-1〉이 제시됐다. 이들 변인 간의 예측관계를 알아보기 위해 VAR 모형을 사용했으며, 시차는 앞서 설명한 대로 모형 차수의 적합도 측정을 통해 4개월까지로 설정했다.

미래경제에 대한 일반인 평가와 대통령 지지도 간의 관계가 정부별로 어떻게 나타나는지 살펴보았다. 먼저 김대중 정부의 경우 앞의 〈표 7-2〉 첫째 열이 보여주듯이 부정적인 경제뉴스 보도량을 통제했을 때 미래경제에 대한 국민인식은 시차 1개월 후에 대통령 평가에 영향을 미쳤다. 하지만 그랜저 인과관계 검정에서는 통계적으로 유의미하지 않아 〈연구가설 2-1〉은 이 연구의 데이터와 일치하지 않았다.

이런 결과는 노무현 정부에서도 개별적 분석결과를 제시하지 않았으나 김대중 정부와 마찬가지로 미래경제에 대한 국민인식과 대통령 지지도 간에는 어떤 관련성도 발견되지 않았다. 따라서 노무현 정부 역시 '미래경제에 대한 부정적인 인식은 대통령 평가에 부정적인 영향을 준다'는 〈연구가설 2-1〉은 이 연구에서 기각됐다.

〈표 7-4〉 노무현 정부 : 소비자평가지수, 부정뉴스 빈도 그리고 대통령 지지도

종속변인	독립변인	시차(−1)	시차(−2)	시차(−3)	Lag4	그랜저 인과관계
대통령 지지도	소비자 평가지수	**0.575** **[2.05]**	0.124 [0.40]	**−0.546*** **[−1.85]**	0.162 [0.67]	**10.341** **[0.035]**
R^2=0.491	부정뉴스 빈도	**0.314** **[2.42]**	0.006 [0.04]	**−0.286** **[−2.16]**	−0.062 [−0.45]	**8.373*** **[0.078]**
	대통령 지지도	−0.158 [−0.75]	−0.021 [−0.12]	0.092 [0.53]	−0.02 [−0.18]	
	C	−0.158 [−0.04]				

주) 시차 변인 아래 괄호안의 값은 t−값을 의미하고 위의 숫자는 카이스퀘어(chi-square) 값을 나타낸다. 맨 오른쪽의 그랜저 인과관계 테스트 아래의 괄호안 값은 p−값을 보여준다. 굵은 숫자의 t−값은 변인 간의 관계가 있음을 의미한다. 굵은 숫자의 t−값과 p−값은 p〈.05에서 통계적으로 유의미하다. 단, *는 p〈0.1에서 유의미하다. N=30(2003: 7-2005: 12)

그러나 노무현 정부에서는 미래경제에 대한 국민인식이 대통령 평가와는 관계가 없었으나, 〈표 7-4〉에서처럼 현재 경제상황에 대한 국민인식(소비자평가지수)은 경제뉴스 보도를 통제하고도 시차 1, 3개월 후에 대통령 평가에 영향을 미쳤다. 이런 결과는 그랜저 인과검정에서도 유의미했다.

즉, 노무현 정부에서는 현재경제에 대한 국민의 평가가 좋을수록, 대통령
에 대한 우호적 수준이 올라가는 '경제적 지지효과(economic approval effects)'
가 나타났다. 그랜저 인과관계 검정에서도 이런 예측관계는 통계적으로
3.5% 수준에서 유의미한 결과를 보였다.

요약하면, 국내의 경우 전반적으로 미래경제에 대한 국민의 인식은 대
통령 평가와 무관했으며, 흥미롭게도 노무현 정부에서만 예외적으로 현재
경제상황에 대한 국민인식이 대통령 평가의 예측변수로 작용하였다.

〈연구가설 2-2〉는 "현재 경제상황이 나빠지면 대통령 평가가 나빠질 것
이다"는 내용을 검정하기 위한 것이다. VAR 모형 사용해 정부별로 시차 4
개월까지 변수 간의 예측관계를 추정해 보았다.

〈표 7-5〉 노무현 정부 : 경기동행지수, 경제뉴스 논조 그리고 대통령 지지도

종속변인	독립변인	시차(-1)	시차(-2)	시차(-3)	시차(-4)	그랜저 인과관계
경기 동행지수	경기 동행지수	-0.032 [-0.14]	0.352 [1.65]	-0.209 [-1.03]	0.009 [0.04]	
R^2=0.668	경제뉴스 논조	0.021 [0.15]	0.204 [1.59]	**0.32** **[2.24]**	0.245 [1.51]	**11.319** **[0.023]**
	대통령 지지도	-0.012 [-1.26]	**-0.016*** **[-1.75]**	-0.015 [-1.62]	**-0.012*** **[-1.94]**	8.198 [0.084]
	C	0.968 [3.78]				

주) 시차 변인 아래 괄호안의 값은 t-값을 의미하고 위의 숫자는 카이스퀘어(chi-square) 값을 나
타낸다. 맨 오른쪽의 그랜저 인과관계 테스트 아래의 괄호안 값은 p-값을 보여준다. 굵은
숫자의 t-값은 변인 간의 관계가 있음을 의미한다. 굵은 숫자의 t-값과 p-값은 p<.05에서
통계적으로 유의미하다. N=30(2003: 7-2005: 12)

분석결과 김대중, 노무현 정부 모두 현재 경제상황이 대통령 지지도와
는 아무런 관련성을 보이지 않아 이 연구가설은 채택되지 않았다. 다만,
노무현 정부에서는 〈표 7-5〉에서 보듯이 이례적으로 대통령 지지도가 거
꾸로 현재 경제상황을 보여주는 경기동행지수에 시차 2, 4개월째에 영향
을 미쳤고, 그랜저 인과관계 검정에서도 8.4% 수준에서 통계적으로 유의

미한 관계를 보였다. 그러나 부호가 마이너스로 나타나 대통령의 지지도
가 떨어지면 시차 2개월과 4개월 후에 현재 경제상황이 좋아지는 비정상
적인 관계를 보였다. 대통령 지지도가 높다고 해서 반드시 현재 경제상
황이 좋은 것은 아니다. 결과적으로 노무현 정부에서는 대통령 지지도의
등락과 실제 경제동향과는 연동돼 움직이지 않았다.

지금까지 분석결과는 정리하면 김대중 정부시기에는 경제뉴스, 경제인
식, 경제현실 모두 대통령 지지도와는 상관관계가 나타나지 않았다. 이에
반해 노무현 정부시기에는 부정적인 경제뉴스 보도량, 현재 경제인식이
대통령 지지도와 관련성이 있는 것으로 나타났다. 또한 대통령 지지도와
현재 경제상황 간에 상관관계가 나타났으나 서로 부적인 상관관계여서
해석에 유의할 필요가 있다. 연구결과를 요약하면 아래 〈표 7-6〉과 같다.

〈표 7-6〉 국내경제이슈와 대통령평가 간의 상관관계 요약표

정부	상관관계 방향	유의도 수준
김대중 정부	경제뉴스 ⇏ 대통령지지도	-
	미래경제인식 ⇏ 대통령지지도	-
	현재경제상황 ⇏ 대통령지지도	-
노무현 정부	경제뉴스(부정적인 보도량) ⇒ 대통령지지도	$P\langle.078$
	미래경제인식 ⇏ 대통령지지도	-
	현재경제인식 ⇒ 대통령지지도	$P\langle.035$
	대통령지지도 ⇒ 현재경제상황	$P\langle.084^*$

주) *두 변수는 서로 부적인 상관관계를 갖는다.

6. 토론

이 연구는 시계열 분석의 VAR 모형을 사용해 경제뉴스, 거시적이고 집
합적인 통계지표인 경제인식과 경제상황 그리고 대통령에 대한 국민의
평가가 서로 어떻게 인과적 방향성을 갖는지 살펴보았다. 특히 외환위기

를 겪은 김대중 정부와 경제리더십 부재라는 비판적 논쟁에 휩싸인 노무현 정부를 대상으로 집합적 차원의 경제이슈가 정부(regime)의 정치경제 지형에 따라 대통령 평가에 어떻게 연결되는지를 알아보고자 했다. 또한 국내 경제뉴스의 속성 프레임이 대통령의 경제리더십에 대한 국민의 평가에 미치는 영향을 추정했으며, 이런 속성 프라이밍 효과가 이론적으로 작동하는지 밝혀보고자 했다. 아울러 미래경제에 대한 국민인식과 경제현실이 대통령의 평가의 예측변수가 될 수 있는지 살펴보았다.

이러한 과정과 목적에 따라 드러난 연구결과를 정리하고 그 의미를 논의하면 다음과 같다. 먼저 "부정적인 속성의 경제뉴스 보도는 대통령 평가에 부정적인 영향을 줄 것이다"는 〈연구가설 1〉에 대한 그랜저 인과검정 결과 부정적인 경제뉴스 프레임은 대통령 지지도와 무관하게 나타났다. 이 연구에선 국내 언론이 경제뉴스를 어떤 관점에서 보도하든지, 대통령 지지도에 연결되지 않는 양상을 보였다. 하지만 노무현 정부시기에 한정된 것이긴 하지만, 부정적 경제뉴스 보도량이 미래경제에 대한 국민 평가와 현재 경제상황을 통제한 상황에서도 대통령 지지도에 영향을 미쳤다.

미디어의 경제뉴스 논조는 대통령 평가의 설명변수가 되지 않는 반면, 부정적인 경제뉴스 보도량이 대통령 평가의 설명변수로 나타난 점은 흥미롭다. 이는 미디어가 긍정적 또는 부정적 속성으로 번갈아 보도할 때보다 부정적인 뉴스를 집중적으로 쏟아낼 경우 국민이 더 영향을 받는다는 사실을 보여준다(Wu et al., 2002). 미디어 수용자들은 긍정뉴스와 부정뉴스를 번갈아 접하면, 상황에 대한 평가나 인식이 보다 균형적으로 바뀌지만, 반대로 부정적인 속성의 뉴스에 반복적으로 선택노출되면 특정한 방향으로 의견이나 태도가 강화되기 쉽다(Saltiel & Woelfel, 1975). 이러한 현상은 향후 커뮤니케이션 연구에서 뉴스의 논조와 뉴스의 보도량 간에 효과의 차이가 있다는 점을 감안해 분석하고 해석할 필요가 있다는 점을 시사해준다.

이 연구에서 한 가지 주목되는 점은 부정적인 뉴스의 보도량이 늘어나면, 1개월쯤 후에 대통령 지지도가 올라가고, 반대로 부정적인 경제뉴스 보도량이 줄어들면 1개월쯤 후에 대통령 지지도가 내려가는 '의사 상관관계(spurious relationship)'가 발견된 점이다. 이런 결과는 부정적인 경제뉴스 보도량 증감이 대통령 지지도와 정적인 관계로 움직이지 않는다는 사실을 실증적으로 보여준다. 부정적인 경제뉴스 보도량과 대통령 지지도 간의 이런 '의사 상관관계'는 정치적 이념성, 지역성, 정파성이 강한 한국의 특수한 정치사회적 환경과 연결 지어 설명될 수도 있어 보인다(Lee, 2003).

김대중 정부에서는 지역성이, 노무현 정부에서는 이념성과 매체 간의 갈등과 분열에 따른 언론의 신뢰도 추락이 대통령 지지도에 미치는 경제뉴스의 효과를 약화시켰다고 본다. 실제로 노무현 정부에서는 입장에 따라 특정 매체의 보도를 서로 불신하거나 적대시 하는 '적대적 매체 지각(hostile media perception)' 현상이 널리 퍼져 있는 상태였다(오택섭 & 박성희, 2005). 따라서 미디어 보도 방향에 관계없이 '여론의 편 가르기'에 의해 대통령 지지도가 영향을 받는 구조를 지녔다고 해석해 볼 수도 있겠다.

뉴스와 대통령 지지도 간의 이런 비정상적 관계는 미디어 환경변화 측면에서 설명이 가능하다. 코헨(Cohen, 2004)의 연구에 따르면 미디어 환경변화에 따른 미디어 수용자들의 숫자감소, 뉴스 미디어의 신뢰도 하락, 매스 미디어의 부정적인 뉴스를 일종의 '잡음'으로 받아들이는 수용자들의 태도 등이 미디어 보도와 대통령 지지도 간에 방향성을 엇갈리게 하는 '역설적인 미디어 효과(paradox of media effects)'를 만들어 낸다고도 해석해 볼 수 있다.

이 연구에서는 특히 정부의 경제 및 정치적 환경이나 구조에 따라 프라이밍 효과(priming effects)가 다르게 나타날 수 있다는 점에서 이론적으로 흥미로운 시사점을 제공한다. 김대중 정부에서는 경제뉴스와 대통령 평가 간에 상호 인과관계가 나타나지 않았지만, 노무현 정부에서는 부정적인 경제뉴스 보도량에 따라 대통령 지지도가 영향을 받았다. 국가경제가 위기상황에 놓였던 김대중 정부에서는 국민들이 미디어의 경제보도 방향에 근거해 대통령을 평가하지 않았거나, 아니면 미디어가 대통령의 경제리더십을 우호적으로 다루었을 수 있다.

일반적으로 국가위기 상황에서는 국민에 대한 미디어의 영향력이 커지는 동시에 애국심이 발휘되면서 대통령에 대한 국민의 지지도가 일시적으로 올라가는 '랠리 효과(rally effects)'가 나타난다(Wu et al., 2002; McLeod et al., 1994). 아울러 김대중 정부에서는 미디어가 경제뉴스를 설사 부정적으로 다루었다고 하더라도 국민들은 외환위기 체제를 극복하려고 노력하는 대통령에 대해 심정적인 지지를 보냈거나, 미디어 보도를 액면 그대로 받아들이지 않았을 가능성이 많다.

반면에 노무현 정부에서는 부정적인 경제뉴스 보도량을 설명변수로 설정했을 때 부분적이나마, 경제뉴스가 국민들의 현재 경제상황 인식을 통제하고도 대통령 평가에 영향을 미쳤다. 즉, 미디어가 부정적인 속성의 경제뉴스를 많이 다루며, 결국 대통령 지지도가 떨어지는 '속성 프라이밍 효과(attribute priming effects)'가 나타났다. 노무현 정부에서는 미디어의 부정적인 속성의 경제뉴스 보도량이 대통령 평가의 중요한 예측변수였음을 이 연구결과는 보여준다. 이런 사실은 노무현 대통령의 경제리더십과 직무 수행능력에 대한 평가가 주로 미디어의 경제보도에 의해 크게 좌우됐음을 뜻한다. 다만 경제뉴스 보도량이 아닌 긍정뉴스와 부정뉴스를 합친 논조(tone)로 구성했을 때는 '속성 프라이밍 효과'가 나타나지 않았기 때문에 추가적인 연구가 필요하다.

이 연구에 기초해 볼 때 노무현 대통령의 지지도 추락은 그의 '도덕성'보다는 오히려 미디어에 의해 의제설정된 '국정능력 부족'이나, '경제리더십 부재'라는 이미지가 보다 크게 부각된 때문으로 추론된다. 이는 프라이밍 이론적 관점에서 보더라도 타당하다. 언론이 경제이슈를 많이 다루면, 국민들은 현저성(salience)과 접근성(accessibility)이 높은 경제이슈를 중심으로 대통령을 평가한다. 마찬가지로 언론이 경제이슈를 부정적인 속성에 맞춰 강조하면, 국민들은 현저성이 두드러진 그 속성을 기준으로 대통령을 평가하게 된다.

두 번째로 국민의 경제인식과 대통령 평가 간의 상호 인과관계성을 살펴본 결과 전반적으로 무관하게 나타났다. 먼저 "미래경제에 대한 부정적인 인식은 대통령 평가에 부정적인 영향을 줄 것이다"는 〈연구가설 2-1〉의 가정에 대한 그랜저 인과검정 결과 미래경제에 대한 국민인식과 대통령 평가 간에 상호 관련성이 나타나지 않았다. 이는 미래경제상황에 대한 평가(소비자기대지수)가 대통령 지지도에 영향을 미친다는 많은 기존 연구결과(MacKuen, Erikson, & Stimson, 1992; Mutz, 1998; 심재철, 2005)와 일치하지 않는다. 적어도 한국에서는 국민의 경제심리가 대통령 지지도에 영향을 미친다는 '경제적 지지 효과(economic approval effects)'에 대한 설명력이 떨어진다.

그러나 노무현 정부에서는 '미래경제상황에 대한 국민인식'이 대통령 지지여부의 예측변수가 되진 못했으나, 예외적으로 '현재 경제상황에 대한 국민인식'이 대통령 평가에 중요한 변수로 작용했다. 이런 결과는 노무현 정부에 국한된 문제이긴 하지만, 국내의 경우 미래경제에 대한 기대감 보다 당장의 경제상황이 어떤가 하는 여론에 따라 대통령에 대한 평가가 달라질 수 있다는 점을 시사한다. 이는 이론적으로도 타당하다. 일반적으로 국민들은 현재 경제상황에 대한 인식은 언론의 보도보다 개인의 실제 경험에 보다 의존(Linden, 1982)하고 이를 근거로 대통령을 평가하는 경향(MacKuen et al., 1992)을 보인다.

현직 대통령에 대한 평가는 경험하지 못한 미래경제상황에 대한 인식보다는 경험이 가능한 현재 경제상황에 대한 인식을 기준으로 이뤄질 가능성이 많다. 물론 대통령 선거시기의 경우에는 대통령 평가 기준이 좀 다르다. 현직 대통령에 대해서는 현재 경제상황에 대한 인식을, 경쟁후보나 야당 후보에 대해서는 미래경제상황에 대한 인식을 중심으로 평가할 여지가 많다. 현직 대통령은 경제적 업적을 중심으로, 경쟁후보는 미래경제에 대한 공약이나 청사진에 기초해 평가가 이루어진다.

마지막으로 "현재 경제상황이 나빠지면 대통령 평가는 나빠질 것이다"는 〈연구가설 2-2〉는 전체기간은 물론 정부별로도 유의미성을 발견하기 어려웠다. 즉, 현재 경제상황을 나타내는 경기동행지수는 물론 미래경제상황을 보여주는 경기선행지수 모두 대통령 평가와 무관하게 나타났다. 이런 결과는 대통령 지지도는 국가경제상황에 달려 있다는 기존의 많은 연구(Nadeau et al., 1999; MacKuen, Erikson, & Stimson, 1992; Kinder & Sears, 1985)와는 일치하지 않지만, 일부 연구(Blood & Phillips, 1995)와는 일치한다. 그 동안 정치학자와 경제학자들은 경제를 당이나, 대통령 후보를 지지하는 '구조적 요인(structural factor)'으로 설명해 왔으나 이 연구는 그런 설명을 지지하는 결과를 제시해주지 못한다.

그렇다면, 경제가 한국에서는 왜 대통령 평가에 영향을 주는 변수로 작용하지 못할까 하는 의문이 남는다. 여기에는 "경제현실에 대한 판단은 상당부분 국민들의 인식에 기초 한다"는 패터슨, 헤터링톤 그리고 빌라리얼(Patterson, 1993; Hetherington, 1996; Villarreal, 1999)의 주장에 근거해 설명이 가능하다. 이들은 대통령이나 당에 대한 평가는 실제 경제지표보다 경제상황이나 흐름에 대한 사람들의 인식에 더 좌우된다고 보았다. 국가경제상황에 대한 국민인식이나 평가는 특별한 경우는 제외하고는 개인의 경험보다는 미디어가 구성하고, 해석하는 방향에 따라 형성된다. 미디어가 국가경제상황을 어떻게 보도하는 가에 따라 국민의 국가경제 인식은 결정되며, 이를 토대로 대통령 평가로 연결되는 것으로 해석해 볼 수 있다.

결론적으로 한국의 경우 대통령 평가는 정부가 발표하는 실질 경제지표나 통계와 관계없이 경제현실에 대한 국민의 평가나 심리에 의해 좌우될 수 있음을 시사한다. 국가경제가 지표상으로는 좋더라도 국민들이 심리적으로 경제를 나쁘게 인식하면 결국 대통령의 지지도는 떨어지게 된다. 그런 점에서 매스 미디어가 경제현실을 어떤 관점에서, 또 어떻게 보도하고 의제설정하는가에 따라 국민들의 경제심리가 영향을 받으며 동시에 대통령 지지도가 결정되기 쉽다. 언론의 경제보도는 국민들의 주관적인 경제인식에 직간접적으로 영향을 미치기 때문에 미디어가 제시한 경제동향이 경제인식에 반영돼 결국 대통령 평가로 연결될 것이라는 추론이 가능하다(이완수, 2007). 그런 점에서 국가경제에 대한 국민인식과 대통령의 경제리더십에 대한 평가는 상당부분 미디어의 보도에 의해 좌우된다고 볼 수 있다.

그러나 이 연구는 모든 사회과학 연구가 그렇듯이 한계점을 갖고 출발했다. 이 연구는 1) 대통령에 대한 평가는 단순히 경제리더십이나 경제이슈에 국한돼 설명되지는 않는다. 때로는 정치적 리더십이나 지역적, 이념적, 정파적 차이에 따라 대통령에 대한 평가는 영향을 받는다. 2) 분석 대통령을 외환위기라는 특수한 경제환경과 언론과의 갈등관계라는 특수한 정치환경에 놓였던 정부만을 대상으로 했다는 점에서 경제이슈와 대통령 평가 간의 예측관계를 일반화하는 데는 무리가 따른다.

그럼에도 이 연구는 경제뉴스-경제인식-경제현실 등 국가경제이슈가 대통령 평가와 서로 어떻게 영향을 주고받는지에 대한 장기간에 걸친 실증 연구라는 점에서 이론적으로나, 현실적으로 그 의의가 적지 않다. 이러한 연구결과가 국내에서 얼마나 타당성을 가질 수 있는지 추가적인 후속연구가 필요하다.

〈요약〉

이 글은 한국 미디어의 경제뉴스, 국민의 주관적인 경제인식, 객관적인 경제 현실 변수와 대통령 지지도 변수 간에 서로 어떤 상관관계가 존재하는지 추정해 보기위한 것이다. 이러한 목적에 따라 김대중 정부와 노무현 정부로 나눠 계량 경제학 분석방법의 하나인 시계열의 VAR 모형을 사용해 경제뉴스, 거시적이고 집합적인 통계지표인 경제인식과 경제상황, 그리고 대통령에 대한 국민의 평가가 서로 어떻게 인과적 방향성을 갖는지 살펴보았다.

분석결과에 따르면 김대중, 노무현 정부 모두 국내 경제뉴스와 대통령 평가 간에는 서로 상관관계가 발견되지 않았다. 그럼에도 불구하고 노무현 정부의 경우 예외적으로 매스 미디어가 경제이슈를 부정적으로 많이 다루면 다룰수록, 시간에 따라 대통령의 지지도가 더 떨어졌다.

또한 이 분석에서는 경제현실에 대한 국민의 주관적인 인식과 실제 경제상황 역시 대통령 평가와 직접적인 관련성을 보이지 않았다. 그러나 노무현 정부에서는 '미래경제에 대한 국민인식'이 대통령 평가의 예측변수가 되진 못했으나, 이례적으로 '현재 경제상황에 대한 국민인식'이 대통령 평가의 예측변수로 작용했다. 한국의 정치적 맥락 속에서 경제 프라이밍 효과의 함의를 토론했다.

8장 경제뉴스와 소비행위

소비자들은 경제상황에 대한 관찰이나 직접적인 경제행위 그리고 주변 사람들과의 소통을 통해 경제현실을 이해한다(Mutz, 1998). 하지만 집합적이고 거시적인 국가경제이슈는 개별적인 관찰이나 경험만으로는 제대로 알기 어렵다. 개인적인 경험이 어려운 국가경제에 대한 이해나 평가는 주로 매스 미디어 보도에 의존할 수밖에 없다(Weatherford, 1983; MacKuen, Erikson, & Stimson, 1992).

그러나 이러한 가정이 과연 타당한지를 직접 살펴본 연구는 국내는 물론 국외에서도 상대적으로 적다. 믿을 만한 다양한 정보원이 각각 다른 정보를 제공하는 상황에서는 미디어 효과가 두드러지게 나타나지 않을 수 있다(Ball-Rokeach & DeFleur, 1976; Zucker, 1978). 특히 직접적인 경험이 가능하며 체감할 수 있는 돌출성(obtrusiveness)이 두드러진 경제이슈는 매스 미디어 효과가 제한적이다라는 연구도 있다(Soroka, 2003; Zucker, 1978).

그럼에도 불구하고 경제뉴스는 잠재적으로 소비자 심리에, 장기적으로는 경제상황에 널리 영향을 미친다고 가정한다(Blood & Phillips, 1997). 매스 미디어의 부정적인 경제뉴스는 소비주체인 개인이 경제에 대해 나쁜 평가를 내리도록 하며, 실제 경제상황을 악화시키는 원인으로 지목된다. 때로는 경제에 대한 여론을 제대로 형성하지 못해, 경제정책을 올바르게 세우거나 경제처방을 제때 내리지 못하게 하는 요인이 되기도 한다(심재철, 2005; Lee, 2006). 정부와 언론이 '경제보도 방식'을 놓고 사사건건 대립하고, 갈등을 빚는 것은 경제뉴스의 가상적인 영향력과 무관치 않다. 한국 사회는 그동안 경제가 어려울 때마다 '경제위기의 원인 제공자가 누구인가'를 놓고 논쟁이 끊이지 않았다.

노태우 정부에서는 '총체적 위기론', 김영삼 정부에서는 '경제 위기론', 김대중 정부에서는 'IMF 위기론', 노무현 정부에서는 '과장된 위기론'의 귀인(attribution) 문제를 놓고 정치권, 정부, 언론, 학계, 시민단체를 중심으로 논쟁이 뜨거웠다(심재철, 1997, 1999, 2005; Lee, 2006; 미디어오늘, 2004.5.23).

노무현 정부에서는 대통령이 직접 나서 "언론의 과장된 위기론은 시장을 위축시키고, 진짜 경제위기를 불러 올 수 있다"며 공개적으로 미디어 보도태도를 비판했다. 이런 주장의 배경에는 "경제 위기의 설정자(setter)와 주도자(leader)가 누구냐"는 문제의식이 깔려 있다(청와대 브리핑, 2004.6.7). 이 연구는 경제보도가 소비자들의 경제심리에 영향을 미치고, 실제 경제상황에도 영향을 주는지에 대해 직접 점검해 보기 위해서이다.

경제이슈에 대한 의제 설정자나 주도자를 파악하는 일은 한 국가가 최적의 경제정책을 수립하고, 경제위기에 시의적절하게 대처하며, 민간 경제주체들이 합리적 소비와 투자를 할 수 있는 판단의 근거가 된다.

경제뉴스, 소비자 심리, 경제상황 간의 예측관계를 밝혀내는 일이야 말로 적기에 경제정책을 수립하고, 경제주체들의 합리적인 경제활동을 가능케 한다. 그럼에도 미디어가 경제뉴스를 부정적인 속성(attributes)으로 다루는지, 경제위기가 과연 미디어 보도 때문인지, 경제심리가 실제 소비활동을 위축시키는 지에 대한 경험적인 연구는 드물다. 경제위기론에 대한 책임을 놓고 논란이 끊이지 않았지만 이를 학술적으로 점검한 연구는 없었다.

따라서 이 연구는 경제이슈를 대상으로 경제뉴스-소비자 심리-경제상황-소비행위 등 경제커뮤니케이션 요소가 서로 어떻게 인과관계를 갖는지를 추정해 본다. 경제뉴스-소비자 심리-경제상황-소비활동 변수 간의 인과적 방향성을 모르고서 한 국가의 경제동향을 평가하거나 전망을 내리는 것은 위험하다. 경제에 대한 뉴스와 의견, 그리고 소비자 행동은 이론적으로 어느 한쪽 방향이 아닌, 서로 역동적으로 움직인다고 가정한다.

이러한 가정에 기초해 이 연구는 외환위기를 겪은 김대중 정부와 언론과 사사건건 대립각을 세운 노무현 정부에 걸친 경제이슈를 대상으로 경제뉴스, 실제 경제상황, 소비자 심리, 그리고 소비활동 간의 예측관계를 밝혀 보고자 한다. 그리고 경기국면에 따라 경제뉴스가 소비자 심리에 미치는 영향이 어떻게 달리 나타나는지도 살펴보고자 한다. 나아가 소비자 심리가 실제 소비활동에 영향을 주는 자기실현적 기대가설(self-fulfilling expectation prophecy)이 한국 경제현실에서도 입증되는지 분석해 보고자 한다. 이론적으로는 국내 경제이슈에 있어 미디어 속성의제가 소비자 의제로 어떤 과정을 거쳐 전이되는지를 알아보겠다.

무엇보다 이 연구는 한국 소비커뮤니케이션 경로를 시계열적(time-series)으로 파악함으로써 정책수립, 투자 그리고 소비활동에 미치는 요인을 파악하는 동시에 경제주체들이 최적의 의사결정 시기를 예측하는 데 초점을 맞춘다. 특별히 국내 경제상황에 대한 매스 미디어 효과를 저널리즘과 경제학의 학제 간 연구를 통해 시계열적으로 살펴보겠다.

1. 경제이슈 의제설정 경로

경제이슈 의제설정 연구는 그간 미디어의 경제뉴스가 소비자의 주관적인 경제현실 인식에 영향을 미치는가를 살피는 데 주로 초점을 맞춰 왔다. 미디어의 경제뉴스 보도와 소비자가 인식하는 경제이슈 간의 상관관계 연구(Benton & Frazier, 1976)나, 경제 불황과 관련된 12가지 보도 속성과 소비자가 지각하는 속성 인식 간의 일치도 연구(Takeshita, 2002)도 모두 경제뉴스의 의제설정 경로를 확인하고자 했다.

경제뉴스와 2차 의제설정 효과를 경험적으로 측정한 헤스터와 깁슨(Hester & Gibson, 2003)의 연구 역시 미디어의 뉴스속성이 소비자의 경제인식에 미치는 영향력을 살펴보는 데 맞춰졌다. 이처럼 경제뉴스 속성 의제설정 연구는 경제뉴스가 소비자의 주관적인 경제인식과 정적인 상관관계를 갖는지에 관심을 가졌다.

하지만 지금까지 실시된 연구를 살펴보면 미디어가 경제에 대한 의제설정을 전적으로 주도하지만은 않는다. 미디어가 소비자(또는 공중)의제를 설정하기도 하지만(Dearing & Rogers, 1996), 소비자가 미디어의제를 형성하기도 한다. 또한 미디어와 소비자가 의제설정 과정에 서로 영향력을 주고받는 순환 또는 환류(feedback)관계를 보이기도 한다(Behr & Iyengar, 1985; Choi, 2004; Granger, 1969; Neuman & Fryling, 1985; Stevenson, Gonzenbach, & David, 1994). 특히 소비자가 일상적으로 경험하는 경제 이슈에 대한 미디어 효과를 평가하고자 할 때는 '현실(reality)' 요인을 무시할 수 없다(Wu et al., 2004; Behr & Iyengar, 1985). 경제는 일상생활 속에서 경험하기 쉬운 이슈이기 때문에 소비주체인 개인은 자신이 일상적인 경험을 바탕으로 경제현실을 평가한다(Linden, 1982).

이에 따라 우리는 경제뉴스, 소비자 인식, 경제상황 등의 변수가 각각, 또는 서로 어떤 관계 속에서 영향을 주고받는지를 기존연구를 중심으로 논의한다(Blood & Phillips, 1995, 1996 참조).

2. 경제뉴스와 소비자 체감경기

소비주체인 개인은 일상생활을 통해 경제이슈를 직접 경험하고, 판단하고, 평가하지만, 그렇다고 미디어의 영향으로부터 완전히 독립적인 것도 아니다(Behr & Iyengar, 1985; Conover, Feldman, & Knight, 1986; Erbring, Goldenberg, & Miller, 1980; Funk & Garcia, 1995; MacKuen & Coombs, 1981; Mutz, 1992, 1994). 소비자는 경제이슈를 자신의 생활 속에서 보고 듣지만, 모든 경제정보를 스스로의 능력으로 얻어낼 수는 없다. 사회구조가 갈수록 복잡해지고, 다양화되면서 개인 스스로 정보를 수집, 분석, 평가하는 데는 한계가 있다. 사람들은 결국 미디어가 보도하는 사실에 기초해 효과적으로 경제현실을 평가하거나(Nadeau, Niemi, Fan, & Amato, 1999; Sanders et al.,

1993; Mutz, 1992; Hetherington, 1996), 미디어에 등장한 전문가의 의견을 통해 경제상황이나 정치적 환경을 이해한다(Eshbaugh-Soha & Peake, 2005; MacKuen et al., 1992).

경제의제 설정 연구는 미디어가 중요시하는 경제의제가 소비자가 중요시하는 경제의제와 일치하는가에 맞춰져 왔다. 팬(Fan, 1993), 스티븐슨과 그의 동료들(Stevenson, Gonzenbach, & David, 1994) 역시 미디어가 경제를 부정적으로 보도할 경우 경제에 대한 소비자 심리가 위축되는 경향을 발견했다. 그러나 팬과 동료들은 실제 경제상황을 통계적으로 통제하지 않음으로써 뉴스가 소비자 심리에 영향을 미쳤는지, 아니면 객관적 경제상황이 소비자 심리에 영향을 줬는지를 구분해 보여주지는 못했다.

일반적으로 경제상황은 미디어 보도방향은 물론 소비자의 경제현실 인식에도 영향을 준다(Behr & Iyengar, 1985). 초기 경제뉴스 의제설정 연구에서 연구자마다 결과가 다르게 나온 데는 경제상황 요인을 고려하지 않은 측면도 있다(Wu et al., 2002). 이런 관점에서 스티븐슨, 곤젠박 그리고 데이비드(Stevenson, Gonzenbach, & David, 1994)는 경제상황을 통제한 뒤에도 경제뉴스가 소비자의 경제평가에 영향을 미치는지를 살펴보았다. 그 결과 팬의 연구와는 달리 소비자 경제인식이 거꾸로 미디어의 보도방향에 영향을 미쳤으며, 미디어 보도가 나중에 다시 소비자 인식에 영향을 줌으로써 미디어와 소비자 변수 간의 관계는 서로 순환적으로 움직인다고 해석한다.

부정적인 속성의 경제뉴스 논조가 경제현실에 대한 소비자 평가에 영향을 미친다는 연구도 있다. 고이델과 랭레이(Goidel & Langley, 1995)는 미디어가 지나치게 부정적인 경제뉴스를 양산한다는 1992년 당시 미국 공화당 정부의 주장에 대해 경제상황을 통제한 상태에서 경제뉴스 논조가 국민의 경제상황 인식이나 평가에 어떻게 영향을 미치는지를 살펴보았다. 이들은 경기상황이 좋을 때보다 경기상황이 나쁠 때 매스 미디어가 경제상황에 더 주목했으며, 나아가 부정적인 논조의 경제뉴스는 객관적인 경제상황을 통제하더라도 소비자의 경제평가에 부정적으로 영향을 미친다는 사실을 확인했다. 하지만 이 연구는 경제뉴스 속성보도가 소비자의 경제심리에 곧바로 영향을 준다는 예측관계의 동시성을 가정함으로써 시차에 따른 인과관계(causality)를 설명하지는 않았다(Hester & Gibson, 2003).

이러한 논의 선상에서 일부 연구자에 의해 경제뉴스, 소비자 인식, 경제상황, 대통령 지지도 등 경제커뮤니케이션 관련변인이 시차를 두고 서로 어떻게 영향을 주고받는지를 동시에 살펴보려는 시도도 있었다. 이 방법의 선구자인 블러드와 필립스(Blood & Phillips, 1995)는 불황뉴스, 소비자 인식, 경제상황, 대통령 지지도 변인의 인과관계를 시계열 분석 방법인 벡터자기회귀(VAR) 모형을 사용해 동시 추정했다.

그러나 이 연구는 소비자의 경제인식이 미디어의 뉴스 내용에 영향을 준다는 스티븐슨과 그의 동료들(Stevenson, Gonzenbach, & David, 1994)의 주장과 정 반대의 결과를 얻어냈다. 즉, 미디어 변인인 불황뉴스가 경제상황과 관계없이 시차(time lag) 2개월과 4개월 후에 소비자 경제인식에 부정적인 영향을 미치는 강력한 의제설정 효과를 나타냈다. 국내에서는 이완수(2007)가 한국 경제 데이터를 이용해 부정적인 경제뉴스 논조가 미래경제상황에 대한 소비자 인식에 영향을 미친다는 사실을 밝혀냈다.

블러드와 필립스(1995), 그리고 이완수(2007)의 연구와는 달리 우와 그의 동료들(Wu, et al., 2002)은 '경기국면'에 따라 불황뉴스, 경제상황, 경제현실 인식 변수가 서로 어떻게 영향을 주고받는지에 관심을 가졌다. 1987년 1월부터 1996년 3월까지 미국경제를 사례로 VAR 모형을 적용해 시도된 이 연구에서는 경제상황을 통제했을 때 경제뉴스가 소비자의 체감경기에 영향을 미치지 못했다.[1]

---

1) 이런 결과는 맥쿠엔, 에릭슨, 그리고 스팀슨(MacKuen, Erikson, & Stimson, 1992)의 연구에서도 발견됐다.

3. 경제상황과 소비자 체감경기

객관적인 경제상황은 다른 어떤 요소에 비해 소비자의 주관적인 체감경기에 보다 큰 영향을 미친다(De Boef & Kellstedt, 2004; Behr & Iyengar, 1985). 소비자는 일상생활 속에서 경제이슈를 직접 경험하기 때문에 뉴스보도에 전적으로 의존하진 않으며(Linden, 1982; Blood & Phillips, 1995), 일상경험을 통해 경제상황의 실체를 파악한다(Haller & Norpoth, 1997, p.573). 따라서 객관적인 경제상황이 소비자의 경제현실 인식에 더 영향을 준다는 주장(Wu et al., 2002, 2004)이 제기돼 왔고, 거꾸로 소비자의 경제현실 인식이 경제상황에 직접 영향을 미친다는 '자기실현적 기대(self-fulfilling expectation)' 가설이 지지되기도 한다(Katona, 1964; Curtin, 1982). 자기실현적 기대 가설은 소비자의 심리가 실제 경제상황에 영향을 미치는 현상을 설명한다.

소비자는 일반적으로 스스로 느끼기에 살기 어렵다는 생각이 들면 경제상황을 나쁘게 평가하고, 반대로 사는 데 큰 불편이 없으면 경제상황을 긍정적으로 받아들인다. 실제 경제상황은 곧 사람들의 경제인식이나 평가의 기초가 된다. 실제로 미국과 일본 경제에 대한 실증 연구에서도 소비자는 경제뉴스보다 객관적인 경제지표에 더 영향을 받았다(Wu et al., 2002, 2004; Linden, 1982). 우와 그의 동료들(Wu et al., 2002)의 연구에 따르면 소비자는 경제가 나쁠 때는 경제뉴스를 통해 객관적인 경제상황을 평가하지만, 경제가 좋을 때는 경제상황을 통해 긍정적인 경제인식을 하게 된다. 객관적인 경제상황은 소비자의 경제행위로부터 영향을 받으며, 동시에 소비자의 주관적인 체감경기에 영향을 미친다(Curtin, 1982; Fuhrer, 1988; Katona, 1964; Krause, 1997; Matsusaka & Sbornone, 1992).

4. 경제뉴스와 경제상황

사람들은 일반적으로 경제뉴스가 경제상황을 반영한다고 이해한다. 하지만 일부 연구에서는 미디어가 실제 경제상황과 관계없이 부정적인 논조로 보도하는 편향성을 보인다고 지적한다(Blood & Phillips, 1997). 그렇다고 경제뉴스와 객관적인 경제상황 간에 상관관계가 없다는 뜻은 아니다. 뉴스 미디어가 불황에 대해 집중보도하고 해설을 내보내면, 소비자는 경제를 나쁘게 인식하고 결과적으로 실제 경제상황이 나빠질 가능성이 커진다. 경제뉴스는 일반적으로 선정적이며, 부정적인 뉴스를 주목하는 편집국(혹은 보도국)의 속성 때문에 객관적이지 못하며, 지나치게 부정적으로 다뤄진다는 지적도 있다(Blood & Phillips, 1995).

이러한 경향 때문에 경제뉴스가 실제 경제상황을 제대로 반영하지 못하며, 결과적으로 "언론이 경제를 망친다"는 주장이 지속적으로 제기된다. 쿠르츠(Kurtz, 1990)와 스티븐슨과 그의 동료들(Stevenson et al., 1994)은 뉴스 미디어가 경제상황을 비우호적으로 다루면, 실제로 경제상황이 나빠지는 '미디어 맬러디 효과(media malady effects)'를 발견했다. 또 다른 연구에서도 부정적인 경제뉴스가 늘어나면, 경제선행지표들이 일정한 시차를 두고 나빠졌다(Blood & Phillips, 1997; 이완수, 2007). 이러한 연구결과는 경제뉴스 논조와 보도량이 객관적인 경제상황에 영향을 준다는 점을 강력하게 시사한다(Hester & Gibson, 2003).

경제뉴스의 이런 편향적이고, 부정적인 보도경향은 경기회복을 막거나, 경기반등을 지연시키며(Kurz, 1990; Stevenson et al., 1994), 나아가 시장상황을 악화시키는 요인이 된다(Graber, 1993). 경제뉴스의 보도량과 논조는 결과적으로 경제적 환경에 강력한 영향을 미칠 수 있다는 점을 보여주는 것이다. 물론 경제뉴스와 객관적인 경제상황이 서로 밀접한 상관관계를 지니며, 상호영향을 준다는 이러한 논거가 완벽하게 지지되는 것은 아니다.

블러드와 필립스(1995, 1996)는 불황 헤드라인 뉴스와 실제 경제상황 간의 상관관계를 시계열 분석해 본 결과 어떤 관련성도 발견하지 못했다. 쿠르츠, 스티븐슨과 그의 동료들의 연구에서도 부정적인 경제보도가 실제 경제상황에 나쁜 영향을 준다는 '미디어 맬러디 효과' 가설이 지지되지 않았다. 이들은 이러한 연구결과에 따라 경제뉴스가 경제상황에 영향을 주기 보다는 경제상황이 경제뉴스의 보도방향을 결정한다고 보았다. 하지만 앞서 논의한대로 경제뉴스와 객관적 경제상황이 순환적인 관계를 가질 수 있지만, 이들 연구자들은 방법론상 한계로 그러한 순환관계를 살펴보지 못했다.

5. 사례연구

이 장에서는 기존 논의를 바탕으로 한국 데이터를 가지고 국내 경제뉴스, 국내 경제상황, 소비자 심리, 그리고 소비활동이 서로 어떤 역학관계를 갖는지를 살펴보겠다. 구체적으로 경제뉴스의 부정적인 속성 프레임이 경제에 대한 소비자 기대심리에 어떻게 영향을 주는지 살펴보겠다. 이어 경제뉴스 속성 프레임이 '경기국면'에 따라 소비자의 경제현실 인식에 어떻게 달리 영향을 주는지를 분석해 보겠다. 마지막으로 실제 소비활동은 경제주체인 소비자의 구매심리에 의해 좌우될 수 있기 때문에 데이터를 통해 소비자의 기대심리 변화가 실제 소비활동에 영향을 미치는지 살펴보고자 한다. 위의 문헌검토에 근거해 우리는 다음과 같은 세 가지 연구문제를 설정했다.

연구문제 1 : 경제뉴스 속성 프레임이 객관적인 경제상황을 통제한 상태
에서 소비자 심리에 어떻게 영향을 미치는가?

연구문제 2 : 경제뉴스 속성 프레임이 경기국면에 따라 소비자 기대심리
에 미치는 영향력의 정도는 다른가.
연구문제 3 : 소비자 기대심리는 사람들의 실제 경제활동에 영향을 미치는가.

6. 사례연구 방법

1) 표본 선정과 측정 변인

객관적인 경제지표, 주관적인 소비자 심리, 소비재판매, 경제뉴스 등
시계열 변수 데이터는 다양한 출처로부터 수집됐다. 월별자료를 이용하
였으며, 분석기간은 1998년 12월부터 2005년 12월까지 85개월이다. 데이
터 분석시점을 1998년 12월부터 설정한 것은 소비자 경제평가 데이터 조
사가 이 시점부터 실시됐기 때문이다.

경제현실(지표) 변수는 통계청이 매달 발표하는 경기동행지수와 경기선
행지수로 구성된 경기종합지수를 사용했다. 현재의 경기상황을 나타내는
경기동행지수는 비농가취업자수, 산업생산지수, 제조업가동률지수, 건설
기성액, 서비스업활동지수, 도소매판매액지수, 내수출하지수 그리고 실질
수입액 등 모두 8개 항목을 가공 종합한 지표다.

미래의 경기흐름을 나타내는 경기선행지수는 구인구직비율, 재고순환
지표, 소비자기대지수, 종합주가지수, 건설수주, 기계수주, 자본재수입액,
총유동성, 장단기금리차, 순상품교역조건 등 10개 경제지표를 가공 종합
한 지표다. 두 개의 종합지수는 모두 기준연도(2000년)의 지수를 100으로
하여 계산된다. 2000년도 이전 연도의 모든 지수는 100을 기준으로 재조
정 과정을 거쳤다.

단기적인 경기순환 현상을 잘 파악하기 위해 경기동행지수는 계절변
동, 명절, 조업일수 변동 등 비경제적 요인과 불규칙 요인을 제거한 순환

변동치를, 경기선행지수 역시 이들 요인을 제거한 전년동월비 증감률을 각각 이용했다. 비경제적 요인을 제거하지 않을 경우 특정시점의 경제가 아주 좋거나, 또는 나빠짐으로써 나타날 수 있는 '경제이상 현상'으로 경제현실을 정확히 파악하기 어렵게 된다. 따라서 동행지수 순환변동치나 선행지수 전년동월비 증감률은 경기상황을 비교적 객관적으로 예측할 수 있는 지표로 해석한다.

소비자 심리변수로는 통계청이 매달 22일부터 1주일간의 조사를 거쳐 그 다음 달 초에 정기적으로 발표하는 소비자기대지수가 사용됐다. 소비자기대지수는 매달 마지막 주에 조사가 이뤄지기 때문에 그 달의 경제현실 인식이 충분히 반영된 지표로 평가된다. 소비자기대지수는 현재와 비교한 6개월 후의 경제상황에 대한 소비자들의 인식을 나타내며 전국 도시지역 2,000가구의 20세 이상 기혼자를 대상으로 작성됐다. 이 자료는 경기인식, 생활형편, 소비지출, 고용, 물가, 자산형편, 소득, 저축, 부채 등과 관련된 14개 문항에 대해 '매우 나쁨'(0점)에서부터 '매우 좋음'(+2점)에까지 5점 척도로 측정한 후 이를 가중 평균하여 지수화 했다. 가령, 현재와 비교해 6개월 후의 경기가 좋다는 응답자와, 좋지 않다는 응답자가 같으면 심리지수는 100으로 본다. 만약 지수가 100 이하이면, 소비자들 가운데 "앞으로 경기가 좋지 않다"고 보는 숫자가 많고, 100 이상이면 "앞으로 경기가 좋아진다"고 보는 숫자가 많음을 뜻한다.

소비재판매액지수는 통계청이 가전제품, 컴퓨터 등 내구재, 의복이나 운동용품 등 준내구재, 음식료품 등 비내구재 등의 판매액을 모두 합하여 매달 발표하는 통계로서 서비스 소비를 제외한 소비활동의 수준을 나타내는 지표이다. 이 연구에서는 소비재판매액지수의 전년 동월비 증감률을 이용했다.

경제뉴스 변수로 신문은 조선일보와 동아일보 1면, 방송은 KBS와 SBS의 저녁 종합뉴스의 경제뉴스를 각각 분석했다.[2] 경제뉴스 데이터는 한국언론재단(www.kpf.or.kr) 뉴스전문 검색코너인 카인즈(KINDS)와 해당 매체의 홈페이지를 이용해 1998년 12월 1일부터 2005년 12월 31일까지 85개월 기간에 걸쳐 '경제' 라는 주제어로 경제관련 뉴스를 모두 수집했다.

이 연구는 물가, 실업, 주가, 유가, 환율, 무역수지, 국내총생산(GDP) 성장률, 경제정책, 경제전망 등 국가경제상황에 관련돼 있는 기사를 중심으로 분석했으며, 특정 기업의 경영실적, 경제 스캔들이나 사건 등 국가경제와 직접 관계없는 내용은 분석 대상에서 제외했다. 국가경제 평가와 관련해 선정한 최종 표본은 조선일보 490건, 동아일보 358건, KBS 861건, SBS 811건 등 모두 2,520건이었다. 조선일보와 동아일보는 발행부수가, KBS, SBS는 시청률이 국내에서 가장 많거나 높은 전국적인 신문 및 방송 매체3)로써 이들이 다른 매체의 중요한 정보원이 되거나 의제 설정자 역할을 한다고 보았다.

미디어의 논조지수(tone index)는 경제뉴스 헤드라인을 대상으로 기사의 묘사나 표현상에 나타난 감정의 정도나 방향에 따라 '매우 부정적'(−2점)에서부터 '매우 긍정적'(+2점)까지 5점 척도로 나눠 측정했다. 즉, 개별 경제뉴스의 속성 프레임을 월 단위로 합산, 평균 논조값을 계산해 이를 지수화 했다. 논조지수가 낮으면 부정적인 보도가 많음을, 논조지수가 높으면 긍정적인 보도가 많음을 의미한다. 분석결과 부정적인 속성 프레임(n=1322)이 긍정적인 속성 프레임(n=510)보다 많았으며, 논조 간 전체 평균

---

2) KBS는 9시 뉴스, SBS는 8시 뉴스를 분석했다. 아이엔가와 킨더(Iyengar & Kinder, 1987)는 저녁 뉴스가 시청자들에게 가장 강력한 영향을 미친다는 점을 지적하였다.

3) 한국 ABC협회 공식자료에 따르면 2002년 12월 현재 조선일보는 238만 500여 부, 동아일보는 209만 4,000여부, 중앙일보 208만 3,000여부의 발행부수로 각각 등록 됐다. 시청률 조사기관인 AGB닐슨미디어리서치가 지난 2000년 1월 1일부터 2005년 8월 21일까지 전국 가구 TV시청률과 점유율을 조사한 바에 따르면 KBS는 19.5%의 시청률과 28.9%의 점유율로 모두 가장 높았다. MBC는 13.1%의 시청률, 19.5%의 점유율, SBS는 9.0%의 시청률, 14.7%의 점유율을 보였다. SBS는 저녁 종합뉴스 시간대가 다르고, 상업방송이라는 점을 고려해 분석대상에 포함시켰다.

값의 차이가 −0.11(t=−4.34, df=966, p< .001)로 통계적으로 유의미했다.

일반적으로 1면 기사는 가장 중요하고, 여론에 강력한 영향을 미친다 (Reisner, 1992; Goidel & Langley, 1995; 정연구, 2005). 특히 헤드라인 기사는 대상에 대한 독자들의 기억과 태도 결정에 영향을 미치며, 본문 기사에 비해 사람들에게 보다 강력한 영향을 주기 때문에 의제설정 효과연구에 자주 이용된다(Bock, 1978; Bleske, 1995a, 1995b; Blood & Phillips, 1995; Hilliard, 1991). 이러한 측면을 고려해 부정적인 논조의 기사 건수만을 월 단위로 추출해 별도의 기사빈도 변수를 만들었다. 전체 경제뉴스 보도량에서도 논조와 마찬가지로 부정적인 기사가 통계적으로 유의미할 정도로 많았다(M=−.49, SD=1.184, p< .000).

헤드라인 기사 논조에 대한 코더 간 신뢰도 측정은 2명의 대학원생 코더가 무작위로 추출된 서브 샘플 250개(10%)를 대상으로 코드북에 근거해 동시에 코딩작업을 실시했다. 신뢰도 수준은 분류확률의 비동등성(heterogeneity)을 가정하는 코헨(Cohen, 1960)의 카파(κ appa) 공식을 사용했으며, 카파 계수는 0.91로 비교적 높게 나타났다.[4]

한편 분석에 사용된 변수들은 전년 동월비 증감률이나 계절 조정을 거친 계열 통계 데이터를 사용했다. 특히 언론논조지수는 계절성이 없는 데이터이기 때문에 변수가 계절성을 가짐에 따라 나타날 수 있는 분석상의 문제점이 없다고 간주했다.

2) VAR 모형 분석

객관적인 경제상황 변수(경기동행지수와 경기선행지수), 소비자심리 변수(소비자기대지수), 경제뉴스 변수(경제뉴스 논조 및 부정적 뉴스 건수), 소비활동 변수(소비재판매액지수) 등의 데이터를 활용하여 벡터자기회귀(VAR) 모

---

4) 코헨의 카파(κ) 공식은 다음과 같다. κ =관찰일치(%)−기대일치(%)/1−기대일치(%) (Riffe, D., Lacy, S., & Fico, F. G. (1998)

형과 다중회귀모형 등을 추정한 후 연구문제에 대한 분석을 실시했다.

이뷰스(EViews) 소프트웨어 프로그램을 사용하여 두 변수(bivariate) VAR 모형을 추정하고 그랜저 인과검정(Granger-causality test)을 실시했다. VAR 모형은 일정한 시간에 걸쳐 변수 간의 통계적 상호 방향성을 추정하는데 널리 사용하며, 변수의 외생적, 내생적 위치에 관계없이 영향력에 대한 동시 분석이 가능하기 때문에(Wu et al., 2002), 각 변수 간의 예측관계를 추정하는 데 유용하다. 먼저 VAR의 그랜저 인과검정을 통해 경제뉴스가 경제상황과 소비자기대심리에 영향을 주는지 알아보았다.

VAR 모형을 적용해 변수 간 예측관계를 알아보기 위해 먼저 통계적으로 변수가 정상성(stationary)인지, 아니면 비정상성(non-stationary)인지를 확인하는 단위근(unit root) 검정을 거쳤다. 왜냐하면 경제 데이터는 많은 경우 규칙적으로 움직이지 않는 비정상성의 속성을 갖고 있으며, 비정상적인 변수로는 예측관계를 추정해낼 수 없다. 단위근 검정은 곧 변수가 자체적으로 지니고 있는 고유한 영향력이나, 시간적 추세(time trend), 즉 비정상성이 존재하는지에 대한 일종의 사전 검정 절차다. 이 연구에서는 정상성 여부를 확인하기 위해 ADF(Augmented Dickey-Fuller) 단위근 검정을 실시했다.[5] 그 결과 활용하고자 하는 모든 변수들이 5%(p<.05) 유의도 수준에서 단위근이 존재하지 않는 것으로 나타났다.

분석대상 변수들이 통계적으로 정상성을 보임에 따라 추가로 차분(difference) 등의 절차 없이 그랜저 인과관계(Granger causality)를 살펴보았다. 변수의 상호 예측관계를 측정하기 위해 사용한 그랜저 인과관계 검정의 방정식은 다음과 같이 구성된다. 그랜저 인과관계를 검정하는 식은 다음과 같다.

---

5) 단위근 테스트에는 디키와 풀러(Dickey & Fuller, 1979) 이외에도 필립스와 페론(Phillips & Perron, 1988), 쉬왈즈(Schwarz, 1978), 엘리엇 등(Elliot et al., 1996) 등이 고안한 여러 가지 방법이 존재한다.

$$\Delta y_{1t} = \mu_1 + \sum_{i=1}^{p} \Phi_{i,11} * \Delta y_{1,t-i} + \sum_{i=1}^{p} \Phi_{i,12} * \Delta y_{2,t-i} + e_{1,t} \qquad (A)$$

$$\Delta y_{2t} = \mu_2 + \sum_{i=1}^{p} \Phi_{i,21} * \Delta y_{1,t-i} + \sum_{i=1}^{p} \Phi_{i,22} * \Delta y_{2,t-i} + e_{2,t} \qquad (B)$$

VAR(P) 시스템에서 두 번째 변수(Δy_2)가 첫 번째 변수(Δy_1)로의 그랜저 인과 관계를 가지지 않는다는 가설은 다음과 같이 설정된다.

$$H_0 : \Phi_{1,12} = \Phi_{2,12} = ... = \Phi_{p,12} = 0$$

$$H_1 : \Phi_{i,12}, i = 1, 2, ... p \qquad \text{중 적어도 하나는 0이 아니다.}$$

위의 귀무가설이 기각되면, 우리는 Δy_2가 Δy_1에 영향을 미친다고 말한다. 이 가설 검정을 위한 통계량 및 귀무가설 하에서의 분포는 다음과 같다.

$$F = \frac{(RSS_R - RSS_u)/p}{RSS_u/(n-k)} \sim F(p, \ n-k)$$

단, RSS_R는 위의 (A) 식에 제약조건을 ($\Phi_{1,12} = \Phi_{2,12} = ... = \Phi_{p,12} = 0$) 부가한 회귀식 추정에서의 잔차항의 제곱의 합, 그리고 RSS_u는 위의 식 (A)를 제약 없이 추정했을 때의 잔차항의 제곱의 합이다. 그리고 n은 표본의 크기, k는 (A)식에서의 총 계수의 수이다. 결론적으로 VAR 시스템에서 '두 번째 변수(Δy_2)가 첫 번째 변수(Δy_1)로의 인과관계를 가지지 않는다'는 귀무가설이 기각되면, 우리는 "Δy_2와 Δy_1간에 그랜저 인과관계가 있다"고 말한다.

이어 경제뉴스 논조가 경제상황을 통제하고도 소비자기대심리에 영향을 주는지 살펴보았다. 이를 위해 실제 경제지표와 경제뉴스 논조 변수를 동시에 사용하는 다중회귀분석을 실시했다. 이러한 모형을 추정한 결

과 경제뉴스 논조 변수가 유의미한 경우 경제뉴스가 소비자의 기대심리
에 영향을 미치는 것으로 판단했다. 하지만 소비자기대심리는 경제뉴스
뿐 만 아니라, 경제상황으로부터도 영향을 받는다. 이 소비자기대심리가
실제 소비활동으로 연결되는 자기실현적 기대에 영향을 미치는지를 추정
해 보기 위해 다중회귀분석을 함께 실시하였다. 소비자기대심리지수가
통계적으로 유의미하게 나타나면 소비활동에 영향을 주는 자기실현적 기
대 가설을 뒷받침한다고 본다.

7. 사례연구 결과

1) 경제상황과 소비자심리 관계

이 연구는 지표로 나타난 객관적인 경제상황이 소비자의 주관적인 경
제인식에 영향을 주는지, 아니면 소비자의 주관적인 경제인식이 객관적
인 경제상황에 영향을 주는지 살펴보았다. 구체적으로 앞으로의 경제상
황을 나타내는 경기선행지수 전년 동월비 증감률과 앞으로의 경제상황을
평가하는 소비자기대지수 간의 상호 예측관계를 알아보기 위해 그랜저
인과검정을 실시했다. 아울러 현재 경제상황을 나타내는 경기동행지수
순환변동치와 소비자기대지수 간의 상호 예측관계도 추정해 보았다.

두 변수 VAR 모형을 추정함에 있어서 변수의 시차는 '아카이케 정보
기준점(Akaike Information Criterion)' 등을 기준으로 설정하는 게 원칙이나
이 연구에서는 시차 1~4개월 모두에 대해 분석을 시도하였다. 이는 시차
오차범위를 넓혀봄으로써 적정차수를 벗어난 시차에서도 측정하고자하
는 변수 간에 예측관계가 존재하는지 살펴보기 위해서다. 분석 결과는
아래 〈표 8-1〉과 같다.

<표 8-1> 경제지표와 소비자기대지수 간 인과관계 검정

인과관계(귀무가설)	시차(월)			
	1	2	3	4
선행지수 전년동월비 ↛ 소비자기대지수	3.28 (0.07)	4.78 (0.01)	3.38 (0.02)	2.70 (0.04)
소비자기대지수 ↛ 선행지수 전년동월비	0.02 (0.89)	0.75 (0.48)	0.48 (0.70)	1.03 (0.40)
동행지수순환변동치 ↛ 소비자기대지수	9.90 (0.00)	2.81 (0.07)	1.59 (0.20)	1.93 (0.11)
소비자기대지수 ↛ 동행지수순환변동치	33.67 (0.00)	5.72 (0.00)	2.66 (0.05)	3.31 (0.02)

주: 1) 주어진 숫자는 F-value이며 ( )내는 P-value
    2) 음영은 10% 유의수준에서 귀무가설을 기각할 수 있음을 의미
    3) 추정기간 : 1998.12~2005.12월

<표 8-1>에서 보듯이 미래경제상황을 보여주는 경기선행지수가 10% 유의도 수준에서 미래경제에 대한 소비자의 전망을 나타내는 소비자기대지수에 시차 1에서 4개월까지에 걸쳐 지속적으로 영향을 미쳤다. 그러나 반대로 소비자기대지수는 경기선행지수에는 영향을 미치지 못했다. 여기서 변수 간의 인과관계를 보여주는 F값의 부호가 모두 양(+)인 이유는 장기계수(개별 시차계수의 합)가 모두 양(+)으로 나타났기 때문이다. 일반적으로 인과관계 검정에서 개별 시차별로 부호가 반대로 나오는 경우가 있지만, 이 연구에서는 시차계수의 합이 모두 정적인 상관관계를 보였다.

또한 현재 경제상황을 보여주는 경기동행지수 역시 10% 유의도 수준에서 시차 1, 2개월 후에 소비자기대지수에 영향을 미쳤다. 소비자기대지수 역시 통계적으로 10% 유의도 수준에서 시차 1~4개월에 걸쳐 지속적으로 경기동행지수에 영향을 줬다. 즉, 경기동행지수와 소비자기대심리는 서로 간에 영향을 주는 예측관계를 갖는 것으로 나타났다.

2) 경제뉴스 논조와 소비자심리 관계

소비주체인 개인이 경제상황에 대한 정보를 얻는 중요한 수단 가운데 하나가 언론의 경제보도이다. 이러한 가정에 근거해 언론보도와 소비자기대심리 간의 상호 예측관계를 추정해 보았다. 언론보도를 경제뉴스 논조와 부정적인 기사건수로 나눠 이들 변수가 소비자기대심리와 서로 어떻게 영향을 주고받는지 VAR 모형을 사용해 검정했다. 검정 결과는 아래 〈표 8-2〉에 제시했다.

〈표 8-2〉 언론 보도논조와 소비자기대지수 간 인과관계 검정

인과관계(귀무가설)	시차(월)			
	1	2	3	4
언론 보도논조지수 ↛ 소비자기대지수	24.55 (0.00)	10.20 (0.00)	6.06 (0.00)	4.48 (0.00)
소비자기대지수 ↛ 언론 보도논조지수	0.58 (0.45)	2.09 (0.13)	3.10 (0.03)	1.89 (0.12)
부정적 기사건수 ↛ 소비자기대지수	5.21 (0.03)	3.41 (0.04)	1.74 (0.16)	1.57 (0.19)
소비자기대지수 ↛ 부정적 기사건수	0.00 (0.96)	0.22 (0.80)	1.34 (0.27)	2.19 (0.08)

주: 1) 주어진 숫자는 F-value이며 ( )내는 P-value
   2) 음영은 10% 유의수준에서 귀무가설을 기각할 수 있음을 의미
   3) 추정기간 : 1998.12~2005.12월

〈표 8-2〉가 보여 주듯이 경제뉴스 논조는 시차 1에서 4까지 통계적으로 유의미한 수준에서 소비자기대심리에 영향을 줬다. 그런데 반해 소비자기대심리는 3% 유의도 수준에서 시차 3개월 후에 경제뉴스 논조의 방향에 영향을 주긴 했으나, 전체적으로 뚜렷한 예측관계를 보이지는 않았다.

부정뉴스 건수를 미디어 변수로 사용해 분석한 결과에서도 부정뉴스 건수가 시차 1, 2개월 후에 각각 소비자기대심리의 예측변수로 작용했다. 여기서 소비자기대심리가 언론의 경제뉴스 논조의 방향에 지속적으로 영

향을 미치지 못했듯이, 부정적 기사건수의 예측변수로 보기는 어려웠다. 다만, 시차 4개월 후에 부분적으로 영향을 주는 예측관계를 보였다.

소비자는 경제상황을 평가하거나 전망할 때 반드시 매스 미디어에만 의존하지는 않는다. 이에 따라 객관적 경제상황을 통제하고도 경제뉴스가 소비자의 기대심리에 영향을 주는지 검정해 보았다. 소비자기대심리를 종속변수로, 경제현실과 경제뉴스를 독립변수로 하여 다음과 같은 네 가지 사례를 갖고 개별 회귀분석을 실시했다. 즉, 소비자기대지수t = f(경기지표 t-1, 경제관련 뉴스t)의 회귀 방정식으로[6] case Ⅰ(선행지수전년동월비, 언론 보도논조지수), case Ⅱ(선행지수전년동월비, 부정적 기사건수), case Ⅲ(동행지수순환변동치, 언론 보도논조지수), case Ⅳ(동행지수순환변동치, 부정적 기사건수)에 대해 회귀분석을 실시했다. 회귀분석 결과는 〈표 8-3〉과 같다.

〈표 8-3〉 소비자기대심리에 대한 회귀방정식의 추정계수

	경기지표(t-1)	경제관련 뉴스
Case Ⅰ	1.30(11.85)***	2.60(3.23)***
Case Ⅱ	1.28(12.19)***	−0.18(−4.34)***
Case Ⅲ	1.96(3.35)***	6.73(4.79)***
Case Ⅳ	1.72(3.14)***	−0.37(−5.18)***

주 : 1) case Ⅰ(선행지수 전년동월비, 언론 보도논조지수)
　　　case Ⅱ(선행지수 전년동월비, 부정적 기사건수)
　　　case Ⅲ(동행지수순환변동치, 언론 보도논조지수)
　　　case Ⅳ(동행지수순환변동치, 부정적 기사건수)
　　2) 추정기간 : 1998.12~2005.12월
　　3) ( ) 내는 t값이며 ***는 1% 수준에서 유의

〈표 8-3〉의 회귀방정식 추정계수가 보여 주듯이 경제상황(경기지표)을 통제하고도 언론의 경제뉴스가 소비자의 기대심리에 영향을 미쳤다. 구체적으로 경제현실 지표인 경기선행지수와 경기동행지수를 통제하고도

---

6) 통계청에서 경기동행지수나 경기선행지수를 1개월의 시차를 두고 발표하는 점을 고려하여 경제현실을 반영한 보도논조 변화를 통제할 수 있도록 경기지표는 1개월 전의 변수를, 경제관련 뉴스는 당월의 수치를 사용하였다.

경제뉴스 논조나 부정적인 기사건수가 소비자기대심리에 통계적으로 1% 수준에서 모두 유의미하게 영향을 미쳤다. 양(+)이면 경제뉴스 논조와 소비자기대심리가 같은 방향으로 움직이고, 반대로 부호가 음(-)이면 경제뉴스 논조가 소비자기대심리와 다른 방향으로 움직임을 뜻한다. 따라서 〈표 8-3〉은 경제상황을 나타내는 경기선행지수와 경기동행지수를 각각 통제한 상황에서도 경제뉴스 논조는 소비자기대심리와 같은 방향으로 움직인다는 사실을 보여준다. 또한 부정적인 경제뉴스가 많아지면 소비자기대심리가 나빠질 수 있음을 시사한다.

3) 경제상황과 경제뉴스에 대한 소비자 반응

앞의 분석처럼 소비자기대심리가 경제상황과 경제뉴스에 의해 영향을 받기 때문에 여기서는 두 변수에 대해 소비자기대의 반응 민감도를 살펴보기 위해 충격반응(impulse-response)의 정도를 분석했다. 국내 소비자가 경기선행지수와 경제뉴스 논조에 대해 어떻게 반응하는지 세 변수(trivariate) VAR 모형을 사용해 충격반응함수를 도출하였다. 모형에서 변수의 시차는 AIC 검정을 통해 2개월로 설정하였으며 선행지수와 경제뉴스 논조의 충격은 단위 표준편차로 표준화했다.

〈그림 8-1〉 충격에 대한 소비자기대의 반응

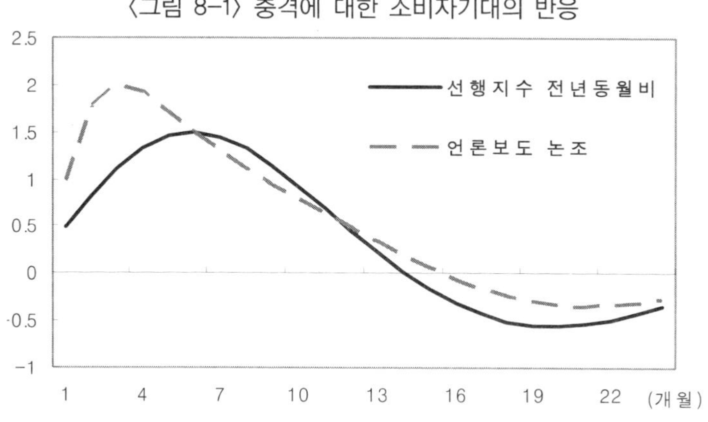

위의 〈그림 8-1〉에서 보듯이 종속변수인 소비자기대지수(y축의 숫자를 의미함)는 선행지수 전년 동월비 충격에 대해 6개월 후에, 언론의 경제뉴스 논조 충격에 대해서는 3개월 후에 각각 가장 큰 반응을 보였다. 충격의 반응에 대한 최고조 시점은 포물선의 가장 높은 부분을 기준으로 해석한다. 소비자기대심리는 실제 경제상황과 경제뉴스 논조로부터 모두 영향을 받지만, 경제뉴스에 더 빠르게 반응한다는 점을 〈그림 8-1〉이 제시해준다.

4) 경기국면별 언론보도의 영향

언론의 경제뉴스는 경기국면에 따라 소비자 심리에 미치는 영향이 다를 수 있다. 경제뉴스 보도논조가 경기국면별로 소비자기대심리에 미치는 영향이 어떻게 달리 나타나는지 알아보기 위해 경기국면에 대한 더미(dummy)변수를 추가해 회귀분석을 실시했다. 회귀방정식은 소비자기대지수t = f(경기지표$t-1$, 경제관련 뉴스t, 경제관련 뉴스t*경기더미)이다. 여기서 경기더미는 경기하강기 1, 그 외에는 0으로 처리했다.[7] 언론의 경제뉴스 논조가 경기국면에 따라 소비자 심리에 어떻게 영향을 미치는지를 추정한 회귀분석 결과는 다음 〈표 8-4〉에 제시했다.

〈표 8-4〉에서 볼 수 있듯이 경제상황이 나쁘지 않은 경우에, 즉 상호작용 변수가 0일때, 경제뉴스 논조가 현재 경제상황을 나타내는 경기동행지수를 통제한 case Ⅲ에서만 5% 유의도 수준에서 소비자기대심리에 영향을 미쳤다. 그런데 반해 경제상황이 나쁜 경기하강국면에서는 경제뉴스가 통제변수(동행지수, 선행지수)에 관계없이 통계적으로 1% 유의도 수준

---

7) 2000년 이후 우리나라의 경기가 소순환을 반복하고 있고 통계청에서도 2001년 이후 기준순환일을 결정하지 못한 상태이기 때문에 경기하강기를 어떻게 보느냐에 대한 견해가 다를 수 있으나 이 연구에서는 경기동행지수 순환변동치가 하락하는 기간을 경기하강기로 분류하여 더미변수를 만들었다.

에서 소비자기대심리에 더 뚜렷이, 그리고 폭넓게 영향을 미쳤다. 즉, 경기하강국면에서는 경제뉴스의 논조가 소비자의 기대심리에 상대적으로 크게 영향을 미친다는 사실을 확인했다.

〈표 8-4〉 소비자기대심리에 대한 회귀방정식의 추정계수

	경기지표(t-1)	경제관련 뉴스	경제관련 뉴스*경기하강 더미
Case Ⅰ	1.13(11.79)***	0.48(0.62)	6.40(5.89)***
Case Ⅱ	1.12(10.53)***	−0.03(−0.50)	−0.19(−3.68)***
Case Ⅲ	2.23(4.78)***	3.11(2.54)**	10.69(7.02)***
Case Ⅳ	1.63(3.55)***	−0.02(−0.20)	−0.40(−5.90)***

주 : 1) case Ⅰ(선행지수 전년동월비, 언론 보도논조지수)
　　　case Ⅱ(선행지수 전년동월비, 부정적 기사건수)
　　　case Ⅲ(동행지수순환변동치, 언론 보도논조지수)
　　　case Ⅳ(동행지수순환변동치, 부정적 기사건수)
　　2) 추정기간 : 1998.12~2005.12월
　　3) ( ) 내는 t값이며 ***, **는 각각 1%, 5% 수준에서 유의

5) 소비자기대심리와 실제 소비행위

경제학자들은 일반적으로 소비주체가 미래의 경기에 대해 부정적으로 평가할 때 미래에 소득 감소를 예상해 현재 소비를 억제하며, 결과적으로 실제 경기가 악화될 수 있다고 가정한다. 물론 반대의 경우도 예상해 볼 수 있다. 소비자의 기대심리 변화가 실제 소비에 영향을 미친다는 자기실현적 기대(self-fulfilling expectation) 가설 혹은 카토나 가설이 국내에서 확인되는지를 VAR 모형으로 아래 〈그림 8-2〉에서 살펴보았다.

여기서 소비재판매액 증감률은 변동성이 크기 때문에 이동평균을 3개월로 제한해 두 변수 간의 관계를 살펴보았다. 소비자기대지수와 소비재판매액 증감률은 〈그림 8-2〉에서 보듯이 서로 양(+)의 방향으로 움직였다. 즉, 소비자기대심리가 나빠지면 소비재판매액 증감률이 하락하고 반대로 소비자기대심리가 호전되면 소비재판매도 늘어나는 경향을 보였다.

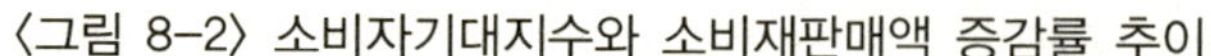

<〈그림 8-2〉 소비자기대지수와 소비재판매액 증감률 추이

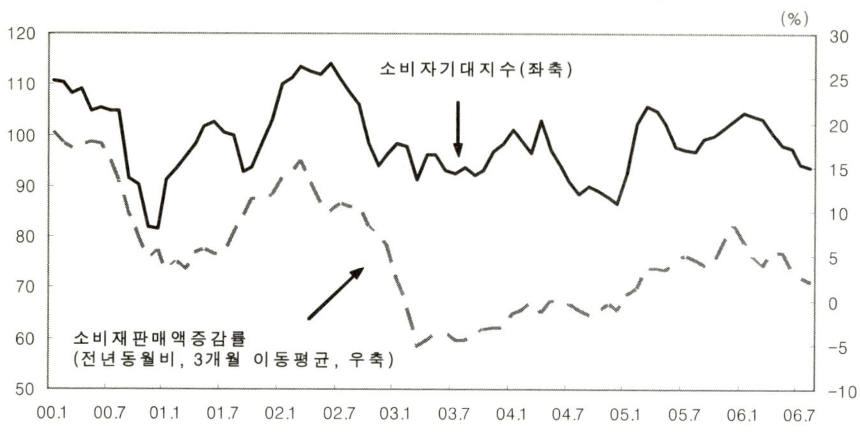

그러나 이러한 상관관계가 반드시 통계적으로 서로 인과관계를 지닌다고 보기는 어렵다. 따라서 소비자기대심리와 소비재판매액이 서로 어떻게 영향을 주는지 살펴보기 위해 그랜저 인과관계를 통해 살펴보았다. 이 인과관계 검정이나 회귀분석에선 이동평균하지 않은 데이터를 사용했다. 인과관계 검정이나 회귀분석에서는 원래의 증감률을 그대로 사용함이 타당하기 때문이다.

〈표 8-5〉 소비자기대지수와 소비재판매액1) 간 인과관계 검정

인과관계(귀무가설)	시차(월)			
	1	2	3	4
소비자기대지수 ↗ 소비재판매액	6.46(0.01)	4.78(0.01)	3.04(0.03)	1.83(0.13)
소비재판매액 ↗ 소비자기대지수	0.85(0.36)	2.24(0.11)	2.42(0.07)	2.48(0.05)

주: 1) 전년동월대비 증감률
　　2) 추정기간 : 1998.12~2005.12월
　　3) 주어진 숫자는 F-value이며 ( )내는 P-value
　　4) 음영은 10% 유의수준에서 귀무가설을 기각할 수 있음을 의미

소비자기대지수는 〈표 8-5〉가 보여주듯이 통계적으로 10% 수준에서 시차 1, 2, 3개월 후에 소비재판매액 증감에 영향을 주었다. 반대로 소비재

판매액 증감은 10% 유의도 수준에서 시차 3, 4개월 후에 소비자기대심리에 영향을 미쳤다. 소비자의 기대심리 변화는 시차 1개월부터 소비재판매의 증감에 즉각적이고 순차적으로 영향을 미치는 반면에 소비재판매증감은 소비자기대지수에 3, 4개월 후에 본격적으로 나타나기 시작했다.

나아가 소비자의 기대심리 변화가 소비자의 실제 소비활동에 미치는 영향의 정도를 알아보기 위해 소비재판매액 증감률을 종속변수로, 취업자수 증감률과 소비자물가 상승률, 소비자기대지수를 설명변수로 하는 회귀모형을 설정했다. 취업자 증감률 등은 소득이나 고용상태에 대한 대용변수이면서, 동시에 경제상황을 반영하는 변수이다. 이 다중회귀모형을 통해 경제뉴스 등에 의해 과도하게 영향을 받은 소비자기대심리가 실제 소비활동을 위축시키는지를 확인해 보았다.

$$\text{소비재판매액증감률}_t = f$$
$$(\text{취업자수증감률}t, \text{소비자물가상승률}t, \text{소비자기대지수}t, \text{소비재판매액 증감률}t{-}1)$$

소비자기대심리가 〈표 8-6〉에서 보듯이 실제 경제상황(취업자수증감률 혹은 물가상승률)보다 지나치게 영향을 받을 경우 실제 소비활동에 영향을 미친다는 사실을 알 수 있다. 〈표 8-6〉에서는 취업자수 증감률과 물가상승률을 통제한 상황에서 소비자기대지수가 1 포인트 올라갈 때 소비재판매액은 0.17% 정도 올라갔다. 즉 소비자기대지수가 다른 변수를 통제한 상황에서도 소비재판매액에 즉각적이며 유의미하게 영향을 미친다는 것을 의미한다.

〈표 8-6〉 소비재판매액 증감률에 대한 회귀방정식의 추정계수

취업자수 증감률	물가상승률	소비자기대지수	소비재판매액 증감률(t-1)
0.69(2.50)**	−1.65(−4.26)***	0.17(2.48)**	0.49(5.75)***

주 : 1) 추정기간 : 1998.12~2005.12월
　　 2) ( ) 내는 t 값이며 ***, **는 각각 1%, 5% 수준에서 유의

8. 토론

국내에서는 처음으로 시계열 데이터를 이용해 경제뉴스-경제상황-소비자기대심리 그리고 소비행위 간의 상호 인과관계를 VAR 모형 추정과 다중회귀식을 통해 파악함으로써 소비자의 심리와 행위의 작동과정을 추정해 보았다.

이 연구는 첫째, 미래경제상황을 보여주는 경기선행지수가 소비자의 기대심리에 영향을 주고 있음을 보여준다. 현재 경제상황을 나타내는 경기동행지수도 소비자기대심리에 영향을 미쳤다. 다만 차이점은 경기선행지수는 소비자기대심리에 시차 1개월에서 4개월에 걸쳐 지속적으로 영향을 준 반면, 경기동행지수는 소비자기대심리에 시차 1, 2개월 후에 영향을 주다가 곧 바로 사라진 점이다. 이는 "앞으로 경제가 어떻게 될 것 같다"는 선행지수는 소비자심리에 강력하고도 지속적으로 영향을 주는데 반해 현재 시점의 경제상황을 나타내는 동행지수는 소비자의 심리에 단기간에만 제한적으로 영향을 미치는 것으로 해석된다. 이 같은 예측결과는 일본의 '잃어버린 10년(Lost Decade)'를 사례 연구한 우와 그의 동료들(Wu, McCracken, & Saito, 2004)의 연구와도 일치한다.

한편 소비자기대심리가 현재 경제상황, 즉 경기동행지수에 영향을 미쳤다. 이는 소비심리의 변화가 소비나 생산 등 경제활동에 직접 영향을 미칠 가능성을 보여준다. 이 연구 역시 소비자기대심리가 경제현실에 시차 2~4개월 후에 영향을 준다는 우와 그의 동료들(Wu et al., 2002)의 연구결과와 같다.

둘째, 언론의 경제뉴스 보도방향은 소비자의 경제심리에 즉각적이고도 강력한 영향을 미쳤다. 언론이 경제이슈를 어떤 프레임이나 관점으로 다루는가에 따라 경제에 대한 사람들의 기대심리는 확연히 달라졌다. 또한 언론이 부정적인 속성 프레임의 기사를 자주 다루면, 소비자기대심리 역시 부정적으로 나타났다. 이는 "매스 미디어가 강조하는 이슈의 속성(attributes)을 사람들이 중요하게 받아들인다"는 2차 의제설정(second-level agenda-setting) 이론의 타당성을 뒷받침해 준다. 국내 언론은 소비자의 경제 인식을 반영하는 추종자(follower) 역할을 하기 보다는, 경제여론을 앞장서 이끄는 주도자(leader)나 의제 설정자(agenda-setter) 역할을 한다고 해석해 볼 수 있다. 다시 말하면, 언론이 경제이슈를 어떤 속성이나 관점으로 다루느냐에 따라 경제현실에 대한 소비자 인식이나 평가가 달라질 수 있다는 것이다.

아울러 이 연구는 언론의 경제뉴스 보도는 미래와 현재 경제상황을 나타내는 경기선행지수와 경기동행지수를 통제하고도 소비자의 기대심리에 통계적으로 높은 유의수준에서 영향을 미쳤다. 이는 언론보도가 실질적인 경제상황을 나타내는 경제지표와 무관하게 직접적으로 사람들의 경제현실 인식 과정에 강력한 의제설정 기능을 하고 있음을 보여준다. 이러한 결과는 기존 연구(Hester & Gibson, 2003; Stevenson, Gonzenbach, & David, 1994; Wu et al., 2002)와도 일치한다.

셋째, 언론의 경제뉴스는 경제상황이 나쁜 경기하강국면에서는 소비자의 기대심리에 보다 크게 영향을 미치는 것으로 나타났다. 이는 기존 연구와 비슷하다(Wu et al., 2002; MacKuen, Erikson, & Stimson, 1992). 매스 미디어의 2차 의제설정 혹은 속성의제 전이가 경기확장기보다 경기수축기에 더 강화된다는 점을 시사한다. 소비자는 일반적으로 경기가 하강기에 접어들 때 "심리적으로 불안하기 때문에 정보욕구가 강화되고 미디어로부터 더 영향을 받는다(Lasorsa & Wanta, 1990)"고 추론해 볼 수 있다.[8]

넷째, 소비자기대심리와 실제 소비행위 간에 밀접한 인과적 방향성이 발견됐다. 흥미로운 점은 소비자기대심리가 소비행위에 미치는 영향력이

---

[8] 사람들은 기본적으로 경제가 나쁠 때 경제이슈에 더 주목하는 경향이 있고(Haller & Norpoth, 1997, p. 560; Headrick & Lanoue, 1991), 미디어 역시 경제가 좋을 때보다 경제가 나쁠 때 경제이슈에 더 관심을 기울이는 특성이 있다(Shah et al., 1999; Goidel & Langley, 1995, p. 316)는 연구결과들도 이와 같은 추론을 뒷받침해 준다.

그 반대 보다 더 즉각적이고도, 강력하다는 점이다. 경제주체는 "경제는 심리다"라고 가정하는데 이런 가정이 타당함을 보여준다. 또한 실질적인 경제상황을 나타내는 일반 경제지표를 통제한 상태에서도 소비자기대심리는 소비활동에 영향을 미치는 것으로 나타났다. 국내에서도 외국의 연구결과와 비슷하게 언론의 경제뉴스가 소비자의 심리에 직접적이면서 즉각적으로 영향을 미쳤으며, 이러한 영향력 아래에 있는 소비자의 경제심리가 실제 경제활동에 영향을 미치는 '자기실현적 기대' 행위로 이어졌다.

이 연구는 두드러짐의 속성이 강한 경제이슈의 경우 소비자는 일상생활 속에서 직접적인 경험이나 관찰에 의존한다는 점을 이론적으로 확인했다. 또 언론이 보도한 경제뉴스의 속성이 실제 경제상황을 통제한 상태에서도 소비자기대심리에 영향을 주는 강력한 2차 의제설정 기능을 한다는 점도 밝혔다. 이와 함께 경기하강기냐, 아니냐에 따라 경제보도의 속성의제가 소비자에게 다르게 전이된다는 기존연구 결과(Wu et al., 2002, 2004)를 국내에서도 확인할 수 있었다.

이 연구는 미디어의 경제보도가 소비자의 경제심리에 영향을 주며, 이러한 소비심리가 실제 소비행위로 연결되는 예측모델을 확인했다. 경제뉴스는 실제 경제상황보다 더 즉각적이고, 강력하게 소비자 심리에 영향을 주었으며, 이러한 소비자 경제심리는 다시 그들의 소비행위에 거시적 지표로 영향을 주고 있음을 보여준다.

이 같은 분석 결과는 몇 가지 이론적 기여점이 있다. 먼저 경제뉴스 속성의제가 소비자의제로 전이됨을 보여줌으로써 2차 의제설정 이론을 뒷받침해준다. 또 언론보도가 경기상황을 제대로 반영하지 않고 부정적인 논조로 보도하며, 의도하지 않았지만 실제 경제활동을 필요 이상으로 위축시키는 이른바 '의도하지 않은 효과(unintended effects)'가 발생한다는 점이다.

정책당국이 언론, 소비자, 기업 등 민간 경제주체와의 경기상황 인식과 관련한 커뮤니케이션을 강화할 필요성이 있다고 하겠다. 언론이 경기의 추세적 흐름을 정확하게 분석하고 관련 경제정보를 제시하지 못할 경우 경제주체들이 합리적인 판단을 갖고, 이성적인 소비행위를 하기는 어렵다. 특히 경기가 하강국면에 접어들 때 언론보도가 사람들의 경제활동을 예상보다 심각하게 위축시킬 수 있다는 점을 고려할 때 신중하고 객관적인 보도규범이 필요하다. 정부도 수시로 언론에 이를 설명하는 등 조직적인 미디어 커뮤니케이션 전략수립이 필요하다. 정부의 경제정책이 효과를 발휘하기 위해서는 경제커뮤니케이션 구조에 대한 폭넓은 이해가 있어야 할 것이다.

〈요약〉

이 장에서는 한국의 미디어 논조지수(tone index)를 새로 작성해 만든 경제뉴스와 경제상황-소비자 기대심리-소비행위 간의 상호 예측관계를 벡터자기회귀(VAR) 모형과 다중회귀 모형을 이용해 살펴보았다.

분석결과 통계상 경제지표가 보여주는 실제 경제상황과 이에 대한 소비자의 기대심리는 서로 예측관계를 갖는 것으로 나타났다. 또한 언론의 경제뉴스 보도 방향은 즉각적으로 소비자 심리에 영향을 주는 방향으로 나타났으며, 이에 따라 국내 언론이 경제여론의 주도자 또는 의제 설정자 역할을 하는 것으로 나타났다.

언론의 의제설정 기능은 경기확장기보다 경기하강기에 더 컸으며, 경기가 하강국면에 놓여 있을 때 언론의 논조가 소비자기대심리 형성에 더 영향을 주는 것으로 나타났다. 나아가 소비자의 기대심리 변화는 실제 소비활동에 영향을 주는 자기실현적 기대(self-fulfilling expectation)가설도 성립하는 것으로 분석됐다. 우리는 이 연구를 통해 의제 설정자인 언론이 경기상황을 제대로 반영하지 않고 부정적인 논조의 프레임으로 보도할 경우 '의도하지는 않았지만 실제 경제활동에 부정적인 영향을 줄 수 있다는 사실'을 확인했다.

따라서 이 연구는 정책 당국자가 경기상황에 대한 평가나 해석과 관련해 언론, 기업, 소비자 등 민간경제 주체와 의사소통을 제대로 할 필요성을 제기한다. 또한 경제보도 논조가 국가경제에 실질적인 영향을 미칠 수 있다는 분석결과에 근거해 국내에서 속성 의제설정 연구의 개념정립과 이를 위한 시계열 분석 방법을 어떻게 적용할 수 있는가에 대해 토론했다.

9장 기업심리와 경제의사결정 구조

경제현상의 구조적 효과관계를 파악하는 것은 쉬운 일이 아니다. 경제문제는 다른 영역과 달리 자체적으로 지니고 있는 복잡한 요소와 외부적 환경에 따라서도 많이 영향을 받기 때문에 경기전망을 예측하기가 어렵다. 경제학자들이 수많은 데이터를 사용하고도 경제현상을 제대로 설명하고, 예측해내지 못하는 것도 경제의 구조적 연속성과 복잡성을 모두 고려하기 어렵다는 한계 때문이다.

경제현상의 이런 특성을 이유로 경제구조에 대한 설명과 예측을 멈추어도 좋다는 뜻은 물론 아니다. 반대로 그간 연구에서 충분히 고려하지 못했던 경제요소와 방법론을 동원해 효과의 전이과정을 입체적으로 측정하는 노력은 오히려 더 필요하다고 하겠다. 이 연구는 국내 경제학자와 커뮤니케이션 학자들이 그 동안 연구에서 소홀히 다뤄왔던 두 가지 점에 주목해 수행한다.

첫째는 미디어 요소와 경제지표 요소의 연결성의 문제이다. 경제학자들은 미디어 변수를 경제지표와 직접적인 관련성이 없다는 이유로 분석에서 충분히 고려하지 않았으며(Claveria, Pons, & Ramos, 2007; Vuchelen, 2004; Warneryd, 1999), 커뮤니케이션 학자들 역시 경제지표가 미디어와 어떻게 연결되는지에 대한 방법론상의 제약 때문에 이를 유기적으로 접목하는 시도를 하지 못했다(Brosius & Kepplinger, 1990).

둘째는 경제뉴스와 거시경제지표 효과 간의 정도의 문제이다. 경제뉴스와 거시경제지표 간의 효과연구가 전혀 없었던 것은 아니지만(Easaw & Ghoshray, 2010; Soroka, 2006; Starr, 2008), 변수 간 효과의 위계와 속도에 주목한 연구는 많지 않다(이완수·노성종, 2008). 지난 2008년 미국발 금융위기나 2012년 유럽발 재정위기 사례에서 보았듯이 경제현상에 대한 예측의 오류는 관련 요소들 간의 단순한 상관관계나 효과만을 측정하는 것으로는 근본적인 예방이 어렵다.

따라서 측정하고자 하는 경제변수 간 효과의 존재 여부를 파악하는 데서 나아가 효과의 위계와 시간의 문제까지 정교하게 밝혀낼 때 경제의 불확실성에 대한 통제가 가능하다. 경제현상은 기상예보와 마찬가지로 경제요소 간 효과의 전후관계와 그 효과의 발생시점에 대한 전망이 중요하다. 효과의 위계와 속도 그리고 수준을 파악하지 않고는 경제현상의 적절한 통제가 사실상 어렵기 때문이다. 경제는 경제지표 자체가 갖고 있는 특성 간의 변동성만으로 설명될 수 있는 성격의 것이 아니다.

경제현상은 인간심리에 기초해 작동되기 때문에 여론의 움직임에 의해 상당부분 좌우된다(Roland-Levy & Kirchler, 2009; Tversky & Kahneman, 1992). 경제주체들은 직접적인 경험을 통해 거시경제를 이해하기 보다는 미디어의 보도에 더 의존한다는 가정이 지지 받는 이유이기도 하다(Ball-Rokeach & DeFleur, 1976; Soroka, 2002; Zuker, 1997, p.227). 심지어 일부 연구는 경제현실을 결정하는 가장 강력한 영향변수로 미디어의 보도를 꼽기도 한다(Behr & Iyengar, 1985).

인간의 심리에 영향을 미칠 수 있는 미디어 보도를 고려하지 않을 경우 경제현상에 대한 예측성은 낮아질 개연성이 크다. 미디어 경제보도는 소비자, 투자자, 정책입안자와 같은 경제행위 주체자들의 심리에 직간접적으로 영향을 미치고, 궁극적으로 경제의사결정에 영향을 준다(Henry, Olekalns, & Shields, 2010). 경제학자들은 미디어가 긍정적으로 경기를 진단하면 경제주체가 더 많이 소비하고, 더 많이 투자하며, 더 많이 고용하는 경제의사행위를 할 것으로 가정한다.

본 연구는 이러한 가정을 토대로 국내 경제뉴스가 기업의 고용에 어떻게 영향을 미치며, 그 고용력이 기업의 실제 설비투자에 선순환적으로 어떻게 연결되는지에 대한 효과의 전이과정을 추정해보고자 한다. 또한 이를 통해 미디어의 경제보도, 고용심리, 기업의 실제 투자행위 등 거시경제지표 간에 전후관계를 측정해보고, 아울러 효과의 수준과 시간을 예측해 보고자 한다.

1. 미디어 효과의 위계

경제뉴스는 경제현상에 대한 사실(fact)을 단순히 전달하는 역할만 하는 것은 아니다. 경제현상을 조명하고, 해석을 제공하는 미디어는 경제주체들의 심리와 경제활동에 직접적 또는 간접적으로 영향을 미친다. 미디어가 경제를 좋은 쪽으로 보도하면 경제주체들은 경제현실을 긍정적으로 평가하고, 앞으로 경제가 좋아질 것으로 예상한다. 반대로 미디어가 경제를 나쁜 쪽으로 보도하면 경제현실을 부정적으로 평가하고, 앞으로 경제가 나빠질 것으로 예상한다(Blood & Phillips, 1995). 미디어는 경제현상을 예측하는 기상 예보자(weather-forecaster)이자, 경제이슈에 대한 강력한 의제 설정자(agenda-setter) 역할을 하는 셈이다.

경제뉴스는 개인은 물론 기업의 심리와 의사결정에도 적지 않게 영향을 미친다(Lee & Lee, 2010). 따라서 기업심리를 나타내는 기업경기실사지수(BSI)도 미디어 경제보도로부터 영향을 받아 구성된다. 기업경기심리는 개별 기업들이 자체적으로 파악한 정보에 일차적으로 의존하지만, 상당부분은 미디어가 보도하는 경기상황에 따라 좌우된다는 주장도 있다(Lee & Lee, 2010). 신규인력을 채용할 것인지, 설비투자를 할 것인지, 제품재고를 어떻게 관리할 것인지, 공장 가동률을 어떻게 가져 갈 것인지, 채산성과 자금은 어떻게 운영할 것인지에 대한 기업의 전반적인 심리적 수준은 경제뉴스가 경제환경을 평가하고 전망하는 방식에 따라 결정되기 쉽다. 가령 미디어가 경제상황을 부정적으로 보도하면 기업심리는 위축되고 결과적으로 고용이나 투자가 줄어들 가능성이 커진다.

이처럼 경제주체의 하나인 기업은 미디어가 평가하고, 제시하는 경제현실에 기초해 경제적 의사판단을 내리게 된다. 따라서 경제학자들은 기업의 심리적 변동성이 실제 경제행위를 하는데 있어 중요한 의사결정의 기준점이 된다고 가정한다(Starr, 2008; Glaeser, 2003). 기업이 경기동향을 긍정적으로 받아들이며 경제활동에 적극적으로 나서지만, 반대로 경기동향을 부정적으로 받아들이며 경제활동이 위축된다는 뜻이다.

미디어는 매일 수많은 경제문제나 경기지표를 때로는 있는 그대로, 때로는 특정한 시각을 가지고 정기적으로 보도한다. 그 가운데 언론이 특별히 주목하는 경제이슈 가운데 하나가 고용문제이다(이완수, 2008; Mueller, 1966; Nadeau, Niemi, Fan., & Amato, 1999). 고용문제는 다른 경제이슈와는 달리 경제상황의 맑고, 흐림을 비교적 명료하게 보여주기 때문에 특히 기자들이 관심을 두고 보도하는 영역에 속한다(이완수, 2008). 경제상황에 가장 민감하게 반응하는 것이 고용이다. 그런 점에서 미디어가 경기상황을 어떻게 다루는가에 따라 고용시장이 활발해지기도 하지만, 때로는 경색되기도 한다. 기업의 개별적인 채용상황은 주변 사람이나 직접적인 경험에 의해 알 수 있지만, 거시적인 고용상황은 결국 미디어 보도를 통해 파악한다(Soroka, 2002). 개별 채용정보는 주변 사람들을 통해 접할 수 있지만, 거시적인 고용지표는 미디어 보도를 통해 발표되기 때문이다.

사람들은 고용시장이 좋아지고 있는지, 악화되고 있는지 또, 기업이 고용계획을 갖고 있는지, 아니면 반대로 구조조정을 계획하고 있는지의 내용은 대게 미디어의 보도를 통해 감지한다. 소로카(Soroka, 2002)는 고용이슈의 경우 일반적으로 직접적인 경험이나 주변사람들로부터 영향을 받지만, 고용이슈의 현저성(salience)이 낮은 시기에는 미디어 보도에 더 의존한다고 말한다. 기업의 고용상황은 기업의 건강상태를 보여준다. 고용여건이 좋다는 것은 투자여력이 그 만큼 있다는 뜻이다. 따라서 기업이 신규채용인력을 늘리겠다는 발표는 앞으로 설비투자나 생산설비 수준을 더 확대하겠다는 신호로 해석된다.

위에서 경제뉴스가 기업 심리에 영향을 주고, 이는 다시 기업의 실제 활동의사에 영향을 주는 선순환 구조를 갖고 있다는 점을 논의했다. 그러나 이러한 위계관계가 언제, 어떤 수준으로 그 효과가 나타나는지에 대한 질적 차원을 설명해주고 있지는 않다.

2. 미디어 효과의 시간과 강도

경제현상을 제대로 이해하기 위해서는 무엇보다 현상의 변화과정 속에서 효과가 나타나는 시간과 정도를 시계열적으로 예측하는 것이 중요하다. 경제변수 간의 상호 영향이 '언제', 그리고 '얼마의 크기'로 나타나는가하는 예측은 언론의 보도규범, 경제사안에 대한 시민의 식견, 경제주체들의 합리적 의사결정 등에 유용한 함의를 제공한다(이완수·노성종, 2008, p.332). 그럼에도 경제커뮤니케이션 학자들은 경제변수 간의 상호 효과 관계를 측정하면서도 그 효과가 언제 발생하고, 얼마나 지속(또는 소멸)되며, 정도가 어느 정도인지에 대한 효과의 시차성과 수준의 문제에는 별로 주목하지 않았다(이완수·노성종, 2008).

이는 무엇보다 효과의 작동과정을 시간에 따라 그 추이를 측정하는 시계열적 분석방법을 사용하지 않고, 단일 시점의 현상을 표면적으로 파악하는 횡단면적 분석방법을 주로 사용한데 기인한다(Rogers & Dearing, 1988, p.572; Weaver, 1987). 물론 의제설정 연구자들 사이에 의제의 생성과 소멸 시점의 변화과정을 추적한 연구가 전혀 없는 것은 아니다(McCombs, 2004; Wanta & Hu, 1994).

이 부분에 대한 선구자적 연구자인 블러드와 필립스(Blood & Phillips, 1995)는 경제뉴스가 시차 1~4개월에 걸쳐 공중들의 경제심리에 영향을 준다는 효과의 시간문제를 밝혀냈다. 우 등(Wu et al., 2002)도 경기국면에 따라 경제심리가 실제 경제활동에 시차 2~3개월의 간격을 두고 영향을 미친 뒤 한 달간 지속된다는 사실을 보고했다. 국내 연구에서는 경제인식과 경제현실 간의 효과가 1개월 이후 나타나 3개월간 지속되는 것으로 나타났다

(이완수·심재철·박양수, 2007).

그러나 경제변수 간의 시계열적 효과연구는 그렇게 많지 않으며, 특히 이 연구가 주목한 경제뉴스, 기업심리, 기업활동 간의 효과의 생성과 소멸 그리고 수준을 체계적으로 검토한 연구는 거의 없다. 기업은 개인과 달리 월별, 분기별, 연간별로 나눠 투자일정을 짜기 때문에 시간의 흐름에 따라 나타나는 경기변동에 특히 민감하다. 기업이 감지하는 경기동향은 직접적인 경험을 통해 얻어지기도 하지만, 미디어가 보도하는 방향 역시 중요한 기능을 한다.

미디어는 경제주체들의 투자(또는 소비)심리에 영향을 직접적으로 미치기 때문에 결국 미디어 보도 방향이 경기동향으로 나타날 수 있다(이완수·노성종, 2011). 이처럼 경제상황은 시간이라는 변수에 따라 수시로 바뀌는 특성을 갖고 있으며, 따라서 효과의 전이과정을 무시할 수 없다. 효과의 위계는 전이의 순서를 보여주고, 효과의 속도와 강도는 전이하는 시간과 영향력의 변동성을 보여준다. 경제현상의 예측은 결국 효과가 언제 나타나고, 얼마의 크기로 지속되는가 하는 전파경로를 파악함으로써 가능하다. 따라서 미디어 보도가 경제주체에 미치는 심리적 효과의 위계, 속도, 강도 등을 측정하는 것은 경제현상을 이해하는 데 유용한 함의를 제공한다.

3. 사례연구

미디어와 거시경제지표 간 효과의 위계와 속도를 측정하기 위해 1998년 12월부터 2007년 12월까지 기간(109개월)의 경제뉴스, 기업경기실사지수(BSI), 취업자수, 설비투자 변동지수를 각각 사용했다. 먼저 미디어의 논조지수(tone index)는 〈조선일보〉, 〈동아일보〉 1면과 〈KBS〉, 〈SBS〉 저녁종합뉴스의 경제뉴스 3,047건의 헤드라인 논조를 분석해 월 평균값으로 지표화해 산출했다. 분석대상으로 삼은 경제뉴스는 국가경제와 직접적인 관련이 있는 경제정책, 경제전망, 금리, 환율, 물가, 주가, 실업, 경상수지, 유가, 무역수지, 국내총생산(GDP) 성장률 등을 모두 포함시켰다.

경제뉴스 논조는 기사의 헤드라인 상에[1] 나타난 묘사와 표현을 고려해 감정의 정도나 방향에 따라 '매우 부정적'(−2)에서부터 '매우 긍정적'(+2)까지 5점 리커트 척도로 나눠 측정했다. 가령, 논조가 '매우 부정적'이는 의미는 경제현상을 대폭둔화, 초비상, 대폭락과 같이 매우 극단적으로 평가하거나 부정적으로 묘사한 경우에 속한다. 경제뉴스 논조 변수의 신뢰도 검정은 언론학을 전공한 두 명의 대학원생 코더가 사전지침에 따라 수행했다. 코딩과정에 내용에 대한 의견차이가 큰 경우는 연구자와 코더가 협의를 거쳐 동의한 뒤 수행했다. 코더 간 신뢰도 수준에 대한 측정은 코헨(Cohen, 1960)의 카파(kappa)계수 공식을 사용했으며, 카파계수는 0.93으로 나타나 신뢰도에 문제가 없었다.

<표 9-1> 분석자료

변수	내용	관측치 및 분석기간
M01	미디어 보도(논조)	107, 1998:12~2007:12
Ln(bsi)	BSI의 자연대수	107, 1998:12~2007:12
Ln(emp)	취업자수의 자연대수	107, 1998:12~2007:12
Ln(cap)	자본투자지수의 자연대수	107, 1998:12~2007:12

기업심리지표로는 기업경기실사지수(BSI)를 사용하였다. 기업경기실사지수는 전국 2,774개 기업(제조업 1,609개, 비제조업 872개)의 경기에 대한 판단과 전망에 대한 대표적인 심리지표로 생산, 매출, 투자 행태에 영향을 미친다. 기업은 기업경영 상황을 판단해 생산량을 늘릴지 줄일지, 근로시

---

1) 헤드라인은 일반적으로 기사의 핵심적인 내용이 담기며, 이는 독자(혹은 시청자)의 심리에 가장 강력한 영향을 미친다(Blood & Phillips, 1997).

간과 근로자수의 양을 변화시킬지 유지할지, 또 설비투자를 통한 공장의 (양적이거나 질적인) 규모를 키울지 줄일지를 선택한다.

요약하면 전자는 단기투자를, 후자는 장기투자로 볼 수 있는데, 초단기적으로는 근로시간의 변동을 통해 생산량을 조정한다. 하지만 기업이 고용을 추가로 늘리고, 근로시간을 높이더라도 설비투자로 바로 이어지는 것은 아니다. 왜냐하면 비용부담과 투자 위험성이 큰 설비투자는 고용과는 달리 매몰(sunk cost)될 가능성 때문에 비교적 신중하게 이뤄지며, 장기적 의사결정의 결과로 나타난다.

앞서 기술한 대로 미디어가 기업심리에 영향을 미치는지, 그리고 기업심리가 거시경제지표, 구체적으로 고용과 설비투자에 영향을 미치는지를 살펴보는 것이 이 연구의 목적이다. 이러한 목적에 따라 근로시간, 취업자수, 설비투자의 변동을 모두 함께 고려하였다. 특히 미디어가 궁극적으로 기업의 초단기, 단기, 중장기 의사결정에 어떠한 영향을 미칠 것으로 가정해 보았다.

하지만 거시지표로서 근로시간 변동에 대한 자료가 국내에서는 구축되어 있지 않다는 점을 고려해 이 연구에서는 기업의 단기 의사결정으로 취업자수 변동과 비교적 중장기 의사결정수단으로 활용되는 설비투자 변동지수를 분석 대상으로 정했다. 취업자수는 전국 3만 2,000가구 거주자 가운데 15세 이상의 취업상태에 있는 경제활동 인구수를 의미한다. 그리고 설비투자는 기계, 운송장비 등 설비 투자 배분액이 있는 62개 부문의 월별 설비투자액을 추계해 지수화했다.

이 연구에서 활용하는 거시 시계열 자료는 미디어 논조자료의 기간에 맞춰 모두 1998년 12월에서 2007년 12월까지로 하였으며, 총 표본수는 109개로 한국은행의 경제통계시스템(ecos.bok.or.kr)에서 추출하였다.

4. 사례연구 방법과 결과

1) 단위근 검정

일반적으로 어떤 시계열(Y_t)이 확정적 추세를 제거한 후 n번의 차분에 의해 안정적이며 가역적인 ARMA 모형으로 조정될 때, 그 시계열은 n차수만큼 적분되었다고 말한다. 그리고 이를 $Y_t \sim I(n)$으로 표시한다. 어떤 시계열 데이터가 $I(0)$가 아니라면, 단위근(unit root)이 존재함을 의미하는 것으로 안정적인 시계열로 전환해야 한다. 왜냐하면 시계열 분석에서는 변수 간의 선형성을 고려해야 하기 때문에 데이터의 안정화가 필수적이다.

이 연구에서는 시계열이 단위근을 가지고 있는지 확인해보기 위해 ADF(Augmented Dickey-Fuller) 검정법을 이용하였다. 단위근 검정 결과 미디어 논조와 기업경기실사지수 그리고 설비투자지수는 안정적인 시계열로 나타났다. 반면 취업자수는 단위근을 지닌 불안정한(non-stationary) 시계열로 나타나 1차 차분 후 단위근을 제거함으로써 안정적(stationary) 시계열로 전환하였다. 자세한 내용은 〈표 9-2〉와 같다.

〈표 9-2〉 단위근 검정 결과

x_t	rho(ρ)	t-stat	P-value
m02	−0.45119	−4.37167	***
ln(bsi)	−0.2874	−2.88381	***
ln(emp)	−0.02273	−1.2457	
△ln(emp)	−1.15892	−2.64568	***
ln(cap)	−0.16952	0.0009	***

주: ***는 ADF 검정통계량을 기준으로 1% 유의수준을 나타냄
　△은 차분을 나타냄

2) 공적분 검정

단위근 검정 결과 취업자수가 1차 차분된 것으로 나타남에 따라 수준변수들 간에 안정적인 선형결합이 존재하는지 여부 즉, 공적분 관계가 존

재하는지를 검정하기 위해 요한슨(Johansen) 공적분 검정을 실시하였다. 일반적인 벡터자기회귀(VAR) 모형에서는 개별 시계열이 안정적이지 못해 차분변수로 모형을 설정할 경우, 수준(level)변수가 지니고 있는 고유한 정보가 상실될 위험성이 존재한다. 즉, 수준변수가 포함하고 있는 장기적인 정보를 상실할 수 있는데, 이러한 문제를 해결하기 위한 방법으로 이들 수준변수를 이용해 벡터오차수정모형(VECM)을 추정한다.[2]

〈표 9-3〉 VAR Model의 시차분석 결과

lag(month)	1	2	3	4	5	6
AIC	-8.89	-9.16	-9.45	-9.66	-9.82	-9.67

공적분 검정에 앞서 적정시차의 길이를 결정하기 위해 VAR모형에서 아카이케 정보 기준점(AIC·Akaike's Information Criterion)을 구한 결과 〈표 9-3〉에서 보듯이 적정시차는 5개월로 판명되었다. 통상적으로 VAR모형에서 AIC에 의해 최적 시차가 p로 결정된 경우 VECM에 적용되는 시차는 p-1으로 하며, 따라서 본 연구에서는 VECM의 적정시차로 4개월을 설정했다.

〈표 9-4〉 공적분 검정 결과

Hypothesized No. of CE(s)	Eigen value	Trace Statistic	0.05 Critical Value	Prob.**
None *	0.3443	95.1502	47.8561	0.0000
At most 1 *	0.2973	51.2550	29.7970	0.0001
At most 2	0.1048	14.5612	15.4947	0.0688
At most 3	0.0288	3.04249	3.8414	0.0811

공적분 결과를 살펴보면 검정값인 Trace 통계량이 공적분 관계가 2개 이하라는 귀무가설을 5% 유의수준에서 채택하고 있어 2개의 공적분식

---

2) 본 논문에서 단위근이 발견된 취업자수를 1차 차분하여 VAR모형으로 분석하지 않은 이유는 차분으로 인해 시계열 자료의 정보유실을 우려했기 때문으로, 단위근이 존재하더라도 변수 간의 장기선형관계가 있을 때, VECM를 이용하여 이상의 문제를 제거할 수 있음은 잘 알려진 사실이다.

즉, 장기선형관계가 존재하는 것으로 확인돼 데이터 분석에 문제가 없었다(〈표 9-4〉 참조).

3) 그랜저 인과검정

일반적으로 회귀분석에서 설명변수와 종속변수를 결정짓는 방법은 경제이론에 기초해 현실의 자료를 기준으로 확인하는 것이 일반적이다. 하지만 이 연구와 같이 미디어 논조가 경제활동의 원인인지 혹은 결과인지 확신할 수 없는 경우에는 변수 간 인과관계 검정을 통해 그 방향성을 파악하는 것이 효과적이다. 즉 미디어 보도가 경제성과에 영향을 주는지, 아니면 경제성과가 미디어 보도에 영향을 주는지에 대한 전후관계를 분석할 필요가 있다.

이상과 같은 인과관계 방법론은 경제변수와 미디어변수 간의 선행성에 대한 연구는 아니나, 선물가격과 현물지수 변동성 사이의 인과성분석(이장우, 2005)이나 KOSPI200 선물의 수익성과 KOSPI 수익률간 관계분석(이정형·김유진·강관중, 2008)과 같이 금융이나 거시경제분석에서 보편적으로 활용된다.

이에 따라 경제변수와 미디어변수 중 어느 것이 원인인지 확인하기 위해서 본 연구에서는 다음과 같은 그랜저 인과관계 모형을 분석한다. 다만 이완수·심재철·박양수(2007)의 연구에서처럼 미디어변수가 직접적으로 경제성과에 영향을 주기보다 특정 경제주체의 심리에 먼저 영향을 준다는 점을 고려해 인과관계 분석은 미디어→심리→성과간의 위계 모형을 중심으로 살펴보고자 한다.

$$Y_t = \sum_{i=1}^{k} \alpha_i X_{t-i} + \sum_{j=1}^{k} \beta_j Y_{t-j} + \epsilon_t$$

다음의 〈표 5〉는 각 변수들에 대해 그랜저 인과관계 분석을 한 결과이

다. 〈표 5〉에서 'O'는 5% 유의수준에서 'X가 Y에 그랜저 인과하지 않는다'
는 귀무가설을 기각한다는 의미이며, 'X'는 귀무가설이 채택됨을 의미한다.

분석결과를 해석하면 일차적으로 미디어 논조는 기업경기실사지수(BSI)
에 그랜저 인과하며, 기업경기실사지수는 취업자수에 그랜저 인과 하는
것으로 나타나 '미디어논조 → 기업경기실사지수 → 취업량'이라는 단기
위계가 나타나는 것으로 확인된다. 이상의 결과는 심리지표로서 BSI가 기
업의 단기적 선택요소인 고용량에만 영향을 줄 뿐, 비교적 장기적 의사결
정이 요구되는 설비투자에는 영향을 미치지 않음을 보여준다.

〈표 9-5〉 그랜저 인과관계 검정 결과

원인 ＼ 결과	M02	Ln(BSI)	Ln(employed)	Ln(cap_index)
M02	-	O	X	X
Ln(BSI)	X	-	O	X
Ln(employed)	X	X	-	X
Ln(cap_index)	X	X	X	-

4) 충격반응 관계

벡터자기회귀(VAR)(혹은 VECM) 모형의 경우는 추정계수의 수가 비교적
많고 또한 자기회귀(AR)(1) 계수를 제외한 다수의 추정계수가 통계적으로
유의하지 않은 결과를 제시할 가능성이 높다(Canova, 2007). 따라서 모형의
시차별 추정결과 전체를 보고하기보다는 일반적으로 활용되는 충격반응
(impulse responses)과 분산분해(variance decomposition) 결과를 보고하는 것이
보다 적절하다.

여기서 충격반응은 시스템에서 이동평균(MA)모형의 추정된 값 즉, 잔
차항 ei,t에 외부충격이 가해졌을 때 시계열 $Y_{i,t+\tau}$가 어떻게 반응하는지
를 설명한다. 한편, 분산분해는 $Y_{i,t+\tau}$의 예측오차에 대한 잔차항 ei,t의

기여도 정도로 이해될 수 있다.

분석에 사용된 수준변수들 간에 장기선형관계를 갖는다는 공적분 관계를 확인했기 때문에 본 연구에서는 VECM 모형을 활용하여 시스템 내 변수 간 충격반응 및 분산분해결과를 도출한다. 한편 VECM 모형의 구체적 방정식은 다음과 같다.

$$\Delta Y_t = \sum_{j=1}^{k-1} \Gamma_j \Delta Y_{t-k} + \alpha \beta' Y_{t-1} + \gamma + \epsilon_t$$

위에서 Y는 미디어 논조, 기업경기실사지수, 고용량, 설비투자지수가 포함된 (4×1) 벡터이며, α는 (4×3) 조정계수벡터, β는 (4×3) 공적분벡터, γ는 (4×1) 상수항 벡터이다.

〈그림 9-1〉 충격반응 분석 결과

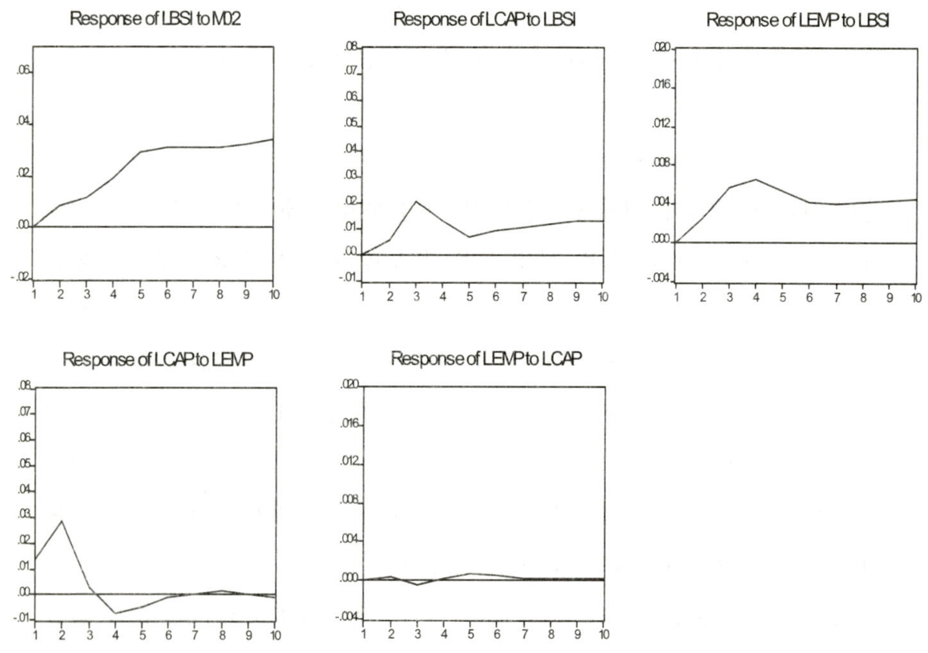

먼저 VECM 모형을 활용한 충격반응 결과를 살펴보면(〈그림 9-1〉 참조), 미디어 논조(MO2)의 변화(one standard deviation innovations)는 기업경기실사지수(LBSI)에 양(+)의 충격을 주며, 6개월 시점에 정점을 기록한 후 효과가 지속되는 것으로 나타났다. 이는 경제뉴스가 기업심리에 일정한 시차를 두고 지속적으로 영향력을 미친다는 것을 의미한다. 기업심리는 이후에 고용량(LEMP)과 설비투자(LCAP)에 영향을 미치는 것으로 나타났는데, 고용량은 4개월 시차를 두고 정점을 이룬 후 그 효과가 지속되었으며, 설비투자는 3개월쯤 정점에 도달한 후 그 효과가 소폭 감소되는 것으로 나타났다.

이상의 결과는 앞서 보고된 그랜저 인과관계 검정결과와 유사한 것으로 '미디어 논조→기업심리→고용량'의 위계가 유효한 것으로 해석될 수 있다. 다만 그랜저 인과관계 검정에서는 '기업심리→설비투자' 간에 인과관계가 성립하지 않는 것으로 보고되었는데 반해, 충격반응 분석결과에서는 '기업심리→설비투자' 간에 일정한 관계성이 존재하는 것으로 나타났다. 이는 기업심리에 1 표준편차 충격이 인위적으로 가해졌을 때 예측 가능한 설비투자의 변동이 생긴다는 것을 의미한다. 이를 좀 더 구체적으로 설명하면 조작된 상황에서의 시뮬레이션 결과와 실제 경제활동 결과를 기초로 예측한 인과관계 분석결과의 차이 정도로 이해될 수 있다.

추가적으로 설비투자와 고용량의 충격반응 분석결과에서는 고용량 증가가 설비투자를 늘리는 요인으로 작용하지만, 반대로 설비투자 증대는 고용량에 별다른 영향을 주지 못하는 것으로 나타났다. 특히 설비투자의 증감은 전체 기간에 걸쳐 고용량 증감에 영향을 미치지 않았다. 분석기간 동안 설비투자가 고용량 확대로 연결되지 못하는 것은 기업이 인적자원을 고용하는 대신에 설비 자동화(automation)에 투자함으로써 실질적인 고용효과로 연결되지 못한 것으로 추정해 볼 수 있다.

5) 분산분해

앞서 설명한 바와 같이 분산분해는 $Y_{i,t+\tau}$의 예측오차에 대한 잔차항 $e_{i,t}$의 기여도 정도를 파악하는데 유용하다. 이 연구에서 주목하는 것은 분석 변수 간 위계가 '미디어 논조→기업심리→고용량'으로 나타남에 따라 고용량 변동의 예측오차가 고용량 그 자체뿐만 아니라 미디어 논조 및 기업 심리변수에 의해 얼마나 설명되는 가에 관한 것이다.

〈표 9-6〉 고용량 증가의 분산분해 결과

Period	S.E.	LEMP	LCAP	LBSI	M02
1	0.010	100.00	0.00	0.00	0.00
2	0.020	97.61	0.02	1.67	0.70
3	0.027	92.52	0.04	5.54	1.90
4	0.030	88.86	0.03	8.74	2.36
5	0.033	87.32	0.08	10.14	2.46
6	0.035	86.99	0.09	10.51	2.41
7	0.037	87.04	0.08	10.51	2.36
8	0.039	87.13	0.08	10.47	2.33
9	0.041	87.10	0.07	10.51	2.32
10	0.043	86.99	0.07	10.63	2.32
11	0.045	86.87	0.06	10.74	2.32
12	0.047	86.80	0.06	10.82	2.31
13	0.049	86.77	0.06	10.87	2.31
14	0.051	86.75	0.05	10.90	2.30
15	0.052	86.74	0.05	10.92	2.29
16	0.054	86.72	0.05	10.94	2.28
17	0.055	86.70	0.05	10.97	2.28
18	0.057	86.69	0.05	10.99	2.28
19	0.058	86.68	0.05	11.01	2.27
20	0.060	86.67	0.04	11.02	2.27
21	0.061	86.66	0.04	11.03	2.26
22	0.062	86.66	0.04	11.04	2.26
23	0.064	86.65	0.04	11.05	2.26
24	0.065	86.65	0.04	11.06	2.25

이러한 의문을 해결하기 위해 고용량의 예측오차를 분석한 결과는 위의 〈표 9-6〉에 제시됐다. 먼저 고용량 변동의 예측오차를 살펴보면 24개월째까지 고용량 자체의 변동이 예측오차의 86.7%를 설명하는 것으로 나타났다. 이는 기존 고용량에서 비교적 소규모의 신규 고용량이 가감되었기 때문이라는 자료 자체의 특성에 기인한 것으로 추정되지만, 고용량이 단기적인 기초경제 여건변화와는 별도로 자기 순환구조에 의해 지속적으로 상승하는(self- fulfilling) 경향도 함께 가지고 있음을 추정케 한다.

흥미로운 점은 고용량의 예측오차가 고용량 자체의 변동과 함께 기업심리 및 미디어 논조의 변동에도 비교적 크게 영향을 받고 있다는 점이다. 기업심리는 7개월 시점에 고용량 변동의 약 10% 이상을 설명하며 그 효과도 지속적으로 증가하는 것으로 나타났으며, 미디어 논조는 대략 5개월 시점에 그 영향력이 최고조(2.5%)에 달한 후 점진적으로 하락하는 것으로 분석되었다.

5. 토론

이 연구는 미디어의 경제보도와 기업의 고용심리 그리고 설비투자 간 효과의 구조적 관계를 규명해 보려는 데서 출발했다. 미디어가 기업심리에 영향을 미치고, 이것이 실제 경제활동으로 이어지는지를 시계열 분석을 통해 예측해보았다. 이 연구는 특히 기업을 대상으로 미디어-기업심리-기업활동 간의 위계성을 파악하는 동시에 이런 위계구조가 어는 정도의 속도와 강도로 전이되는지를 관찰해 보고자 했다.

기업의 경우는 국가경제와는 달리 이득과 손실이 직접적이고, 가시적이어서 무엇보다 효과의 동태적 과정과 결과를 예측하는 것이 중요하다. 경제현상은 일반적으로 경제관련 요소 간 효과의 전후관계를 파악하고 그

들 요소가 서로 언제, 어떻게 영향을 주고받는지에 대한 시차별 효과의
수준을 밝혀낼 때 통제가 가능하기 때문이다.

  미디어-기업심리-기업활동의 선형적인 위계구조를 파악해 보고자 한
이 연구결과는 다음과 같다. 첫째, 미디어는 기업심리에 영향을 주었으며,
기업심리는 실제 기업의 경제활동으로 파급되는 위계효과가 확인됐다. 이
는 미디어의 영향력이 사람들의 심리나 태도에 영향을 주고, 이것이 다시
의사결정이나 행동에 직접적으로 영향을 주는 선형적인 위계구조를 나타
낸다는 커뮤니케이션이나 마케팅 분야 연구의 기본가설을 입증해 준다.
이 결과를 통해 경제뉴스가 기업현실에 중요한 의제기능을 한다는 점을
확인하였다. 미디어가 경제주체들의 심리적 방향을 결정하고, 궁극적으로
경제행위에 간접적으로 영향을 미치는 중요한 요소라는 점을 파악하였다.
이 연구는 미디어 보도를 관찰함으로써 사후적으로 파생될 수 있는 경기
(혹은 기업)심리나 경제(혹은 기업)활동의 지형을 예측할 수 있다는 시사점
을 제공해준다.

  둘째, 미디어의 경제뉴스는 시차 2개월쯤 후에 기업에 심리적으로 영
향을 미치기 시작해 6개월쯤에 가서 가장 강력한 영향을 미치는 것으로
나타났다. 이 연구는 기업에 대한 미디어 보도의 영향력의 정도가 가장
높은 시점이 6개월이라는 예측치를 얻어냄으로써, 기업이 시간에 따라
어떻게 움직이는 지를 비교적 가시적으로 전망할 수 있게 됐다. 그리고
이런 영향이 그 이후에도 지속됨으로써 기업에 대한 미디어 보도의 파급
성이 비교적 장기간 진행된다는 사실을 추론할 수 있었다. 이 연구는 경
제뉴스가 단순히 선행적으로 기업의 심리에 영향을 준다는 위계성을 확
인하는 것에서 나아가 언제, 얼마의 크기로 영향을 주는 지에 대한 효과
의 시간성과 강도의 문제에 주목해야 한다는 시사점을 준다.

  셋째, 기업의 심리반응이 고용량과 설비투자의 변화에 동시에 영향을
준다는 사실을 확인했다. 기업심리의 변화는 4개월쯤 시점에서 고용여부

가 결정되며, 설비투자에 대해서는 3개월 시점에 가장 크게 영향을 미치는 것으로 나타났는데, 이는 충격 3~4개월째쯤이 고용과 설비투자의 의사결정에 가장 비중 있게 영향을 주는 시차 수준임을 경험적으로 확인했다. 이런 효과는 그 이후에도 소멸되지 않고 낮은 수준에서 계속 이어지는 것을 보여주고 있기 때문에 기업심리와 기업활동 간의 효과 역시 비교적 지속적이고, 장기적인 추세를 나타낸다고 가정해 볼 수 있다. 기업의 심리는 고용량이나 설비투자에 직접적으로 영향을 주는 선행변수이자, 그런 심리적 영향성이 일정한 시점이 지난 후 행동으로 연결된다는 점을 파악하였다.

넷째, 고용심리는 시차 2개월 시점에 설비투자에 가장 크게 영향을 미치지만, 반대로 설비투자가 늘어났다고 해서 고용효과로 이어지는 것은 아니라는 사실을 확인했다. 이런 결과는 고용이 늘어나면 설비투자가 이뤄질 가능성이 커지지만, 거꾸로 설비투자 증가가 고용증가로 이어지지 않는다는 사실의 확인은 노동시장의 동향을 예측하는데 유용한 틀을 제공한다. 다시 말하면 고용지표가 좋아지면 설비투자가 늘어날 것으로 추정해 볼 수 있지만, 설비투자가 늘어난다는 정보만으로 고용이 늘어날 것으로 추정하는 것은 위험하다. 우리는 경제현실 속에서 기업들의 고용추세를 통해 향후 설비투자가 언제, 어떻게 이뤄지는지를 사전적으로 예측해 볼 수 있을 것이다.

다섯째, 현재의 고용시장을 통해 비교적 정확하게 자기변수인 향후 고용량을 예측할 수 있다는 사실을 확인했다. 즉 지금의 고용량이 24개월 동안 지속적으로 향후 고용 변동성을 상당한 수준(최소한 87%)에서 설명해준다. 이는 현재의 고용동향이 자기변수의 충격을 통해 향후 고용동향에 지속적으로 영향을 미치는 것으로 현재 고용량 지표를 갖고 미래 고용상황을 일정부분 예측해 볼 수 있다는 의미이다. 즉 현재 고용량 수준이 미래의 고용량의 추세를 설명해주는 기준점이 된다.

특히 흥미로운 점은 고용량 변동성이 자기변수인 고용량뿐만 아니라, 경제뉴스와 기업심리에 의해서도 예측오차를 설명해주고 있다는 점이다. 이는 기업의 고용량이 앞으로 늘어날 것인지, 줄어들 것인지의 전망은 현재의 고용량 지표와 함께 언론의 경제보도나 기업심리지수를 통해서도 일정부분 짐작이 가능하다는 점을 보여준다.

이 연구는 지금까지 미디어의 경제보도, 기업의 고용심리 그리고 설비투자 의향 간의 위계와 속도에 대한 구조적 특성을 살펴보았다. 그러나 수많은 기업지표 가운데 제한된 데이터에 기초해 관계성을 추정했기 때문에 현상의 일반화를 주장하기는 어렵다는 한계가 있다.

〈요약〉

이 장에서는 VECM(Vector Error Correction Model)을 활용해 미디어가 경제주체의 심리에 영향을 미치는지 여부를 확인하고, 이것이 실제 경제활동으로 이어지는지, 그리고 그 속도와 강도는 어떠한지를 분석하였다. 분석결과는 다음과 같다.

첫째, 미디어 논조는 기업의 심리에 영향을 주었으며, 기업심리는 실제 기업활동으로 파급되는 위계효과가 확인됐다.

둘째 미디어의 경제뉴스는 시차 2개월쯤 후에 기업의 심리에 영향을 미치기 시작해 6개월쯤에 가장 강력한 영향이 나타났으며, 이후 기업심리가 실제 기업활동에 미치는 영향은 약 3~4개월 후에 최고조에 달하는 것으로 밝혀졌다.

이상의 결과는 미디어의 영향력이 심리나 태도에 영향을 주고, 이것이 다시 행동이나 의사결정에 영향을 주는 선형적인 위계 구조를 나타낸다는 커뮤니케이션이나 마케팅 분야 연구의 기본가설을 입증해 준다.

3부

경제커뮤니케이션 연구방법

10장 경제커뮤니케이션 연구방법

- 횡단연구에서 VAR 모형까지 -

의제설정 효과를 현실 속에서 평가하고 측정하기란 쉬운 일이 아니다. 매스 미디어가 공중의 머릿속 그림을 형성한다는 의제설정 효과에 대한 평가나 측정은 매스 미디어의 속성, 이슈의 속성, 수용자의 속성, 사회적 상황, 시간의 길이(time frame)라는 조건적 가정에 따라 다르게 나타날 수 있다(차배근, 1999 재인용; Soroka, 2002). 개인적 차원과 집합적 차원, 단기분석과 장기분석, 실험방법과 비실험방법 등 검정방법에 따라서도 효과의 크기나 방향이 상이하게 나타난다(Kosicki, 1993).

의제설정 효과연구의 대부분은 미디어의제와 수용자의제 간에 정적인 상관관계가 존재한다는 단순한 가정에 기초해 수행돼 왔다. 의제설정은 개념, 방법의 불일치로 결과가 명료하기 보다는 오히려 결과의 복잡성과 효과의 상이성을 드러내 왔다. 일부 연구자는 의제설정 효과의 이런 불일치가 "이론이 단순하며 "(Iyengar & Kinder, 1987), 심지어 "의제설정은 '이론(theory)'이라기보다는 하나의 '은유(metaphor)'에 지나지 않기 때문"(Rogers & Dearing, 1988, p. 557)에 생긴 결과로 보고, 이론과 방법론적 정교화의 필요성을 강조한다. 이 때문에 기본가정이 간단명료한 것까지는 좋지만 지나치게 단순하고, 기술적이어서 의제설정 과정을 구체적으로 설명하지 못한다는 비판도 있다(차배근, 1999).

이러한 이론적 한계가 의제설정 효과연구에서 늘 일관된 결과를 보여주지 못하는 이유는 아니다. 의제설정 효과의 상이성이 이론적인 결함보다는 이를 검정하는 방법론적 한계 때문일 수 있다(Swanson, 1988). 그 동안 수많은 의제설정 연구가 미디어의제와 수용자의제 간의 상관관계는 발견해 왔지만, 시간의 흐름에 따라 나타나는 변수 간의 전후관계나 인과관계 등 방향성, 그리고 효과의 크기를 추정하는 데는 성공적이지 못했다.

미디어의제가 수용자의제에 영향을 미친다는 의제설정 이론은 기본적으로 '시간(time)의 과정' 속에서 설명된다(Dearing & Rogers, 1996). 그럼에도 초기 의제설정 연구는 횡단면적 데이터를 사용함으로써 시간상 전후관계를 통제할 수 없었다(Rogers & Dearing, 1988; Weaver, 1987). 동시에 시간상에 있어 미디어의 현저성이 공중의 현저성에 어떻게 다르게 효과를 미치는 지의 변화의 과정을 파악하기 어려웠다.

의제설정 이론의 또 하나의 축은 원인과 결과를 보여주는 방향성과 변 수의 전후관계이다. 변수 간에 상관관계가 존재함은 밝혔지만, 어떤 변수 가 어떻게 영향을 미치고 받는지에 대한 인과관계나 전후관계는 밝혀내 지 못했다. 디어링과 로저스(Dearing & Rogers, 1996)가 지적한 대로 의제설 정 이론은 미디어의제가 수용자의제에 영향을 미치는지, 아니면 거꾸로 수용자의제가 미디어의제에 영향을 미치는지를 밝혀낼 수 없었다.

의제설정 과정은 기본적으로 정태적이기보다는 동태적이다. 단일시점 의 사회현상을 관찰하는 횡단면 샘플 조사로는 의제설정과 같은 역동적 과정을 제대로 측정하는 데 한계가 있다(Behr & Iyengar, 1985). 따라서 정 적인 횡단면 분석으로는 의제설정 과정의 역동성이나 효과(Brosius & Kepplinger, 1990), 즉 시공간 차원에서 나타나는 변화의 양상을 입체적으로 설명하기 어렵다(Chyi & McCombs, 2004). 의제설정의 이런 과정은 이론상 미디어의제가 수용자의제에 영향을 미친다는 이른바 순위의 상관관계에 기초하는 일차적 함수관계로는 설명해 낼 수 없다. 미디어의제와 수용자 의제 사이의 제3의 변수를 고려해야 하며, 시간상 이슈나 속성의 현저성 (salience)의 변화도 함께 고려해야 한다.

의제설정 효과를 제대로 측정하기 위해서는 1) 타임 프레임 2) 이슈의 수 와 유형 3) 이슈의 속성 4) 조건변수 5) 개인적, 집합적 의제와 같은 수용자 유형 등 다섯 가지 기본적 조건을 고려할 필요가 있다(Eyal, 1981; McCombs, 2004). 이슈의 사회적 과정은 그 속성상 시간에 따라, 또 공간적 구조 속 에서 다양한 단계와 변화를 거친다. 즉 다양한 의제의 영향이 증가했다 가 감소하는가 하며, 시간에 따라 특정한 이슈가 현저화되거나 약화되기 도 하고, 공중의 여론향방에 따라 이슈의 생명주기가 달라지기도 한다(이완수·심재웅·심재철, 2008).

사회적 이슈는 이처럼 시점에 따라 생성, 쇠퇴, 소멸의 과정을 거친다. 의제설정은 결국 이슈의 현저성이 시간이라는 프레임 속에서 서로 어떻게 영향을 주고받으며, 또 어느 정도의 크기로 상호 효과가 발생하는지를 동태적으로 추적하는 과정이다. 이런 점에서 미디어의제든 수용자의제든, 아니면 정책의제든 입법의제든 시간상에 반드시 '변화 과정(changing process)'이 수반될 수밖에 없다. 지금까지는 의제설정의 과정, 방향성, 지속성 등 시간 프레임 연구는 상대적으로 적었다(Chyi & McCombs, 2004).

기존 의제설정 효과연구에서 결과가 기계적으로 예측되거나, 반대로 상이하게 나타나는 혼란성을 보여 온 것은 바로 이런 다양한 외적 조건을 충분히 고려하지 않은 채 지나치게 짧은 시간의 범위 안에서 단일 시점(one-shot) 연구나 횡단면적 연구와 같은 정적인 방법론에 의존해 왔기 때문이다(Eyal, 1981; Rogers & Dearing, 1988, p. 572). 브로시우스와 케플링거(Brosius & Kepplinger, 1990)는 동일한 데이터를 가지고 동적, 정적분석방법을 사용해 서로 비교한 결과 정적인 분석방법에서는 발견되지 않은 관계가 동적인 분석방법에서는 유의미하게 나타났다. 이는 같은 자료를 쓰더라도 분석방법, 특히 정적인 방법과 동적인 방법에 따라 전혀 다른 결과를 얻게 된다는 것을 의미하는 것으로 의제설정 연구방법에 대한 재검토의 필요성을 제기한다.

이 연구는 기존 의제설정 연구방법론의 한계를 비판적으로 검토하고, 나아가 새로운 연구 방법론을 제안하려는 목적에서 수행됐다. 아울러 기존의 연구방법론이 의제설정 이론을 설명하는 데 어떤 한계점을 갖고 있는지 진술하고자 한다. 이를 위해 기존에 다뤄졌던 커뮤니케이션, 특히 의제설정 연구방법론을 논의하고, 그 대안으로 국내 연구에서는 드물게 다뤄진 장기적 연구방법인 시계열(time-series) 분석, 구체적으로 벡터자기회귀(VAR) 모형의 필요성을 제안하고자 한다.[1]

의제설정 이론 자체가 제한적 효과의 한계를 극복하고, 중효과 이론의 흐름 속에 탄생했으며 공중의제나 여론 등은 단기간에 형성되기 보다는 좀 더 장기간 숙성과정을 거쳐 이뤄진다는 점에서 시계열 분석은 보다 타당한 방법이 될 수 있다. 물론 시계열 분석이 커뮤니케이션 효과연구의 절대적인 방법이라는 점을 말하려는 것은 아니다. 하지만 관련 변수 간의 상관관계, 전후관계, 인과관계 그리고 프레임 변화의 역동적 과정을 지금까지 나온 어떤 연구 방법론보다 잘 설명해 줄 수 있는 장점이 있다. 이를 커뮤니케이션 연구방법에 적용할 것을 제안하고자 한다. 좋은 연구방법은 사회현상을 더 의미 있고, 더 정확하게 파악할 수 있기 때문이다.

그런 전제 위에서 기존 연구자들에 의해 시도됐던 의제설정 연구방법론을 검토하고, 나아가 최근 시계열 분석방법을 적용한 국내외 연구를 소개함으로써 커뮤니케이션 효과연구의 방법론적 확장에 대한 가능성을 탐색해 보고자 한다.

1. 기존 의제설정 연구방법론

의제설정 연구 방법론은 크게 초기의 횡단면적 연구를 시작으로 경향(trend) 연구, 패널(panel) 디자인, 시계열 디자인, 비선형적 접근 방식 등 점차 정교화 되는 추세로 발전돼 왔다(Gunter, 2000; Kessler & Greenberg, 1981). 이들 연구방법의 발전적 진화과정을 다음과 같이 추적해보았다.

1) 횡단면적 연구

횡단면적 효과연구는 단일 시점에서 단위 간의 변량을 추론하는 연구방법이다. 즉 어느 한 시점에서 응답자들의 표본으로부터 미디어 노출의

---

1) 물론 국내 의제설정 연구에서 시계열 방법론을 적용한 사례가 전혀 없는 것은 아니다. 구체적인 국내 의제설정 시계열 연구사례는 15~16쪽에서 자세히 소개했다.

유형, 태도, 행동에 대한 자기 보고자료를 통해 효과의 유무를 측정한다. 이 연구방법은 예측관계를 명료하게 보여주는 통찰력을 제공한다는 장점 때문에 의제설정 연구에 자주 사용돼 왔다. 하지만 시간상 동일한 지점에서 변수 간의 관계를 살펴볼 수밖에 없다는 근본적 한계 때문에 시간상에 나타날 수 있는 변수 간의 동태적 관계를 측정해 내기는 어려웠다(Kessler & Greenberg, 1981). 이런 이유로 이 연구방법은 코호트(cohort)나 역사적 과정에서의 효과 그리고 변화를 밝혀내기 위한 장기적인(longitudinal) 연구에서는 적절하지 않다는 평가를 받는다. 궁극적으로 미디어 이용과 개인적인 태도나 행동 간의 상관관계를 추정하고자 하는 의제설정 연구역시 횡단면적 분석은 적합한 방법론이라고 보기 어렵다.

이런 방법론상 한계에도 불구하고 그간 많은 의제설정 연구들은 횡단면적 연구방법에 주로 치중해 왔다고 해도 과언이 아니다. 예를 들어 의제설정 연구의 이론적 틀을 제공한 미디어의제와 공중의제와의 관계(McCombs & Shaw, 1972), 개인적 속성 차이에 따른 의제설정 효과의 상이성(Weaver, 1980), 사회적 범주와 사회적 관계변수 측정을 위한 단일 시점의 서베이 조사(McLeod, Becker & Byrnes, 1974) 그리고 시차연구(Stone & McCombs, 1981) 등이 모두 단일 시점에서 변수 간의 관계를 측정하는 횡단면적 방법론에 기초해 이뤄졌다.

그러나 이 방법론은 장기간 시간의 흐름 속에서 현상이나 대상의 효과관계가 누적적으로 어떻게 형성되고, 변화하는 과정을 잘 보여주지는 못한다. 이 때문에 시간성과 방향성이 중요한 의제설정 효과 측정에는 일정한 한계를 지닐 수밖에 없다.

2) 경향(trend) 연구

이 연구는 한 시점에 출발해 일정한 시간이 지난 후 시점에서의 집단의 변화를 추정하는 장기조사 방법론으로 동일한 인구집단의 특성이 다른 시간의 지점에서 어떻게 차이가 나는지 살펴보는 데 유용하다. 경향연구는 긴 시간에 걸쳐 의제설정 과정을 추적하거나 시간에 따라 이슈 간 의제관계의 복잡성을 설명해주는데 기여해 왔다. 그러나 의제설정 연구에서 경향연구의 약점은 개략적인 경향이나 특징을 찾아내는 데는 용이하지만, 시계열 분석방법과 같은 복잡한 수학적 특성을 구체적으로 밝혀내는 데는 한계가 있다(Brosius & Kepplinger, 1990; McCleary & Hay, 1980). 의제설정 연구에 있어 변수 간의 관계가 두 지점에서 어떻게 서로 상이하게 나타나는지를 확인할 수 있지만, 시간의 흐름과정에서 나타날 수 있는 복잡다단한 변수 간의 연속적인 상호 예측관계를 보여주지 못한다. 경향연구는 어떤 기간에 걸쳐 어떤 토픽의 기술적인 변화를 제공해주는 장점이 있으나 실험연구나 패널연구처럼 인과관계를 추론할 수 없다. 만약 신뢰할 수 없는 데이터를 사용했다면, 잘못된 경향의 결과가 나타날 것이고, 마찬가지로 경향의 측정이 일관적이지 못할 경우 실험연구에서 흔히 나타나는 편향된 결과를 얻을 개연성마저 있다(Gonzenbach & McGavin, 1997).

경향연구의 한계는 시간과정에서의 미디어의제와 수용자의제의 상호관계를 예측해 낼 수 없다는 점과, 타당도를 확보하는 문제가 걸림돌이 된다. 그러나 경향 분석방법을 사용한 의제설정 연구는 장기간에 걸쳐 의제설정 과정을 살펴보고, 시간상 의제 관계의 복잡성을 일정부분 해결하는 데 기여해왔다.

3) 패널(panel) 연구와 시계열(time-series) 분석 연구

패널연구와 시계열 디자인은 단위(예: 월, 분기, 년 혹은 개인, 집단 등) 간 변화의 패턴차이를 살펴보거나, 다른 변수에 대한 한 변수의 관계에서 변화의 차이를 알아보는데 사용된다(Gonzenbach & McGavin, 1997). 패널 분석이나 시계열 분석은 동일한 단위가 한 시점이 아닌 그 이상의 보다 많은 시점 상에 변수 간의 변화를 지속적으로 측정할 수 있다는 점에서 시리즈 간의 관계를 비연속적으로 관찰한 종전의 횡단면적 연구나 경향연구에 비해 진일보했다.

먼저 패널분석은 횡단면적 또는 장기간에 걸친 변화에 대한 정보를 제공하는데 유용하다(Kessler & Greenberg, 1981). 아래의 〈그림 10-1, 10-2〉에서 보듯이 의제설정 연구에서 교차 상관관계(cross-lagged correlation)는 두 의제 간의 관계를 검토하는 데 자주 사용된다. 1972년 실시된 초기 의제설정 연구에서 미디어의제와 공중의제 간의 관계를 규명한 미국 노스캐롤라이나(North Carolina) 샬롯(Charlotte) 연구가 대표적이다(Shaw & McCombs, 1977).

아래의 〈그림 10-1〉에 보듯이 미디어의제 X_1이 공중의제 Y_2에 미치는 영향력이 미디어의제 X_2가 공중의제 Y_1에 미치는 것 보다 강하다고 가설을 설정하면, X_1Y_2의 상관관계가 X_2Y_1보다 더 크다고 본다. 한 변수가 다른 변수에 시간 차이를 두고 영향을 미치는지를 살펴볼 수 있다. 의제설정 연구에 있어 패널연구의 가장 큰 맹점은 미디어 변수와 공중 변수가 약간 다른 시점에서 측정할 경우 두 변수 간에 실제 상관관계가 없는데도 결과에서는 마치 교차상관 관계가 있는 듯이 나타난다는 점이다. 또 다른 문제는 특정변수가 시간의 흐름에 따라 평균값을 중심으로 일관되게 움직이지 않을 경우 측정 변수 간의 관계를 정확하게 추론해내기 어렵다는 점이다. 즉 어떤 변수가 정상성(stationary)이 아닐 경우 측정변수 간의 교차 상관관계를 추정하는 것은 무의미하다.

마지막으로 〈그림 10-2〉에 제시된 패널연구 모델은 X와 Y, Y와 X 그리고 X와 X, Y와 Y가 일정한 시차를 두고 영향을 미치는 불안정성 때문에 교차 상관관계 분석에 적합하지 않다. 이들 변수가 서로 교차 상관관계를 갖기 위해서는 상관계수인 a와 d 그리고 b와 c가 안정성(stability)을 갖춘 분포를 보인다는 조건이 전제되어야 한다.

〈그림 10-2〉에 기초해 더 구체적으로 설명하면 미디어 X_1의제와 미디어 X_1에 대한 공중의제인 Y_1, 그리고 미디어 X_2의제와 미디어 X_2에 대한

공중의제인 Y_2 간의 관계, 또 미디어 X_1의제와 미디어 X_2의제에 대한 공중의제인 Y_2와의 관계, 미디어 X_2의제와 미디어 X_1의제에 대한 공중의제인 Y_1 간의 관계가 상호 조건적으로 충족될 때 미디어의제와 공중의제 간의 상관관계를 객관적으로 살펴볼 수 있다.

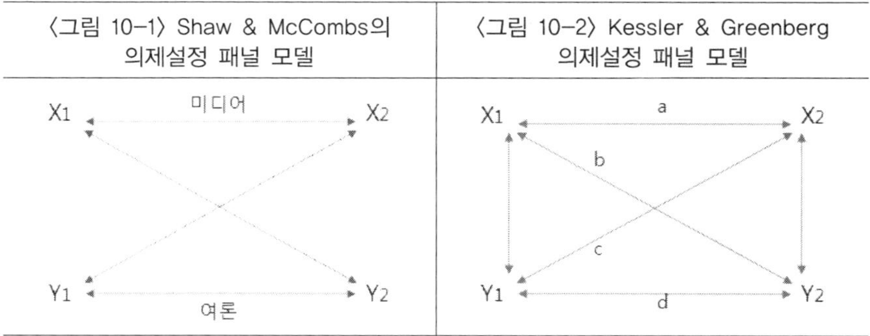

이러한 유형의 가장 일반적인 방법론이 시간 간격 상에서 데이터의 변화양상을 구체적으로 보여줄 수 있는 시계열 분석이다. 시계열 데이터 분석방법은 한 마디로 미디어의제, 수용자의제, 현실세계 지표 간의 관계를 시간의 순서에 따라 이해하는 데 도움을 준다. 즉 다양한 시점에 걸쳐 시간 상 관계를 비교적 잘 설명해준다. 의제설정 연구에서 패널과 시계열 분석의 가장 큰 차이는 분석의 단위이다.

패널연구의 분석 단위가 시간상 몇 시점에 걸쳐 정기적으로 조사된 개인인데 반해, 시계열 분석은 뉴스 기사의 빈도, 국가가 직면한 가장 중요한 문제, 실제 현실지표 등 집합적인 단위에 기초해 연속적으로 과정을 파악한다. 시계열 분석은 데이터의 이런 현실적 특성 때문에 미디어의제와 수용자의제 간의 시차는 수주에서 몇 개월, 심지어 몇 년에 걸쳐 다양하게 형성된다(Rogers, Dearing, & Chang, 1991).

시계열 분석의 유형은 크게 두 가지로 나눠진다. 첫 번째 유형은 시계열 과정을 검토하기 위해 상관관계(correlation)나, 회귀(regression)방법이 사용된다. 두 번째 유형은 다양한 시계열 구성요소를 모형화하기 위한 자기회귀이동평균(ARMA), 자기회귀누적이동평균(Autoregressive Integrated Moving Average·ARIMA) 모형과 벡터자기회귀(Vector autoregression) 모형이 있다. 여기서 ARMA는 데이터의 정상 시계열의 확률적 모형이며, ARIMA는 비정상 시계열의 확률적 모형이다. VAR 모형은 3장에서 자세히 논의하겠다. 먼저 이 시계열 분석이 의제설정 연구에 어떻게 적용될 수 있는지, 그리고 한계는 무엇이며, 그 대안은 어디에서 찾을 수 있는지 검토할 필요가 있다.

2. 시계열 디자인의 한계와 가능성

패널 디자인과 마찬가지로 시계열 방법은 변화의 패턴 속에서 단위 간의 차이에 대해서 뿐 아니라, 시간의 흐름에 따라 한 변수의 다른 변수에 대한 효과를 상호예측하는 데 사용된다. 그러나 패널 디자인과는 달리 시계열은 시간 상 다양한 시점에서 집합적 데이터의 변화를 추정할 수 있으며, 비교적 장기간에 걸쳐 의제설정의 한 트렌드를 보여 준다는 점에서 차별적이다. 또한 상관관계와 회귀분석을 통해 관련 변수 간의 관계가 시간의 과정에 따라 어떻게 상이하게 나타나는지를 경험적으로 계량화해서 보여준다.

모든 통계방법이 그러하지만 시계열 데이터 역시 장점과 단점을 동시에 갖고 있다. 가장 큰 장점은 횡단면적 데이터 방법에 비해 과거의 데이터를 통해 미래의 값을 예측하고, 변수 간의 동태적 관계와 인과관계를 보다 구체적으로 측정하거나 변수 간의 충격과 반응의 역동적 과정을 보여줄 수 있다는 점이다(Soroka, 2002). 하지만 단점은 주별, 월별, 연도별로 축적된 데이터가 없다면 분석자체를 할 수 없다. 즉 자료의 존재여부에 따라 연구가 제한을 받거나 아니면, 아예 연구를 진행할 수가 없다는 점이다.

1) 의제설정 연구에서의 선형성 문제

의제설정 연구는 이슈에 대한 미디어 보도와 공중이슈의 중요도 간에 직접적인 상관관계가 있을 것이라고 가정하는데서 출발한다. 특정 이슈에 대한 미디어 보도가 증가하거나 감소함에 따라 공중이슈의 현저성도 같은 방향으로 동일하게 변화한다는 것이다(Wimmer & Dominick, 1994). 하지만 변수 간의 상관관계는 처음부터 끝까지 같은 크기로, 또 같은 방향으로 고정돼 나타나는 이른바 선형성을 취하는 것은 아니다.

위에서 기술한대로 패널과 시계열 분석방법은 기존 의제설정 연구의 선형성 문제에 대해 근본적인 의문을 제기한다(Gonzenbach & McGavin, 1997). 현실적으로 의제설정의 경우 변수 간 관계는 순환성(Neuman, 1990), 시차 상에 있어 변화(Kessler & Greenberg, 1981), 시계열의 상호작용(Gonzenbach, 1996) 등의 특성을 갖고 있기 때문에 순차적인 선형함수에 기초한 변수 간 추정은 정확하다고 말할 수 없다.

그러나 지금까지 많은 의제설정 연구는 독립변수가 종속변수에 일 방향적으로 영향을 주는지에 주목했을 뿐, 이 두 변수가 서로 어떻게 역동적으로 영향을 주고받는지, 어느 시점에서 영향을 주고받는지, 또 다른 가외 변수가 어떻게 상호작용하는지에 대한 비선형성(nonlinear) 관계에 대해서는 별로 주목하지 않았다.

이런 이유로 곤젠박과 맥가빈(Gonzenbach & McGavin, 1997)은 의제설정 효과를 선형적으로 설명할 경우 적어도 세 가지 측면에서 타당성에 심각한 문제를 야기할 수 있다고 지적한다. 첫째, 많은 경우 변수는 순환과 계절적 추세를 지니고 있기 때문에 상관관계를 선형적으로 접근해서는 안 되며, 둘째, 변수가 서로 영향을 주고받는 역동성 때문에 역시 선형적으로 접근해서는 안 되며, 셋째, 변수 간의 상관관계는 시차에 따라 다르게 설정된다는 점에서 선형적으로 접근해서는 안 된다는 것이다. 로렌츠(Lorenz,

1964)의 경우 일찍이 날씨 데이터를 예측분석하면서 초기의 작은 오류가 시간에 따라 누적적으로 반복되면서 결국에는 엄청난 차이를 가져온다는 이른바 카오스(chaos theory)이론을 통해 선형적 방법론의 한계를 통계적으로 제시했었다. 카오스 이론에 따르면 시간 상 특정한 지점에서의 고유한 영향력을 고려하지 않거나, 예측관계를 지속적으로 추정하지 않는 한 결과적으로 정확한 예측을 해내는 것은 불가능하다. 의제설정 연구 역시 시간 흐름상 변수 간의 영향력 정도가 다르게 나타날 수 있다는 점에서 로렌츠의 카오스 이론과 유사한 측면이 있다.

변수 간의 어떤 영향이나 효과도 시차의 특성과 관계없이 직선적으로 움직이는 경우는 현실 속에서 드물다. 말하자면 사회 현상에서 사물의 결정론적 순서나 구조화는 존재할 수 없다. 따라서 의제설정 연구가 방법론상 타당성을 갖기 위해서는 선형적이기보다는 비선형적으로 접근해야 한다는 것을 의미한다. 가령 경제이슈의 경우 소비증감이 특정시기, 즉 추석, 민속설 등 시기적 요인, 아이스크림은 여름철에 더 많이 팔린다는 계절적 요인변화를 무시한 채 미디어의 보도가 공중의 소비인식이나 태도에 일정하게 영향을 미친다고 가정할 경우 잘못된 예측을 하게 된다.

의제설정 연구 관점에서 보더라도 미디어 보도와 공중 여론간의 관계를 일 방향적으로 가정할 수만도 없다. 미디어 보도가 공중 여론에 영향을 줄 수도 있고, 반대로 공중 여론이 미디어 보도에 영향을 미칠 수 있기 때문이다. 그런 점에서 선형적인 분석 방법은 계절적 패턴과 역동적 상호작용의 문제를 해결할 수 있는 대안이 될 수 없다(Gonzenbach & McGavin, 1997).

그럼에도 커뮤니케이션 분야 연구는 독립변수의 크기에 따라 종속변수의 크기가 결정된다는 선형적 가설을 검증하는 데 몰두했을 뿐, 그 반대의 경우는 그다지 주목하지 않았다. 즉 커뮤니케이션 연구자들은 한 변수가 다른 변수에 영향을 준다는 일 방향적 모형을 통해 분석결과를 추론함으로써 역방향에 대한 효과는 간과해 왔다. 흔히 회귀분석의 재귀함

수(recursive function) 모델에서 회귀계수가 편향적으로 나타날 수 있기 때문에 변수 간의 상관관계가 전체 기간에 걸쳐 일정한 패턴을 보이는 것은 아니다. 동시에 두 변수와 관계없이 제 3의 변수가 미칠 수 있는 영향이나 효과에 대해 통제하지 않음으로써 허위적 상관관계를 제시하곤 했다. 심지어 커뮤니케이션 연구방법에서 회귀분석의 경우 독립변수와 종속변수 간의 관계는 선형성이 전제되어야 한다[2]는 조건을 제시함으로써 연구자들은 선형성을 마치 당연하게 받아들일 정도다.

물론 시계열 모형이 선형성을 완전히 배제한다는 말은 아니다. 시계열 분석은 원래 측정하고자 하는 변수가 평균값을 중심으로 순차적으로 일정하게 움직인다는, 즉 선형성을 가정한 상태에서 동태적 관계를 분석한다. 그러나 지금까지 많은 의제설정 연구는 이런 선형성을 가정하면서도, 변수의 전후관계나 인과관계를 보여주는 동태적 분석에는 상대적으로 소홀히 해왔다. 그 만큼 국내외적으로 의제설정 연구는 방법론적 한계로 인해 미디어의제의 크기와 방향이 수용자의제의 크기와 방향에 영향을 미친다는 선형적인 연구의 한계를 극복하지 못했다.

의제설정 연구를 선형성으로 접근할 경우 연구자가 자의적으로 설정한 효과의 측정이나 방향성은 확인할 수 있지만, 시간상 과정에서 나타날 수 있는 이슈 현저성의 변화와 효과의 방향을 제대로 밝혀내기는 어렵다. 또한 의제설정 연구에서 변수 간의 선형적인 분석방법을 적용할 경우 시간의 흐름에 따라 나타날 수 있는 시차(time lag)상 예측관계를 발견하지 못하는 한계점도 문제다. 선형적인 접근방법은 예측관계의 최종 결과만 보여줄 뿐, 측정하고자 하는 전 시기에 걸쳐 나타나는 시차별 예측관계의 값이나 방향을 구체적으로 보여주지 못하는 단점이 있다.

---

2) 통계에서 회귀분석방법이 제대로 사용하기 위한 전제조건으로 1) 표본이 무작위로 표집 되어야 하고, 2) 변수가 정상적으로 분포되어야 하며, 3) 독립변수와 종속변수 간의 관계는 선형적이어야 하며, 4) 변량이 동질적이어야 한다는 네 가지가 제시된다(최현철, 2007).

우리가 사회현상을 예측하고자 하는 목적은 변수 간의 상관관계의 존재 여부를 확인하는 자체로 한정되지 않는다. 그보다는 변수 간의 상관관계가 언제, 어떤 방향으로, 어느 정도의 강도로 발현(emerge)되는지에 대한 전체적인 그림을 제시함으로써 정확한 예측과 상황을 시점별로 통제하고, 대책을 수립할 필요도 있다. 그런 점에서 선형성 가정은 심각한 문제가 아닐 수 없다. 그간 의제설정 연구는 '무엇을 생각하게 하는가(what to think about)'를 설명하는 데는 성공적이었지만, '언제 생각하게 하는가(when to think)'를 설명하는 데는 그다지 성공적이지 못했다(이완수·노성종, 2008). 즉 사람들은 미디어가 제공하는 보도 범위의 양에 기초해 어떤 이슈가 얼마나 중요한지 판단할 수 있지만, 그 이슈가 언제쯤 수용자에게 중요하게 지각되는 지를 보여주는 데는 한계가 있다는 것이다.

많은 의제설정 연구는 효과의 존재 유무에 관심을 두었을 뿐, 그 효과가 언제, 어떻게 나타나는지에 대한 예측성은 충분히 축적되어 있지 않다. 이는 궁극적으로 효과시점의 전망과 예측성이 의제설정 이론이 본질적으로 규명해야 할 문제였지만, 방법론 상의 제약으로 이를 제대로 파악할 수가 없었다.

2) 시계열 자료 분석방법의 한계

과거 장기간에 걸친 의제설정 연구는 다양한 통계방법이 사용돼 왔으며, 일정부분 커뮤니케이션 연구에 기여해 온 것도 사실이다. 장기적 의제설정 연구는 동일한 개인집단을 대상으로 오랜 시간에 걸쳐 수행되며, 둘 혹은 그 이상의 시점에서 얻어진 미디어 사용이 수용자의 태도나 행동에 영향을 준다는 가설을 테스트하는 보다 강력한 수단으로 여겨져 왔다(Wimmer & Dominick, 1994). 예컨대, 두 변수(bivariate) 시계열 관계를 검토하는 데 널리 사용돼 온 교차 상관관계기능(cross-correlation functions·CCFs)은 두 시리즈가 금기(今期)와 전기(前期)에 걸쳐 시간상에 상관관계가 존재하는지를 명료하게 보여주는 데 성공적이었다(Soroka, 2002). 즉 독립변수와 종속변수 간의 상관관계는 시차에 따라 Yt와 Xt, Yt와 $Xt-1$, Yt와 $Xt-2$, Yt와 $Xt-3$ 등의 구조를 취한다. 이처럼 CCFs는 두 시리즈 간의 상관관계가 비교적 분명하게 나타난다는 장점은 있지만, 신뢰할 만한 수준에서 상관관계가 나타났는지는 확실하지 않다. 왜냐하면 CCFs는 신뢰구간(confidence interval)이 잔차(error term)에 가깝거나, 전기(t-1)가 금기(t)에 직접 영향을 미치는, 즉 자기상관관계가 존재하거나, 제3의 변수가 영향을 줄 수 있다. 하지만 기존연구는 이런 측면을 충분히 고려하지 않은 채 효과분석을 시도해 왔다.

초기 미디어 의제설정 연구인 샬롯(Charlotte) 연구나, 맥콤스와 쇼(McCombs & Shaw, 1972)의 채플힐(Chapel Hill) 연구는 미디어 보도와 여론 간의 교차상관관계 분석에서 두 시점 간에 나타난 여론의 자기상관성의 통계상 오류를 통제하지 않았다(Blood & Phillips, 1997). 즉 여론의 방향은 미디어의 보도에 의해서보다는 여론 자체의 효과로부터 더 영향을 받는다는 사실을 간과했다. 시계열 분석에서는 기본적으로 시리즈 자체가 갖고 있는 고유한 가치가 그 이후에도 일정 기간 동안 지속적으로 영향을 준다는 자기상관성, 즉 단위근(unit root) 효과를 적합한 수준에서 통제해야 한다. 만약 자기상관성을 통제하지 않을 경우 잘못된 신뢰구간이나 유의도 수준에서 존재하지 않는 의제 간 효과를 마치 존재하는 것처럼 해석하는 제 1종 오류(Type I Error)을 범할 수 있다. 가령 소득과 소비의 관계를 조사함에 있어 단위근을 통제하지 않은 상태에서는 5번째 표본이 평균보다 소비량이 많을 경우, 한 단위 뒤에 나타나는 6번째 표본은 실제와는 달리 평균보다 많이 소비할 가능성이 높다고 추론하기 쉽다.

교차상관관계 분석에서는 데이터를 무작위로 뽑기 때문에 자기상관성을 찾아내기가 쉽지 않다. 이런 방법론상 한계 때문에 기존 시계열 연구는 데이터의 정확성이나 의제 간의 시간 상 전후관계, 그리고 변수 간 예측관계를 보여준다는 측면에서는 충분치 않았다. 예를 들어 미디어 시리즈가 *t-1* 시점에서 여론 *t* 시점과 유의미한 수준에서 상관관계를 갖는다면 미디어가 여론을 시간적으로 한 단위 선행(lead)한다고 해석한다.

그럼에도 기존의 의제설정 효과연구는 시간순서의 구분, 미디어 내용이 공중의 태도나 행동과 어떻게 서로 연결되는가 하는 문제, 개인에 대한 미시적이고 단기적인 연구로부터 사회적 시스템에 대한 거시적이고 장기적인 영향력에 대한 추정 등을 제대로 고려하지 않은 CCFs 방법에 주로 의존해 왔다. 이런 이유 때문에 CCFs는 사회과학 연구에서 중요한 시간상 전후관계나, 인과관계를 추정하는 데는 한계가 있을 수밖에 없다. 이러한 약점을 보완하기 위한 대안으로 시계열 분석방법의 하나로 데이터의 과거치(AR)와 과거 오차항(MA)을 고려한 자기회귀누적이동평균(ARIMA) 모형을 의제설정 연구에 적용되기 시작했다(Hester & Gonzenbach, 1995; Soroka, 2002).

ARIMA 모형은 평균이 0에 가까운 잔차(error term)나, 평균이 0인 백색잡음(white noise)으로부터 시리즈의 규칙적인 움직임을 분류하는 데 목적이 있다. 여기서 규칙적인 움직임은 시간에 따라 비교적 일정하게 움직이는 트렌드나 사이클, 평균이동 요소에 기초한다는 사실을 전제로 한다. 즉 측정 시리즈가 자기상관성을 갖고 있지 않다는 조건 아래 시리즈 간의 예측관계를 분석하고, 해석해야만 한다.

하지만 ARIMA 모형은 두 변수 간의 관계만을 측정하기 때문에 가외변수가 미치는 영향력을 제거할 방법이 없다. 또 계절적 요인에 따른 구조적 차이에 대한 검토나 데이터의 추세를 사전에 제거할 방법상 절차를 거치지 않는다는 점에서 시리즈 간의 상관관계를 제대로 추정하기 어렵다는 약점이 있다.

요약하면 기존에 사용된 경향(trend), 패널, 교차 상관관계 모형은 변수의 잔차, 시간에 따른 시리즈의 증감이 평균값을 중심으로 이동하지 않는 추

세 그리고 시차 간의 자기상관성을 검토하지 않은 불안정 데이터에 기초
해 인과관계를 추론해 왔다고 볼 수 있다. 그런 점에서 그 간 많은 시계열
연구는 비정상 시계열 데이터를 갖고 변수의 예측성과 인과성을 자의적으
로 추정했을 개연성을 배제하기 어렵다. 관련 변수의 전후관계나 인과관계
를 예측하기 위한 전제조건은 시리즈가 시간에 따라 서로 의미 있는 방향
으로 함께 움직이는지를 알아보는 공적분(cointegration)이 동시에 검토돼야
하는데 대부분 연구들이 시간상에 나타나는 데이터의 이런 불안정성을 제
거하지 않은 채 분석을 시도해왔다. 결국 시계열 분석방법을 통한 기존 커
뮤니케이션 연구도 시간과정의 변화를 충분히 고려했다고 보기 어렵다
(Dearing & Rogers, 1996). 데이터의 자기상관성과 정상성(stantionary) 등의 문
제를 제대로 검토하지 않은 상태에서 분석을 시도한 셈이다(예: Shoemaker,
Wanta, & Legget, 1989; Kepplinger, Donsbach, Brosius, & Staab, 1989).

3) 벡터자기회귀(Vector Autoregression) 모형의 유용성

계량경제학에서 경제변수 간의 예측관계를 다룰 때 자주 이용되는 시
계열 통계방법이 바로 VAR(벡터자기회귀) 모형이다. VAR 모형은 기존
CCFs, ARIMA 모형 등 다른 장기분석 방법과는 달리 변수 간의 인과적 방
향성을 시간에 걸쳐 예측하는 동시에 3개 이상 변수의 외생적 또는 내생
적 위치에 관계없이 상호 인과성을 추정해낼 수 있다. 즉 VAR 모형은 시
계열 데이터 간의 상호관계를 예측하고, 신뢰도 구간 안에서 단위근 없는
데이터 간의 상관관계를 비교적 정확하게 평가하는데 유용하다. VAR 모
형의 이런 장점에도 불구하고 커뮤니케이션 연구에 이 모형을 적용한 사
례는 많지 않다.

통계학적으로 변수 간의 상호관계의 측정은 그 변수가 서로 일정한 방
향으로 움직인다는 전제에서 이뤄진다. 하지만 현실적으로 경제 데이터

는 평균값을 중심으로 규칙적으로 움직이지 않는 비정상적(nonstantionary)인 특성을 갖고 있다. 미디어, 공중, 현실의 상태를 표시하는 일반적인 의제설정 자료 역시 정상적인 특성을 갖고 있는 것은 아니다. 따라서 분석 자료에 대한 사전 통제를 해야 하지만, 횡단면적 연구는 물론 지금까지 사용한 시계열 방법에서 조차 데이터의 비정상성 여부를 제대로 식별(identification)하지 않았다.

일반적으로 시계열의 정상성은 단위근, 즉 시계열상 영속적으로 영향을 미치는 자기상관(AR)성의 존재 유무를 테스트함으로써 가능하다[3]. 만약 이 테스트에서 "단위근이 존재하지 않는다"는 영가설을 기각하지 못하면, 단위근이 존재한다고 보고 데이터를 정상적인 시계열로 정규분포화하는 로그차분(log difference)이 필요하다.

현실적으로 계량경제학이나 선거연구에서는 특성상 비정상적인 데이터가 존재하기 마련인데 이를 식별하는 것은 간단한 문제가 아니다. VAR 모형은 단위근 테스트를 통해 데이터의 비정상성 여부를 확인하고, 변수 간의 예측관계를 추론해낼 수 있다. 단위근은 변수가 자체적으로 갖고 있는 고유한 영향력이나 시간적 추세가 존재하는 통계적 속성을 의미하는데, 단위근이 존재하는 변수는 평균값을 중심으로 일정하게 움직이지 않고 예측할 수 없는 방향으로 움직이기 때문에 데이터 차분(differencing)이 필수적이다.

그러나 데이터 자료에 대한 이런 사전 통제는 기존 방법론에서는 찾아보기 어렵다. 이에 반해 시계열 분석에서의 VAR 모형은 단위근 테스트를 통해 해당 변수를 정상적 시계열로 바꾼 뒤 관계 변수 간의 상호 예측관계를 추정하는 분석 방법이다.[4] 만약 이런 절차를 거치지 않고 비정상

---

3) 시계열의 정상성을 파악하기 위한 단위근 테스트에는 여러 방법이 있는데, 필립스와 페론(Phillips & Perron, 1988), 쉬왈즈(Schwarz, 1978), 디키와 풀러(Dickey & Fuller, 1979), 엘리엇 등(Elliot et al., 1996) 등이 고안한 테스트 방법이 주로 많이 사용된다(Blood & Phillips, 1997 참고).

시계열 변수 간의 관계를 추정하면 서로 상관관계가 없는데도 마치 상관관계가 있는 것처럼 해석하는 허위적 회귀분석(spurious regression analysis)의 오류를 범하게 된다.

모든 사회과학 연구 방법론이 그러하지만 시계열 분석에서도 가장 중요한 것이 데이터의 내외적 타당성 확보이다. 단위근 테스트를 통해 데이터를 정상적으로 변경했다고 하더라도 관련 시리즈가 서로 함께 묶여 움직인다는 보장은 없다. 따라서 이들 시리즈가 서로 함께 움직이는지, 아니면 제멋대로 움직이는지 살펴보아야 한다. 이를 해결하기 위해 측정 변수들이 독립적으로 움직이지 않고, 추세가 확률적으로 서로 연결돼 함께 움직이는가를 보여주는 공적분 테스트가 수반돼야 한다(Enders, 1996; Engle & Granger, 1987).

VAR 모형은 바로 해당 변수들이 장기적으로 일정한 관계를 갖고 한 방향으로 움직이는지를 파악함으로써 예측관계의 신뢰도를 높여줄 뿐 아니라, 시차별로 변수의 예측관계를 추정해내는 장점을 제공한다. 사회현상을 설명하는 데 있어 어떤 이슈가 다른 이슈에 일방적으로 영향을 미치는 절대적인 힘의 우위를 갖는 경우는 사실 드물다. 앞서 논의한 대로 의제설정 연구는 미디어 이슈의 현저성이 공중 이슈의 현저성에 일방적으로 영향을 준다는 단순한 가정에 기초해 설명돼 왔다. 의제설정 연구에서 변수의 예측관계는 시차별 선후관계나 인과관계를 파악함으로써 가능한데 개별 시차가 통계적으로 유의미한지를 최종적으로 확인하는 방법이 바로 VAR 모형의 그랜저(Granger) 인과검정이다.

그랜저 인과 검정방법은 CCFs에 비해 상대적으로 변수의 인과관계를 밝혀내는 데에 훨씬 강력한 수단이다. 그랜저 인과검정은 하나의 시계열

---

4) 물론 단위근 테스트는 복잡한 통계적 절차 없이 간단히 관련 변수 간의 관계를 그래프로 도시하거나, 또 현재 시점과 전기 시점 간의 차이를 보여주는 변동률인 차분(differencing)을 통해서도 확인이 가능하다.

이 다른 시계열을 예측할 수 있는지를 통계적으로 최종 검정하는 절차로 만약 Y변수를 X변수의 과거로부터 예측할 수 있다면 "독립변수 X와 종속변수 Y사이에 그랜저 인과관계가 성립한다"고 말한다. 그 반대로 X변수가 Y변수의 과거로부터 예측할 수 있다면 "독립변수 Y와 종속변수 X사이에 그랜저 인관관계가 성립한다"고 주장할 수 있다. 결론적으로 그랜저 인과검정은 추정하고자 하는 변수 간의 예측관계가 통계적으로 의미가 있는지를 파악하는데 필수적이다(Smith, 1987). 그랜저 인과관계 테스트는 기존 의제설정 연구를 확장할 수 있는 적합한 모형을 제공해 준다.

특히 그간 의제설정 효과연구는 분석기간 내 일정한 시점 상에 구조적 변화가 없는지 확인하는 통계적 절차를 간과해 왔다. 연구자가 분석하고자 하는 기간에 존재하는 모든 데이터의 속성이 항상 같은 것은 아니다. 오히려 그 반대인 경우가 많다. 만약 시계열 분석에서 예측하고자 하는 기간 내 특정 시점 사이의 데이터 속성에 구조적 차이가 있을 경우 이를 구분해 측정하는 것이 바로 VAR 모형의 차우 테스트(Chow test)이다(Johnston, 1991, p.507-9; Wu, Steven, Chen, & Güner, 2002).

통계학적으로 속성이 다른 이상치(outlier)를 함께 분석할 경우 잘못된 측정결과의 오류를 낳을 수 있다. 따라서 데이터의 구조적 차이에 대한 사전 점검이 필요하다. 가령 IMF 외환위기와 같은 극단적인 경제상황 시기를 다른 평상시기와 구분 없이 분석할 경우 경제사회 현상을 제대로 밝혀냈다고 평가할 수 없다. 시계열 VAR 모형에서 더미 변수(dummy variable)를 활용한 차우 테스트는 같은 기간에 서로 다른 모집단의 특성을 비교하기도 하지만, 같은 모집단에서 서로 다른 기간사이에 변수들의 관계가 어떻게 변화했는지를 밝혀내는 데도 유용한 수단을 제공한다.

그러나 기존의 대부분 효과연구는 이런 시기별에 따른 구조적 상이성을 검토하지 않고 모든 기간을 동일한 조건으로 가정하고 분석을 해 왔다. 만약 차우 테스트의 F-검정결과 구조적 차이가 없다면 전체 기간을 대상으로 회귀분석을 할 수 있다. 하지만 구조상에 차이가 있다면 시기별로 나눠 분석을 실시해야만 한다.

그러나 대다수 의제설정 연구는 분석기간의 이런 특이성을 고려해 분석을 하지 않았다. 이러한 조건이 충족됐다고 하더라도 시계열 분석은 사용 변수에 따라 예측관계의 정확도가 달라진다. 만약 연구자가 두 변수(bivariate)를 사용하느냐, 아니면 세 변수(multivariate) 이상을 사용하느냐에 따라 예측의 결과가 동일하지 않다. 두 변수 시계열 분석은 통제되어야 하는 변수를 고려하지 않고 다만 시간의 흐름에 따라 측정하고자하는 변수 간의 상관관계가 존재하는지를 제한적으로 추정해낼 수 있을 뿐이다. 기존 의제설정 효과연구 역시 방법론상 두 변수 간의 상관관계를 파악하는 데 집중했을 뿐, 제 3의 변수를 통제하는 문제는 충분히 다뤄지지 않았다.

VAR 모형은 그 절차의 복잡성에 비해 가외변수를 통제할 수 있기 때문에 효과의 정확성이나 의미를 보다 명확히 할 수 있는 장점을 갖는다. 그러나 ARIMA 모형 등 일부 시계열 분석의 경우 통계적으로 변수의 시차별 상관성은 카이스퀘어 값(혹은 t값)을 통해 설명해주지만 측정하고자 하는 시리즈 효과의 방향성, 강도 그리고 지속성까지 보여주지는 못한다.

시리즈가 시차에 따라 상하로 어떻게 움직이는지, 그리고 그런 방향성이 얼마나 지속적으로 진행되는지에 대해 알려주는 바로미터가 바로 VAR 모형의 충격반응(impulse-response) 함수 분석이다. 즉 VAR 모형의 충격반응 함수는 시리즈의 한 단위 충격이 시간적 순서에 따라 특정한 변수의 움직임에 어떻게 영향을 미치고, 서로 반응하는지를 시각적으로 보여 준다(장병희·강형구·정일권·이혜진, 2008; Soroka, 2002). 충격반응 함수는 단순히 변수 간의 관련성이나 방향성을 이해하는 차원을 넘어 충격에 대한 반응의 크기를 시차별로 추정해내는 데 유용하다. 이상의 논의를 기초로 그간 시계열 분석을 적용한 국내외 의제설정 연구가 어떤 분석방법을 적용했는지를 살펴보고자 한다.

3. VAR 시계열 분석 적용연구

1990년대까지만 해도 어떤 이슈에 대한 여론의 변화를 장기간에 걸쳐 검토하거나, 미디어의 영향력을 시계열적으로 추정한 연구는 드문 편이었다(Wu, McCracken, & Saito, 2004). 먼저 커뮤니케이션 분야에서는 측정하고자 하는 영역의 자료 축적이 충분치 않았고, 단기간에 걸쳐 미디어 효과를 검정하는 데 주로 집중함으로써 장기간의 데이터 분석에 활용되는 시계열 분석 방법의 필요성이 크지 않았다. 그러나 최근 들어 사회적 지표 데이터가 통계적으로 축적돼 왔고, 특히 뉴스자료의 전산화가 확장되면서 장기간에 걸쳐 커뮤니케이션 현상을 규명하는 시계열 분석이 시도되고 있다(Wu, Stevenson, Chen, & Güner, 2002).

시계열 분석은 효과의 시간적 전후관계를 규명할 수 있다는 장점 때문에 경제현상이나 사회현상의 동태적 움직임에 관심을 둬 온 경제학, 경영학, 사회학 분야에서 자주 사용된다. 특히 변수 간의 내생성과 외생성이 불확실할 경우 각 방향별로 예측관계를 모두 확인할 수 있다는 방법론상 장점 때문에 시계열 분석방법이 커뮤니케이션 효과연구에 점차 활용되고 있다.

1) 국외 의제설정 시계열 연구 사례에 대한 평가

시계열 분석 방법을 적용한 초기 의제설정 연구는 대부분 일정한 시점 간에 두 변수의 상관관계가 존재하는지를 측정하는 데 집중됐다. 기존의 의제설정 연구는 한 시점에서 진행됐던 횡단면적 연구에서 시점을 둘로 구분해 변수 간의 효과관계를 추정하는 교차 상관관계 분석을 발전했다.

시계열 디자인을 사용해 실시된 최초의 의제설정 연구로는 항공소음에 대한 미디어 보도와 소음에 대한 불만접수 건수를 253일간에 걸쳐 상관관계를 살펴 본 사례연구가 있다(Watt & van den Berg, 1978). 이 연구는 한 변수 자체의 고유한 영향력이 다른 시점에 나타날 수 있는 자기상관관계를 고려했다는 점에서 방법론상 기여가 크다.

하지만 이들 연구자는 측정하고자 하는 변수가 정상적인 시계열을 갖고 움직이는지에 대해서는 검토하지 않았다. 즉 측정하고자 하는 두 변수 가운데 한 변수는 정상적인 시계열인데 반해, 다른 한 변수는 비정상적인 시계열일 경우 교차상관관계를 측정하는 것은 무의미하다. 측정 변수는 평균값을 중심으로 일정하게 움직여야 교차지연에 따른 상관관계를 추정해 낼 수 있는데, 그렇지 못할 경우에는 신뢰할 만한 수준에서 상관관계를 추정했다고 평가하기 어렵기 때문이다.

이에 따라 윈터와 에얄(Winter & Eyal, 1981)은 인권문제 대한 여론과 미디어 보도 간의 관계를 살펴보기 위해 여론조사에 앞서 6개월 동안 인권문제를 다룬 뉴욕 타임스 보도가 얼마의 시차에서 여론에 영향을 미치는지 살펴보았다. 이 연구는 기존 연구와는 달리 미디어 변수의 자기상관관계를 통제했으나, 종속변수인 여론에서는 자기상관성을 고려하지 않았다. 또 이슈의 정상성 여부를 검토하지 않아 역시 상관관계의 신뢰도를 충분히 확보하지 못했다.

베르와 아이엔가(Behr & Iyengar, 1985)는 TV뉴스 보도, 여론, 현실의 상호관계를 측정하기 위해 자기상관관계를 통제하는 회귀모델 방정식을 도입함으로써 기존 시계열 의제설정 연구를 한 단계 발전시켰다. 이 연구는 돌출성 이슈인 에너지, 실업, 인플레이션을 대상으로 1974년부터 1980년까지 42개월에 걸쳐 미디어 보도, 여론 그리고 현실문제의 상관관계를 추정했다.[5] 이 연구는 비록 시계열의 정상성 여부를 다루지는 않았지만, 자기상관관계를 검토했다는 점에서 의의가 있다.

이 연구와는 달리 스미스(Smith, 1987)는 미디어의제, 공중의 관심, 그리고 공중의 평가 간의 관계를 계량경제학 연구에 자주 이용되는 그랜저 인과관계에 기초한 회귀방법을 통해 규명했다. 슈메이커, 완타, 레겟(Shoemaker, Wanta, & Legget, 1989)은 1972년부터 1986년 기간에 미국 사회의 마약이슈에 대한 미디어 보도와 공중인식 간의 상호관계를 두 개의 시기별로 나눠 회귀분석을 실시했다. 그러나 이들 연구 역시 기존연구와 마찬가지로 변수의 자기상관관계와 데이터의 정상성을 고려하지 않았다.

케플링거, 돈스박, 브로시우스, 스태브(Kepplinger, Donsbach, Brosius, & Staab, 1989)는 독일 헬무트 콜 총리에 대한 언론 보도와 국민인식 간의 관계를 교차지연 상관관계 방법을 통해 분석했는데, 이들은 데이터 문제로 ARIMA 모형이나 그랜저 인과검정을 사용하지 못했다고 밝혔다. 이들 연구자의 이러한 자기고백은 의제설정 효과는 기본적으로 자료의 자기상관성과 정상성 등을 검토한 적합한 데이터에 기초해 진행돼야 한다는 점을 인정한 것이다.

이처럼 이들 커뮤니케이션 연구 대부분은 불안전한 데이터를 활용해 실시된 교차상관관계 분석방법을 벗어나지 못했다. 물론 초기에 데이터를 조정해 변수 간의 상호관계를 예측한 사례가 전혀 없는 것은 아니다. 소수의 연구자들이 ARIMA 모형을 적용해 의제설정 효과를 검정했는데, 대표적으로 로저스와 그의 동료들(Rogers, Dearing, & Chang, 1991)이 91개월에 걸쳐 5개 의제의 상호관계를 ARIMA 모형을 통해 측정했다. 이들은 그랜저 인과관계를 검정했으나 단순히 두 변수 간의 관계만을 분석함으로써 다른 제 3의 의제가 미칠 수 있는 영향력을 통제하지는 않았다.

장기 시계열 분석은 1990년대 전까지만 해도 어떤 이슈에 대한 여론의

---

5) TV뉴스=c+현실+이슈의 중요성+e

　이슈의 중요성=C+TV뉴스+현실+E,
　c와 C는 상수이고 e와 E는 에러

변화과정(Gonzenbach, 1996; McCombs & Zhu, 1995)을 추적하는 데 주로 맞춰져 왔다. 경제뉴스, 경제인식, 경제현실 변수 등의 상호관계를 예측함으로써 측정 대상을 확대한 일부 연구(Behr & Iyengar, 1985; MacKuen, 1981; MacKuen, Erikson, & Stimson, 1992)가 있긴 하지만, 세 변수 이상을 동시에 사용해 실시한 다면적인(multifaced) 연구는 드물다. 일부 연구가 경제이슈를 중심으로 VAR 모형을 적용한 다면적인 시계열 분석에 관심을 두기 시작했는데, 경제이슈를 이용한 시계열 분석 선구자인 블러드와 필립스(Blood & Phillips, 1995; Blood, 1996)가 대표적이다. 이들은 불황 헤드라인 뉴스, 소비자 심리, 국가경제, 대통령 지지도 등의 다변수(mutivariate) 간의 역동적 예측관계를 VAR 모형의 그랜저 인과 검정을 통해 제시했다.

이에 반해 우와 그의 동료들(Wu, Steven, Chen, & Güner, 2002)은 미국 경제이슈를 대상으로 VAR 모형을 적용해 불황뉴스, 경제상황, 경제인식 등 세 변수 간의 인과관계를 추정했다. 이 연구는 특히 차우 테스트를 통해 경기수축기와 경기회복기로 구분해 이들 경제변수들의 상호 효과관계가 어떻게 상이하게 나타나는지 살펴보았다. 우와 다른 동료들(Wu, McCracken, & Saito, 2004) 역시 VAR 모형으로 일본의 '잃어버린 10년(lost decade)' 시기(1988~1999)를 대상으로 불황뉴스, 경제상황, 경제인식 변수의 상호 인과관계를 분석했다. 소로카(Soroka, 2002)는 캐나다의 AIDS, 범죄, 채무와 채권, 환경, 물가, 국가적 통합, 세금, 실업문제 등 8가지 이슈를 대상으로 시계열 분석방법인 VAR 모형을 적용해 시간상 나타나는 역동적 의제관계를 밝혀냈다.

이에 반해 헤스터와 깁슨(Hester & Gibson, 2003)은 처음으로 2차 의제설정 이론에 기초해 48개월 동안 미국 경제뉴스와 국민의 경제인식 그리고 경제상황 간에 서로 어떻게 영향을 주고받는지 회귀분석을 실시했다. 그러나 이 연구는 VAR 모형에서 고려되어야 하는 단위근 테스트, 공적분 테스트, 시차 적정성 추정 등과 같은 일련의 사전 검정절차를 거치지 않았다.

최근에는 다양한 이슈를 대상으로 하는 의제설정 효과연구가 시계열 분석방법을 사용해 이뤄지고 있는데, 온라인 매체의 의제설정 효과에 대한 교차지연 분석(Lim, 2006), 미디어, 공중, 의회 간의 의제설정 효과를 연(年)을 분석단위로 해서 실시된 시계열 분석(Tan & Weaver, 2007), 미디어의 정치적 의제설정 효과(Walgrave, Soroka, & Nuytemans, 2008), 미디어의제가 의회 의제에 미치는 영향력에 대한 국가 간 시계열 분석연구(Noije, Klennijenhuis, & Oegema, 2008)가 이뤄졌다.[6]

2) 국내 의제설정 시계열 연구 사례에 대한 평가

시계열 분석방법을 이용한 국내 커뮤니케이션 효과연구는 드물다. 커뮤니케이션학이 생긴지 반세기가 다 됐고, 수많은 논문이 쏟아지고 있지만 장기간 데이터를 활용한 시계열 분석방법이 사용된 논문은 손에 꼽을 정도이다. 기존 국내 의제설정 연구는 〈부록〉에서 보듯이 2000년 이후 최근 연구에서조차 시간성과 방향성을 고려하지 않은 선형적인 횡단면적 연구방법이 압도적이다. 국내 26개 의제설정 연구 중에서 3개 연구만이 비선형성을 선택했고, 나머지 23개 연구는 데이터의 선형적 연구방법에 의해

---

6) 이 밖에 시계열 분석방법을 적용한 의제설정 연구는 다음과 같다. 제로섬(zero-sum) 게임에 기초한 미디어 의제와 공중의제 간의 경쟁관계를 기존 의제설정 효과연구방법과 시계열 모형을 적용한 비교연구(Zhu, 1992), 마약이슈에 대한 미디어 의제가 시간에 따른 순환과정과 구조화에 대한 시계열 분석(Gonzenbach, 1996), 대통령이 미디어 의제에 미치는 효과에 대한 시계열 분석(Wanta, Wayne, Foote, & Joe, 1994), 홍콩 행정총리를 대상으로 비실험적 조건 속에서 프라이밍 가설을 검증하기 위한 시계열 분석(Zhu, 1996), 대법원의 의제설정과 의사결정에 관한 시계열 연구(Lanier, 1997), 외교정책 의제 설정의 동태적 분석(Wood & Peake, 1998), 외교정책에 관한 대통령, 미디어, 공중의제 간의 ARIMA 모형 시계열 연구(Mitrook & Alan, 2001), 청소년의 건강행동 변화에 미치는 미디어 효과에 대한 시계열 연구(Yanovitzky & Stryker, 2001), 대통령, 미디어, 공중이 주도하는 의제에 대한 VAR 모형 시계열 연구(Choi, 2004), 미디어, 공중, 의회의 의제설정 효과에 대한 시계열 연구(Tan & Weaver, 2007), 정상시기와 불황시기에 있어 경제이슈에 대한 미디어 보도가 소비자 신뢰지수에 미치는 시계열 효과연구(Lishan, 2008).

수행됐다. 그 만큼 국내 의제설정 연구는 데이터가 역동적으로 움직인다는 비선형 요소를 제대로 통제하지 않은 셈이다. 이슈 간의 관계가 일정한 시간동안 서로 어떻게 변화하는지를 관찰하지 못했다.

시간성을 통제하지 않은 점도 국내 의제설정 연구의 한계로 지적된다. 〈부록〉에 제시된 26개 의제설정 연구 가운데 시간변수를 고려한 연구는 7개 연구에 지나지 않는다. 시간성을 고려한 패널 또는 시계열 연구가 전혀 없었던 것은 아니지만, 대다수 연구가 시간 프레임을 매우 짧은 기간에 두고 변수 간의 예측관계를 추정했을 뿐이다. 국내의 경우 최근 들어 시간 프레임의 중요성이 의제설정 연구에서 강조되면서 경제이슈, 정치이슈를 중심으로 시계열적 분석이 실시된다.

커뮤니케이션 영역에서 시계열 분석 방법을 적용한 국내연구로는 이완수(2007, 2008)가 VAR 모형을 적용해 김대중 정부와 노무현 정부시기를 중심으로 국내 경제뉴스, 경제인식, 경제상황, 대통령 지지도 등 다변수 간의 인과관계를 전체기간과 정부별로 각각 나눠 추정한 연구가 있다. 이 연구는 단위근 테스트, 시차수 적정성 검증, 차우 테스트를 통해 관련 국내 경제이슈 변수 간의 상호 예측관계를 국면별로 보여주고자 했다.

또 다른 연구는 이완수, 심재철 그리고 박양수(2007)가 VAR 모형과 다중회귀 모형을 사용해 경제뉴스, 경제상황, 소비자심리, 소비행위 간의 상호 역동적 관계를 규명했다. 이 연구는 기본적으로 뉴스-현실-심리-행동이 서로 어떻게 영향을 주고받는지, 또 그 효과가 시간에 따라 언제 나타나지를 방법론적으로 제시했다. 특히 더미(dummy) 변수를 사용해 경기국면에 따라 경제뉴스와 소비자심리가 다르게 나타난다는 사실을 밝혀냈다. 그러나 특정 시점상 변수에 발생한 충격에 대해 각 변수들이 어떻게 반응하는지를 보여주는 충격반응함수는 제시하지 않았다.

그 밖에 이완수와 심재철(2007)은 VAR 모형을 이용해 경제뉴스가 경제현실을 통제한 상태에서 대통령 지지도에 어떻게 영향을 미치는지를 정부별로 구분해 살펴보았다. 김규찬(2008)은 1997년부터 2006년까지 기간에 걸쳐 부동산 관련 보도와 부동산 가격 간의 상관관계에 대해 시계열 분석 방법을 시도했다. 이 연구는 이완수(2007)의 연구와 마찬가지로 분석시기를 전체 기간과 정부별로 나눠 관계변수의 상호관계를 보여주고자 했다. 그러나 이 연구는 부동산 가격 변동이 부동산 기사에 영향을 주는지 알아보기 위해 횡단적 시계열분석 방법과, 언론의 부동산 보도가 부동산 가격에 영향을 주는지를 알아 보기위해 다중회귀분석 모형을 사용했으나 시간의 과정과 시계열 자료의 특성을 충분히 살리지 못한 한계가 있다.

경제이슈를 시계열 분석 방법을 사용해 다룬 이들 연구와는 달리 장병희와 그의 동료들(2008)은 2007년 한나라당 대통령 후보 경선과정에서 언론의 보도가 이명박 후보와 박근혜 후보 지지도에 어떻게 상호 연동돼 나타나는지를 VAR 모형을 사용해 시계열 분석을 시도했다. 이들은 국내 기존 시계열 분석 연구에서 한 발 더 나아가 한 단위가 다른 단위에 어떻게 영향을 주는지를 보여주는 충격반응 분석과 분산분해 분석을 통해 특정한 변수의 영향력 추이를 시간의 순서에 따라 제시했으며, 동시에 각 독립변수의 설명력을 비교해 보여줬다.

이 밖에 하승태(2008)는 ARIMA 모형을 사용해 여론조사 결과와 대선 후보자의 보도행태의 관련성을 시계열적으로 분석했으며, 이준웅(2005) 역시 시계열 분석인 ARIMA 모형을 적용해 자기상관성(AR)과 평균이동(MA)을 통제한 뒤 뉴스 프레임의 등장 빈도와 여론 변화 간의 상관관계를 추적했다. 이 연구는 뉴스 프레임이 1개월 후에 여론변화와 상관관계가 있다는 사실을 밝혀냈다. 또 홍원식(2007)은 언론의 보도와 대통령 직무수행에 대한 여론의 상호 변동과정을 시계열 분석인 자기회귀이동평균(ARMA ·Autoregression Moving Average) 모형을 사용해 분석했다. 이 연구자가 사용한 ARMA 시계열 분석은 단순회귀 모형을 사용할 경우 발생하는 자기상관성(autocorrelation)으로 생기는 독립변수의 통계적 유의미성을 통제했다는 장점을 확보했다.

시계열 분석방법을 직접 사용하진 않았지만 이완수, 심재웅 그리고 심재철(2008)은 미국 버지니아 공대 총기사건 이슈를 주제로 한미 양국의 언론 보도 프레임이 일정한 시간대에서 시간과 공간 차원에서 어떻게 역동적으로 변화하는지를 분석함으로써 시간 프레임에 주목했다.

이와 같이 국내 의제설정 연구 분야에서는 대다수 연구가 단일 시점에서 변수 간의 관련성을 설명하는 횡단면적 연구에 집중돼 왔다. 장기적 데이터에 의한 시계열 분석은 드물다. 국내 의제설정 연구도 외국과 마찬가지로 의제 간의 데이터 통제, 효과의 방향성, 시간차, 효과강도, 분석시기 구분 등을 분명하게 규명하지 못하고 있다.

4. 토론

이 연구는 기존 의제설정 연구 방법론의 한계점에 주목해 연구과정에 흔히 간과하기 쉬운 데이터의 시계열성, 인과성, 비선형성, 허위적 관계 등의 문제를 효과적으로 해결할 수 있는 방법론적 타당성을 검토해 보았다. 의제설정 연구는 데이터의 특성, 분석기간, 시차, 의제의 속성, 분석단위, 방향성 등을 종합적으로 통제할 때 의제 간의 효과를 상대적으로 더 정확하게 예측할 수 있다고 가정한다. 즉 의제설정 이론을 체계적으로 설명하기 위해서는 방법론적 절차와 과정이 보다 정교하고 입체적일 필요가 있다.

지난 반세기 동안 이뤄진 수많은 의제설정 연구는 미디어의제의 정치, 경제, 사회적 효과를 관찰하는 데 기여해 왔다. 미디어의제의 현저성을 규명하는 데서 출발한 의제설정의 초기 이론은 의제의 전이, 의제 간 현저성의 전이, 의제속성의 전이 과정에 미치는 외부적 요인 등을 통제함으로써 커뮤니케이션 효과연구의 이론적 토대를 넓혀왔다. 하지만 주로 단기간의 단일 시점에서 의제(또는 속성)효과의 전이성을 파악하는데 집중함으로써 시간과 상황에 따라 나타날 수 있는 상이한 효과나 효과의 크기, 그리고 예측의 방향성을 제대로 밝혀내지 못했다. 즉 의제설정 이론은 '시간상에 있어 과정(a process over time)'과 수용자의 의견 형성, 의견 방향, 의견 강도가 행동으로 어떻게 연결되는가 하는 사후적 효과에 대한 측정은 미흡했다.

의제설정 이론은 반현과 맥콤스(반현 & McCombs, 2007; McCombs, 2004)의 지적대로 단순히 미디어의제 현저성의 존재여부를 파악하는 것으로 끝나는 문제는 아니다. 그보다는 의제 간의 효과를 얼마의 기간 동안 측정할 것인가, 효과의 순서는 어떻게 나타나는가, 효과의 발생 시점은 언제인가, 효과의 발생은 시기마다 어떻게 다른가, 효과의 방향은 어떻게 구성되는가, 효과의 크기는 어느 정도인가를 밝혀야 하는 훨씬 복잡하고, 다차원적인 이론이다. 결과적으로 의제설정의 이론적 틀은 1) 변수 간의 상관관계가 순환적일 수 있고, 2) 계절적 요인에 의해 변화될 수 있으며, 3) 시간상에 있어 자체 변수는 물론 관계변수가 직선적으로 움직이지 않는 비선형성을 나타낸다는 점에서 이른바 시간성이나 방향성과 떼어놓고 설명될 수 없다. 의제설정 이론의 이런 특징은 순위의 상관관계를 파악하는 데서 나아가 의제간의 효과 관계를 시간의 길이, 시차, 이슈의 속성, 단위, 방향, 사회구조, 효과의 수준, 효과의 설명력 등 다양한 차원 속에서 파악할 필요성이 있음을 의미한다.

그동안 의제설정 연구가 방법론적인 한계로 '시간'이라는 문제를 고려하지 못한 측면이 있다. 물론 의제설정 연구의 방법론이 그동안 발전이 없었다는 뜻은 아니다. 의제간의 효과를 한 시점에서 단편적으로 보여줄 수밖에 없었던 횡단면적 분석방법은 시점 간 비교가 가능한 트렌드와 패널방법으로 발전했다. 트렌드나 패널방법의 정확성 결여는 또 다시 시간성과 방향성을 제시해주는 자기회귀이동평균(ARMA), 자기회귀누적이동평균(ARIMA), 벡터자기회귀(VAR) 등 다양한 시계열분석 모형으로 진화됐다. 그럼에도 수많은 의제설정 효과연구가 의제의 순위적 효과가 한 시점에서 어떻게 나타나는가를 파악하는 횡단면적 연구에 치중함으로써 이론의 보다 풍부한 함의를 논의하는 단계에 이르지 못했다고 평가한다.

이 연구는 이런 방법론상 한계에 대한 대안으로 시계열 분석의 벡터자기회귀(VAR) 모형의 그랜저 인과관계 검정의 필요성을 제안하고자 한다. VAR 모형은 여러 측면에서 다른 어떤 방법론에 비해 의제설정 이론의 확장에 기여할 수 있다고 보았다.

첫째, VAR 모형은 무엇보다 먼저 기존의 많은 방법론과 달리 시간의 통제가 가능하다는 점이다. 기존의 의제설정 연구는 주(週), 월(月) 단위의 비교적 짧은 기간에 제한해 데이터를 분석해 왔지만, VAR 모형은 연(年) 단위의 보다 긴 일정한 기간의 데이터를 확보해야만 분석이 가능한 장기적이고, 거시적인 의제설정 효과를 밝혀내는 데 유용하다. 의제설정 과정은 결국 시간의 과정이다. 그러기 때문에 짧은 시간보다, 긴 시간에 걸쳐 의제설정 과정을 살펴봄으로써 사회적 과정을 더 정확히, 그리고 더 폭넓게 파악할 수 있다.

둘째, 의제 간의 시차 효과를 시간의 흐름에 따라 구체적으로 밝혀낼 수 있다는 점이다. 의제 간 효과는 의제의 현저성에 따라 증가했다가, 감소하는 사이클을 그리기 때문에 시차별 효과에 대한 예측이 중요하다. 그런 점에서 VAR 모형은 의제의 현저성에 따라 상이하게 나타날 수 있는 의제 간의 효과에 대해 시차별 주기를 파악해낼 수 있다. 그러나 단일 시점에서 효과를 측정하는 횡단면적 방법이나, 아니면 일정한 시점을 중심으로 효과를 비교 측정하는 CCFs 등 기존의 연구 방법론으로 시간 흐름상에 나타나는 의제의 시차별 효과를 연속적으로 측정할 수 없고, 시차 효과를 통제하기도 어렵다.

셋째, VAR 모형은 일정한 시점에서의 한 변수의 고유한 영향력이나 추세를 나타내는 자기상관성을 통제할 수 있다는 점이다. 자기상관성은 한 단위 선행하는 지점의 의제 효과가 연속적으로 이어지기 때문에 이를 통제하지 않을 경우 선형적으로 상관관계를 측정하는 오류를 범하게 된다.

넷째, 분석 기간의 구조적 차이를 통계적으로 확인할 수 있기 때문에 상이한 데이터를 동일하게 간주해 분석하는 오류를 피할 수 있다. 이는 기존 연구방법에서는 찾아볼 수 없는 데이터의 구조적 차이나 상황적 조건의 차이에 따라 서로 다른 효과를 발견할 수 있는 장점을 제공한다.

다섯째, 데이터 특성에 대한 통제가 가능하다는 점이다. 불안정한 데이터를 안정적인 데이터로 바꾸는 정교화를 통해 의제 효과를 보다 더 정확히 측정해낼 수 있다. 사회과학 연구 데이터가 현실적으로 평균값을 중심으로 일정하게 움직이지 않는 불안정 시계열인데도 마치 이를 안정 시계열로 가정하고, 의제 간의 상관관계를 측정해 왔다. 이는 다른 연구에서도 마찬가지이지만, 데이터의 특성 통제, 즉 단위근을 검정하지 않을 경우 잘못된 시리즈의 데이터를 갖고 의제설정 효과를 예측하는 오류를 범할 수 있다는 의미이다.

여섯째, 연구자가 설정한 의제 간의 효과를 측정하는 차원을 넘어 순서와 관계없이 의제의 전후관계를 파악하는데 기여할 수 있다는 점이다. VAR 모형은 그런 점에서 변수가 외생적인지, 아니면 내생적인지 알 수 없을 때에도 시간적 순서를 파악할 수 있다. 그 동안 의제설정 연구는 독립변수와 종속변수가 연구자에 의해 사전에 결정돼 효과의 존재 여부를 측정하는 정태적 분석에 맞춰져 왔으나, VAR 모형은 변수의 순서가 불확실하더라도 상호예측이 가능한 동태적 분석이 가능하다.

일곱째, 효과의 강도에 대한 측정이 가능하다는 점이다. 그동안 수없이 많은 의제설정 연구가 의제 간의 효과에 대한 여부는 밝혀왔지만, 그런 효과가 얼마나 약한지, 또 얼마나 강한지의 강도를 예측하지는 못했다. 그러나 VAR 모형은 이슈의 한 단위 충격이 다른 이슈에 미치는 효과의 크기를 계량적으로 측정해낼 수 있다.

요약하면 의제설정 효과의 타당도와 신뢰도는 결국 측정과정에 시간성과, 방향성의 오류를 어떻게 줄일 수 있는가에 따라 좌우된다. 그러나 무엇보다 의제설정 연구에서 주목해야 할 부분이 미디어의제의 후속적인 결과에 대한 관찰이다. 미디어의제는 이미 널리 알려진 대로 우리의 머릿속 그림에 영향을 미치는 것 이상을 수행한다. 사람의 태도, 의견에 영향을 미칠 뿐만 아니라 인간의 행동, 즉 실제 현실지표에 영향을 미친다는 사실에 주목해야 한다.

따라서 의제설정 연구는 미디어의제와 수용자의제 간의 관계를 측정하는 동시에 상호영향 관계를 예측하고 가외변인을 포함한 현실적 요소를 통제함으로써 그 관계를 제대로 볼 수 있다. 이런 점에서 시간의 흐름에 따라 의제간의 관계를 다차원적으로 규명할 수 있는 VAR 시계열 모형은 의제설정 이론 확장에 상당한 기여를 할 수 있다고 본다.

나아가 VAR 모형의 그랜저 인과검정은 최근 논의가 활발한 프레이밍(framing)과 프라이밍(priming) 효과의 설명력을 높이는 데도 기여할 수 있다. 프레이밍이나 프라이밍 효과를 통해 우리는 수용자의 태도나 의견형성 그리고 행동의 결과를 관찰할 수는 있지만, 시간의 흐름에 따라 나타나는 여론형성과 정치경제적 행동의 변화나 방향을 미시적으로 예측할 수는 없다. 하지만 VAR 모형을 통해 시간 과정에서의 의제속성이 수용자의 의견형성과 정치적 의사판단 기준에 어떻게 영향을 미쳐 변화하는지 추정이 가능하다. 왜냐하면 프레이밍 이론은 연구자마다 다양한 논의가 존재할 정도로 다층적이기 때문에 이론 자체가 여전히 체계적이지 못하다.

이는 프레이밍 이론을 설명하는 과정이 그렇게 간단한 문제가 아니라는 점을 의미하는 것으로 기존의 단일 시점 상에서 프레이밍의 효과를 예측하는 것은 개념상 혼란을 오히려 부채질 할 개연성이 크다. 따라서 프레이밍 이론의 검정은 보다 장기간에 걸쳐 그런 개념이 실제로 다양한 외적 조건(contingency conditions)을 통제하고도 효과가 일관성이 있게 나타나는 지를 관찰하는 방법을 사용해야 한다. 프레이밍이나 프라이밍은 항상 정지돼 있다기보다는 시간의 흐름에 따라 다양한 형태로 변화를 하는, 즉 다양한 하위이슈나 하위이슈의 속성을 파생시키기 때문에 정적인 분석방법으로 이론을 설명하기에는 한계가 있다.

저널리스트들이 시점과 상황논리에 따라 이슈나 이슈의 속성을 선택, 강조, 배제, 상술의 과정을 달리하기 때문에 그에 따른 프레임이나 그 효과도 시간에 따라 다를 수밖에 없다. 그렇다면 이에 대한 효과의 추정도 특정 단위 시점에서의 프레이밍의 효과를 살펴볼 것이 아니라, 그런 효과가 시간대에 따라 어떻게 움직이는지의 변화 양태를 연속적으로 보여주는 것이 타당하다. 프레이밍이나 프라이밍 이론은 대상 또는 속성의 중요성을 단일 시점에서 측정하는 데 있다기보다는 미디어 프레임이 수용자 프레임에 어떻게 사후적으로 연결되는지를 보여주는 하나의 '인지적 과정(cognitive process)'에 근거를 둔다.

미디어 보도 논점이 일정한 시차 뒤에 수용자의 논점을 결정하고(Scheufele, 1999), 나아가 수용자의 태도나 행동의 방향에까지 영향을 미치기 때문(de Vreese, 2005)에 프레임의 정태적인 관찰은 프레임을 지나치게 기계적으로 규정짓기 쉽다.

아이엔가(Iyengar, 1991)의 주제적 혹은 일화적 프레이밍, 엔트만(Entman, 1993)의 문제정의, 원인해석, 도덕적 평가, 해결방법 제시라는 일련의 프레이밍의 단계, 그리고 치이와 맥콤스(Chyi & McCombs, 2004)의 시공간적 프레임과 속성 프라이밍 등 프레이밍과 프라이밍의 중요한 개념 등은 모두 시간에 따라 끊임없이 변화하는 것을 전제로 한다. 이는 결국 프레이밍이나 프라이밍 이론 자체가 일정한 시점 상에서 효과를 밝혀내는 정태적 분석이 아닌, 시간의 흐름상에 나타나는 동태적 분석을 따라야 한다는 의미를 내포한다. 장기간에 걸쳐 프레이밍이나 프라이밍이 어떻게 변화하며, 나아가 그런 변화의 효과가 어떻게 발현되는지를 밝혀야 하는 방법론이 요구된다는 의미이다. 그런 점에서 VAR 모형의 그랜저 인과검정은 프레이밍과 프라이밍의 변화와 효과의 과정을 통시적이면서 역동적으로 보여줄 수 있는 장점을 제공한다.

물론 VAR 모형 분석이 의제설정 효과를 제한 없이 설명해 줄 수 있는 것은 아니다. 저자는 지금까지 수행되어 온 커뮤니케이션 효과연구의 결함을 최대한 줄일 수 있는 방법이 바로 VAR 모형 시계열 분석이라고 평가한다. 그 이유는 변수 간의 관계가 일방향이 아닌 쌍방향적으로 규명할 수 있다는 점, 시간의 순서에 따라 효과를 역동적으로 측정할 수 있다는 점, 세 변수 이상을 동시에 측정할 수 있다는 점, 의제의 속성별 특성을 구분해 측정할 수 있다는 점, 개인 차원이 아닌 거시적이고 집합적인 차원에서 현상을 밝혀낼 수 있다는 점에서 이 방법론은 다른 연구의 방법론적 약점을 보완할 수 있다.

VAR 모형의 그랜저 인과검정은 앞서 상술한 대로 분석기간과 시점을 다양하게 설정해 효과를 입체적으로 측정할 수 있고, 상이한 구조를 갖고 있는 기간을 구분해 효과의 차별성을 밝혀낼 수 있는 장점을 제공한다. 그러나 VAR 모형의 그랜저 인과검정은 축적된 데이터가 없으면, 연구 자체가 어렵다. 또한 여러 가외 변수를 통제할 경우 이를 어떠한 방식으로 효과적으로 통제할 수 있느냐는 문제가 제기된다. 또 분석 시차를 월 단위로 제한했을 경우보다 짧은 시간에 발생하는 효과를 추정해 내기 어렵다. 아울러 같은 방식으로 의제의 상관관계를 추정하더라도 시기별로 그 결과가 상이하게 나타날 수 있기 때문에 효과의 유무나 크기를 명료하게 보여주기 보다는 결과의 다층성과 혼란성을 가중시키는 점이 방법론적 약점으로 지적될 수 있다.

〈요약〉

이 장에서는 의제설정이론의 기존 연구방법을 검토하고, 동태적 분석을 통한 새로운 방법론적 대안을 제시한다. 의제설정 효과연구에선 미디어, 수용자, 정부라는 세 주체 간에 서로 영향을 주고받는다는 상호관계가 존재한다고 가정한다. 하지만 이러한 상호 인과관계의 영향력이 효과적으로 통제되지 않았다. 이러한 한계는 그동안 대다수 의제설정연구가 횡단면적 분석으로 이루어졌으며, 전후관계를 충분하게 고려하지 못했기 때문에 발생했다.

의제설정 과정은 본질적으로 정태적이기 보다는 시간에 따라 변화하는 동태적인 구조를 지닌다. 따라서 이 글은 의제설정 가설 검정에서 시계열 분석의 벡터자기회귀(VAR) 모형을 적용해 그랜저 인과관계가 존재하는지를 파악할 것을 제안한다. 벡터자기회귀 모형은 1) 변수 간의 관계를 일방향이 아닌 쌍방향적으로 규명할 수 있으며, 2) 시간의 순서에 따라 의제설정 효과의 전후관계를 밝혀낼 수 있으며, 3) 기본적 시계열 분석에서 할 수 없는 세 변수 이상을 동시에 측정할 수 있으며, 4) 의제의 속성별 특성을 구분해 측정할 수 있으며, 5) 개별적인 미시적 분석이 아니라 거시적이고 집합적인 차원에서 의제 간 상관관계를 밝혀낼 수 있다는 장점을 제공한다.

의제설정 연구에서 시간의 개념과 자기상관성을 고려해야 하며, 비선형성과 역동성 그리고 항상성의 관점에서 의제설정 가설을 보다 정확하게 검정해야 한다는 점을 중심으로 토론했다.

【부록】 국내 의제설정 효과연구의 방법론적 현황

연구주제	연구자	연구방법	방법론 공정(工程)	변수의 방향성	시간변수 여부
갈등적 이슈에 대한 뉴스 프레임 구성방식이 의견형성에 미치는 영향(2001)	이준웅	현장실험	횡단면적 연구	선형성	×
웹 사이트 캠페인이 기존 뉴스 미디어의 의제와 공중의제에 미치는 영향(2002)	구교태	내용분석	교차상관 관계	선형성	×
쟁점유형별 공중의 문제인식 및 정보추구 행동에 미치는 매스 미디어의 영향에 관한 연구(2002)	차동필	내용분석	횡단면적 연구	선형성	×
TV토론이 유권자의 인지변화에 미치는 영향에 관한 연구(2003)	정성호	설문조사	패널연구	선형성	O
중요한 사회적 의제에 대한 공적 합의(2008)	하승태·조의현	설문조사	경향연구	선형성	O
매체간과 매체내 의제분석을 통한 뉴스 획일화연구(2003)	구교태	내용분석	교차상관 관계	선형성	O
인터넷 웹 사이트 의제설정 효과연구(2003)	윤태일·심재철	설문조사	횡단면적 연구	선형성	×
선거 후보자의 이미지 특성에 관한연구(2004)	반현	실험연구	횡단면적 연구	선형성	×
온라인 신문의 의제 및 의제속성 설정 연구(2004)	조수선·김유정	-내용분석 -현장실험	횡단면적 연구	선형성	×
온라인 미디어와 오프라인 미디어 간의 의제설정(2005)	이동근·이권영	내용분석	횡단면적 연구	선형성	×
갈등적 사안에 대한 여론변화를 설명하기 위한 프레이밍 모형 검증 연구(2005)	이준웅	-내용분석 -설문조사	시계열 모형	선형성	O
공중의견과 행동에 대한 의제설정 효과 모형의 검증(2006)	최원석·반현	-내용분석 -설문조사	횡단면적 연구	선형성	×
디지털 시대 의제설정 효과로서의 점화 이론(2006)	이건호	실험연구	횡단면적 연구	선형성	×
정치광고의 이슈 현저성과 후보자 선호도에 대한 효과(2006)	민영	-내용분석 -실험연구	횡단면적 연구	선형성	×

연구주제	연구자	연구방법	방법론 공정(工程)	변수의 방향성	시간변수 여부
미디어 명성과 이슈명성이 기업 명성에 미치는 영향(2006)	차희원	-내용분석 -설문조사	횡단면적 연구	선형성	×
한국 인터넷 매체들의 상호 의제설정 효과(2006)	이건호	내용분석	횡단면적 연구	선형성	×
여성 정치후보자의 미디어 프레임에 따른 남녀 수용자 인식 차이 연구(2007)	박노일·한정호·홍기훈	실험연구	횡단면적 연구	선형성	×
의제설정 이론의 정향욕구 개념에 대한 탐구적 제언(2007)	이건호	-실험연구 -설문조사	횡단면적 연구	선형성	×
뉴스 수용자에 대한 포털뉴스의 의제설정 효과연구(2007)	이동훈	내용분석	횡단면적 연구	선형성	×
환경문제의 2차의제설정효과(2007)	이건호	-실험연구 -설문조사	횡단면적 연구	선형성	×
포털뉴스와 기존뉴스 매체의 이용행위에 대한 상관관계성 연구(2007)	반현·권영순	-설문조사 -심층 인터뷰	횡단면적 연구	선형성	×
경제뉴스·경제상황·소비자기대심리 그리고 소비행위의 상호 속성의제설정 관계에 대한 시계열 분석(2007)	이완수·심재철·박양수	-내용분석 -설문조사 -현실지표	시계열적 장기 분석 연구	비선형성	O
한국경제뉴스의 속성 프레임 효과연구(2007)	이완수	-내용분석 -설문조사 -현실지표	시계열적 장기 분석 연구	비선형성	O
포털뉴스의 의제설정과 뉴스 가치(2008)	김경희	-내용분석	횡단면적 연구	선형성	×
미디어의 경제현실 매개 기능에 관한 연구(2008)	이완수	-내용분석 -설문조사 -현실지표	시계열적 장기 분석 연구	선형성	O
대통령 후보 경선관련 방송뉴스 보도와 후보자 지지도 간 시계열적 관련성 분석(2008)	장병희·강형구·정일권·이혜진	-내용분석 -설문조사	시계열적 단위분석 연구	비선형성	O

a) 변수의 방향성은 변수 간의 측정을 한 방향으로 했을 경우 선형성, 쌍방향이나 순환적으로 측정했을 경우 비선형성으로 평가했다. 또 시간변수는 시차(time-lag)를 적용했을 경우와 그렇지 않은 경우로 각각 나눠 O, ×로 표시했다.
b) 위에 제시된 논문은 2000년 이후 국내 언론학분야 주요 저널에 실린 의제설정 연구들이다.

나가는 글

경제는 사회 공동체의 삶의 문제와 직결된다. 개인 삶의 지표를 결정하는 것도 경제이고, 국가 경쟁력의 판도를 가르는 것도 경제이다. 경제가 좋고, 나쁨에 따라 소득과 일자리가 곧바로 영향을 받는다. 소비도 경제상황이 결정한다. 기업에 미치는 경제의 영향력은 절대적이다. 경기가 좋아지면 고용이 늘어나고, 판매와 투자가 증가한다. 반대로 경기가 나빠지면 고용이 줄어들고, 판매와 투자가 감소한다.

정부 입장에서도 경제를 떼놓고 이야기하기 어렵다. 정부는 경제상황에 따라 국가정책을 수정한다. 정부의 능력은 경제정책을 얼마나 잘 통제하느냐에 달려 있다. 정부가 경제동향에 민감한 것도 경제가 국민여론에 미치는 영향이 크기 때문이다. 정치 지도자들이 경제를 중시하는 것도 '경제효과'가 정치환경에 미치는 영향이 워낙 큰 탓이다. 경제상황에 따라 정치 지도자의 정치적 생명이 왔다 갔다 한다. 경제정책을 잘 수행하면 국민의 지지도가 올라가지만, 그렇지 못하면 지지도가 떨어진다. 경제가 선거에 미치는 효과는 절대적이다. 과거 선거를 보더라도 경제이슈를 선점하는 사람이 선거에 승리한 사례는 많다. 지난 17대 대통령 선거에서도 이명박 후보가 '경제 대통령'을 공약으로 내걸어 대통령이 됐다. 2012년 대선이슈도 결국은 경제가 될 것이다.

경제를 살려야 개인도 살고, 기업도 성장하며, 국가의 경쟁력도 높아진다. 경제는 사회공동체의 먹고 사는 문제와 직결될 만큼 중요하다. 경제는 모든 사회이슈에 우선한다고 해도 과언이 아니다. 경제는 복잡한 인간행위의 결정체이다. 따라서 경제는 산술적 지표나 데이터를 수학적 방정식으로 설명될 수 없다는 주장도 많다.

경제구조는 인간심리에 기초하기 때문에 복잡하고, 가변적이다. 경제현실은 결국 사람들의 경제심리나 여론의 변화에 따라 역동적으로 구성된다. 정치여론 못지않게 최근 들어서는 경제여론이 주목받는 것도 이런 이유 때문이다. 커뮤니케이션 학자들이 경제커뮤니케이션 연구에서 심리적 요소나 여론을 고려하는 것 도 이런 이유와 무관하지 않다.

경제는 개별적이기 보다는 집합적이다. 개별적인 경제인식과 집합적인 경제인식은 같지 않다. 이 때문에 경제주체들의 여론과 의사결정의 핵심적인 매개는 미디어가 수행한다. 미디어는 경제현실을 알려주고 해석하는 일종의 중개자요, 커뮤니케이터이다. 미디어는 다른 어떤 요소들 보다 경제주체들의 경제심리에 미치는 영향력이 크다. 문제는 미디어가 경제현실을 어떻게 구성하고, 해석하는 가하는 점이다. 경제보도의 규범체계는 경제현상을 이해하고, 설명하는데 유용한 틀을 제공한다.

경제커뮤니케이션은 결국 미디어의 경제보도 규범에서 출발한다고 해도 과언이 아니다. 경제보도는 경제주체들의 심리변화에 직간접적으로 영향을 미친다. 경제뉴스의 프레임은 경제주체들의 심리적 프레임을 결정하고, 나아가 경제현실의 프레임을 결정한다.

그렇다고 경제현실이 미디어에 의해 전적으로 결정되는 것은 아니다. 경제현실이 미디어에 영향을 주고, 미디어가 경제여론에 영향을 주기도 한다. 정치적 환경에 따라서도 경제현실은 다르게 평가되고, 이해된다. 경제현상은 미디어 보도나 경제지표의 단순한 산술적 분석만으로 설명될 수 없다. 경제는 인간의 총체적 삶과 집합적 심리에 따라 좌우되기 때문에 복잡하다. 경제현실 지표만으로 복잡하고, 동태적인 경제상황을 제대로 설명하기는 어렵다. 최근에는 경제 심리학이 중요해지면서 커뮤니케이션의 기능이 주목 받는다. 이는 경제커뮤니케이션 연구가 왜 필요하고, 중요한 지를 보여주는 근거들이다.

이 책은 모두 열 가지 주제를 간추렸다.

1) 경제뉴스는 어떻게 보도 되는가.

2) 경제뉴스는 경제현실을 어떻게 구성하는가.

3) 경제뉴스는 경제주체들의 인식에 어떻게 영향을 미치는가.

4) 경제커뮤니케이션의 효과는 언제, 어떻게 발현되는가.

5) 경제커뮤니케이션의 효과는 늘 일정한가.

6) 경제뉴스의 정치적 효과는 무엇인가.

7) 경제요소들은 서로 어떻게 영향을 주고받는가.

8) 경제주체들의 소비행위는 어떤 경로로 이뤄지는가.

9) 기업의 경제의사결정 구조는 어떠한가.

10) 경제커뮤니케이션 현상을 어떻게 관찰 할 것인가 등이다.

경제와 커뮤니케이션을 하나의 축으로 결합해 경제현상을 설명해보려는 작은 욕심에서 출발했다. 경제학 연구자가 간과해 왔던 요소와 커뮤니케이션 연구자가 소홀히 다뤘던 요소를 통합, 수렴함으로써 경제현상에 대한 예측능력을 높여 보고자 했다. 하지만 경제와 커뮤니케이션 문제를 통합적으로 결합한 이 책이 경제현실을 얼마나 잘 설명하고 있는 지는 의문이다. 복잡한 경제현실을 몇 몇 데이터나 방법론으로 다 설명하기란 처음부터 불가능했다.

무엇보다 필자의 능력한계를 고백하지 않을 수 없다. 경제보도, 경제인식, 경제현실 그리고 경제리더십이라는 다소 복잡한 틀이 서로 어떻게 종과 횡으로 직조(織造) 될 수 있지를 분석하는 과정은 쉽지 않았다. 경제학과 커뮤니케이션학의 분열적 개념을 하나로 연결하고, 통합하는 일도 힘든 과제였다. 때로는 개념의 혼선 때문에, 때로는 이론의 적합성을 놓고 머리를 싸매야 하는 날도 있었다. 데이터의 제한으로 보고 싶은 연구문제를 보지 못하는 안타까움도 있었다. 이 과정에 사실의 비약도 있었고, 결과를 지나치게 과잉 해석한 점도 있었음을 고백하지 않을 수 없다. 모든 삶이 그러하지만 누구도 걸어가지 않은 길을 간다는 것은 쉬운 일이 아니었다. 로버트 프로스트의 시 '가지 않는 길'에서 그나마 위안을 얻었다.

"숲속에 두 갈래 길이 있었습니다. 나는 사람이 적게 간 길을 택했노라고. 그래서 모든 것이 달라졌다고."

'경제커뮤니케이션 연구'라는 가보지 않은 길에 더 많은 동학자(同學者)가 동행하길 기대한다. 그리고 경제커뮤니케이션학 연구의 달라진 모습을 보고 싶다.

♣ 참고문헌

강승룡 (2002). 『위기시 언론사 커뮤니케이션 특성에 관한 연구: 2001년 언론사 세무조사시 조선, 동아일보 사설을 중심으로』. 경희대학교 대학원 신문방송학과 석사학위 논문.

강철용 (2005). 『한국 텔레비전 미디어 이벤트의 사회적 구성』. 고려대학교 대학원 박사 학위논문.

고기정 (2007. 2.27). 악화된 경제상황이 부정적 보도로 나타나. 『동아일보』.

김규찬 (2008). 언론이 집값 상승을 부추키는가?: 부동산 보도와 부동산 가격변동에 관한시계열 분석, 1997~2006. 제12회 한국언론학회 전국대학생컨퍼런스.

김종석 (2007). 2008년 경제전망과 과제. 『KERI 경제전망과 정책과제』, 17권 3호, 1~108.

남재일 (2005). 『대통령 보도와 청와대 출입기자』. 서울: 한국언론재단.

마동훈 (1996). 경제뉴스는 결국 정치적일 수밖에 없는가. 『신문과 방송』, 11권, 56~59.

박명훈 (2004). 『정치권력과 언론과의 상호관계 연구: 김대중 정부 5년 신문사설 분석』. 서강대 언론대학원 석사논문.

박재영 (2006). 뉴스평가지수를 위한 신문 1면 머리기사 분석. 2020 미디어위원회 실행위원회(편), 『한국의 뉴스미디어 2006』(147~220쪽). 서울: 한국언론재단.

반현·McCombs (2007). 의제설정 이론의 재고찰: 5단계 진화 모델을 중심으로. 『커뮤니케이션 이론』, 3권 2호, 7~51.

송용회 (2005). 미디어, 프레임, 현실구성: 미디어 프레임 연구의 과제와 발전 방향 모색을 위한 소고. 『프로그램/텍스트』, 13호, 125~157.

심재철 (1997). 경제뉴스와 경제현실의 언론학적 모델. 『경제뉴스와 경제현실: 바람직한 경제보도를 위한 논쟁』. 서울: 삼성언론재단.

______ (1999). 경제보도의 이상과 현실: 다양성 제고를 위한 뉴스가치 연구. 『경제보도의 이상과 현실: IMF 체제 극복을 위한 논쟁』. 서울: 삼성언론재단.

심재철 (2005). 경제뉴스의 현실점검과 비대인적 효과. 『시장주본주의와 경제 저널리즘』. 서울: 삼성언론재단.

오택섭·박성희 (2005). 적대적 매체지각-메시지인가 메신저인가. 『한국언론학보』, 49권 2호, 135~166.

이기현·이동훈 (2004). 『TV뉴스의 경제보도 분석』. 서울: 방송영상진흥원.

이완수 (2007). 한국 경제뉴스의 속성(attributes) 프레임 효과연구. 『언론과 사회』, 15권 1호, 86~121.

이완수 (2008). 미디어의 경제현실 매개 기능에 관한 연구. 『한국언론학보』, 52권 1호, 359~381.

이완수·노성종 (2008). '무엇'에서 '언제'로: 벡터자기회귀모형을 통한 경제현실, 경제보도, 경제인식 간 상호영향의 시간차 탐구. 『한국언론학보』, 52권 5호, 320~345.

이완수·노성종 (2008). 경기국면에 따른 경제커뮤니케이션 효과의 비대칭성: 경제보도, 주가, 소비행위 간 효과의 위계, 속도, 강도에 관한 시계열 분석. 『한국방송학보』, 25-3호, 302-345.

이완수·박재영 (2011). 국내 경제뉴스 보도경향에 대한 연구. 『한국언론학보』, 53권 4호, 5~24.

이완수·심재웅·심재철 (2008). 미디어 현저성과 프레임 변화의 역동적 과정: 버지니아 공대 총기사건을 중심으로. 『한국언론학보』, 52권 1호, 386~412.

이완수·심재철 (2007). 집합적 경제보도와 국가적 경제상황 및 국민적 경제인식이 대통령 지지도에 미치는 시계열 분석. 『한국방송학보』, 21권 2호, 506~537.

이완수·심재철·박양수 (2007). 경제뉴스, 경제상황, 소비자 기대심리 그리고 소비행위의 상호 속성 의제설정 관계에 대한 시계열 분석, 『한국언론학보』, 51권 4호, 280~307.

이은국 (2001). 한국의 대통령 선거와 경제. 『사회과학논집』, 32집, 41~66.

이장우 (2005), 선물가격과 현물지수 변동성의 인과관계 및 충격지속효과에 관한 실증연구, Journal of The Korean Data Analysis Society, Vol. 7, No. 2, 581-590.

이정형·김유진·강관중 (2008), KOSPI200 선물의 수익률과 변동성이 KOSPI 수익률에 미치는 영향, Journal of The Korean Data Analysis Society, Vol. 10, No. 6, 3347-3360.

이준웅 (2005). 갈등적 사안에 대한 여론 변화를 설명하기 위한 프레이밍 모형 검증 연구. 『한국언론학보』, 49권 1호, 133~162.

이희길·심수진 (2010). 사회지표 개편 방향 탐색. 『한국사회』, 11집 1호, 47~77.

임홍순 (2005). 『지상파 방송3사의 경제보도 비교분석: 저녁 종합뉴스를 중심으로』. 한양대학교 언론정보대학원 석사학위논문.

장병희·강형구·정일권·이혜진 (2008). 대통령 후보 경선 관련 방송뉴스 보도와 후보자 지지도 간 시계열적 관련성 분석. 『한국방송학보』, 22-4호, 355~398.

정연구 (2005). 방법론적 가치를 통해 본 한국 신문 1면의 전략적 위치. 『한국언론학보』, 49권 1호, 246~273.

차배근 (1999). 『매스 커뮤니케이션 효과이론』. 서울: 나남출판

최영재 (2004). 언론 공정성의 구성과 실천. 한국언론학회-KBS 심포지엄. 1~24.

______ (2007). 대통령 지지도와 언론보도의 상관관계: 시계열 분석. 2007년 한국 방송학회 정기학술대회.

최현철 (2007). 『사회통계방법론』. 서울: 나남.

하승태 (2008). 지지율 조사 보도에 따른 유력 대선 후보별 뉴스 보도의 분석. 『한국언론학보』, 52권 5호, 346~266.

함성득·임동욱·곽승준 (2004). 한국 대통령 평가방법의 과학적 설계과정: 다속성 효용이론과 스윙기법을 중심으로. 『한국정치학회보』, 38집 2호, 263~284.

홍원식 (2007). 대통령 지지도와 언론의 관계를 통해 살펴 본 여론의 순환적 형성에 관한 연구. 『한국언론학보』, 51권 6호, 33~61.

국가통계포털 통합검색 http://www.kosis.kr/nsportal/wnsearch/totalSearch.jsp

미디어 오늘, 2004년 5월 23일자.

삼성포럼 뉴스레터 (1999. 4. 11). 삼성언론재단, 별쇄 4호, 1~12.

시사저널, 2003년 10월 통권 731호

청와대 브리핑, 2004년 6월 7일자.

청와대 브리핑, 2007년 1월23일자.

통계청사회조사보고서(온라인제공) http://www.kosis.kr/nsportal/ups/ups_01L ist01.jsp?pubcode =KN

한국개발연구원 http://www.kdi.re.kr/DasenController?dbList=209295

Abizadeh, S., & Ng, D. (2009). Equities, liquidity and consumption: Does the stock market matter? *Applied Financial Economics, 19*(15), 1187~1196.

Alsem, K. J., Brakeman, S., Hoogduin, L., & Kuper, G. (2004). The impact of newspapers on consumer confidence: Does spin bias exit? Http://opus.zb wkiel.de/volltexte/2005/2592/pdf/cesifol-1328.pdf

Alvarez, R. M., & Nagler, J. (1995). Economics, Issues and the Perot candidacy: Voter choice in the 1992 presidential election. *America Journal of Political Science, 39*, 714~744.

Alwathainani, A. M. (2010). Does bad economic news play a greater role in shaping investor's expectations than good news? *Global Economy and Finance Journal, 3*(2), 27~43.

Andersen, T. G. Bollerslev; T., Diebold, F. X., & Vega, C. (2007). Real-time price diccovery in stock, bond and foreign exchange markets. *Journal of International Economics*. Creates Research Paper 2007-20.

Andreassen, P. B. (1987). On the social psychology of the stock market:Aggregate attributional effects and the regressiveness of prediction. *Journal of Personality and Social Psychology, 53*(3), 490~496.

Ansolabehere, S., Snowberg, E. C., & Snyder, J. M. (2005). Understanding information: The case of newspaper reporting on campaign finance. *Public Opinion Quarterly, 69*(2), 213~231.

Baistha, A., & Kurov, A. (2008). Macroeconomic cycles and the stock market's reaction to monetary policy. *Journal of Banking & Finance, 32*(12), 2606~2616.

Ball-Rokeach, S., & DeFleur, M. L. (1976a). A dependency model of mass media effects. *Communication Research, 3*, 3-21.

Ball-Rokeach, S., & DeFleur. M. L. (1976b). A dependency model of mass media effects. *Communication Research, 3*, 3~21.

Barberis, N., Shleifer, A., & Vishny, R. (1998). A model of investor sentiment. *Journal of Financial Economics, 49*(3), 307~343.

Barsky, R. B., & Sims, E. R. (2010/July). News shocks and business cycles. www.elsevier.com/locate/jme

Bauer, R. A. (ed.) (1967). *Social Indicators*. Massachusetts, EUA : Massachusetts Institute of Technology.

Beaudry, P., & Portier, F. (2004/June). Stock prices, news and economic fluctuations. NBER Working Paper No. 10547.

Beber, A., & Brandt, M. W. (2009/September). When it cannot get better or worse: The asymmetric impact of good and bad news on bond returns in expansions and recessions. *Review of Finance, 14*(1), 119~155.

Behr, R. L., & Iyengar, S. (1985). Television news, real-world cues, and changes in the public agenda. *Public Opinion Quarterly, 49*(1), 38-57.

Bennett, W. L. (1988). News: *The politics of illusion*. New York: Longman.

Bennett, W. L. (2008). *News: The Politics of Illusion*. 8ed. New York: Longman.

Bentley, C. H. (1999). In the public's interest, or interesting to the public? Who defines "news". Presented to Communication Theory and Methodology Division AEJMC 1999 Annual Convention.

Benton, M., & Frazier, P. J. (1976). The agenda setting function of the mass media at three levels of information holding. *Communication Research, 3*, 261~74.

Berger, P., & Luckmann, T. (1967). *The Social Construction of Reality.* Garden City, N. Y.: Doubleday-Anchor.

Berkowitz, D., & TerKeurst, J. (1999). Community as interpretive community: Rethinking the journalist-source relationship. *Journal of Communication, 49*(3), 125~136.

Bleske, G. (1995a). Headlines and their effects on the processing of a newspaper story. Paper presented to the International Communication Association, Albuquerque, NM.

Bleske, G. (1995b). Schematic frames and reader learning: The effect of headlines. Paper presented to the Association for Education in Journalism and Mass Communication, Washington, DC.

Blood, D., & Phillips, P. C. B. (1996). *Economic headline news, presidential popularity and the state of the economy: a study of their dynamic relationship, 1980-1993.* Unpublished doctoral dissertation, University of Connecticut, Storrs.

Blood, D. J., & Phillips, P. C. B. (1997). Economic headline news on the agenda: New approaches to understanding causes and effects. In M. E. McCombs, D. Shaw, & D. Weaver (Eds.), *Communication and democracy: Exploring the intellectual frontiers in agenda-setting theory.* Mahwah, NJ: Lawrence Erlbaum Associates.

Blood, D., & Phillips, P. C. B. (1995). Recession headlines news, the state of the economy and presidential popularity: A time series analysis, 1989-1993. *International Journal of Public Opinion Research, 7*(1), 2~22.

Bock, M. (1978). Headline specificity in the processing of text. *Archiv fur Psychologie, 131*(1), 77~93.

Boyd, J., Hu, J., & Jagannathan, R. (2005/April). The stock market's reaction to unemployment news: Why bad news is usually good for stocks. *Journal of Finance, 60*(2), 649~672.

Brosius, H. B., & Kepplinger, H. M. (1990). The agenda-setting function of television news: Static and dynamic views. *Communication Research, 17*, 183~211.

Brown, H. (1984, March 6). How TV reported the recovery. *Wall Street Journal, 16.*

Campbell, J. E. (2000). *The American campaign: U. S. presidential campaigns and the national vote.* College Station: Texas A&M University Press.

Canova, Fabion. (2007), Methods for applied macroeconomic research, Princeton University Press.

Case, K. E., Quigley, J. M., & Shiller, R. J. (2005). Comparing wealth effects: The stock market vs. the housing market. *Advances in Macroeconomics, 5*(1), 1~32.

Charen, M. (2003). Useful idiots: *How liberals got it wrong in the Cold War and still blame America first.* New York: Harper-Collins.

Chen, S. S. (2007). Does monetary policy have asymmetric effects on stock returns? *Journal of Monetary, Credit and Banking, 39*(2-3), 667~688.

Choi, Y. J. (2004). *Rules of the agenda game: President,'s issue management, media's agenda setting and the public's representation.* Unpublished doctoral dissertation, University of Texas, Austin.

Chyi, H. I., & McCombs, M. E. (2004). Media salience and the process of framing: Coverage of the Columbine school shootings. *Journalism and Mass Communication Quarterly, 81*(1), 22~35.

Clarke, H. D., & Stewart, M. C. (1994). Prospections, retrospection and rationality: The banker's model of presidential approval reconsidered. *American Journal of Political Science, 38*, 1104~23.

Clarke, H. D., Mishler, W., & Whiteley, P. (1990). Recapturing the Falklands:Models of conservative popularity. *British Journal of Political Science, 20*(April), 63~81.

Clarke, H. D., Rapkin, J., & Stewart, M. C. (1994). A president out of work:A note on the political economy of presidential approval in the Bush years. *British Journal of Political Science, 24*(4), 535~548.

Claveria, O., Pons, E., & Ramos, R. (2007). Business and consumer expectations and macroeconomic forecasts. *International Journal of forecasting, 23*, 47-69.

Cohen, B. C. (1963). *The press and foreign policy.* Princeton, NJ:Princeton University Press.

Cohen, J. A. (1960). Coefficient of agreement for nominal scales. *Educational and Psychological Measurement, 20*.

Cohen, J. E. (2004). If the news is so bad, why are presidential polls so high? Presidents, the news media, and the mass public in an era of new media. *Presidential Studies Quarterly, 34*(3), 493~515.

Coleman, R., & Banning. S. (2006). Network TV news' affective framing of the presidential candidate: Evidence for a second-level agenda-setting effect through visual frame. *Journalism and Mass Communication Quarterly, 83*(2), 313~329.

Conover, P. J., Feldman, S., & Knight, K. (1986). Judging inflation and unemployment: The origins of retrospective evaluations. *Journal of Politics, 48*(3), 565~588.

Covington, C. R., Kroeger, K., Richardson, G., & Woodard, J. D. (1993). Shaping a candidate's image in the press: Ronald Reagan and the 1980 presidential election. *Political Research Quarterly, 46*, 783~796.

Curtin, R. T. (1982). Indicators of consumer behavior: The University of Michigan surveys of consumers. *Public Opinion Quarterly, 46*(3), 340~352.

Damodaran, A. (1989). The weekend effect in information releases: A study of earings and dividend announcements. *Review of Financial Studies, 2*(4), 607~623.

Daniel, K., Hirshleifer, D., & Subrahmanyam, A. (1998). Investor psychology and security market under and overreactions. *Journal of Finance, 53*(6), 1839~1885.

Davison, W. P. (1983). The third-person effect in communication. *Public Opinion Quarterly, 47*(1), 1~15.

De Boef, S., & Kellstedt, P. M. (2004). The political(and economic) origins of consumer confidence. *American Journal of Political Science, 48*(4), 633~649.

De Vreese, C. H. (2005). News framing: Theory and typology. *Information Design Journal+Document Design, 13*(1), 51~62

Dearing, J. W., & Rogers. E. M. (1996). *Agenda-setting.* Thousand Oaks, CA: Sage.

Demers, D. P., Craff, Dnnis., Choi, Y-H., & Pssion, B. M. (1989). Issue obtrusiveness and the agenda-setting effects of national network. news. *Communication Research, 16*, 793~812.

DeRouen, K. J., & Peake, J. S. (2002). The dynamics of diversion: The domestic implications of presidential use of force. *International Interactions, 28*, 191~211.

Dickey, D. A., & Fuller, W. A. (1979). Distribution of the estimators of for autoregressive time series with a unit root. *Journal of the American Statistical Association, 74*, 427~431.

Domke, D., Shah, D. V., & Wackman, D. B. (1998). Media priming effects: Accessibility, associations, and activation. *International Journal of Public Opinion Research, 10*(1), 51~74.

Doms, M. & Morin, N. (2004). Consumer sentiment, the economy, and the news media. In Finance and Economics Discussion Series 2004-51. Washington: Board of Governors of the Federal Reserve System.

Druckman, J. N. (2001). The implications of framing effects for citizen competence. *Political Behavior, 23*(3), 225~256.

Dua, P., & Smyth, D. J. (1993). Survey evidence on excessive public pessimism about the future behavior of unemployment, *Public Opinion Quarterly, 57*(4), 566~588.

Dynan, K. E., & Maki, D. M. (2001). Does stock market wealth matter for consuming?. Washington: Board of Governors of the Federal Reserve System, FEDS Paper (23).

Easaw, J., & Ghoshray, A. (2010). News and household's subjective macroeconomic expectations. *Journal of Macroeconomics 32*, 469-475.

Eaton, H. (1989). Agenda-setting with biweekly data on content of three national media. *Journalism Quarterly, 66*, 942~49.

Edwards, G. C. (1989). *At the margins: Presidential leadership of congress.* New Haven, CT: Yale University Press.

Edwards, G. C., Mitchell, W., & Welch, R. (1995). Explaining presidential approval: The significance of issue salience. *American Journal of Political Science, 39*, 108~34.

Elliot, G. Rothenberg, T. J., & Stock, J. H. (1996). Efficient tests for an autoregressive unit root, *Econometrica, 64*(4), 813~36.

Enders, W. (1996). *RATS handbook for econometric time series.* New York: John Wiley and Sons.

Engle, R. F., & Granger, C. W. J. (1987). Cointegration and error-correction: Representation, estimation and testing. *Econometrica, 55*, 251~76.

Entman, R. (1989). How the media affect what people think: An information processing approach. *Journal of Politics, 51*(2), 347~370.

Entman, R. (1993). Framing: Toward clarification of a fractured paradigm. *Journal of Communication, 43*(4), 51~58.

Erbring, L., Goldenberg, E. N., & Miller, A. H. (1980). Front-page news and real-world cues: A new look at agenda-setting by the media. *American Journal of Political Science, 24*(1), 16~49.

Eshbaugh-Soha, M., & Peake, J. S. (2005). Presidents and the economic agenda. *Political Research Quarterly, 48*(1), 127~138.

Eyal, C. H. (1981). The roles of newspapers and television in agenda-setting. In G. C. Wilhoit & H. DeBock (Eds.), *Mass Communication review yearbook 2* (pp.

225-234). Beverly Hills, CA: Sage.

Eyal, C. H., Winter, J. P., & DeGeorge, W. P. (1981). The concept of time frame in agenda-setting. In G. C. Wilhoit & H. DeBock (Eds.), *Mass Communication Review Yearbok, 2* (pp. 212-217). Beverly Hills, CA.: Sage.

Fan, D. P. (1993). Prediction of consumer confidence/sentiment from the press. *Paper presented at the American Association for Public Opinion Research.*

Faust, J., Rogers, J., Wang, S.-Y . B, & Wright, J. (2007). The high frequency response of exchange rates and interest rates to macroeconomic announcements. *Journal of Monetary Economics, 54*(4), 1051~1068.

Feldman, S. (1982). Economic self-interest and political behavior. *American Journal of Political Science, 26*, 446~466.

Fogarty, B. F. (2005). Determining economic news coverage. *International Journal of Public Opinion Reserach, 17*(2). 149~172.

Fuhrer, J. C. (1988). On the information content of consumer survey expectations. *Review of Economics and Statistics, 70*(1), 140~4.

Funk, C. L., & Garcia, P. A. (1995). Direct and indirect sources of public perceptions about the economy. Paper presented at the Annual Meeting of the American Association of Public Opinion Research, Ft. Lauderdale, FL, May.

Funkhouser, G. R. (1973). The issues of the sixties: An exploratory study in the dynamics of public opinion. *Public Opinion Quarterly, 37*, 62~75.

Gans, H. J. (1979). *Decising What's News: A Study of CBS Evening News, NBC Nightly News, Newsweek and Time.* New York: Pantheon.

Gerbner, G., & Gross, L. (1976). Living with television: Violence profile. *Journal of Communication, 26*(2), 173~199.

Gergen, D. (1992, January 13). Is the press to blame? U.S. *News and World Report, 54.*

Ghanem, S. (1997). Filling in the tapestry: The second level of agenda setting. In M. E. McCombs, L. Shaw, & D. Weaver (Eds), *Communication and democracy: Exploring the Intellectual frontiers in agenda-setting theory*(pp. 91~114). Mahwah, NJ: Lawrence Associates.

Glaeser, E. (2003). Psychology and market. NBER Working Paper No. 10203.

Glassman, J. K. (1993/November 19). TV has a lot to do with fear and loathing of NAFTA. *Washington Post, 61.*

Goidel, R. K., & Langley, R. E. (1995). Media coverage of the economy and aggregate economic evaluations: Uncovering evidence of indirect media effects. *Political Research Quarterly, 48*(2), 313~328.

Gonzenbach, W. J. (1996). *The media, the president, and public opinion: A longitudinal analysis of the drug issue, 1984~1991.* Mahwah, NJ: Lawrence Erlbaum Associates.

Gozenbach, W. J., & McGavin, L. (1997). Communication and democracy: Exploring the intellectual frontiers in agenda-setting theory. In M. McCombs, D. L. Shaw & D. Weaver (Eds.). *A brief history of time: A methodological analysis of agenda setting* (pp. 115~136). Mahwah, NJ: Sage.

Graber, D. (1993). *Mass media and American politics*(4th ed.). Washington, DC:*Congressional Quarterly Press.*

Graber, D. A. (2010). Mass media and American politics. 8ed. Washington, DC: CQ Press.

Granger, C. W. J. (1969). Investigating causal relations by econometric models and cross-spectral methods. *Econometrica, 37*(3), 424~438.

Granger, C. W. J. (1980). Testing for causality: A personal viewpoint. *Journal of Economic Dynamics and Control, 2,* 329~52.

Gunter, B. (2000). *Media research methods: Audience, reaction and impact.* 나은영 역 (2004). 『미디어 연구방법: 수용자, 반응 및 영향 측정』. 서울: 한나래.

Haller, H. B., & Norpoth, H. (1997). Reality bites: News exposure and economic opinion. *Public Opinion Quarterly, 61,* 555~575.

Hallin, D. C. (1986). *"The uncensored war": The media and Vietnam.* Los Angeles, CA: University of California Press.

Harrington, D. E. (1989). Economic news on television: The determinants of coverage. *Public Opinion Quarterly, 53*(1), 17~40.

Headrick, B. & Lanoue, D. J. (1991). Attention, asymmetry, and government popularity in Britain. *Political Research Quarterly, 44*(1), 67~86

Henry, O., Olekalns, N., & Shields, K. (2010). Sign and phase asymmetry: News, economic activity and the stock market. *Journal of Macroeconomics, 32*(4), 1083~1100.

Hess, D., & Niessen, A. (2010). The early news catches the attention: On the relative price impact of similar economic indicators. *Journal of Future Markets, 30*(10), 909~937.

Hester, B., & Gibson, R. (2003). The economy and second-level agenda setting: A time-series analysis of economic news and public opinion about the economy. *Journalism and Mass Communication Quarterly, 80*(1), 73~90.

Hester, J. B., & Gonzenbach, W. J. (1995). The environment: TV news, real-world cues, and public opinion over time. *Mass Communication Review, 22*(1), 5~20.

Hetherington, M. J. (1996). The media's role in forming voter's national economic evaluations in 1992. *American Journal of Political Science, 40*(2), 372~395.

Hilliard, R. D. (1991). Nut grafts: A powerful tool for attracting, holding readers. *Newspaper Research Journal, 12*(3), 76~90.

Holbrook, T. M. (2001). Forecasting with mixed economic signals: A cautionary tale. *Political Science and Politics, 34*(1), 39~44.

Hwang, I., & Makoto, H. (2010/June). Contagion and news: Transmission and cause of financial shock during 2008-2009. www.akes.or.kr

Ibroscheva, E., & Ramaprasad, J. (2008). Do media matter? A social construction model of stereotypes of foreigners.

Institute for Applied Economics (1984). *Network television coverage of economics news.* Mimeograph, NY: IAE.

Iyengar, S. (1991). *Is anyone responsible? How television frames political issues.* Chicago: University of Chicago Press.

Iyengar, S., & Kinder, D. R. (1984). The evening news and presidential evaluations. *Journal of Personality and Social Psychology, 46*, 778~787.

Iyengar, S., & Kinder, D. (1987). *News that matters: Television and American opinion.* Chicago: University of Chicago Press.

John, P., Smith, G., & Stoker, G. (2009/July-September). Nudge nudge, think think: Two strategies for changing civic behaviour. *Political Quarterly, 80*(3).

Johnston, J. (1991). *Econometric Methods.* New York: McGraw-Hill, 507~509.

Johnston, J., & DiNardo, J. E. (1997). *Econometric methods* (4th ed.). NewYork: McGraw-Hill.

Ju, J. (2008). The asymmetry in economic news coverage and its impact on public perception in South Korea. *International Journal of Public Opinion Research, 20*(2), 237~250.

Kahneman, D., & Tversky, A. (1979). Prospect theory: An analysis of decision under risk. *Econometrica, 47*(2), 263~292.

Kahneman, D., & Tversky, A. (1984/April). Choices, values, and frames. *American Psychologist, 39*(4), 341~350.

Katona, G. (1964). *The mass consumption society*. New York: McGraw-Hill.

Katona, G. (1974). Psychology and consumer economics. *Journal of Consumer Research, 1*(1), 1~8.

Kepplinger, H. M., Donsbach, W., Brosius, H.-B., & Stabb, J. F. (1989). Media tone and public opinion: A longitudinal study of media coverage and public opinion on Chancellor Kohl. *International Journal of Public Opinion Research, 1*, 326~42.

Kessler, R. C., & Greenberg, D. F. (1981). *Linear panel analysis: Models of quantitative change*. New York: Academic Press.

Kinder, D. R., & Kiewiet, D. R. (1979). Economic discontent and political behavior: The role of personal grievances and collective economic judgements in congressional voting. *American Journal of Political Science, 23*, 495~527.

Kinder, D. R., & Kiewiet, D. R. (1981). Sociotropic politics: The American case. *British Journal of Political Science, 11*, 129~62.

Kinder, D. R., Adams, G. S., & Gronke, P. W. (1989). Economics and politics in the 1984 American presidential election. *American Journal of Political Science, 33*, 491~515.

Kinder, D., & Sears, D. (1985). *Public opinion and political action. In G. Lindzey & E. Aronson(Eds.), handbook of social psychology*(3rd ed, pp. 659~742). New York: Random House.

Kollmeyer. C. J. (2004). *Corporate interests: How the news media portray the economy*. Santa Barbara, CA: University of California.

Kosicki, G. M. (1993). Problems and opportunities in agenda setting research. *Journal of Communication, 43*(2), 120~7.

Krause, G. A. (1997). Voters, information heterogeneity, and the dynamics of aggregate economic expectation. *American Journal of Political Science, 41*(4), 1170~1200.

Krippendorff, K. (2004). *Content Analysis: An Introduction to Its Methodology* (2nd ed). Thousand Oaks: Sage.

Krosnick, J. A., & Brannon, L. A. (1993). The impact of war on the ingredients of presidential evaluations: Multidimensional effects of political involvement. *American Political Science Review, 87*, 963~975.

Krosnick, J., & Kinder, D. (1990). Altering the foundations of support for the president through priming. *American Political Science Review, 84*, 497~512.

Kurov, A. (2010). Investor sentiment and the stock market's reaction to monetary policy. *Journal of Banking & Finance, 34*(1), 139~149.

Kurtz, H. (1990). Is the economy suffering from media malady?. *Washington Post*, October 28, p.H1.

Laakkonen, H., & Lanne, M. (2010). Asymmetric news effects on exchange rate volatility: Good vs. bad news in good vs. bad times. *Studies in Nonlinear Dynamics & Econometrics, 14*(1), 1~40.

Lanier, D. N. (1997). *Of time and judical behavior: Time series analysis of United States Supreme Court agenda-setting and decision-making, 1888-1989*. Unpublished doctoral dissertation, University of North Texas.

Lasorsa, D. L., & Wanta, W. (1990). Effects of personal, interpersonal and media experiences on issue saliences. *Journalism Quarterly, 67*, 804~813.

Lau, R. R. (1984). Negativity in political perception. *Political Behavior, 4*(4), 353~377.

Lau, R. R., & Sears, D. O. (1981). Cognitive links between economic grievances and political responses. *Political Behavior, 3*, 279~302.

Lau, R. R., Sigelman, L., Heldman, C., & Babbit, P. (1999). The effects of negative political advertisements: A meta-analytic assesment. *American Political Science Review, 93*(4).

Lee, B. S. (2006). The media and economic crisis in Korea circa 1993 to 2003. Unpublished doctoral dissertation, University of London, Goldsmiths College.

Lee, H. S. (2010/June 4). Explaining macro media bias: Do news media respond to national economic and political conditions? people.tamu.edu

Lee, J. (2003). Economic voting in Korean National Assembly Elections. *Korean Observer, 34*(4).

Lee, W. S., & Lee, M. K. (2010). Business size and media effects: An examination of econo-psychological factors. Paper presented at the Association for Education in Journalism and Mass Communication Annual Conference, Denver, CO.

Lerner, R., & Rothman, S. (1990). Rhetorical conflict and the adversarial media. *International Journal of Group Tensions, 20*, 203~220.

Lewis-Beck, M. S. (1988). Economics and the American voter: Past, present, future. *Political Behavior, 10*(1), 5~21.

Lichter, S. R., Rothman, S., & Lichter, L. S. (1986). *The media elite: America's new power brokers*. Bethesda, MD: Alder & Alder.

Lim, J. (2006). A cross-lagged analysis of agenda setting among online news media. *Journalism & Mass Communication Quarterly, 83*(2), 298~313.

Linden, F. (1982). The consumer as forecaster. *Public opinion Quarterly, 46*(3), 353~360.

Lippmann, W. (1922). *Public opinion*. New York: Macmillan.

Lishan, S. (2008). *Impacts of mass media coverage of the economy during normal times and recessions on the Index of Consumer Confidence using time series analysis and Granger causal analysis*, Unpublished master's thesis. Iowa State University.

Lorenz, B. N. (1964). The problem of deducing the climate from governing equations. Tellus, 16, 1~11.

Ludvinson, S., & Steindel, C. (1999/July). How important is the stock market effect on consumption. FRBNY *Economic Policy Review*, 29~51.

MacKuen, M, J., & Coombs, S. L. (1981). *More than news*. Beverly Hills:Sage Publications.

MacKuen, M. B. (1983). Political drama, economic conditions, and the dynamics of presidential popularity. *American Journal of Political Science, 27*(May), 165~192.

MacKuen, M. B., & Coombs, S. L. (1981). *More than news: Media power in public affairs*. Beverly Hills, CA: Sage.

MacKuen, M. B., Erikson, R. S., & Stimson, J. A. (1992). Peasants or bankers? The American electorate and the U.S. economy. *American Political Science Review, 86*(3), 597~611.

MacKuen, M., Erikson, R., & Stimson, J. (1992). Peasants or bankers? The American electroate and the U. S. economy. *American Political Science Review, 86*(3), 597~611.

Marsh, D., Ward, H., & Sanders, D. (1991). Modelling government popularity in Britain, 1979-1987. *In British Parties and Election Yearbook*, ed. Ivor Crewe and Pippa Norris. London: Simon & Schuster.

Matsusaka, J. G., & Sbornone, A. M. (1992). Consumer confidence and economic fluctuations. Unpublished mimeograph. University of Chicago.

Matthew Eshbaugh-Soha., & Peake, J. S. (2005). Presidents and the economic agenda. *Political Research Quarterly, 48*(1), 127~138.

McCleary, R., & Hay, R. A. (1980). *Applied time series analysis for the social sciences*. Beverly Hills, CA: Sage.

McCloskey, D. N. (2010). Language and interest in the economy: A white paper on 'Humanomics'. University of Illinois at Chicago-Department of Economics.

McComb, M., & Zhu, J. (1995). Capacity, diversity and volatility of the public agenda: Trends from 1939 to 1994. *Public Opinion Quarterly, 59*, 495~525.

McCombs, M. (2004). *Setting the agenda: The mass media and public opinion.* *Cambrdge*, UK: Blackwell Polity Press.

McCombs, M. E., & Donald, L. S. (1972). The agenda-setting function of the mass media. *Public Opinion Quarterly, 36*(2), 176~85.

McCombs, M., & Zhu, J.-H. (1995). Capacity, diversity, and volatility of the public agenda: Trends from 1954 to 1994, *Public Opinion Quarterly, 59*, 495~524.

McLeod, D. M., Everland, W. P., & Signorielli, N. (1994). Conflict and public opinion: Rallying effects of the Persian Gulf War. *Journalism Quarterly, 72*, 20~31.

McLeod, J. M., Becker, L. B., & Byrnes, J. E. (1974). Another look at the agenda-setting function of the press. *Communication Research, 1*, 131~66.

McQueen, G., & Roley, V. V. (1993). Stock prices, news, and business conditions. *Review of Financial Studies, 6*(3), 683~707.

Meadows, M., Hippocrates, C., & van Vuuren, K. (1997/December). Targeting the media: Comparing print and television news coverage of indigenous affairs. *Australian Journalism Review.* nerdvana.net.au

Mitchell, M. L., & Mulherin, J. H. (1994/July). The impact of public information on the stock market. *Journal of Finance, 49*(3), 923~950.

Mitrook, M. A. (2001). A longitudinal time series analysis of agenda-setting for the foreign affairs issue, 1989-1996: The agendas of the president, the media, and the public. Unpublished doctoral dissertation, University of Alabama.

Monroe, K. R. (1978). Economic influences on presidential popularity. *Public Opinion Quarterly, 42*, 360~69.

Mueller, E. (1966). The impact of unemployment on consumer confidence. *Public Opinion Quarterly, 30*(1), 19~32.

Mutz, D. (1998). *Impersonal influence: How perceptions of mass collectives affect political attitudes.* UK: Cambridge University Press.

Mutz, D. C. (1992). Mass media and the depoliticization of personal experience. *American Journal of Political Science, 36*(4), 483~508, 689~714.

Mutz, D. C. (1994). Contextualizing personal experience: The role of mass media. *Journal of Politics, 56*(3), 689~714.

Muwller, E. (1966). The impact of unemployment on consumer confidence. *Public Opinion Quarterly, 30*(1), 19-32.

Nadeau, R., Niemi, R. G., & Fan, D. P. (1996). Elite economic forecasts, economic news, mass economic expectations, and presidential. Paper presented at the Annual Meeting of the *Midwest Political Science Association*, Chicago.

Nadeau, R., Niemi, R. G., Fan, D. P., & Amato, T. (1999). Elite economic forecasts, economic news, mass economic judgements, and presidential approval. *Journal of Politics, 61*(1), 109~135.

Neuman, W. R., & Fryling, A. C. (1985). Patterns of political cognition: An exploration of the public mind. In Sidney Kraus and Richard, M. Perloff. (Eds.), *Mass Media and Political Thought: An Information- Processing Approach*. Beverly Hills, CA: Sage.

Noelle-Neumann, E. (1974). Spiral of silence: Theory of public opinion. *Journal of Communication, 24*(2), 43~51.

Noije, L. V., Kleinnijenhuis, J., & Oegema, D. (2008). Loss of parliamentary control due to mediatization and europeanization: A longitudinal and cross-sectional analysis of agenda building in the United Kingdom and the Netherlands. *British Journal of Political Science, 38*(3), 455~79.

Ostrom, C. W., & Smith, R. (1993). Error correction, attitude persistence, and executive rewards and punishments: A behavioral theory of presidential popularity. *Political Analysis, 4*, 127~184.

Paerce, D., & Solakoglu, N. (2007). Macroeconomic news and exchange rates. *Journal of Intenational Financial Markets, Institutions and Money, 17*(4), 307~325.

Page, B., Shapiro, R., & Dempsey, G. (1987). What moves public opinion?. *American Political Science Review, 81*(1), 23~43.

Pan, Z., & Kosicki, G. (1997). Priming and media impact on the evaluations of the president's performance. *Communication Research, 24*(1), 3~30.

Parenti, M. (1993). *Inventing Reality: The Politics of the News Media*. New York: St. Martin Press.

Patterson, T. E. (1993). *Out of order*. New York: Vintage Books..

Patterson, T. E. (1996). Bad news, period. *Political Science and Politics, 29*(1), 17~20.

Patterson, T., & Donsbagh, W. (1996). News decision: Journalists as partisan actors. *Political Communication, 13*(4), 455~468.

Phillips, P. C. B., & Perron, P. (1988). Testing for a unit root in time series regression. *Biometrika, 75*(2), 335~346.

Poterba, J. M. (2000/Spring). Stock marker wealth and consumption. *Journal of Economic Perspective, 14*(2), 99~118.

Poterba, J., & Samwick, A. (1995). Stock ownership, patters, stock market fluctuations, and consumption. *Brookings Papers on Economic Activity, 2,* 295-372.

Raaij, V., & Fred, W. (1989). Economic news, expectations and macro-economic behavior. *Journal of Economic Psychology, 10*(4), 473~494.

Rattliff, J. R. (2001). *Economic news and public perceptions of the U.S. economy.* Unpublished doctoral dissertation, Duke University, NC.

Ray, M. (1973) Marketing communication and the hierachy-of-effects. In P. Clarke (Ed). *New Models for Mass Communications.* Beverly Hills, CA: Sage.

Reisner, A. E. (1992). The news conference: How daily newspaper editors construct the front page. *Journalism Quarterly, 69*(4), 971~986.

Ridout, C. (1991). The role of media coverage of Iowa and New Hampshire in the 1988 democratic nomination. *American Politics Quarterly, 19,* 43~58.

Riffe, D., Lacy, S., & Fico, F. G. (1998). *Analyzing media messages.* Mahwah, NJ; Lawrence Erlbaum Associates.

Rogers, E. M., & Dearing, J. W. (1988). Agenda-setting research: Where has it been? Where is it going? In J. A. Anderson(Eds.). *Communication yearbook, 11*(pp. 555~594). Newbury Park, CA: Sage.

Rogers, E. M., Dearing, J. W., & Chang, S. (1991). AIDS in the 1980s: The agenda-setting process of a public issue. *Journalism Monographs, 126.*

Roland-Levy, C., & Kirchler, E. (2009). Special issue: Psychology in the economic world. Applied Psychology: *An International Review, 58*(3), 363-369.

Roll, R. (1988). R2, *Journal of Finance, 43,* 541~566.

Ross, M. H. (1992). Television news and candidate fortunes in presidential nomination campaigns: The case of 1984. *American Politics Quarterly, 20,* 69~98.

Saltiel, J., & Woeefel, J. (1975). Inertia in cognitive processes: The role of accumulated information in attitude change, *Human Communication Research, 1,* 333~344.

Samuelson, R. J. (1990). Let's blame the media. *Newsweek*, November 12, p. 60.

Sanders, D., Marsh, D., & Ward, H. (1993). The electoral impact of press coverage of the British economy, 1979~1987. *British Journal of Political Science, 23*, 175~210.

Sanders, D., Ward, H., & Marsh, D. (1991). Macroeconomics, the Falklands war, and the popularity of the Thatcher government: A contrary view. In Helmut Norpoth, Michael S. Lewis-Beck, and Jean-Dominique Lafay (eds.), *Economics and Politics* (pp. 161~182), Ann Arbor: University of Michigan Press.

Scheufele, D. A. (1999/Winter). Framing as a theory of media effects. *Journal of Communication*, 103~122.

Shah, D. V., Domke. D., & Wackman, D. (1996). To thine own self be true: Values, framing, and voter decision-making strategies. *Communication Research, 23*(5), 509~600.

Shah, D. V., Watts, M. D., Domke, D., Fan, D. P., & Fibison, M. (1999). News coverage, economic cues, and the public's presidential preferences. *Journal of Politics, 61*(4), 914~943.

Shapiro, R. Y., & Conforto, B. M. (1980). Presidential performance the economy and the public's evaluation of economic conditions. *Journal of Politics, 42*(1), 49~67.

Shaw, D. L., & McCombs, M. (Eds.). (1977). *The emergence of American political issues: The agenda setting function press.* St. Paul, MN: West.

Sheafer, T. (2007). How to evaluate it: The role of story-evaluative tone in agenda setting and priming. *Journal of Communication, 57*(1), 21~39.

Sheppard, E. D., & Bawden, D. (1997). More news, less knowledge? An information content analysis of television and newspaper coverage of the Gulf war. *International Journal of Information Management, 17*(3), 211~227.

Shirvani, H., & Wilbratte, B. (2008). Stock price, consumer sentiment, and economic activity: Some robust bilateral causality tests for the US and the UK. *International Business & Economics Research Journal, 7*(1), 29~34.

Shoemaker P. J., Wanta, W., & Leggett, D. (1989). Drug coverage and public opinion, 1972~1986. In P. J. Shoemaker (ed.), *Communication campaigns about drug: Government, media and the public*(pp.67~88). Hillsdale, NJ: Lawrence Erlbaum Associates.

Shoemaker, P. J., & Reese, S. D. (1991). *Mediating the message: Theories of influences on mass media content*. New York: Longman.

Shoemaker, P. J., & Reese, S. D. (1996). *Mediating the message: Theories of influences on the mass media content*. White Plains, New York: Longman.

Shoemaker, P. J., Wanta, W., & Leggett, D. (1997). Drug coverage and public opinion. In P. J. Shoemaker (Ed.), *Communication campaigns about drugs: government, Media and the public* (pp. 67-80). Mahwah, NJ: Lawrence Erlbaum Associates.

Simon, H. A. (1986/October). Rationality in psychology and economics. *Journal of Business, 59*(4), 209~224.

Sims, C. (2003). Implications of rational inattention. *Journal of Monetary Economics, 50*(3), 665~690.

Singh, R., & Teoh, J. (2000). Impression formation from intellectual and social traits: Evidence for behavioral adaptation and cognitive processing. *British Journal of Social Psychology, 39*(4), 537~554.

Smith, K. A. (1987). Effects of newspaper coverage on community issue concerns and local government. *Communication Research, 14*, 379~95.

Smyth, D. J., Dua, P., & Taylor, S. W. (1994). Voters and macroeconomics: Are they forward looking or backward looking. *Public Choice, 78*, 283~293.

Soroka, S. N. (2002). *Agenda-setting dynamics in Canada*. Vavcouver: UBC press.

Soroka, S. N. (2002). *When does news matter? Public agenda-setting for unemployment*. Nuffield College, New Road, Oxford, UK.

Soroka, S. N. (2003). Effects attributes and agenda-setting by media, the public, and policymakers in Canada. *International Journal of Public Opinion Research, 14*(3), 264~285.

Soroka, S. N. (2006). Good news and bad news: Asymmetric responses to economic information. *Journal of Politics, 68*(2), 372~385.

Starr, M. (2008). Consumption, sentiment, and economic news. Department of Economics Working Paper Series, American University, Washington, DC.

Starr-McCluer, M. (1998). *Stock market wealth and consumer spending*. Washington: Board of Governors of the Federal Reserve System, FEDS Paper (20).

Stein, H. (1975). Media distortions: A former official's view. *Columbia Journalism Review, 13*, 37~41.

Stevenson, R. L., Gonzenbach, W. J., & David, P. (1991). Economic recession and the news. Paper presented to the Association for Education in Journalism and

Mass Communication, Boston.

Stevenson, R. L., Gonzenbach, W. J., & David, P. (1994). Economic recession and the news. *Mass Communication Review, 21*, 4~19.

Stimson. J. A. (1991). *Public Opinion in America. Boulder*, CO: Westview.

Stone, G. C., & McCombs, M. E. (1981). Tracing the time-lag in agenda-setting. *Journalism Quarterly, 58*, 151~155.

Su, L. (2010/April). The conditioned impact of economy news and the real state of the economy on consumer confidence before, during and after recession: A holistic at second-level agenda-setting across time. At the 19th Annual Robert Mittelstaedt Doctoral Symposium Proceedings. 163~179.

Swanson, D. L. (1988). Feeling the elephant: Some observations on agenda-setting research. In A. A. James (Eds.). *Communication yearbook*(11). London Sage Publications.

Takeshita, T. (2002). *Expanding attribute agenda setting into framing: An application of the problematic situation scheme.* Paper presented to the International Communication Association, Seoul, Korea.

Tan, Y., & Weaver, D. H. (2007). Agenda-setting effects among the media, the public, and congress, 1946-2004. *Journalism & Mass Communication Quarterly, 84*(4), 729~45.

Tuchman, G. (1978). *Making News: A Study in the Construction of Reality.* New York: Free Press.

Tuchman, G. (1978). *Making news: A study in the construction of reality.* New York: Fress Press. 박홍수 역 (1995). 『메이킹 뉴스: 현대사회와 현실의 재구성』. 서울: 나남.

Tversky, A., & Kahneman, D. (1981). The framing of decisions and psychology of choice. *Science, 211*(4481), 453~458.

Tversky, A., & Kahneman, D. (1992). Advances in prospect theory: Cumulative representation of uncertainty. *Journal of Risk and Uncertainty, 5*, 297-32.

Van Raaij, W. F. (1989). Economic news, expectation, and macro-economic behaviour. *Journal of Economic Psychology, 10*(December), 473~493.

Veronesi, U. (1999). Stock market overreaction to bad news in good times: A rational expectations equilibrium model. Review of Financial Studied, 12(5), 975~1007.

Villarreal, A. (1999). Public opinion of the economy and the president among

Mexico city residents: The Salinas Sexenio. *Latin American Research Review, 34*(2), 132~151.

Vuchelen, J. (2004). Consumer sentiment and macroeconomic forecasts. *Journal of Economic Psychology, 25*, 493-506.

Walgrave, S., Soroka. S., & Nuytemans. (2008). The mass media's political agenda-setting power: A longitudinal analysis of media, parliament, and government in Belgium(1993 to 2000). *Comparative Political Studies, 41*(6),

Wanta, W. (1997). *The public and national agenda: How people learn about important issues.* Mahwah, NJ; Lawrence Erlbaum Associates.

Wanta, W., & Foote, J. (1994). The president-news media relationship: A time series analysis of agenda-setting. *Journal of Broadcasting & Electronic Media, 38*(4), 437~49.

Wanta, W., & Hu, Y. W. (1994). Time-lag difference in the agenda-setting process: An examination of 5 news media. *International Journal of Public Opinion Research, 6*(3), 225~240.

Wanta, W., & Roy, M. J. (1995, August). *Memory decay and the agenda -setting effect: An examination of three news media.* Paper presented at the annual meeting of the Association for Education in Journalism and Mass Communication, Washington, DC.

Warneryd, K-E. (1999). The role of macroeconomic psychology. Applied Psychology: *An International Review, 48*(3), 273~296.

Watt, J. H., & van den Berg, S. A. (1978). Time series analysis of alternative media effects theories. In B. D. Ruben (Eds.). *Communication Yearbook2* (pp. 215~224). New Brunswick, NJ: Transaction Books.

Wattenberg, B. (1984). *The good news is the bad news is wrong.* New York: Simon & Schuster.

Weatherford, M. S. (1983). Evaluating economic policy: A contextual model of the opinion formation process. *Journal of Politics, 45*(4), 866~888.

Weaver, D. H. (1977). Political issues and voter need for orientation. In D. L. Shaw & M. E. McCombs (Eds), *The emergence of American political issues: The agenda-setting function of the press*(pp. 107~119). St. Paul, MN: West.

Weaver, D. H. (1980). Audience need for orientation and media effects. *Communication Research, 7*, 361~76.

Weaver, D. H. (1987). Media agenda-setting and elections: Assumptions and implications. In D. L. Paletz (Eds.). *Political communication research: Approaches, studies, assesments* (pp, 176-193). Norwood, NJ: Ablex.

Wilcox, C., & Allsop, D. (1991). Economic and foreign policy as sources of Reagan support. *Western Political Quarterly, 44*(4), 941~958.

Wimmer, R. D., & Dominick, J. R. (1994). *Mass media research: An introduction*(4th ed). 유재천·김동규 역(1995). 『매스미디어 조사방법론』. 서울: 나남출판.

Winter, J. P., & Eyal, C. H. (1981). Agenda-setting for the civil rights issue. *Public Opinion Quarterly, 45*(3), 376~383.

Wood, B. D. (2000). Weak theories and parameter instability. Using flexible least squares to take time varying parameters seriously. *American Journal of Political Science, 44*(July), 603~618.

Wood, B. D. (2004). Presidential rhetoric and economic leadership. *Presidential Studies Quarterly, 34*(3), 573~606.

Wood, D., & Peake, J. S. (1998). The dynamics of foreign policy agenda-setting. *American Political Science Review, 92*(1), 173~84.

Wu, H. D., McCracken, M. W., & Saito, S. (2004). Economic communication in the 'lost decade'. *Gazette: International Journal for Communication Studies, 66*(2), 133~149.

Wu, H. D., Stevenson, R, L., Chen. H. C., & Güner. Z. N. (2002). The conditioned impact of recession news: A time-series analysis of economic communication in the United States, 1987-1996. *International Journal of Public Opinion Research, 14*(1), 19~34.

Yanovitzky, I., & Stryker, J. (2001). Mass media, social norms, and health promotion efforts: A longitudinal study of media effects on youth binge drinking. *Communication Research, 28*(2), 208.

Zhu, J. H, (1996). Newspaper coverage and public opinion in Hong Kong: A time-series analysis of media priming. *Political Communication, 13*(2), 231~46.

Zhu, J. H. (1992). Issue competition and attention distraction: A zero-sum theory of agenda-setting. *Journalism Quarterly, 69*(4), 825~36.

Zucker, H. G. (1978). The variable nature of news media influence. In B. D. Ruben(ed). *Communication Yearbook 2*(pp. 225~240). New Brunswick, NJ: Transaction Books.

■ 저자 이완수

현재 동서대학교 영상매스컴학부 교수이다.

고려대학교 정치외교학과를 졸업하고 미국 미주리대학교 저널리즘 스쿨에서 수학했다. 이어 고려대학교에서 저널리즘으로 언론학 석사와 박사학위를 받았다. 헤럴드경제에서 17년 동안 기자생활을 했으며, 청와대 출입기자를 거쳐 국제부장을 지냈다. 미국 3대 언론분야 학회인 AEJMC(Association for Education in Journalism and Mass Communication)에서 다수의 논문을 발표했다. 한국언론학회가 주는 신진학자 학술 논문상과 한국조사연구학회가 주는 한국갤럽 박사논문 우수상을 수상했다.

경제커뮤니케이션 분야가 주 관심사이며, 죽음에 대한 담론 연구에도 관심이 많다. 최근에는 커뮤니케이션학과 행동경제학을 결합한 새로운 영역을 탐구하기 시작했다.

〈미디어의 경제현실 매개 기능에 관한 연구〉(2008), 〈메멘토 모리의 정치학〉(2009), 〈경기국면에 따른 경제커뮤니케이션 효과의 비대칭성〉(2011) 등 여러 편의 논문을 발표했다.

경제와 커뮤니케이션
Economy and Communication

초판인쇄　2012년 9월 10일
초판발행　2012년 9월 20일
저　　자　이완수
발 행 인　권호순
발 행 처　시간의물레
등　　록　2002년 12월 9일
등록번호　제1-3148호
주　　소　서울시 마포구 마포대로 4다길 3 1층
전　　화　02-3273-3867
팩　　스　02-3273-3868
전자우편　timeofr@naver.com
I S B N　978-89-6511-050-7 (93300)
정　　가　25,000원
* 잘못된 책은 바꿔드립니다.